犯罪學

· 增訂第九版 ·

蔡德輝、楊士隆 ──

著

五南圖書出版公司 印行

九版序

　　本書自出版之後，國際刑事思潮及犯罪學理論持續發展，再加上犯罪型態也隨著科技日新月異。有鑑於此，2023年再次蒐集國內外研究文獻，修訂並擴充內容。

　　本次修訂在犯罪之研究方法與衡量中特更新犯罪研究之倫理議題，如論文抄襲（Plagiarism）等。犯罪理論中加入Agnews（2014）倡議之社會關懷理論（Social Concern Theory）、犯罪類型研究暴力犯罪中，加入仇恨犯罪（Hate Crime）之相關研究，而近年詐欺犯罪與毒品犯罪猖獗，亦更新加入最新詐欺手法及新興毒品內容。在犯罪防治之犯罪矯正中，更新矯正機關之收容類別、近年重要之業務興革與處遇作為之介紹，以充分介紹國內外刑事司法興革之動向。

　　最後，此次修訂更新所有刑事司法與犯罪統計，以與現況相符合。本次修訂特別感謝研究博士生許俊龍之協助編輯與部分資料蒐集，最後本書雖歷經百般斟酌與校勘，但恐有疏漏之處，有待犯罪學先進與關心犯罪學學術發展之學者與專家不吝指正。

蔡德輝、楊士隆

2023年6月謹誌於

國立中正大學犯罪防治學系暨研究所

國立中正大學犯罪研究中心

三版序

本書自一九八七年出版以來，國內犯罪型態已有顯著變化，不僅犯罪日趨暴力，並呈現毒化現象，而幫派與白領犯罪等則一一浮現，對社會治安均構成巨大危害。

有鑑於此，作者邀請對犯罪學學術研究深具熱忱與學有專精之學者楊士隆教授加入，廣泛蒐集國內外犯罪學最新研究文獻，彙整筆者從事多項行政院研考會、行政院國科會、內政部、法務部、教育部專案研究之心得，擴充內容，充分掌握犯罪之內涵與發展，並研擬妥適對策因應。在此次再版之內容中，除重新撰寫第一篇導論中第一章犯罪與犯罪學外，並增列了第二章犯罪研究方法與衡量。在第二篇犯罪理論中，我們增列了犯罪理論整合一章。在新增加之第三篇犯罪類型研究中，則加入第八章暴力犯罪、第九章幫派與組織性犯罪、第十章財產性犯罪、第十一章無被害者犯罪。最後，並新增第四篇犯罪防治，增列第十二章刑事司法體系與犯罪防治、第十三章犯罪預防、第十四章犯罪矯正及第十五章台灣地區犯罪現況、成因與防治對策。

當前犯罪類型與發展日新月異，本書盡可能涵蓋各領域，有關抗制犯罪對策，各學派觀點未臻於一致，作者依據研究心得提出己見，尚祈先進不吝賜正。最後，本書之付梓除感謝中正大學提供優良之教學研究環境外，另特別感謝前教育學院黃院長光雄之指導與勉勵，研究助理程敬閏協助校閱一併致謝。

蔡德輝、楊士隆

2004年2月謹誌於
中央警察大學
國立中正大學犯罪防治研究所

序　言

　　我國近年來由於工商業之加速發展，已由農業社會結構邁向工業社會結構，人口密集於都市之問題日趨嚴重，原有社會組織型態逐漸轉變，舊有傳統社會之控制功能亦漸喪失，社會凝聚力亦較為渙散，致使社會顯露無規範之混亂趨勢，加以西方個人主義及功利主義思想之影響，造成社會文化的衝突、矛盾與失調，因而產生許多現代都市社區之生活病態，諸如：個人人格孤立，鄰里互助觀念淡漠，社會風氣奢侈，誨淫誨盜層出不窮等等。犯罪問題亦因現代社會之工業化及都市化而更形猖獗，且其犯罪伎倆亦日益改變，而產生諸多新興之犯罪型態，對社會秩序已構成嚴重之威脅與危害。雖然犯罪無法消滅，但我們如能對犯罪問題加以研究並提出妥切的犯罪防治對策，仍可使犯罪之發生減至最低限度。

　　在犯罪學之研究上，各種犯罪學理論各自強調某種因素為犯罪原因而形成各種不同之論斷或學派，引起論爭之問題。然目前大多數犯罪學家認為形成犯罪的原因是多元的，而且犯罪為一錯綜複雜之社會現象，自非單一因素所能解釋，更非單一學科所能獨立研究、難怪有學者提及如僅從極專精的單一學科去研究犯罪問題，猶如戴著顯微鏡看世界，只能對其中一小部分（可能是不重要之部分）作透澈觀察，而無法考量犯罪整體的問題，且易陷入以偏概全之錯誤。而犯罪學之未來發展趨勢，要應用經驗法則的實證及科際整合的犯罪學研究方法，發展科際整合的犯罪學。故犯罪問題之研究，已不可再循傳統的方法從單一學科如心理學或變態心理學的觀點去作單方面的探討，而必須應用相關學科以科際整合性的整體觀來探討犯罪問題。此外，值得特別強調的是：科際整合犯罪學並未反對單一學科專精，因為單一學科專精與科際整合不但沒有矛盾，反而有相輔相成之效果。我們可比喻每一專精的單一學科為一樹根，而科際整合可比喻為樹幹；樹根愈多且紮得更堅牢，則樹幹更能壯大，亦即專精的每一學科均是科際整合之基礎，單一學科愈專精，才能對犯罪問題的每一方面深入探討而增加學術研究之深度，如能再輔予科際整合性的整體觀加以探討，則更能擴張學術研究之廣度。因此，本書乃先探討各種犯罪學理論求得形成犯

罪之相關因素，進而對各犯罪類型進行探討，並於最後提出防治犯罪之對策，俾供我國犯罪學之教學研究以及刑事司法與民間防治犯罪之參考。

此外，我們從犯罪學之研究中得知，犯罪防治如僅強調刑罰或處遇，兩方面極端之偏向均無法發揮防治犯罪之預期功能，甚至還會併發更多之犯罪問題，主要是我們所採取之對策，均是等待犯罪發生後再作處理，而犯罪學之研究，可協助我們衡量犯罪之狀況，解釋犯罪之原因以及如何控制犯罪，更強調犯罪的事先預防（Pro-action）重於事後之反應處理（Re-action），如同我們要預防蒼蠅產生，根本辦法是加強周遭環境水溝之清理，而非停留在持蒼蠅拍打蒼蠅之階段，因為後者將比前者花費更多之人力與物力。

筆者二十年來主修犯罪防治，從事犯罪矯治實務工作以及犯罪學之教學經驗，深感國內犯罪學研究仍待開展。筆者曾兩次承行政院國家科學委員會之獎助前往美國佛羅里達州州立大學（Florida State University）犯罪學研究所，從事犯罪問題防治之進修研究，畢業返國教學相長地深入進行實證研究，期能提出妥適之犯罪防治對策，供犯罪學研究及有關當局參考，更希望喚起社會人士之重視，進而主動支持、參與犯罪防治工作，而有助於當前國家社會防治犯罪之需要。

本書之完成，胥賴中央警官學校顏校長世錫、周前校長世斌、李前校長興唐、林教授山田、周教授震歐、張教授甘妹、簡教授茂發多年來之指導與鼓勵，並承國科會兩次之獎助赴美進修研究，以及美國佛州大（F.S.U.）犯罪學研究所多位教授Dr. W. G. Doerner、Dr. Vernon Fox、Dr. G. P. Waldo等之指教，同時還要特別感謝生我育我之父母與內子李月珍及鄧講師煌發之協助文字校閱，特誌書前，以示感謝。

由於撰寫時間倉促，遺漏疏誤之處在所難免，敬請諸位先進不吝指正，則不勝感激。

蔡德輝

1996年2月謹識於
中央警察大學犯罪防治研究所

目次

ontents

第一篇

導　論

第一章　犯罪與犯罪學

第一節　犯罪之意涵

犯罪之意涵，因社會現象之變化而消長。在某一時代，有某一時代所謂之犯罪；在另一社會亦有另一社會所謂之犯罪。足徵犯罪之範圍欠固定性，乃隨時代而變化，故時代背景不同，對各種不同行為亦有不同之評價。如西德於1969年的刑法改革廢除通姦罪，此乃因性道德之觀念改變所致。同時，它亦因社會本質不同而有異，如一行為在某一社會成立犯罪，而在另一社會卻不構成犯罪，此乃隨各社會不同之經濟組織及政治型態而有不同尺度。因而量刑輕重亦有不同，如對公家財物之侵犯罪，在民主國家並不太嚴重，但在共產國家則罪不可赦。可知犯罪常因各種不同觀點，而有不同之定義，而且犯罪常隨時間、空間、社會結構、政治體系以及倫理道德與價值判斷等之不同而異其內涵[1]。因此不可能有個包羅各種不同觀點，且在任何時代與地域，以及任何政治與社會制度下，都能適用之犯罪定義。

犯罪之範圍欠固定性，且甚難定一界限在任何時、空、政治與社會結構以及倫理道德標準下，都能適用之犯罪定義。本國學者謂：犯罪在本質上，就是一個具有複合性與相對性之觀念[2]。本節乃就法律上之意義（Legal Definition）與社會上之意義（Social Definition）兩方面來探討。

一　就法律上之意義而言

犯罪乃法律上加以刑罰制裁之不法行為。蓋犯罪雖屬不法行為，然不法行為不必皆為犯罪，必也違反刑法規範，受刑罰之制裁，始足當之。

1　林山田，犯罪行為及其界限，刊於刑事法雜誌第17卷第6期，第1頁。
2　林山田，刑罰學，臺灣商務印書館，民國64年，第14頁。

如進一步分析：犯罪乃責任能力人，於無違法阻卻事由時，基於故意或過失，所為之侵害法益，應受刑罰制裁之不法行為[3]。

犯罪學古典學派（Classical School of Criminology）之學者較贊同採用法律上之意義來說明犯罪。此派之代表人如塔邦（Tappan）、保爾德（Vold）、凱得威爾（Caldwell）、霍爾（Hall）、傑佛利（Jeffery）等。塔邦認為，只有從刑法的觀點才能確認犯罪之意義，因為一個人如未違反刑法，則不能被稱為犯罪人；傑佛利進一步指出，只有根據刑法才能分別犯罪行為和非犯罪行為[4]。亦即，人們只有違反刑法才會被執行或送監矯治，他們不會徒因反社會行為而被送監執行。

二 就社會上之意義而言

多年來，經由美國犯罪學家與社會學家之努力，建立了犯罪社會學之體系。這些社會學家企圖定出一個獨立於刑事法規範以外之犯罪定義，而提出所謂「偏差行為」之論，認為犯罪係一種社會偏差行為（Social Deviant Behavior），它是與社會所公認之行為規範（Conduct Norms）相衝突，並且侵害到社會公益，而為社會所否定並加以制裁的反社會行為。這種行為具有「反社會性」（Anti-Social）與「無社會適應性」（Asocial）[5]。

所謂反社會性，即自社會整體公益之立場，以普通的倫理道德觀念加以理性分析，而判斷此行為是否違反當時、當地社會所接受之行為標準而定。

偏差行為自狹義的觀點，乃指法律上意義之犯罪；而廣義的偏差行為，乃指社會上意義之犯罪，即除犯罪之外，亦包括：賣淫、酗酒、吸食麻醉藥品、自殺、遊蕩等。

3　韓忠謨，刑法原理，民國67年，第75～88頁。

4　C. Ray Jeffery, The Historical Development of Criminology, Hermann Mannheim edited: Pioneers in Criminology, 1960, p. 364.

5　同註2，第19頁。

犯罪學實證學派（Positive School of Criminology）較贊同從社會學觀點來說明犯罪。此派的代表人蘇哲蘭（Sutherland）、雷克利斯（Reckless）及雪林（Sellin）等。他們堅持，根據科學目的概念從事犯罪之研究，不應侷限於法律上之犯罪意義。因而此派認為反社會行為即犯罪，雪林認為只要違反社會行為規範即為犯罪。曼海姆（H. Mannheim）進一步指出，只要非社會所期望之行為（Undesirable Social Behavior）即為犯罪行為[6]。

另有學者從純法律之觀點探討犯罪之意義，認為犯罪是藐視法律之行為，亦即反抗公意而破壞法律之行為，此等行為即是對於法律之否定，由於法律具有絕對之效力，因此就產生對此等否定之再否定的需求，亦即具有刑罰之需求，經由一個與法律破壞行為等值之刑罰，而來終止並重建因犯罪而破壞之法律秩序[7]。

犯罪雖然同為刑法學、犯罪學及社會學等之研究客體，由於不同學科之研究著眼點不同，而有其不同定義。然犯罪之定義迄今尚無定論，有人較為贊同法律意義之犯罪，有人較為贊同社會意義之犯罪，筆者以為從執法及刑法學之立場探討犯罪，自應從法律上之意義來分析其成立要件，是否為責任能力之人，是否具有違法性與可責性，是否為侵害法益、應受刑罰制裁之不法行為。但如從犯罪學及社會學學術研究之立場，則應不必為法律之意義所限制，而可採社會意義之犯罪。

第二節　犯罪學之概念

一　犯罪學是否為一門科學

在探討犯罪學定義之前，我們應先探討犯罪學是否為一門科學？

孔德（August Comte）乃社會學實證主義之始祖，他認為科學家必須

6　同註4。
7　同註1。

運用實證研究的方法才能解決社會的問題。而犯罪學實證學派追隨孔德之後，亦主張運用科學的方法來研究犯罪人，進而解決犯罪問題。但傑佛利（C. R. Jeffery）並不完全贊同上述實證學派的論點，雖然傑佛利亦贊同犯罪學為科學之一支，但他認為犯罪學實證學派過分強調犯罪人，而忽略犯罪及刑法，因為犯罪學運用科學方法去研究犯罪人之外，尚要研究犯罪及刑法[8]。

　　科學的主要目的是解釋、預測與控制，它可以提供方法達成上述目的。而目前一般犯罪學家均深受犯罪學實證學派影響，並亟盼犯罪學被承認為科學之一支；同時，亦深信唯有犯罪學之科學研究，才能解決犯罪問題。為此，犯罪學家均排斥犯罪的法律定義，而從實質的犯罪定義去為犯罪作科學之分析。雖然有人認為犯罪學不是科學，但犯罪學是否為科學，完全看我們研究犯罪學的人是否運用科學的方法而定，同時犯罪學之研究除了犯罪人之外，犯罪行為、刑法、犯罪矯治等亦均可列為犯罪學之研究對象。

二　犯罪學之意義

　　犯罪學家曼海姆（Hermann Mannheim）認為犯罪學之定義，就狹義而言：犯罪學即犯罪之研究；而就廣義而言：犯罪學除犯罪之研究外，尚應包括刑罰學——即刑罰之研究和處理犯罪的方法，以及有關非刑罰之預防犯罪措施等。

　　克利納德（Clinard）及昆尼（Quinney）認為犯罪學應包括：刑法、犯罪人及有關社會對犯罪人的反應之研究。加拿大犯罪學家納特勒（Nettler）認為犯罪學包括：法社會學、犯罪的原因、社會防衛或犯罪矯治理論。

　　美國犯罪學家蘇哲蘭（Sutherland）則認為，犯罪學可分成三部分領域或三方面問題——即：（一）刑法之立法；（二）法律之破壞；以及

8　C. R. Jeffery, The Historical Development of Criminology, Hermann Mannheim edited: Pioneers in Criminology, 1960, p. 372.

（三）對法律破壞的反應；亦即法社會學、犯罪原因及刑罰學或犯罪矯治。傑佛利更進一步指出，犯罪學的研究範疇可分二方面：一方面是違犯刑法的犯罪人；另方面對犯罪人所採取反應之刑事司法體系。而犯罪學古典學派著重於刑法之立法及對法律破壞之反應二方面；犯罪學實證學派則著重於法律破壞之犯罪人[9]。

犯罪學就廣義而言，是關於犯罪、犯罪者和社會對其抗制與預防之整體知識。因此它的範圍包括：法律學、醫學、宗教、科學、教育、社會工作、社會倫理和公共行政，而且包含在立法團體、執法機構、法庭、教育與矯治機構、公私立社會機構之活動範圍中。就狹義而言，凱得威爾（Robert G. Caldwell）認為犯罪學乃研究犯罪與犯罪人之科學。犯罪學係循下列三途徑加以擴展探討：（一）調查刑法之本質及其管轄範圍和條件；（二）分析犯罪原因及罪犯之人格；（三）研究犯罪之控制及罪犯之更新重建[10]。

有學者認為狹義的犯罪學，乃研究犯罪現象及犯罪發生原因之學問；廣義的犯罪學，則包括犯罪原因學及犯罪防止學（包括刑罰學、監獄學、犯罪偵查學或警察制度）[11]。

亦有學者則認為犯罪學乃研究犯罪及犯罪人的經驗科學，它研究一切與犯罪的形成，犯罪的抗制與預防及罪犯之處遇有關之在人群社會的狀況與條件，以實證的而具科際整合的方法及多元性之理論，對於一切與法律規章及社會規範相違反的行為，以及罪犯的人格及其周遭的社會環境，作客觀而整體的深入研究，並以其研究所得，建立犯罪理論體系，且對犯罪的抗制與預防問題提出具體而可行的建議，以供刑事立法、刑事司法與社會政策上之參考[12]。

由上述可知犯罪學是一門科學，也是社會科學新支派之一種，它是專門研究犯罪與犯罪人之問題，亦即研究犯罪之原因、犯罪之預防及受刑人

---

[9]　C. R. Jeffery, Crime Prevention Through Environmental Design. London: Sage Publications, Inc., 1977, p. 96.

[10]　Robert G. Caldwell, Criminology, Second Edition. New York: The Ronald Press Company, p. 3.

[11]　張甘妹，犯罪學原論，民國65年，第18頁。

[12]　林山田，犯罪問題與刑事司法，臺灣商務印書館，民國65年，第6頁。

處遇之經驗科學。犯罪學之研究必須運用生物學、心理學、社會學、法律學、精神醫學等相關學科，以科際整合觀點及經驗法則的犯罪學研究方法研究犯罪及犯罪人，並提出有效犯罪防治對策之學問。

第三節　犯罪學之研究目標與價值

由上述犯罪學之意義知悉它是專門研究犯罪與犯罪人之問題，亦即研究犯罪之相關因素，然後提出有效之犯罪防治對策之學問。從此意義可知，犯罪學之研究不限於犯罪學理論及相關因素之探訪，更要進一步應用到犯罪問題的解決；犯罪學之研究苟無應用價值，則我們不必如此浪費巨大人力、物力從事犯罪學之學術研究。

一　犯罪學研究之目標[13]

（一）衡量犯罪行為

犯罪學家衡量犯罪行為（Measurement of Criminal Behavior）之目的，乃為決定每年犯罪發生之數量、犯罪之型態、犯罪發生之地點、犯罪人以及了解犯罪之社會相關因素，衡量之後可提供有關當局擬定犯罪防治計畫，以及刑事司法有關機構及資源之規劃，並協助犯罪學家了解犯罪行為之性質及原因。

（二）了解犯罪行為

犯罪學家研究犯罪學乃為了解犯罪行為（Understanding Criminal Behavior）之性質（Nature），亦即要了解犯罪發生之根本原因（Root Cause）。

---

[13] L. J. Siegel, Criminology. New York: West Publishing Co., 1998, pp. 7-9.

（三）控制犯罪行為

犯罪學家研究犯罪學，乃為提出犯罪防治之對策以控制犯罪行為（Controlling Criminal Behavior）至最低程度。

二　犯罪學研究之價值

（一）犯罪學之研究由龍氏犯罪人類學派，進至犯罪心理學研究及犯罪社會學派，一直演變到今天強調科際整合及犯罪多元性之理論，已使得當前犯罪學之研究敢大膽地接觸整個犯罪問題。雖然，仍有多人確信某一犯罪原因導致犯罪，然基於當今科際整合犯罪學之研究，已削弱他們確信之地位。

（二）犯罪學的研究已積極地負起改進刑罰之責任，並進一步提供刑事立法及刑事司法參考。

（三）犯罪學之研究，能以其實證的研究成果，建立犯罪理論體系，以期對於犯罪的各種現象與各種類型的犯罪型態，做理論上的解釋與說明[14]。

（四）對現行法律制度及社會制度加以研究，提出改革意見。

（五）對犯罪預防的措施提出適當建議。

（六）對罪犯處遇的方法加以研究評估，而提出最經濟、最有效且合乎人道處遇方法之建議。

（七）對難以矯治之習慣犯加以研究。

（八）從事犯罪預測方面之研究而達到預防犯罪之實益。

（九）從事被害者方面之研究，以提出減少被害傾向預防犯罪之建議。

---

[14]　同註12，第17頁。

第四節　犯罪學之研究困難

　　「研究」乃為追求知識之標準化與系統化程序之方法。通常我們追求知識，只是一種偶然的累積而已；然此所謂之研究，乃在促進其知識之標準化與系統化，且其程序定要客觀而不專斷。因此，我們研究犯罪學不可含糊、籠統，應儘量運用較專門，且能予以試驗判斷的資料，才能客觀地得其真實性。

　　犯罪學這一名詞，在現代刑事司法體系方面已沿用相當時間。然犯罪學之研究尚不如其他科學發達，乃因它的研究仍具有其本身之困難。通常，一般學科要獲得研究之事實資料已不容易，尤以犯罪學為最，乃因犯罪之實驗較為困難且要對罪犯科以刑罰，致使我們不易獲得有關之犯罪資料，且犯罪人如透露其犯罪資料，則有被刑罰及受汙名之恐懼，尤以同性戀、墮胎及其他涉及感情之犯罪為甚[15]。故所有涉及感情及要科以刑罰之犯罪型態，較易掩飾其統計及個案研究資料，而造成許多「犯罪黑數」[16]使得我們無法發現事實，例如：性侵害犯罪之被害人不願報案、教師及父母惟恐受醜名之累，均不願講出少年犯之真相，除非他們已到忍無可忍之地步。有些機關亦不願合作，擔心機關波及受累或被污名化，故犯罪學之研究有時要採取隱匿機關名稱之方法從事研究。例如，調查某城市之色情交易氾濫，極可能引發政治效應，影響選舉或議員之質詢與執法之掃蕩。

　　犯罪學之研究，定要保持沒有偏見又不為感情所動之態度，然後研究結果才會客觀。一般人研究犯罪學之所以會有偏見，乃因他們一開始即被某種價值體系所駕馭，且易放任而依其特別興趣撰擇問題及對象做研究，如此完全的自由會造成研究偏見之危險，而導致研究不能把握原則、重點，而徒費時間在許多不重要之問題上。故我們研究犯罪學定要有方向及

---

[15] Eermann Mannheim, Comparative Criminology, by Routledge Kegan Paul Led, p. 74.

[16] 參閱林山田，犯罪問題與刑事司法，臺灣商務印書館，民國65年，第8頁；犯罪黑數（Dark Figure of Crime）或稱犯罪的未知數，乃指所有不在各種犯罪統計上出現的犯罪數。換言之，即未為眾所皆知或未受刑事司法機關所追訴與審判之犯罪，亦即一種「隱藏之犯罪」（Hidden Crime）。

目的，以免浪費時間、精力、金錢而遭事倍功半之結果。

　　此外，有時犯罪學研究易對其統計做精細之推究，然此推究經常集中於許多不適當之基本資料。因為上述所獲之資料，可能是訪談或問卷而來，而此可能只是問卷或訪談之一剎那顯現而已，而忽略被約談者或受測者整個行為發展之過程。

　　因此，我們研究犯罪學之初，應先就面臨的犯罪問題，參照既有之犯罪學理論及有關文獻資料，然後具體地確定研究問題與研究方向，在蒐集資料過程中注意刪除那些瑣碎且可疑之部分，此外我們亦要注意在選擇過程中，不要讓偏見因素先決於我們的科學訓練，且於最後做結果評估分析時，亦要特別謹慎，不要讓偏見先入為主。而排除偏見之最佳途徑，莫如面對此評估，直爽坦誠地將研究有關之特點、具體價值，加以陳述介紹出來。

第二章　犯罪之研究方法與衡量

第一節　犯罪之研究方法

　　基本上，有許多研究方法可供犯罪研究人員援用，但每位研究人員因受限於方法學之訓練及時間與預算，因此部分研究只能遷就特定研究方法，而未能依研究標的之需要而選擇適切之研究方法。無論如何，目前在犯罪學研究領域較常應用之方法如下[1]：

一　調查研究法

　　調查研究法（Survey Research）係社會科學研究中常見之資料蒐集與印證因果關係之技術，依蒐集資料的方法，其可區分為以下[2]：

（一）直接調查

　　直接向被調查者取得第一手的資料，又可分成四種常用的調查：

1.訪問調查

　　即由訪員親自面對受訪者，當面訪問以蒐集所要的資料。

2.集體調查

　　即由訪員召集一群受訪者集中在一起，由訪員提問題或發下問卷，而由受訪者分別寫在問卷上的一種資料蒐集法。

---

[1]　引自Hugh D. Barlow, Introduction to Criminology, Seventh Edition. Harper Collins Publishers, 1996, pp. 58-69; Frank E. Hagan, Research Methods in Criminal Justice and Criminology, Second Edition. Macmillan Publishing Co., 1989。另可參照楊士隆等編著，刑事司法與犯罪學研究方法，五南圖書出版公司，二版，民國111年9月。

[2]　引自林振春，社會調查，五南圖書出版公司，民國77年4月，第7～8頁。

3.郵寄問卷調查

　　即由研究者將所要蒐集的資料製成問卷，利用郵寄方式寄給受訪者填寫完畢後，再予以寄回給研究者的一種資料蒐集方式。

4.電話訪談調查

　　即由訪員透過電話向受訪者詢問，再由訪員逐題記錄的資料蒐集方式。

　　前述四種資料蒐集方式，皆由受訪者親自表示意見，可由受訪者自己填答記錄，亦可由訪員代為填答記錄，然而皆屬直接向受訪者蒐集資料，稱為直接調查。

（二）間接調查

　　所蒐集的資料已經形式化或存在著，其形式並非研究者所要的，而是再經由研究者相關既存訊息加以採擷，如從：1.文獻、檔案；2.日記、年鑑；3.統計、報表上所蒐集到的資料，皆屬於間接調查。

　　在刑事司法與犯罪學研究領域中，此項調查部分亦屬「非侵入性調查」（Unobtrusive research）之型態，強調不干擾被研究者，主要類型包括質性非侵入性研究及量化非侵入性研究[3]，例如，犯罪學學者Laub訪談多名美國犯罪學家，以口述歷史之方式，探討1930年至1960年期間美國犯罪學學者進入此研究領域之際遇與發展，提供了了解當時學術領域之重點與發展方向[4]。李湧清與蔣基萍於83年曾對1971至1990年間台灣經濟因素與犯罪率之關聯性進行時間序列分析，研究發現台灣吉尼指數愈大時，總體犯罪率亦愈高[5]。楊士隆與許福生等曾於民國106年間進行「三、四級毒品裁罰講習成效評估研究——以新北市為例」，此項研究除問卷調查外，亦援用新北市官方資料進行分析，結果發現新北市政府裁罰繳納率不到四分之一（23.1%），但在講習參與率上比例則過半，且近四成出席達

---

[3]　黃富源，非侵入性之方法、次級資料分析、官方統計及歷史資料之利用，文載於楊士隆等編著，刑事司法與犯罪學研究方法，五南圖書出版公司，二版，民國111年9月。

[4]　同前註，第210～211頁。

[5]　李湧清、蔣基萍，犯罪與經濟：一個宏觀之序列分析，警政學報第24期，中央警官學校警政研究所印行。

六小時以上。新北市政府講習參與率雖過半，但仍有一半未能出席，建議繼續強化聯繫管道，提升志工資源[6]。

二　實驗法

實驗法（Experiments）係自然科學慣用之研究法，但在社會科學領域為了解原因與效果，亦嘗試引進，雖然實驗情境與真實世界可能有一段距離。在實驗法中，以田野實驗（Field Experiments）較接近自然群體，亦具類推能力（Generalizability），其內在效度亦尚可。

一般係透過實驗組進行，在與另一組控制組相比較後，探討人際實驗之效能。在偏差行為與犯罪問題研究上，此類田野實驗亦常被援用。例如，美國猶他州之普洛佛實驗（The Provo Experiment）即為典型之少年犯罪矯治效能實驗[7]。

此項實驗主要係嘗試了解社區處遇方案，對15歲至17歲少年重刑犯與累犯實施之效果。在參與之326名少年犯中，由法官裁定保護管束及監禁處分二組，再行分別隨機的被指定為實驗組或控制組。亦即，每位少年犯隨機的被指派至保護管束實驗組、保護管束控制組、監禁實驗組、監禁控制組四組，隨而進行實驗。其中，參與實驗組之少年則每日參與引導式之團體活動，並與其他少年分享心得、相互鼓勵，並且在每個晚上及週末分別返家，實際體驗生活情境；控制組則未參與任何社區處遇。

評估發現，接受保護管束少年比接受監禁之少年有較少之逮捕比率，而被指派接受社區矯治之少年犯亦較原先監禁時有較少之犯罪。顯然，此項實驗印證了少年犯社區矯治工作之重要性，以及妥善運用同儕與團體規範，可減少少年參與非行活動。

另一著名田野實驗，係由學者Sherman及Berk在美國Minneapolis警局

6　楊士隆、許福生等，三、四級毒品裁罰講習成效評估研究──以新北市為例，藥物濫用防治第2卷第2期，民國106年6月，第1～45頁。

7　Lamar T. Empey and Maynard L. Erickson, The Provo Experiment: Evaluating Community Control of Delinquency. Lexington, Mass: Health, 1972.

所進行之家庭暴力研究[8]。在此項研究計畫中，警察人員隨機被分派至下列三組，對家庭暴行施暴者分別採行給予勸告、仲裁，命令嫌疑犯離開八小時及正式逮捕等三種不同方式之處理。研究追蹤六個月後發現，遭逮捕者之再犯率為10%；接受勸告者為19%；命令離開者為24%，證實警察正式逮捕措施之方式，嚇阻家庭暴力事件。

　　但值得一提的是，此類實驗結果隨著對象之不同，以及實驗控制之良窳，亦可能呈現不同之結果。例如，Dunford等人複製了前述實驗，卻發現正式逮捕仍缺乏實驗之嚇阻效能[9]。

三　縱貫型研究

　　與橫斷面研究相對立之犯罪研究法，即屬縱貫型研究（Longitudinal Research），此項研究主要係對同一樣本族群觀察（或記錄）其在不同時間點之變化[10]，俾了解犯罪重要相關因素之研究方法。

　　在縱貫型研究上，Glueck夫婦係較早之先驅者，其曾對美國麻州感化院500名受刑人追蹤10年及1,000名少年犯追蹤超過15年，而獲得許多行為者犯罪之重要生活資料[11]。其次，美國賓州大學在近年亦有突出之表現，例如Wolfgang等教授曾對1945年在美國費城出生之9,945名青少年追蹤至18歲止，統計發現占所有樣本數6%，累犯五次以上之所謂「常習犯罪者」（Chronic Offender），或稱「核心犯罪者」（Hard-Core Criminal）卻觸犯51.9%之所有罪行[12]。此外，Wolfgang、Thornberry及Figlio在追蹤原來樣本之10%至30歲為止（總計974位），則發現成年後之「持續性犯

---

[8]　Lawrence Snerman and Richard Berk, "The Specific Deterrent Effects of Arrest for Domestic Assault," American Sociological Review, 49: 261-72, 1984.

[9]　Franklyn W. Dunford, David Huizinga, and Delberts. Elliott, "The Role of Arrest in Domestic Assault: The Amaha Police Experiment," Criminology, 28: 183-206, 1990.

[10]　Frank E. Hagan, Research Methods in Criminal Justio and Criminology, Second Edition. Macmillan Publishing Company, 1989.

[11]　Sheldon Glueck and Eleanor Glueck, Later Criminal Careers. New York: The Commonwealth Fund, 1937; Jurenile Delinquents Grown Up. New York: The Commonwealth Fund, 1940.

[12]　Marvin E. Wolfgang, et al., Delinquency in a Birth Cohort. Chicago: University of Chicago Press, 1972.

罪者」（Persistent Offender）有70%來自原來的少年常習犯罪者；少年時期無犯罪紀錄者，成年後只有18%的犯罪可能性；少年犯有80%的可能性成為成年犯；並有50%可能於成年後被逮捕四次至五次；「慢性少年犯罪者」的犯行，占全部逮捕次數之74%和嚴重暴力罪行（如殺人、強姦、搶劫）的82%。其研究明確指出「常習少年犯罪者」長大後大多仍持續其犯行，同時犯罪的嚴重性也隨著年齡的成長而大增[13]。這些研究對於問題即早介入（Early Intervention）觀點之提出及日後「選擇性長期監禁」刑事政策之擬訂有著深遠影響。

四 觀察研究

觀察（Observation）乃「研究者以其既有的學識與理論為基礎，並藉其感官的體驗與觀測之助，而對研究客體的行為與現象所做的選擇與導引及記錄等的方法程序。其由於研究者的觀察立場與觀察方式的不同，而有各種不同的分類，如：無系統的觀察或系統的觀察、自然社會狀態下的觀察或實驗狀態下的觀察、『無結構的觀察』（Unstructured Observation）或『有結構的觀察』（Structured Observation）、無控制的觀察或有控制的觀察、參與觀察或不參與觀察等[14]」。

參與觀察（Participant Observation）係觀察法中人類學者偏好之研究方法，其主要係指「研究者藉由實際參與或在某種程度上參與團體之活動而觀察、蒐集資料之研究策略」[15]。在犯罪研究上較見盛名者，如美國學者Thrasher曾參與幫會，研究芝加哥地區1,313個幫會組織[16]。另外，學者Whyte亦曾遷入波士頓義大利移民區，參與該貧民區中的幫會組織，以研

---

[13] Wolfgang, M. E., T. P. Thornberrg, and R. M. Figlio, From Boy to Man, From Delinquency to Crime. Chicago: University of Chicago Press, 1987.

[14] 引自林山田、林東茂，犯罪學方法論，文載於犯罪學，三民書局，民國79年9月，第77頁。

[15] Frank E. Hagan, Research Methods in Criminal Justice and Criminology, Second Edition. Macmillan Publishing Company, 1989, p. 69.

[16] Frederick Thrasher, The Gang, A Study of 1313 Gangs in Chicago. Chicago: University of Chicago Press, 1927.

究幫派問題[17]。

　　國內或因犯罪研究之困難，故參與觀察之犯罪研究並不多見，唐筱雯於1992年8月起至1993年3月止，曾對台北市大同區之公娼進行田野調查，透過參與式觀察與訪談之方式，對在性病防治所及公娼館內之公娼進行資料蒐集[18]，東海大學研究生紀慧文，曾親自參與並訪談12位從娼女性[19]。

五　質性個案研究

　　除前述問卷調查之量化研究（Quantitative Research）可加以應用外，另一在犯罪問題研究上常用之研究方法屬質性個案研究（Qualitative Research）。其主要乃鑑於傳統之量化研究在抽樣、資料蒐集、測量等階段，極易因人為因素而產生誤差，並且無法將犯罪者之感受、其作案過程及團體互動情形詳為交代。相反地，質的個案深層訪談（Indepth Interviews），則較能深入了解犯罪者及其集團作案之動機、過程、文化、態度、價值觀等，而為部分犯罪研究人員所青睞[20]。此種考量主要係基於質的個案研究具有下列之特性[21]：

　　（一）能深入了解社會現象。

　　（二）強調社會互動的過程。描述事情發生的細節具「形成性」
　　　　　（Formative）而非「總結性」（Summarize）。

　　（三）以洞察力為導向，做一深度探索。

　　（四）全面的了解（Holistic Understanding）整體事件，包括個人及

---

[17] William Whytes, Street Corner Society. Chicago: University of Chicago Press, 1943.

[18] 唐筱雯，台北市公娼之從業歷程及生活世界，國立台灣大學建築與城鄉研究所碩士論文，民國88年。

[19] 紀慧文，十二個上班小姐的生涯故事──從娼女性之道德生涯研究，唐山出版社，民國87年。

[20] 有關質的研究與量的研究特徵比較，詳歐用生著，質的研究，師大學苑，民國78年，第44頁。

[21] R. Bogdan and D. S. Taylor, Introduction to Qualitative Research Methods. New York: John, Wiley, 1988.

其環境，而非探討隔離或孤立的變數及假設。

（五）了解個人對世界所採取的主觀觀點。

（六）探索概念的本質及人們對概念的界定。

而部分犯罪者之主觀經驗與內心世界想法均有賴前述質的深入探索，俾以獲取其行為之豐碩性與複雜性而了解其特殊之文化與價值觀[22]。

有關犯罪個案質的研究方法在犯罪研究史上並不孤獨，在國外曾被應用在研究幫派成員[23]、海洛因成癮者及販賣者[24]、職業竊盜[25]，而美國犯罪學者蕭氏（Shaw）之〈浪子傑克〉（*The Jack Roller*）[26]、史諾德奎斯（Snodgrass）〈七〇年代浪子傑克〉（*The Jack Roller at Seventy*）[27]等，均是採用個案研究法的經典之作。

在國內，學者周震歐等率先於民國78年間從事林宗誠等暴力犯罪集團之個案研究[28]，其後有學者以犯罪個案質的研究法投入研究，包括學者許春金從事之台北市幫派犯罪集團之實證研究，訪談幫派分子32人[29]，蔡德輝、楊士隆之飆車少年暴力行為研究，對全省飆車暴力帶頭少年26名進行深入訪談[30]，以及黃軍義從事之強姦犯罪訪談研究，對21名強姦犯進行訪談研究[31]，這些研究對於深入了解各類型犯罪特性與歷程甚有助益。

---

[22] 王文科編著，質的教育研究法，師大學苑，民國83年8月再版，第17頁。

[23] Howard, Abadinsky, The Mafia in American: An Oral History. New York: Praeger, 1981.

[24] Richard P. Retting, Manuel J. Torres, and Gerald R. Garrett, Manny: A Criminal-Addict's Story. Boston: Houghton Mifflin, 1977; Tacobs, Bruce A. Undercover Deception Clues: A Case of Restrictive Deterrence. Criminology 3: 281-299, 1993.

[25] Edwin H. Sutherland, The Professional Thief. Chicago: University of Chicago Press, 1937.

[26] Clifford R. Shaw, The Jack-Roller. Chicago: University of Chicago Press, 1930.

[27] Clifford R. Shaw, The Jack-Roller at Seventy: A Fifty-Year Follow-Up. Lexington, Mass: D. C. Health, 1982.

[28] 周震歐等，林宗誠等暴力犯罪集團之個案研究，臺北市政府研究發展考核委員會、臺北市少年輔導委員會委託，民國77年12月。

[29] 許春金，台北市幫派犯罪團體之實證研究，行政院國家科學委員會，民國79年12月。

[30] 蔡德輝、楊士隆，飆車少年暴力行為之研究，犯罪學期刊創刊號，中華民國犯罪學學會出版，民國84年7月。

[31] 黃軍義，強姦犯罪之訪談研究，法務部，民國84年4月。

六　評估研究

　　另一在刑事司法與犯罪學研究上日漸受到重視之研究方法為評估研究（Evaluation Research），其係屬社會科學「應用研究」（Applied Research）之一支，其可被定義為「依方案之特殊目標、結果或特定標準，衡量其效果之方法」[32]。此項研究之重要性在於當我們將大筆預算投入一計畫後，其成本效益如何並不知曉，相對地，評估研究則有助於了解方案實施之困難與挑戰，並將有限之資源做最佳之應用。

　　在刑事司法與犯罪學領域，此類評估研究日益興盛，例如，蔡德輝與楊士隆曾接受行政院研考會委託於民國87年間從事「獄政政策與管理之評估」研究，針對當前獄政政策與管理進行理論之評估、過程之評估及結果之評估，提供政府在改善獄政方面之參考[33]。此外，楊士隆、戴伸峰於2020年至2021年間，援用Glasgow等在1999年發展之RE-AIM分析模式，評估法務部矯正署進行「科學實證毒品犯處遇模式」之效能，並提出增進改善執行效能之可行對策[34]。其他之評估研究則涵蓋社區警政春風專案、賭博合法化之評估、其他矯治處遇方案之效能等範疇。

第二節　獲取犯罪統計之方法

一　官方犯罪統計

　　為真實了解犯罪現況，俾作統計、分析與研擬對策之用，有必要獲取正確之犯罪統計。然而許多的犯罪統計與資料，或由於涉及個人隱私與公司聲譽、損失大小或因涉及犯罪組織，因而並不容易正確掌握與登錄，例

---

[32] 同註10，前揭文，第377頁。
[33] 蔡德輝、楊士隆，獄政政策與管理之評估，行政院研究考核委員會專題研究計畫，民國87年12月。
[34] 楊士隆、戴伸峰，科學實證毒品處遇模式實施成效評估與策進研究計畫第1期及第2期，法務部矯正署，民國110及111年委託專題研究計畫。

如，家庭暴力案件、幫派組織犯罪、職場相關之犯罪等均屬之[35]。無論如何，目前相關犯罪統計係透過以下三種途徑而取得。

官方犯罪統計（Official Crime Statistics）基本上係指警察、法院及犯罪矯正機構保存登錄之相關犯罪統計。

台灣犯罪之官方資料來源，以內政部警政署刑事警察局出版之《台閩刑案統計》及法務部犯罪研究中心編印之《犯罪狀況及其分析》最具代表性，此二官方資料來源綜合台灣地區之犯罪統計（含嫌疑犯及法院審理觸犯刑罰之人），每年編印成冊供政府與民眾參考。

值得一提的是，前述官方資料雖然統計範疇甚廣、資料豐富，但存有許多缺陷，分述如下[36]：

（一）存有許多犯罪黑數：官方統計最大的缺陷即為「犯罪黑數」（Dark Figure of Crime）的問題[37]。百姓由於許多不同的原因，而將犯罪案件隱匿未報，致使官方統計的正確性受到考驗。根據美國總統執法與刑事司法委員會（President's Commission on Law Enforcement and Administration of Justice）於1966年所做的調查顯示，百姓不報案的原因包括有：1.百姓認為警察對該犯罪案件無法提出任何有效措施；2.這是私人事件，而非犯罪案件；3.無法確定犯罪者可否被逮捕；以及4.警方不願意被干擾等。

（二）為警察機關執法和記錄的方式，亦有可能影響官方統計的分布狀況。例如，民國84年5月，台北市議員指出警察機關吃案弊端，警政署自7月份起乃實施報案三聯單制。結果當月的強盜、搶奪及竊盜均有大幅增加現象，且達三至七倍之多。同時，警方對犯罪定義的認定也會影響官方統計的結果。例如，認為殺人未遂為傷害，無疑地將影響這兩種犯罪類型的表現方式。

（三）警察機關為爭取績效，留給社會大眾良好的形象，可能扭曲官

---

[35] Hugh D. Barlow, Introduction to Criminology, Seventh Edition. Harper Collins College Publishers, 1996, p. 38.

[36] 引自許春金，犯罪學，中央警察大學，民國85年7月，第41～42頁。

[37] 犯罪黑數之意涵參閱，第一章前揭文，註16。

方統計的紀錄。例如，Seidman和Couzen發覺到警察行政者為了降低犯罪率，並改進警察的形象，有大案報小案和匿報的情形發生。由此可見，外在的因素亦會影響官方統計的表現形式。

其他的缺陷尚包括：警察專業化和效率的提高，警察執法方式寬嚴之改變（如肅竊專案或冬令時期之加強執法等），以及電腦儀器的使用和教育及訓練的提高等，均有可能提高官方犯罪率。

二 自陳報告調查

前述官方資料對於犯罪概況提供了清晰之描述，然值得注意的是，其因犯罪黑數等問題而面臨批評。因此，尋找其他可行且非官方之犯罪衡量方式，乃成為努力之重點。透過問卷調查犯罪衡量之自陳報告研究方式，即為彌補官方統計缺失之有效方法。自陳報告研究主要係透過受訪者之直接問卷調查方式，以了解其先前從事偏差與犯罪行為之概況。其特點在於可衡量未為官方登錄之偏差與犯罪行為程度與類型，有助於揭開真實之犯罪。犯罪自陳報告問卷調查，一般要求受試者回答在過去一年或一年以前從事偏差與犯罪行為之程度。

自陳報告調查（Self-Reported Surveys）在近年被廣泛使用，乃因其方便可於短期內獲取大量資料，但仍存有部分限制，分述如下：

（一）自陳報告調查倘遇虛偽或不情願作答者，其效度（Validity）即面臨侷限，其仍賴撒謊量表（Lie Scale）或其他統計技術，如因素分析（Factor Analysis）之援用，刪減未具效能、多餘之問題項目，始能減少前述弊端。

（二）自陳報告調查極易因受試者記憶之衰退，以及其缺席（選樣之流失）等問題，而無法真實反應實際狀況。

（三）自陳報告調查傾向於詮釋犯罪情節較輕之青少年偏差行為，無法對嚴重犯罪行為加以解釋，也因此其指出自陳報告非行係跨越階層、種

族與性別，因為皆為毫無痛癢之輕微罪行（Trivialize Crime）[38]。

（四）無法深入探討白領犯罪，如圍標、公司欺騙、逃漏稅、工業汙染等，蓋類似罪犯多不願向無經驗之小夥子透露訊息，何況其均有嚴密之安全維護措施（保護傘）[39]。

三　被害調查

另一獲取犯罪統計之方法係透過被害調查（Victimization Surveys），以了解真實犯罪情形。在國外，美國司法部每年所從事之全國犯罪調查（National Crime Survey），針對十二歲以上、家庭及商業機構之人員進行訪談調查，即提供了許多珍貴之犯罪被害訊息，以彌補官方資料之缺陷。

惟應注意的是，被害調查亦非毫無缺陷，其主要限制如下[40]：

（一）被害者調查之犯罪類型有限。無被害者之犯罪，如：賭博、藥物濫用，以及被害者已不存在之犯罪，如殺人犯罪等則無法加以調查。

（二）它只能被解釋為一種對可能已發生犯罪的估量，而不能被解釋為真正發生者，因為我們的訊息主要來自被害者對犯罪的解釋。

（三）被害者之短報、多報或記憶上的不正確，亦為其一重大缺陷。有時，被害者之偏見或誤解，以及訪問者的誤差，均有可能對被害者研究之正確性造成影響。

綜合言之，獲取正確之犯罪統計無論對刑事司法實務工作者或犯罪學學家而言，均是相當的重要。蓋倘無正確之犯罪統計，刑事司法之適當因應措施即無從發動，而刑事政策之擬定亦將陷於困境。

目前獲取犯罪統計主要來源，包括：官方犯罪統計、自陳報告調查

---

[38] Michael J. Hindelang, Travis Hirschi, and Joseph G. Weiss, "Correlates of Delinquency: The Illusion of Discrepancy Between Sell-Report and Official Measure," American Sociological Review, 44: 995-1014, 1979.

[39] Steven Box, Power, Crime, and Mystification. London: Tavistock, 1983, p. 86.

[40] 同註36，前揭文，第55頁。

及被害者調查三部分[41]。官方統計因資料豐富，故為犯罪學學術研究人員廣為參考，但因存有不易克服之「犯罪黑數」，故其正確性仍面臨侷限。自陳報告調查在1940年代引進，日後被廣為應用，並有助於理論之測試發展。被害調查於1960年代引進，為獲取犯罪統計第三個重要來源，其與自陳報告調查相同，有方法學上之缺陷，但仍非常有助於深入了解犯罪之本質與分布。

第三節　犯罪研究之倫理

在犯罪研究領域中，研究倫理議題（Ethical Issue）在近年日益受到重視。根據韋氏大字典，倫理係指道德原則或價值（Moral Principles or Values），管理個人或一個專業領域之品性原則（Principles of Conduct Governing an Individual or a Profession）。Binder及Geis認為，其涉及某種程度之「對」（Right）與「錯」（Wrong），以及某些事情應如何做（How Things Ought to Be Done）[42]。

近代及國內外紛傳出有違研究倫理之情事發生，例如：在第二次世界大戰期間，納粹醫師Josef Mengele（戲稱死亡天使），對於被擄之戰俘進行恐怖之非人性化實驗、研究生Humphrey之「茶坊交易」（Tearoom Trade）[43]研究中對男同性戀者在公共洗手間接觸的偷窺研究等[44]，其涉及犯罪研究主題具震撼性與尖端議題，備受各方撻伐與關注。在當前犯罪研究臻於蓬勃發展之際，應對此議題加以重視[45]。

---

[41] Stephen E. Brown, Finn-Aage Esbenson, Gilbert Geis, Criminology: Explaining Crime and Its Context, Second Edition. Cincinnati, OH: Anderson, 1996, p. 111.

[42] Binder, Arnold and Gilbert Geis, Methods of Research in Criminology and Criminal Justice, 1983.

[43] Humphreys, Laud, The Tearoom Trade. Enlarged edition with perspectives on ethical issues. Chicago: Aldine, 1975.

[44] 陳文俊譯，社會科學研究法，民國94年，Earl R. Babbie原著，The Practice of Social Research，Tenth Edition，Wadsworth，台北市湯姆生。

[45] 楊士隆，刑事司法與犯罪學研究倫理，文載於楊士隆等著，刑事司法與犯罪學研究方法，五南圖書出版公司，民國111年9月。

一　刑事司法與犯罪學研究人員面臨之研究倫理議題

　　根據Diener之析見[46]，刑事司法研究人員從事研究可能面臨之倫理道德爭議，可區分為以下四項[47]：

（一）潛在之傷害（Potential Harm）

　　任何一項研究均可能帶來潛在之危害，包括：研究結果之危害，以及對參與研究人員之傷害等。

（二）訪談同意（Informed Consent）

　　在從事刑事司法與犯罪研究中，另一值得關注之議題為受試（訪）者之訪談同意，此意味著受試者係自願的（Voluntarily）參與研究且了解其參與研究面臨之風險（Risk），同時在研究期間倘覺不適可自由的退出研究。

（三）欺瞞（Deception）

　　在研究中亦可能有意無意涉及欺瞞而衍生倫理議題。例如，研究人員可能對男性與女性警察人員在處理家暴反應之差異有興趣，為使研究臻於真實現況，其可能未將此項重點先予告知參與研究之警察人員，而在研究結果後，再予發布研究之重點，而令參與者錯愕。欺瞞手段在田野調查（Field Study）中常被使用，例如：未告知對方而混入幫派、毒品圈、應召站、同性戀或其他特殊群體中，予以記錄。雖可獲得珍貴資料，但亦可能在曝光後，造成嚴重後果。顯然，未能誠實與真誠獲取資訊，涉及倫理問題。

---

[46] Diener, Edward and Rick Crandall Ethics in Social and Behavioral Research. Chicago: University of Chicago Press, 1978.

[47] Vito, Gennaro F., Edward J. Latessa, Deborah G. Wtlson, Introduction to Criminal Justice Research Methods, 1998. See also Adamitis and Haghghi, 1989.

（四）隱私權（Privacy）

　　在現代文明社會中，個人擁有一定程度之隱私權是重要指標，但在刑事司法與犯罪學研究中卻常碰觸此項倫理議題。蓋受試者被調查之資料，多數是極具敏感性的資訊。例如：受試者從事之犯罪活動、被害型態、次數、是否有貪汙、買春、行賄、參與幫派、吸毒不法或遊走法律邊緣之行為，均涉及極度敏感之隱私權議題，亟待研究人員重視與小心謹慎處理。

　　此外，論文抄襲（Plagiarism）事件在近年國內外均引起各方關注。熊博安（2007）在學術倫理（Academic Honesty）一文中另指出論文抄襲亦為違反學術倫理之常見案例。抄襲主要係指「沒有適當地引用他人的文字與構想據為己有」，抄襲主要之型態有下列六項（部分修改自http://depts.washington.edu/grading/issuel/honesty.htm）：

　　（一）沒有適當地引註使用他人撰寫的文字，例如雖有引註來源但卻沒有給予加註記號。

　　（二）竊用別人的構想沒有適當地引註。

　　（三）借用他人撰寫文句之結構而未註明原作者之貢獻。

　　（四）借用他人全部或一部分撰寫的報告，或者使用他人撰寫的大綱成為自己的文章。

　　（五）借用他人撰寫的文章成為自己的報告，或者委託他人代寫報告。

　　（六）從電腦中複製或盜取他人撰寫的論文報告，未引註而抄襲據為己有。

　　熊博安引述陽明大學神經科學研究所教授洪裕宏之見解，「嚴格來說，只要引用別人的文句卻未註明出處，都算是抄襲；以自然科學雜誌來說，他們規定只要一個句子內有七個英文字來自別人，就必須註明出處，代表『一個英文句子中超過七個字與別人相同就是抄襲』，但國內學術界經常逾越這個尺度。」至於圖表抄襲的標準為何，洪裕宏表示，「根據國外學術界慣例，只要是引用他人圖表一律要註明出處，且需要取得當事人同意，或者取得擁有該圖表版權的出版社或期刊同意，在圖表下方標明

『本圖表已經徵得某某人同意刊登』等文字，因為圖表還涉及個人智慧財產權」（資料來源：http://www.epochtimes.com/b5/5/2/3/n802270.htm）。

為防止學術抄襲，目前許多大學購置「原創性比對系統」如Turnitin、iThenticate及iG Publishing等檢測工具比對系統，以降低抄襲之機率。值得注意的是，原創性比對系統僅代表文章與系統收錄內容（網際網路、期刊出版品，或學生文稿）的相似程度，不能作為「抄襲」判定的絕對指標。學科領域和文章性質不同，相似比例的標準與原創性報告的解讀就有所不同，因此，一般使用者判讀文章是否有抄襲疑慮時，建議投稿／發表之前皆需與該領域專業人士（例如：指導教授）個案討論文章是否需要進一步檢視與修正（引自https://www.igroup.com.tw）。

二　犯罪研究應遵循之倫理原則

林天祐在〈認識研究倫理〉一文中引述文獻指出，從事教育研究應遵守包括尊重個人的意願、確保個人隱私、不危害研究對象之身心、遵守誠信原則，以及客觀分析及報告等（http://www.social.work.com.hk/article/educate/gf 15.htm）[48]。學者Hagan則認為，犯罪學學家應負起之倫理規範包括：避免可能會傷害受試者（Respondents）之程序、對受試者誠實與尊重對等性（Reciprocity）、執行與報告研究成果時保持客觀與專業完整性、保護受試者之機密性與隱私權。分述如下[49]：

（一）應迴避可能會傷害受試者之研究（Avoid Research that May Harm Respondents）

研究者不應對受試者造成傷害，特別是沒有先對其解釋可能存在之風險，以及未徵得知情同意下。故專家建議須讓受試者在了解整個研究

---

[48] 林天祐（1996；2002），認識研究倫理，http://www.social.work.com.hk/article/educate/gf15.htm，研究論文與報告手冊，台北市立師範學院學生輔導中心編印，第77～84頁。

[49] Hagan, Frank E., Research Methods in Criminal Justice and Criminology. Pearson Education, Inc., 2003, pp. 56-59.

過程後，填寫訪談同意書（National Advisory Committee, 1976, p. 38）。研究完成後也必須對受試者做到保密、再保證與解釋（Homan, 1991; Lee, 1993）。

（二）對研究對象之名譽保證與尊重對等性（Honor Commitment to Respondents and Respect Reciprocity）

於研究期間與結束後，研究者在道德上均有責任與個案維持期間任何曾應允之承諾或協定。如果研究者讓參與者有感受到所提供之資料可能會被不適當之利用、可能會受傷害或會感覺到羞愧等情況之下，均須加以保證與說明，並負有義務維持其不受傷害。

（三）在施行與報告研究時，均要做到客觀性與專業的誠實（Exercise Objectivity and Professional Integrity in Performing and Reporting Research）

誠實（Honesty）、正直統整（Integrity）與客觀性（Objectivity）是執行倫理專業之基本期待。研究者應該企圖維持價值中立（Value-Free）與無政黨偏好。個人與主觀性之感受應與所欲研究之對象分離。最重要的是，其是一個調查研究者，不是騙子、吹擂推銷的小販、推銷員或政客。研究者應要約束自己不要對研究對象或主題，有主觀操控之行為或者有偏好而偏離客觀之立場。

（四）保護研究對象之機密性與隱私權（Protect Confidentiality and Privacy of Respondents）

學者建議在執行研究時應採取一嚴格標準。當要進入研究對象之私領域而有預期可能會被拒絕時，也應避免蓄意隱瞞研究身分。其認為隱匿身分而進行研究是不合倫理（Erickson, 1978, p. 244），雖然這樣的標準不一定都適用在任何研究情況，然大多數研究下仍有其適用性。

（五）機密性（Confidentiality）

　　所有社會科學研究者，包括刑事司法調查者，有一特別的義務在於要保護資料之機密性。

　　目前台灣在經過多年努力，已於2011年12月28日公布施行人體研究法，而政府機關與醫療機構陸續設立審查委員會（Institutional Review Board, IRB）及各學術機構紛紛成立研究倫理委員會（Research Ethic Committee, REC），以審查涉及倫理議題之相關研究；而國外專業學會如：APA、ASC、ACJS等，亦訂定專業之標準以求研究人員遵循。台灣亦於2012年通過犯罪學學會研究倫理規範，顯見犯罪研究之倫理議題已備受重視。目前科技部及台大等紛紛成立「研究誠信辦公室」，以協助研究人員不要誤觸學術誠信的違法情事。

　　犯罪研究人員與其他研究領域相同，於從事研究時均應尊重當事人（受試者）個人的意願、確保個人隱私、不危害研究對象、誠實與尊重受試者，以及客觀分析報告與發布研究成果時保持客觀與專業完整性等。在蒐集資料時盡可能尋找替代之方案，以減少倫理之爭議[50]。這些原則均有待研究人員採納與遵循，落實「負責任的研究行為」（Responsible Conduct of Research, RCR）[51]，如嚴重違反研究倫理，其對研究者與受試者均將構成巨大傷害且影響深遠。

---

[50]　廖秀娟，刑事司法研究之倫理困境，2015犯罪防治學術研討會，中央警察大學犯罪防治學系暨研究所主辦，民國104年。

[51]　臺灣學術倫理教育資源中心，研究倫理的專業規範與個人責任，教育部校園學術倫理教育與機制發展計畫，民國104年9月，第3頁。

第二篇

犯罪理論

第三章　犯罪學理論之發展

第一節　犯罪學理論之誕生

　　犯罪學之發生，雖是近代之事實，而它之所以成為一門學科，並非少數人隨便整理其理想體系而成功的，乃與其他學科一樣先有社會事實，然後針對這些社會事實加以研究，而後成立之一門新學問。我們如進一步探討犯罪學理論之發生，可溯及18世紀的犯罪學古典學派及19世紀的犯罪學實證學派。當時由於貝加利亞（Beccaria）及邊沁（Bentham）力倡排斥復仇觀念，以及罪刑均衡論等刑法改革運動；及至19世紀歐洲各國發生產業革命，引起社會經濟結構巨大變動，而產生不少新的犯罪問題等社會病態現象，為減少這些犯罪現象之威脅，乃著手研究犯罪及犯罪人。由於生物學及其他自然科學進步神速，乃漸次應用自然科學的純經驗法則之研究方法，然此主要還是受到培根（Francis Bacon）的實證論（Experimentalism）與洛克（John Locke）的經驗論（Empiricism），及孔德（August Comte）的實證論（Positivism）之影響[1]，而促進犯罪學之發生，乃使犯罪學漸成為系統性之科學。犯罪學實證學派的學者龍布羅梭（Lombroso）、費利（Ferri）及加洛法洛（Garofalo）為其代表人，亦是義大利學派之佼佼者，其中龍布羅梭的理論較早，故被稱為犯罪學之鼻祖。

第二節　犯罪學理論之起源發展

　　犯罪學理論之起源發展可分為二個學派，即18世紀之犯罪學古典學派

---

[1]　林山田，犯罪問題與刑事司法，臺灣商務印書館，民國65年，第25頁。

（Classical School）、19世紀之犯罪學實證學派（Positie School），及20世紀犯罪學理論之發展。

一 18世紀之犯罪學古典學派

犯罪學古典學派之代表人即義大利學者貝加利亞（Beccaria, 1738-1794）和英國學者邊沁（Bentham, 1748-1833）等。此派於西元1764年貝加利亞出版其名著：《犯罪與刑罰》（*Crimes and Punishments*）開始[2]。此著作成為當時刑法之基本理論，對日後刑法之改革有很大之影響。

犯罪學古典學派乃代表18世紀人道主義發揮之最高點，因而特別強調人與法結構之關係研究，以及刑法之目的乃為謀取極大多數人之幸福為主。

（一）古典學派所強調之重點

1. 主張從法律的觀點探討犯罪之定義（Legal Definition of Crime）。
2. 主張每一種犯罪均有固定之刑罰，亦即針對某種犯罪而予以某種刑罰（The Punishment Must Fit the Crime）。
3. 人類本性在追求自我滿足，如只為追求其自我滿足而犯罪，則犯罪人應對其行為負道義上之責任。
4. 必須運用刑罰才能達到威嚇犯罪人之效果。
5. 主張罪刑均衡原則，亦即刑罰應與犯罪之輕重成正比，方足以表彰正義。
6. 強調法律之前人人平等。
7. 強調刑法應採嚴格解釋。

---

[2]　Richard Quinney and John Wildeman, The Problem of Crime, Second Edition, 1977, p. 38.

（二）古典學派所根據之理論基礎

1. 古典學派代表人認為，人類一直在追求享樂主義（Hedonism）、追求功利主義（Utilitarianism），追求最大的快樂和最少之痛苦。

2. 古典學派認為，每個人均有辨別是非能力及自由意志（Free Will）選擇決定其為哪種行為，選擇決定之行為均為避免痛苦而趨向快樂。如果選擇之行為違法，則必須接受刑罰[3]。

3. 古典學派進一步認為，從刑事司法體系之觀點，人們應有效控制他們自己之行為。如甘為違法之舉，則應接受刑罰之制裁；刑罰乃在給予犯罪人痛苦，以抵銷其犯罪行為中所得到之快樂。

（三）古典學派之目的

1. 保護犯罪人以免遭受國家過分嚴厲或任意之刑罰。

2. 倡導興建較現代化設施之監獄。曾於1816年在英國之米爾曼克（Millbank）成立第一個現代化監獄。

3. 革新法律制度：邊沁在英國是極力倡導刑法改革之領袖。他認為人類之目標在追求最大的快樂和最少的痛苦，此一個人主義、自由意志之理論基礎成為當代刑法之重心所在。故主張刑罰的痛苦必須與犯罪得到之快樂相當，俾以抵銷。

（四）古典學派之成就

1. 此派強調人類之自由意志及犯罪意圖，因此主張消除報仇之動機，而採取罪刑法定主義及罪刑相當之原則。

2. 此外，古典學派之「自由意志論」及「道德責任論」漸漸加以補充，而認為某些人無是非辨別能力，無能力選擇及決定自己之行為，就不應該在處罰之範圍[4]；因為他們實在不能負擔行為之責任，例如：智識淺薄、思慮不周之未成年人、精神病犯等均不在處罰之列。

---

[3]　Vernon Fox, Introduction to Criminology. Englewood Cliffs, N. J.: Prentice Hall, 1976, p. 36.
[4]　周震歐，犯罪原因論，刑事法雜誌第14卷第5期，第2頁。

（五）古典學派之缺點

此派之最大缺點即忽略個別差異。因為古典學派認為不論是初犯或累犯，亦不問其犯罪之動機為何，只要犯同樣的罪名即應接受相同之刑罰。如此不顧及犯罪人之背景、環境及行為之動機是不切實際的。

二　19世紀之犯罪學實證學派

犯罪學理論發展至實證學派已漸成為有系統之科學。因為實證學派乃自19世紀末葉義大利精神醫學家龍布羅梭（Cesare Lombroso, 1836-1909）於西元1876年創立，由人類學之觀點研究犯罪人之生理特徵開始，後世的人乃尊稱龍氏為犯罪學之鼻祖。以後龍氏之學生費利（Enrico Ferri, 1856-1928）及加洛法洛（Roffaella Garofalo, 1852-1943）等學者更加發揚光大而奠立現代犯罪學之基礎[5]。此派之代表人均為義大利人，故又稱為義大利學派。

犯罪學實證學派之所以得其名，乃因他們受孔德（Comte）實證主義之重大影響，主張法事實之觀察與發現必須根據事實證據之證明，而反對用哲學的玄想或想當然耳之方式去推論。

實證學派反對古典學派之自由意志、道義責任及犯罪意圖，而提倡犯罪原因之研究及對犯罪人作人道主義之處遇及非刑罰之治療研究。

現謹就此學派三位代表人之理論加以論述如下：

（一）龍布羅梭

龍布羅梭被尊稱為科學的犯罪學之創始人。龍氏認為犯罪人之所以犯罪，乃因其個人某些特殊之生理因素所引起，因此龍氏之貢獻乃將犯罪人作為動物或作為生理的有機體（Physical Organism）去研究[6]。

自從實證學派興起之後，才激起犯罪人之研究，而最先從事犯罪人分

5　同註3，第38頁。
6　Lindsmith and Levin, The Lombrosian Myth in Criminology, p. 664.

類之研究者為龍布羅梭。龍氏由人類學觀點,將犯罪人分為下列五類:準生來犯罪人(Quasi-Born Criminal)、精神病犯罪人(Insane Criminal)、激情犯罪人(The Criminal by Passion)、偶發犯罪人(Occasional Criminal)、習慣犯罪人(Habitual Criminal)[7]。

有關生來犯罪人,龍氏認為這類犯罪人多有先天上異於常人之體質(在身體、人類、精神方面均有其特徵)。龍氏認為竊盜犯與詐欺犯的頭周圍較大;殺人犯的臉較長;一般殺人犯有廣顎、突出之顴骨、黑而短縮的頭戾、臉色蒼白、無鬚等;殺人犯都有厚而寬的手;另外扒手有很顯著的短頭型;強姦犯有短的手腕和狹窄的頭。龍氏同時亦提及,生來犯罪人最大的特徵便是對於外傷有很強的抵抗力等[8]。龍氏亦曾研究義大利監獄400名受刑人,對他們之身體做廣泛之檢查及評量,發現大部分受刑人均有上述生理的異常特徵(Physical Anomalies),並用此來支持其生來犯罪人之理論。龍氏並指出,這些身體的缺陷均是隔代遺傳(Atavism)而來,亦即這些隔代遺傳使他們退化到原始動物之生活方式,認為生物學上的退化就是犯罪原因[9]。

然反對龍氏上述看法最激烈的是葛林(Charles Goring, 1870-1919),葛林曾在英國巴克赫爾斯特監獄(Parkhurst Prison)調查3,000名受刑人,並做統計研究,提出要對以前根據臆測、偏見及有問題之觀察等研究的舊犯罪學加以澄清;並在其結論中指出,根本沒有生來犯罪人之型態,以及犯罪並非遺傳而來。葛林並將犯罪學之研究轉向心理特徵之研究,尤其心智缺陷(Defective Intelligence)特別與犯罪行為之產生有關[10]。此外,法國學者塔德(Gabriel Tarde)亦反對龍氏之看法,而認為行為是學習而來,犯罪行為亦然;他並進一步用接觸(Association)及學習(Learning)來解釋犯罪行為產生之原因[11]。

---

[7]　同註3,第39頁。
[8]　李劍華,犯罪社會學,民國26年1月再版,第140頁。
[9]　Edwin M. Schur, Our Criminal Society, p. 56.
[10]　Richard Quinney, Criminology, 1975, p. 6.
[11]　同註3,第40頁。

龍氏理論遭受多人反對攻擊，乃於其去世前二年在其著作《犯罪原因及其補救》（*Crime, Its Causes and Remedies*）之中，修正其先前看法，且承認生物的隔代遺傳不能適用於所有犯罪人，有些是社會環境影響所致[12]。龍氏理論雖有其缺陷，然其最大成就乃主張用科學方法對犯罪人作客觀及有系統之研究，並引導出未來犯罪學之研究方向。

（二）費利

費利即龍布羅梭之得意門生，曾於1884年出版一本《犯罪社會學》（*Criminal Sociology*）。費利一方面對龍氏之犯罪生物原因有興趣，另方面亦特別強調，各種不同相關因素之重要性，而提出犯罪多元性之理論（Theory of Multiple Causation）。費利認為，犯罪之因素可分為個人或人類學方面之原因、生理原因及社會原因[13]。費利亦是實證學派之代表人，反對古典學派之「自由意志」及「道義責任」論；同時亦反對報復刑罰之觀念。費利並認為人的行為，係由人之內在與外在之一切原因要素所決定。

費利及其他社會科學家亦提倡「犯罪飽和原則」（The Law of Criminal Saturation），認為所有社會在犯罪方面均會達到飽和點（Saturation Point）[14]。亦即，任一社會具有一定人的因素（如：性別、年齡、職業、教育、社會階級、心理狀態等）、一定的自然因素（如：民族、氣候、季節、濕度）、一定的社會因素（如：人口、移民、風俗習慣、社會秩序、經濟、社會教育等），則會產生一定量之犯罪。其原理如同在一定溫度之一定量水中，如放入砂糖，則能溶解一定量之砂糖，如要使之溶解更多，則必須再加高溫度，否則溶解度不會改變。同理，只有社會環境等因素急驟之變化，才會發生更多之犯罪。因此，犯罪乃受一定法則之支配與化學之飽和原則一樣，在一定的個人及物理條件之社會環境中，產生一定數量之犯罪。其他社會學家亦持相同論點認為，犯罪是

12　同註2，第52頁。
13　同註2。
14　同註3，第3頁。

社會之正常功能（Crime is A Normal Function of Society），諸如譚納保姆（Tannenbaum）於1943年提出犯罪是不滅的；涂爾幹（Durkheim）早在1890年代亦提出犯罪是社會無可避免之正常現象[15]。我們由犯罪飽和原則得知，如果犯罪統計上出現之犯罪數與犯罪的飽和點有相當一段距離，則顯示：「犯罪未知數」很高。因此，為減少犯罪未知數，定要加強刑事之追訴能力。

費利之另一貢獻即提出犯罪預防措施。諸如：生育控制、結婚與離婚之自由，增設街燈並提高其亮度、武器製造之控制、設立大眾儲蓄銀行、興建平價之勞工住宅等。

（三）加洛法洛

加洛法洛亦是龍布羅梭之學生，於1885年融合龍氏及費利之學說，發表《犯罪學》一書。根據進化論之思想，主張刑罰思想應依進化之法則而適用淘汰之原則。至於犯人之處遇，應考慮犯罪人本身之「危險性」，並用科學方法對犯罪人研究，而反對古典學派僅依犯罪行為之輕重，而為量刑之標準。

加洛法洛提出「自然犯罪」（Natural Crime）之名詞，認為這類犯罪為各民族共同痛恨之犯罪，亦即普通公認之犯罪。自然犯罪主要是違反人類道義性之不法行為，亦即含有社會惡性，而要受到社會之非價判斷，如殺人、強姦等暴力性的犯罪，往往由於犯罪人不顧社會道義，而做出兇暴殘酷之罪惡，此種犯罪不待具備法律專業知識之一般人即可判斷其為犯罪。加洛法洛又進一步解釋，自然犯罪乃違害社會的不道德行為，亦即違反人類二種共同的道義情緒即誠實（Honesty）與憐憫（Pity）之行為，則為犯罪行為，而犯罪原因亦不侷限於龍布羅梭生理型態之人類學，亦應擴張到心理原因及社會原因之探討。

茲就犯罪學實證學派之重要論點及貢獻，綜合如下：

15　同註3，第3頁。

（一）龍布羅梭在1872年至1876年之間，對犯罪學之研究，開闢一條嶄新大道。龍氏在1876年出版之《犯罪人》專論，由於缺乏足夠的科學材料，尚未引起刑事司法界之科學結論。然他的二位得意門生費利及加洛法洛根據社會學及法律學觀點來補充龍氏犯罪人類學之研究。費利及加洛法洛認為要研究犯罪及刑罰，必須在學理上實證地研究人類及社會生活對犯罪產生之影響。

（二）主張從社會的觀點探討犯罪之定義（Social Definition of Crime）。

（三）反對犯罪行為之發生係個人自由意志而起，而強調犯罪係由於無法控制之外在因素（Uncontrollable External Factors）所引起。

（四）激起犯罪學家對犯罪人及犯罪原因之研究：因為古典學派僅強調犯罪（Crime）之研究，以犯罪的輕重來定其罪責及適當之刑罰，並不過問其犯罪原因為何，亦不論其是初犯或累犯。犯罪實證學派首先倡議犯罪人（Criminal）之分類，以及運用科學方法研究犯罪人，闡明犯罪發生原因，並針對其犯罪原因而予以適當之處遇。

（五）犯罪學實證學派之研究結論左右美國犯罪學界之思想，因為實證學派獲得美國生物學界、精神醫學界、心理學界、社會學界、人類學界等支持，而導致犯罪學家集中全力研究個別犯罪人之人格、體型特徵、智力、家庭背景、鄰里關係及其所屬之社團等。

（六）刑事司法界之更生重建模式，亦是實證學派研究結果之產物。

（七）實證學派強調個別犯罪人之研究及個別處遇（Individual Treatment），運用心理學、社會學及精神醫學等研究犯罪之原因，犯罪人之性行、家庭背景、社會背景、犯罪經過及其身心狀況等來改正及協助犯罪人重建，適應自由社會生活。

（八）發展出一套觀護制度、假釋制度、少年法庭、不定期刑、心理治療、兒童輔導、就業訓練計畫及社區處遇工作等。

（九）處遇（Treatment）及更生重建（Rehabilitation）之概念，取代刑罰而成為現代刑法之目的。

（十）強調刑罰或處遇應適合犯罪人，而非犯罪（Punishment or Treatment must Fit the Criminal）。即一個人接受審判，並非依照其犯罪之嚴

重性，而應針對那些促成其犯罪的情況聚合因素來處理。實證學派批判古典學派對每一搶劫犯均處予同樣刑罰感到不可思議，因為每一搶劫犯之犯罪動機、原因均不相同，例如某甲犯搶劫是因未接受職業訓練而失業犯罪，則對某甲搶劫犯之處遇應強調職業訓練；而某乙犯搶劫是因未從父母獲得愛的需要，因而以搶劫作為愛的心理取代，則對某乙搶劫犯之處遇最好給予心理治療。

我們由上述犯罪學理論起源發展之討論，可知犯罪學古典學派強調自由意志論、道義責任論、刑法之改革、罪刑均衡原則，以及同樣的犯罪接受相同之刑罰。反之，犯罪實證學派較不強調刑法方面，而強調科學方法研究個別犯罪人及犯罪原因而給予適當之處遇。但如從二個學派之重心來探討，犯罪學古典學派強調，人類有自由意志擇善去惡，如某些人為追求最大之快樂及最少之痛苦，而違背社會期待之可能性而違犯刑法，則應對其行為負責，因為他們本身是發動行為之主體；此外亦主張革新刑法及保護被告以免接受過分嚴厲或任意之刑罰。犯罪學實證學派則認為，犯罪人是受社會環境影響之客體，而非主體，而且犯罪人是有問題的，需要矯治處遇，為此而否定犯罪人之自由意志。

三　20世紀犯罪學理論之發展

追犯罪學實證學派興起之後，各國的犯罪學家乃積極展開犯罪學理論研究。如奧國的萊滋（Adolf Lenz）教授於1927年發表《犯罪生物學原著》一書，以犯罪生物學作為研究重點；德國的梅滋格（Edmund Mezger）於1933年發表《刑事政策》一書，以犯罪學為基礎，站在民族與種族二個根本思想建立其犯罪學理論體系。法國塔德（Tarde）創立「犯罪模仿法則」、美國齊林（Gillin）發表其「犯罪學與刑罰學」、波格斯（Burgess）、特拉西爾（Thrasher）、蕭氏（Shaw）及馬凱（Mckay）發表其生態學研究與犯罪地帶之「芝加哥學派」（Chicago School）、佛洛伊德（Freud）之「心理分析理論」（Psychoanalytical Theory）、雪林（Sellin）之「文化衝突理論」（Cultural Conflict

Theory）、米勒（Miller）之「下階層文化衝突理論」（Theory of Lower-Class Culture Conflict）、涂爾幹（Emile Durkheim）之「無規範理論」（Anomie Theory）、梅爾頓（Merton）之「緊張理論」（Strain Theory）、柯恩（Cohen）之「非行少年次級文化理論」（Delinquent Subcultural Theory）、克拉法德（Cloward）及奧林（Ohlin）之「機會理論」（Opportunity Theory）、赫西（Hirschi）之「控制理論」（Control Theory）、雷克利斯（Reckless）之「抑制理論」（Containment Theory）、蘇哲蘭（Sutherland）發表其「不同接觸理論」（Differential Association Theory）、愛克斯（Akers）之「社會學習理論」（Social Learning Theory）、瑪特扎（Matza）之「中立化理論」（Neutralization Theory）、傑佛利（Jeffery）早期之「社會疏離理論」（Social Alienation Theory）及1977年提出「生物社會學習理論」（Biosocial Learning Theory）、達倫道夫（Ralf Dahrendorf）、昆尼（Quinney）等之「衝突理論」（Conflict Theory），以及貝克（Becker）與李瑪特（Lemert）之「標籤理論」（Labelling Theory）等，對於近代犯罪學理論之發展有巨大的貢獻。而近年犯罪學學界在學者之努力下復發展出許多嶄新理論，如布列衛特（Braithwaite）之「明恥整合理論」（Reintegrative Shaming Theory）、蓋佛森及赫西（Gottfredson and Hirschi）之「一般性犯罪理論」（A General Theory of Crime）及赫根（Hagan）之權力控制理論（Power-Control Theory）等，使得犯罪學理論之研究更形豐碩。另犯罪理論整合（Theoretical Integration）之呼聲亦在爭議當中，備受討論與關注。而新進隨時間發展的理論（Developmental Theories）研究亦受許多犯罪學學者青睞與倡議。筆者則另特別強調犯罪學研究跨越藩籬，以科際整合（Interdisciplinary）之研究策略，揭開複雜之犯罪成因，其在稍後之章節中將進一步簡述。

第四章 犯罪生物學理論

　　理論是一種有系統的科學知識，係經由邏輯的建構（Logical Constuction）、命題的陳述（Propositional Statement）和假設的驗證（Hypothesis Testing）所建立起來的一套概念系統（Conceptual System）。理論的主要功能，係用來「解釋」（Explain）、「預測」（Predict）、「控制」（Control）人類的行為或社會的現象。

　　理論乃研究之基礎，而犯罪之研究定要根據犯罪有關之理論，才有可能去探討。我國有關犯罪理論方面之論述較少，且各種理論各自強調某種因素為犯罪之原因，而形成各種不同論斷或學派爭論不已之問題。然目前大多數犯罪學家認為形成犯罪的原因是多元化，尤以犯罪乃為一錯綜複雜之社會現象，自非單一因素所能解釋，更非單一學科所能獨立研究，故有學者提及，如僅從極專精的單一學科去研究犯罪問題，猶如戴著顯微鏡看世界，只能對其中一小部分（可能是不重要之部分）做透澈觀察，而無法考量犯罪整體的問題，且易陷入以偏概全之錯誤[1]。因此，有關犯罪問題之研究，已不可再循傳統方法，僅從單一學科的觀點去做單方面之探討，而必須採取犯罪多元性理論，運用相關學科，以科際整合性的整體觀來研究，而求得對整個犯罪問題形成之相關因素，予以綜合探討，並提出防治對策，俾供有關人士參考。

　　然值得特別強調的是，科學整合犯罪學之觀點並未反對單一學科之專精，因為單一學科專精與科際整合不但沒有矛盾，反而有相輔相成之效果。我們可比喻每一專精之單一學科為一樹幹，而科際整合比喻為樹根，每一樹幹紮得愈深，更能增加對問題研究之深度；樹根愈多，則更能擴張問題研究之廣度，因此，專精的每一學科即為科學整合之基礎。為此，筆者願先就犯罪之生物學理論加以探討，然後再探討犯罪心理學理論，犯罪社會學理論，最後再從上述相關理論以科際整合之觀點予以綜合探討。

---

[1] 林山田，犯罪問題與刑事司法，臺灣商務印書館，民國65年，第47頁。

犯罪生物學理論乃犯罪人類學派發展之延伸，亦即從生物學觀點來研究犯罪行為。通常犯罪生物學理論之研究乃從型態學（Morphology）、生物體質之顯型（Phenotype）、生理學（Physiology）、內分泌異常（Endocrinal Abnormalities）、遺傳之病態（Geneties Disorders）、腦的功能失調（Brain Dysfunction）、XYY性染色體異常（Abnormal Sex Chromosome）、生化不平衡（Orthomolecular Imbalances）、神經生理學（Neurophysiology）、過敏症狀（Allergies）、低血糖症（Hypoglycemia）、男性荷爾蒙、環境汙染等方面來探討犯罪形成之相關性。

19世紀及20世紀初期的實證生物學理論對犯罪學有很大的影響；犯罪生物學派乃源自義大利實證學派之代表人龍布羅梭（Cesare Lombroso）、費利（Enrico Ferri）及加洛法洛（Roffaella Garofalo）；另外，美國之學者胡登（E. A. Hooten）、雪爾頓（W. H. Sheldon）及葛魯克夫婦（Gluecks）等在犯罪生物學方面亦有深入之研究貢獻。

第一節　義大利犯罪學實證學派

實證學派乃自19世紀末葉義大利精神醫學家龍布羅梭（Cesare Lombroso, 1836-1909）於西元1876年創立，由人類學之觀點研究犯罪人之生理特徵開始，之後龍氏的學生費利（Enrico Ferri, 1856-1928）及加洛法洛（Roffaella Garofalo, 1852-1943）等學者更加發揚光大而奠定現代犯罪學之基礎[2]。此實證學派代表人物及主要貢獻已在19世紀犯罪學實證學派中詳為介紹，其研究對日後犯罪生物學之發展有莫大貢獻。

2　Vernon Fox, Introduction To Criminology. Englewood Cliffs, New Jersey: Prentice-Hall, Inc., 1976, p. 38.

第二節　美國犯罪學實證學派

美國大部分犯罪學家接受葛林（Goring）之看法，對龍布羅梭之主張加以批判。但葛林日後之進一步研究，仍認為犯罪人在生理方面與非犯罪人有差異或較為低劣。美國大部分犯罪學家反對有關生理的犯罪型態研究，但有少部分學者對這方面有興趣，例如：1938年芬克（Arthur Fink）之著作《犯罪原因》（美國1800年至1915年之生物理論）；又如美國人類學家哈佛大學教授胡登（Earnest A. Hooten, 1887-1954）曾花費12年時間研究龍布羅梭之理論及體型之研究。他抽樣研究十州的男性犯罪人共13,873人，並取樣非犯罪人共3,203人與之比較。同時亦對5,689個犯罪人做詳細的人類學研究，且將他們依種族分成九類，結果發現每一種族內那些體型及生物條件差的人較易發生偏差行為[3]。此乃胡登首次運用體型在犯罪學上說明，並期望由生理的人類學來證明犯罪人有較低劣之生理特徵，他的研究再度引起美國運用犯罪生物學解釋犯罪之興趣與研究。

雖然胡登反對龍布羅梭隔代遺傳（Atavism）之看法，但胡登相信犯罪人在生理器官方面較為低劣，且來自遺傳之影響。胡登認為生理上的低劣會導致心理發展之低劣，而促成犯罪問題更為嚴重。胡登於1931年提出犯罪與人類（Crime and the Man）的研究，主張用節育的優生計畫（Eugenic Programs of Sterilization）來解決犯罪問題[4]。

但胡登之研究亦遭受許多社會學家及犯罪學家批評，認為他的研究方法論有不切實際之缺陷，且無適當的控制組做比較，而且其犯罪組亦無代表性。同時，生物學家及人類學家亦批評其研究無法說明那些偏差是生理上的低劣所引起。因此，胡登之研究對一般犯罪及少年犯罪之解釋，於今已不具昔日之重要性。

美國另一位實證學派學者雪爾頓（William H. Sheldon），是胡登

---

[3]　同註2，第51頁。

[4]　W. E. Thornton, J. A. James, and W. G. Doerner, Delinquency and Justice. Dallas: Scott, Foresman Company, 1982, p. 73.

之學生，也深受德國精神醫學家克萊茲穆（Erust Kretschmer, 1925）影響。雪爾頓更進一步說明身體結構（Body Build）與犯罪行為有相當之關係，尤以少年犯罪為最。雪爾頓於1949年在其專著《各種不同的少年犯》（*Varieties of Delinquent Youth*）一書中，描述200個少年犯之生活經歷，指出行為乃是身體結構之功能表現（Behavior is a Function of Body Structure）[5]，亦即說明身體結構與人格之間有直接關係存在。雪爾頓與葛魯克（Eleanor Glueck）亦指出，身體結構在使少年陷入犯罪行為過程中扮演極重要之因素[6]。他倆一致認為，1.身體特徵之異常與少年犯罪具有相關性；2.不同的身體特徵對環境之影響有不同之反應；3.身體特徵及對環境反應之差異均是促成少年犯罪之重要因素。

　　雪爾頓曾對1925年德國學者克萊茲穆之體型分類，進一步研究體型與少年犯罪之相關性。雪爾頓並對克萊茲穆所提出之三種體型重新命名，如：1.細身型，另稱為瘦弱型（Ectomorphs）；2.運動型，另稱為鬥士型（Mesomorphs）；3.肥胖型，另稱為矮胖型（Endomorphs）。雪爾頓認為，每一種不同體型均具有不同之基本性情。如某些少年具有鬥士型之生理結構與性情，如再加上某些特殊社會因素影響，則易導致少年犯罪。雪爾頓曾對波士頓200名少年犯及200名控制組之非少年犯進行比較研究，發現鬥士型少年之生理與心理異常之特徵較易陷入犯罪。因為，鬥士型少年較喜風險、偏差行為，以及他們生理之好勇（Physical Prowess），再加上對別人不關心與不敏銳，較易成為一位掠奪者。雖然雪爾頓亦體認到鬥士型少年之精力如予適當輔導，亦不一定會陷入犯罪，但雪爾頓仍強調從生物觀點來解決犯罪問題，並提出選擇性之養育（Selective Breeding）是減少未來犯罪之有效方法。然事實上，這些方法並未能從雪爾頓之研究資料中獲得支持。此外，雪爾頓於1949年發表其研究之後，於1951年即受到犯罪學家蘇哲蘭（Sutherland）等批評，並指出其研究上之缺陷，尤其雪爾頓對少年犯罪粗率地界定為所謂的「失望」（Disappointingness），

5　William H. Sheldon, The Varieties of Delinquent Youth: An Insitutional Psychiatry. New York: Harper and Bros, 1949.

6　Sheldon and Eleanor Glueck, Physique and Delinquency. New York: Harper, 1956.

更是無法評量。因為如按照雪爾頓評量少年犯罪之架構，某些少年實際上尚未犯偏差行為，即可能被界定為少年犯。柯恩（Cohen）於1966年認為雪爾頓這種少年犯罪原因之看法及結論沒有價值，同時亦影響研究之效度（Validity）及信度（Reliability）[7]。

　　有關美國葛魯克夫婦之研究：葛魯克夫婦（Sheldon and Eleanor Glueck）是對夫婦檔的犯罪學家，於1956年曾用雪爾頓的身體類型來說明身體結構與類型和少年犯罪之相關性。他們於1956年，曾對500名少年犯與相同環境、相同年齡之500名非少年犯做比較研究，結果支持雪爾頓之理論，發現少年犯樣本中有60.1%是屬鬥士型（Mesomorphic）之類型；此外，亦發現尚有下列因素與非少年犯有顯著差異：1.在氣質上經常表現不安（Restless）、易衝動（Impulsive）、侵略攻擊性（Aggressive）及破壞性的（Destructive）；2.在情感或態度上經常表現出敵對的（Hostile）、挑釁的（Defiant）、怨恨的（Resentful）、頑固武斷的（Assertive）、不服從（Nonsubmissive）；3.心理方面喜做直接具體的學習，而不喜象徵性之智能表現；4.社會文化方面，少年犯大都在父母不適當的管教下長大，家庭生活的素質較差，且無文化氣質[8]。足見葛魯克夫婦亦進一步延伸雪爾頓之研究，對少年犯與非少年犯之人格與社會特徵進行比較研究。

　　葛魯克夫婦認為，身體之結構因素（Constitutional Factors）並非必須遺傳而來，而選擇性之教育也不一定能遏阻少年犯罪。葛魯克夫婦較強調環境與文化方向之影響，這點與雪爾頓有很大差異。他們認為鬥士型少年有過人之精力，較喜冒險與衝動性活動，具有較大之潛力傾向犯罪，他們如再處於可能促進犯罪情況之環境，則陷入少年犯罪之可能性更高。

　　葛魯克夫婦之研究，在美國並未獲得很大支持。有些學者批評葛魯克夫婦的研究方法有重大缺陷，亦即對少年犯與非少年犯樣本的選擇與配對之比較有問題；此外，對身體類型之程序亦過於主觀[9]。除上述技術上之

---

[7]　同註4，第74頁。

[8]　W. C. Reckless, A New Theory of Delinquency and Crime, Rose Giallombardo Edited: Juvenile Delinquency, 3rd, 1976, p. 168.

[9]　同註7。

批評外，亦有學者指出他們之研究未能描述問題的主要癥結所在。葛魯克夫婦在解釋少年犯罪行為方面，對有關社會經濟因素之影響亦不太重視。

對美國實證學派之批判：美國實證學派早期曾費時30年集中研究遺傳及身體型態來解釋一般犯罪及少年犯罪。胡登（Hooten）於1931年曾主張遺傳上之不同，會造成個人之自傲或自卑，以及犯罪人與非犯罪人之間會有構造上（Anatomical）之不同。然事實上，今天我們已了解無法用生理上之偏差（Physical Deviations）來說明個人之自傲或自卑，也無法用來說明犯罪原因。

又有關雪爾頓（Sheldon）和葛魯克夫婦（the Gluecks）之身體型態研究（Somatotype Research），目前在美國亦不太盛行。美國犯罪學家蘇哲蘭（Sutherland）及克烈西（Cressey）於1978年曾批評雪爾頓及葛魯克夫婦之研究過於強調骨相學、生物學觀點，顯示美國大部分犯罪學較贊成由社會學觀點來探討犯罪問題，而較不喜身體型態及優生等生物學之研究。

第三節　現代犯罪生物學理論探討

雖然有骨相學（Phrenology）及雙胞胎（Twin）等其他型態之生物學研究來解釋犯罪原因，但自1940年代後，有關較低劣之身體結構與犯罪相關性之問題尚未受到重視，直到1960年代後，此一問題才深獲學者之興趣及深入探討[10]。

迨英國醫師發表一篇研究報告，指出男性暴力犯中有XYY性染色體異常後，有關犯罪生物學之研究再度引起學者注意與興趣。不久，遺傳、內分泌異常、營養不良及腦的功能失常等問題，開始被用來研究是否與犯罪之間有相關性。

10　同註4，第75頁。

一 XYY性染色體異常

在行為遺傳（Behavior Genetics）方面，很少問題像XYY性染色體異常與暴力行為之關係的研究，能夠引起社會大眾及學術界如此重視。根據研究得知一般男性性染色體中有一個Y染色體，已有暴力之傾向，如果再多出一個Y染色體，則更呈現出暴力之傾向[11]。直到1956年，有關研究才確立人類正常的染色體的數目。染色體是細胞之部分，它們含有基因及生物上之情緒，會影響遺傳特質之傳遞（Transmission）、發展及決定。因為1956年新的鑑定技術發現之前，人類均被認定細胞內有48個染色體，而新鑑定技術於1956年之後才正確地鑑定出有46個染色體。第1對至第22對為體染色體，決定身體的一般性狀；第23對（即XX或XY）為性染色體，決定性別。通常一個男人每一細胞核內具有22對染色體及1對XY性染色體；一個女人每一細胞核內具有22對染色體及1對XX性染色體。亦即，一個人從父母親那裡各獲得22個染色體，然後固定從母親獲得X性染色體，再從父親獲得Y性染色體——即為男性；反之，如從父親獲得X性染色體，即為女性。遺傳因素影響異常行為（Abnormal Behavior）之主要關鍵在於性染色體。然亦有研究發現，有些男性有3個性染色體，即所謂XYY性染色體異常症狀，即XYY男性，有1個X性染色體、2個Y性染色體[12]。

有謂XYY性染色體的人為超男人（Supermale），較易有暴力性之行為。因為，XYY分泌過多男性荷爾蒙而引發暴力行為。英國的醫學雜誌《Lancet》首先於1961年8月26日發表第一個具有XYY性染色體之犯罪人（美國人），後來澳大利亞一所監獄亦提出XYY性染色體與犯罪有極大之相關性[13]。

英國學者傑克布（Patricia Jacobs）於1965年率領一個研究小組在監獄醫院檢查197位心理異常之男性犯人，結果發現其中有7位是XYY性染色

---

[11] H. A. Witking, XYY and Criminality. in L. D. Savitz and N. Johnston: Crime in Society, John Wiley and Sons, Inc., 1978, p. 275.

[12] 同註4，第76頁。

[13] 莊明哲，染色體異常與犯罪之關係，刊：周震歐，犯罪心理學，附錄，民國60年，第262頁。

體異常者，而此7位均是暴力犯罪人。又根據麻蘭（Moran, 1978）的研究發現，XYY性染色體異常者在犯罪人當中之比率，是一般正常人口之二倍。同時，傑克布亦發現XYY性染色體異常者之身材均較高，平均超過6英尺[14]。

　　自從美國傑克布發表研究報告之後，亦有許多相關研究在監獄及心理衛生機構進行，諸如：1966年之布萊斯（Price）、1968年之尼爾森（Nielsen），及1970年之貝克（Baker）等多項研究。他們均認為這項新研究可用來說明生物物理論與犯罪之相關性，也可用此科學方法來鑑定一般人口中之潛在性暴力犯人，但此研究尚未獲得一致之結論。1970年美國全國心理衛生機構認為，有關犯罪行為之XYY理論之結論尚未獲得證實[15]。

　　此外，1968年在芝加哥連續殺死8個護士的兇手史培克（Richard Speck）經分析研究亦具有XYY性染色體。1969年美國心理衛生機構的研討會卻指出，XYY性染色體與犯罪並無實質之相關性[16]。

　　有學者認為，目前尚無證據來支持XYY性染色體異常與犯罪行為發生之因果關係，然某些性染色體異常可能會影響人類心理與心理之功能[17]。

　　另有學者菲克里奧（Figlio, 1977）提出XYY性染色體異常研究最大之困難，即在於研究方法方面之問題[18]。很少研究能適切地指出到底XYY性染色體異常者，在普通人口中所占的比率有多大？因為，一般研究樣本均取自犯罪矯治機構之犯罪人，以致其研究結果有問題。因事實上，我們不能用監禁之受刑人，來正確地描述代表一般普通人口；何況，我們也了解尚有犯罪黑數之問題，諸如：有些犯罪人未被察覺，有些犯罪人也未被逮捕移送監獄執行，故從監獄受刑人中抽樣研究是值得商榷的。

　　另有學者指，出在監犯罪人之中，屬XYY性染色體異常者呈直線上升，此可能不是另一個Y染色體直接導致相關，而是XYY男人之生理特徵

---

[14] 同註12。

[15] U. S. Department of Health, Education and Welfare. NIMH, 1970.

[16] 同註2，第56頁。

[17] S. A. Shah and L. H. Roth, Biological and Psychophysiological Factors in Criminality. in D. Glasser (Ed.), Handbook of Criminology, Chicago: Rand McNally, 1974.

[18] 同註4，第77頁。

所影響。因為，XYY男人有幾項特殊之生理特徵，包括：較高之身材、較長之四肢、臉部有粉刺；此外，有些XYY男人之心理發展較有障礙。通常生理上之異常，較易促成多一個Y性染色體的人，引起社會之反應而被逮捕入監。又生理異常的人如有較高之身材、較黑之皮膚、缺乏警覺性，亦較難去適應正常的社會生活型態，尤其要謀職更為不易。我們並未指出這些人一定會陷入犯罪生涯，然而他們陷入犯罪之潛在性，以及被鑑定為犯罪人的可能性比一般人為高。通常XYY性染色體異常者之生理特徵及外表，較易被刑事司法體系標籤為特殊危險性之犯罪人。故事實上，影響XYY性染色體異常者陷入犯罪之促進因素，有時來自社會上給予之標籤比其本身生理特徵之影響更大。

　　有關XYY性染色體異常與犯罪之研究，雖然尚未獲得一致之結論與廣泛支持，但在犯罪防治方面已獲得廣泛之重視與應用。1968年，哈佛大學精神醫學家華爾則（Stanley Walzer）開始對出生嬰兒加以鑑定並記錄其性染色體，此研究組進行至1975年時，遭到社會大眾及兒童防衛基金會等團體強烈反對，並呼籲其停止此項研究。亦有學者反對他們之研究，深恐此會對兒童有壞標籤及自我實現預言（Self-fulfilling Prophecy）之影響。但研究組不顧他們之反對，仍繼續研究20年（至1988年），俾使將來追蹤研究，尤其對有XYY性染色體異常者，特別注意記錄其行為，俾了解XYY性染色體異常與性犯罪及侵略攻擊性行為之關係[19]。

　　1971年，美國前總統尼克森之醫學顧問赫次尼克（Arnold Hutschnecker）曾提出一項大規模研究計畫，準備對全國每一位6歲小孩進行性染色體檢查，其目的在對那些有嚴重潛在犯罪傾向者送往治療，俾能預防犯罪而成為社會有用之人。然此項研究計畫最後未被接受而停止進行[20]。

　　迄今，如從科學、法律及倫理觀點來看，尚無足夠證據來說明可由遺傳或染色體方面來控制犯罪。另方面如從憲法觀點來看，如何使那些被選為有潛在犯罪傾向的人受到法律妥善之保護是非常重要的。此外，1960年

19　同註4，第78頁。
20　同註4，第78頁。

代以來，在美國曾有些被告企圖用XYY性染色體異常之缺陷來作自我防衛以減輕罪行，但未被法院接受。

　　我國精神醫學家林憲教授認為，XYY性染色體異常在智慧發展上可能有障礙，且在體型與性格上有粗魯、暴躁之傾向；一般學者相信XYY型者有強烈的犯罪傾向，但事實上此性染色體之遺傳，並非他們破壞性與犯罪行為之主因。即性染色體之異常與犯罪並無直接關係，主要是性染色體異常所導致之智能及其他精神上之障礙與犯罪行為有關聯[21]。

　　傑佛利（C. Ray Jeffery）認為犯罪人與非犯罪人之差異，並不能僅用生物基礎觀點來說明。因為一個有XYY性染色體的人也可能成為犯罪人或非犯罪人，XYY性染色體並非影響行為之主要因素。值得強調的應是，XYY性染色體這一變數（Variable）與其他變數之互動（Interaction）而後才產生行為。因為XYY性染色體在某一個案可能是影響犯罪行為之重要因素，而在另一個案可能就不重要[22]。

二 遺傳問題之研究

　　犯罪人格之形成與遺傳有相當之關聯，而研究遺傳與犯罪之關係及各種遺傳原因（如因先天中有精神病、智能不足、性情異常、酒精中毒、犯罪者等）對於促成犯罪之影響[23]。

　　談到遺傳與犯罪，即令人聯想到犯罪學的鼻祖龍布羅梭（Cesar Lombroso），龍氏認為犯罪人多有天生異於常人之體質（在身體、人類、精神方面均有其特徵）叫做「生來犯人」（Born Criminal）。龍氏並進一步指出，這些身體之缺陷均是隔代遺傳（Atavistic），而使他們退化到原始動物之生活方式。

　　德國學者蘭格（Lange）及史敦布爾（Stumpfl）、美國學者羅薩諾夫

---

[21] 林憲，青少年個案之精神醫學剖析，刊：觀護簡訊，民國67年12月20日，第七版。

[22] C. R. Jeffery, Crime Prevention Through Environmental Design. Beverly Hills: Sage Publications, Inc., 1977, p. 255.

[23] 張甘妹，犯罪學原論，民國74年，第45頁。

（Rossonoff）均曾研究同卵生雙胞胎與異卵生雙胞胎，而發現遺傳因素對犯罪具有相當重大之影響。所謂同卵生雙胞胎乃在受精過程中，一個卵子與一個精子結合受胎。而在細胞分裂過程中分成雙胞胎；而異卵生雙胞胎乃在受精過程中二個卵子與二個精子結合受胎，而在細胞分裂過程中分成雙胞胎者。他們的研究認為，同卵生雙胞胎二人皆犯罪的比率，比異卵生雙胞胎要來得高；克利斯第安生（Christiansen）亦發現，同卵生雙胞胎二人皆犯罪的比率相當於異卵生雙胞胎二人皆犯罪的三倍。另一雙胞胎研究亦在其結論中指出，抽樣研究中同卵雙胞胎中二人皆犯罪的有77%，而異卵雙胞胎二人皆犯罪的僅有38%[24]。犯罪本身固無遺傳可能，然雙胞胎研究之結果可知遺傳在促進行為人傾向於犯罪之過程中扮演極重要的角色。

　　有關遺傳問題之研究，尚有林得傑（Lindzey）主張任何行為理論之探討，均應考慮個人遺傳方面之差異，因為從無二個人在遺傳方面是相同的，除非他倆是同卵生雙胞胎才有可能。遺傳因素並與下列行為有很大之相關性，諸如：侵略攻擊性行為（Aggressiveness），酒精之特別喜好（Alcohol Preference）、性的衝動（Sex Drive）、學習能力（Learning Ability）及其他社會行為等。美國德克薩斯大學教授荷因（Horn）亦強調遺傳之影響，因為他的研究結論亦發現，養子之智慧與其生母較相似，而與其養母之差異較大。

　　另有學者論述先天負因與少年犯罪之相關性，由於父母的酒精中毒、精神病，或因懷孕中胎兒遭受損害等，具有先天的負因者，和犯罪關係的問題，亦可稱謂為遺傳與犯罪關係的問題[25]。

　　因此之故，有一點可肯定的是犯罪本身不會遺傳，也不完全否認犯罪與遺傳間具有相當之關係，何況犯罪是個人身體的物質，以及影響人格、智力之社會環境互動而產生之一種社會現象。而人格與智力等生物因素如接受祖先不良遺傳之影響而具有先天負因者，如再與不良之社會環境發生互動，則易傾向於反社會之行為。為此我們要防治犯罪，亦應注意一般

24　同註22，第256頁。
25　林紀東，刑事政策學，國立編譯館，民國50年，第二版，第50頁。

人或犯罪人是否具有先天之負因，俾能早期矯正其犯罪傾向，以免陷入犯罪。

三 腦邊緣系統之缺陷

　　腦與學習有關，乃因腦有下列之功能：接受、儲存（Store）、聯想（Association）及接觸環境有關信息（Information）；然後發出報訊（Message）給身體的內分泌（Endocrine）、荷爾蒙（Hormonal）及運動系統（Motor System）。

　　腦主要有三個功能系統即：知覺系統（Sensory System）、聯想系統（Associational System）及運動系統（Motor System）。腦部的解剖可分為四個主要部分即：小腦（Cerebellum）、視丘（Thalamus）、下視丘（Hypothalamus）及皮質（Cortex）。

　　人類之快感主要在腦內產生，而刺激物只是提供刺激而已。亦即快感不在刺激物本身，例如食物只是增強快樂的東西而已。而上述腦的部門之中，以下視丘與暴力行為較為有關，因為下視丘是引發動機及學習部門，而且下視丘內一部分即為邊緣系統（Limbic System），此系統涉及人類之飢餓、性慾、憤怒及侵略攻擊性。我們腦感覺快樂、痛苦、情感及動機的中心亦在於邊緣系統，故此部門足以控制人類之行為。

　　有些科學家認為，犯罪人的腦與正常人不同。如1940年代之後，有學者對暴力性犯罪人進行研究，認為他們的腦在結構及功能方面有缺陷。然這些研究尚無法提出足夠證據說明腦的功能缺陷與犯罪有相當之關係，但此研究卻顯示出腦的邊緣系統部分對人類之感情、攻擊性行為、性行為等之規範與控制有很大的影響。

　　邊緣系統位於腦周圍之結構，與腦的新皮層（Neocortex）相溝通，而此新皮層是控制人們知覺及記憶之器官。

　　邊緣系統如長有腦瘤（Brain Tumor）以及各種腦傷害（Lesions）或發炎（Inflammations），則較易產生偏差行為。另外，如頭部受到傷害，以及腦部受傷害等會造成邊緣系統地帶缺氧，而易產生反社會性行為。有

些案例顯示：邊緣系統長有腦瘤，較易產生侵略攻擊性行為、殺人及其他型態之暴力行為。

歐特斯（James Olds）於1954年發現人類的邊緣系統，這是腦中最重要之部門，與一般之犯罪行為有極密切之關係。美國人懷特（White）曾殺害21人，後來被執行死刑後發現其邊緣系統中長有一個大的腦瘤（Brain Tumor），傑佛利（Jeffery）為此深信腦瘤與犯罪行為具有絕對的相關性；此外亦發現許多暴力犯均由於邊緣系統過度刺激所引起[26]。

其他有關邊緣系統之病症，諸如：次皮層之癲癇（Subcortical Epilepsy）的病狀，經常在暴力犯罪人、無動機犯罪人，以及行為困擾之兒童間發現。他們發生侵略攻擊性行為及縱火等暴力行為之時間，通常是在癲癇發作時或發作後產生暴力行為，但這方面之研究迄今尚無定論，因為癲癇症有許多不同型態，而且事實上尚有許多癲癇患者並未發生暴力或其他犯罪行為。

另有腦波記錄儀器，可用來鑑定哪些人患有癲癇之相關病症。曾有心理及外科醫師企圖用手術來治療腦的病症，以及其引發之侵略攻擊性等暴力行為，但結果僅有部分成功。而馬克及愛文（Mark and Erwin）於1970年在這方面之研究，則認為有一半成效良好[27]。

總之，有些研究說明腦的邊緣系統有病狀，較易表現出侵略攻擊性等暴力行為。但與少年犯罪有關的是，有可能是腦的病症引發適應困難之行為，構成促進其犯罪之潛在因素。但在少年犯及普通人口之中有腦瘤症狀者比率仍然很低。另外，亦有學者指出暴力行為之產生並非單一因素造成，何況暴力行為也有許多型態，如有些是攻擊性的暴力行為，有些是因恐懼而引起的暴力行為。因此，我們如僅以單一的生物因素來說明暴力行為，恐會造成混淆予以矛盾之結果。何況，事實上犯罪是因遺傳等生物因素與外在之環境發生互動之結果，而非僅生物因素即可應用來解釋犯罪行為。

---

[26] 同註22，第250頁。
[27] 同註4，第79頁。

四　內分泌異常

　　另一個生物學方面研究，即有關內分泌腺異常影響犯罪行為之問題，亦引起學者之注意與興趣。內分泌腺由荷爾蒙之分泌激素，會影響身體之成長、身體之型態以及人類飲食之方法。

　　早在1928年，史拉布（Max G. Schlapp）和史密斯（Edward Smith）即開始研究內分泌異常（Endocrine Abnormalities）與犯罪之問題。他們認為荷爾蒙的失調、不均衡會造成情緒上之困擾而發生犯罪行為。然他們的研究由於只憑臆測，並未獲得犯罪學家支持。在上述史拉布和史密斯二位之後，也有許多類似研究，但仍未獲得決定性之結論。所謂內分泌腺包括：腦下垂體分泌（Pituitary）、甲狀腺（Thyroid）、腎上腺（Adrenals）及生殖腺（Conads）、荷爾蒙分泌等，這些內分泌均會影響身體功能，諸如：新陳代謝（Metabolism）、緊張、情感以及性的過程。內分泌異常會引起結構上之缺陷，如產生高血壓等問題。一般研究者均認為內分泌影響個人之情感與行為至鉅，有必要進一步研究內分泌異常與犯罪之相關性[28]。

　　波曼（Louis Berman）曾於1938年做成年犯比較研究，一組為犯罪人，另一控制組為非犯罪人，結果發現犯罪人組有內分泌之缺陷與阻礙者係非犯罪人組的二倍至三倍。此外，有關少年犯之比較研究，亦得到相同之結果。但波曼並未對其如何比較研究做詳細說明，也未說明如何選擇控制組之樣本。此外，他並未用具體的統計數字來說明，以致後來許多較精確之研究均未支持他的看法。

　　另有研究對動物進行實驗，發現雄性比雌性動物較具侵略攻擊性，乃因雄性荷爾蒙分泌之影響。後來許多研究均朝此方向以期遏阻人類的侵略攻擊性行為，例如對性犯罪者注射雌激素荷爾蒙，可阻止其性衝動，並進一步遏阻其對異性之侵略攻擊性行為。但此研究實有必要進一步做較精密

---

[28]　同註4，第80頁。

控制之研究[29]。

　　有關女性犯罪之研究，曾提出女性內分泌腺控制之月經前及月經期間會影響他們之犯罪行為。默登（Morton）等曾於1953年列舉說明58位女暴力犯（如犯殺人、侵略攻擊性行為等）之中，有62%是在月經來潮前發生犯行的，另17%是在月經期間發生犯行的[30]。此外，根據達爾頓（K. Dalton）之研究指出，學校女生在月經期間學業與行為均陷入較差之表現；而一般女性於此期間，亦較易發生意外事故或心理疾病。

　　達爾頓（K. Dalton）曾利用6個月時間，調查訪問監獄新收女受刑人共386位，其中有49%女受刑人之犯罪發生在月經期間或月經來潮之前。然如按常態分配，正常情形應只有29%女受刑人在月經期間或月經之前犯罪。因此，達爾頓之調查研究結果顯示，月經與犯罪有顯著相關[31]。但這些研究並未指出，哪些荷爾蒙層次之不同會發生犯罪，也未指出女性在月經之前及月經期間之症狀，較易引起發怒、興奮、緊張之情緒等是導致犯罪之誘因。而事實上，我們必須強調女性犯罪除上述因素外，尚有其他社會或心理變項可用來說明。因為如只用內分泌之不平衡來說明犯罪原因是不完整且不周延的，亦即不能用單一因素來說明犯罪。至於討論內分泌與犯罪之相關性問題，生物學家蒙特克（Ashley Montague）認為，我們在這方面尚處在一個未知之世界，但我們卻常常用一些未知之事物來說明已知之犯罪現象。

五　生化上之不平衡

　　另一個生物上之病態與犯罪有關的是，身體內生化上之不平衡（Orthomolecular Imbalances）。生化學家認為某些偏差行為，可能歸咎於身體內生化之缺陷或不平衡或者腦的中毒所引起。有人批評這類研究亦

---

[29] 同註4，第77頁。

[30] J. H. Morton, R. G. Addition, L. addison, L. Hunt, and J. J. Suliivan, A Clinical Study of Premenstrual Tension. American Journal of Obstetrica and Gynecology, 65: 1182-1191, 1953.

[31] Katharna Dalton, Menstruation and Crime. in Leonard D. Savitz and Norman Johnston: Crime in Society. New York: John Wiley and Sons, Inc., 1978, p. 259.

顯示出高度的純推理玄想而已，而有別於一般犯罪學家常用之研究模式。

　　有關生化理論之重點，在於相信腦的功能是受腦內許多分子構成之本質的影響。而每個人腦內這些本質之最妥當的集中安排，乃隨每個人不同的飲食習慣及遺傳上之缺陷而有所不同。反之，如腦內這些分子構成之本質異常不足或過剩，均會導致各種不同病態之心理與行為上之問題，較嚴重者則會產生反社會性之行為[32]。

　　又根據生化醫學創始人胡佛（Abraham Hoffer）之看法，少年在腦內生化異常者有二組主要症狀，可能導致偏差行為。第一組症狀即因營養的缺乏與腦的過敏所造成；第二組症狀即因營養之缺陷或低血糖症（Hypoglycemia）所造成之過分活躍（Hyperactivity）。

　　上述症狀有幾種病態，主要是因為維他命的缺陷而造成視力、聽力及其他感覺之病態。人們遭受這些病痛之折磨，個性會變成較為粗暴，並進一步發生反社會性之行為。亦有研究指出，酒精及藥物濫用者在犯罪人之中仍占多數，且大部分患有維他命之缺陷問題。相同地，普列克（Pawlak, 1972）之研究曾指出兒童之所以會有學習及行為上之因素，甚至犯罪行為等均與缺乏維他命B有關。

（一）維他命與礦物質缺乏問題之研究

　　社會生物學家認為人類腦的成長、發展，需要相當程度之維他命與礦物質支持，尤其少年時期更為需要。人們如缺乏必要之維他命與礦物質，則易發生偏差行為。少年如果未能獲得足夠之維他命，即患了所謂的維他命缺乏症；有些少年由於遺傳之關係，需要更多維他命與礦物質，即患了所謂的維他命依賴症。

　　上述患了維他命缺乏症及維他命依賴症之少年，較易顯現出生理、心理以及行為問題。同時，也會有視覺、聽覺以及其他感覺發生嚴重之困擾問題。通常酗酒者易患有缺乏維他命B1之症狀，乃因他們沒有良好之飲

---

[32] L. Hippchen (Ed.), Ecologic-Biochemical Approaches to Treatment of Delinquents and Criminals. New York: Van Nostrand Reinhold, 1978.

食控制所致。

有關維他命缺乏以及依賴維他命之病症與少年犯罪相關性之研究，似乎發現缺乏維他命B（B3及B6），以及缺乏維他命C與反社會性行為有顯著相關。亦有研究指出，大多數精神分裂症患者（Schizophrenics）以及行為學習有困擾之兒童，均患有需要依賴維他命B3及B6之症狀。又著名的犯罪生物學家希布罕（Leonard Hippchen）認為，缺乏維他命B3易導致青少年過度活躍，如果這種病患在25歲之前未能予以適當處遇治療，則可能導致嚴重心理疾病。希布罕認為當前許多青少年常感不安，而從事抽菸、喝酒、濫用藥物、逃學、離家出走、破壞公物之偏差行為，以及其他較嚴重之暴力行為。此外，人們身體之礦物質（如銅、鎂、鋅等）如太多或不足，均可能導致偏差行為發生。

最近亦有學者從事飲食控制與犯罪相關性之研究，如德阿薩羅（B. D'Asaro）、克羅斯貝克（C. Crossback）和尼克羅（C. Nigro）三人曾於1975年研究受刑人之飲食控制，發現他們比控制組（非犯罪人）飲用更多咖啡與糖。另有學者史阿斯（Alexander Schauss）研究指出一些接受保護管束者，經過營養治療處遇之後，已顯著降低再犯率。目前，尚有許多犯罪生物學家正研究如何運用維他命來處遇治療少年偏差行為之問題[33]。

（二）過敏症問題之研究

有研究指出過敏症（Allergies）會影響知覺，而導致發生偏差行為。通常較易發生過敏之食物，如：牛乳、麥、玉米、蛋、巧克力、柑橘等，這些食物與知覺之病態有關。亦有學者研究受刑人發現，至少有三分之一受刑人患有嚴重之知覺病態，且影響視力而易發生偏差行為。

生物社會學家也開始研究大腦過敏與神經過敏對偏差行為之影響。通常過敏症是指身體對外來物質之不尋常或過度之反應。如花粉熱（Hay Fever）過敏症之發生，乃因花粉細胞進入人體，然後人體內的自然防衛機構對花粉加以抵抗中性化之結果，而使眼睛變紅、發癢或呈下陷之情

---

[33] Larry J. Siegel, Criminology. West Publishing Co., 1983, p. 126.

況。通常大腦之過敏症會引起腦的過度反應，而神經過敏則會影響神經系統之過度反應[34]。

一般學者認為大腦之過敏症，會引起腦的膨脹，並引起許多心理、感情及行為困擾之問題，諸如：發生過度情感化之行為、侵略攻擊性之行為，以及暴力行為。大腦與神經過敏也會引起兒童之過度活躍，造成反社會行為之前兆，而成為日後潛在性少年犯之標籤。

（三）低血糖症問題之研究

當少年血液之糖分，低於腦正常有效運作功能所需之標準時，則會發生低血糖之問題。低血糖症患者之症狀包括：易怒、焦慮、沮喪、痛苦嚎哭、頭痛、困惑。

有些研究指出，低血糖症與反社會行為有相關性。早在1943年，希爾（D. Hill）和沙晉特（W. Sargent）即曾指出，謀殺案與低血糖症有關。另有研究指出侵略攻擊性行為、性犯罪與低血糖有關。此外，低血糖症也和葡萄糖之混亂失調，以及腦的功能失常有關。而有些研究發現犯罪人亦比非犯罪人有較高之低血糖症[35]。

通常小孩過分活躍（Hyperactivity）亦被視為少年非行或反社會之行為。過分活躍是一種症狀，會引起過分之活動（Overactivity）、精神錯亂（Distractability），以及侵略攻擊行為（Aggressiveness）。有些學者認為，過分活躍乃由於營養之缺陷及低血糖症所引起。這些問題起因於糖與澱粉之高度消耗，以及食用有毒之添加物所引起。如美國兒童食用太多含糖及澱粉之食物，可能會造成血糖層次之變動，這種變動會引起下列症狀，如：昏睡而無感覺（Lethargy）、沮喪（Depression）、對刺激過敏症（Irritability）、猜疑心重（Suspiciousness）、奇異思想（Bizarre Thought）、幻想（Hallucinations）、極端狂躁（Extreme Mania）、焦慮（Anxiety），以及暴力之行為。

34　同註33，第133頁。
35　同註33，第132頁。

　　過分活躍之小孩，較易被父母及老師標籤為有問題之小孩。而這些小孩無法集中注意力去學習，較易傾向逃學，長大成人缺乏知識與技能，而易陷入偏差行為。生化學家認為少年如患有低血糖症，較易發生偷竊、強姦、縱火、侵略攻擊性及殺人之行為。另有生化學家也指出，監獄內殺人犯當中有90%患有低血糖症或缺乏維他命症。

　　然迄今有關生化因素與犯罪之相關性，有部分證據曾指出，營養及維他命之缺陷會影響生理與心理之安寧。但此研究仍無法說明大部分之犯罪與生化不平衡有關。有一點可接受的是過於活躍的小孩，較易被標籤為問題的製造者，這些症狀也可能是促成逃學之誘因，但我們願強調，並非單純的生物因素缺陷引起偏差行為，而生物缺陷所造成之社會反應也是主要之促成因素。目前雖然有關生化不平衡尚無法說明大部分犯罪行為，但生化學家仍強調應用維他命治療以及改變飲食習慣，可協助治療處遇犯罪人之問題。

六　神經生理學之研究

　　神經生理學（Neurophysiology）或者腦活動方面之研究，也是社會生物學中與少年犯罪問題相關之另一個範疇。這方面之研究均集中於腦波（Electroencephalogram），簡稱EEG之探討。德國學者波格（Hans Berger）早在西元1929年，即開始介紹腦波（EEG）之運用[36]。通常腦波乃用來測量記錄腦的電波律動。腦波可用來比較犯罪人與非犯罪人之活動型態，但這只是犯罪神經學（Neurocriminology）的一部分。

　　以下將進一步探討一些與少年犯罪有的腦功能失常型態[37]：

（一）輕微的腦功能失常

　　輕微的腦功能失常（Minimal Brain Dysfunction）與犯罪相關的主要

36　同註2，第56頁。
37　同註33，第134～135頁。

癥結在於腦的結構。輕微的腦功能失常會引發不能適應之行為,而擾亂個人之生活方式。嚴重的情況則會導致反社會行為發生,以及腦控制機能的不平衡和生化上之異常。而輕微的腦功能失常,亦包括一些異常之行為型態,諸如:難語症(Dyslexia,又稱讀寫障礙)、視力方面問題、過分活躍(Hyperactivity)、注意力不能集中、脾氣暴躁,以及侵略攻擊性之行為。

　　輕微腦功能失常,有時會間斷地發生狂暴激怒,甚為犯罪生物學所關切。這種症狀有時會引發毆打妻子、虐待小孩、自殺、侵略攻擊性行為,以及其他沒有目的、動機之謀殺行為。然這種病患如果沒有病發,則能保持溫馨、健全、快樂之人格。

　　至於犯罪人口之中究有多少屬於輕微的腦功能失常?羅賓(R. D. Robin)及其研究助理,從企圖要自殺的青少年樣本中,經由心理測驗發現,有60%屬於腦功能失常。摩洛(R. R. Monroe)亦測試發現,大部分受刑人均顯現出有神經生理功能失常之問題。余達(L. T. Yeudall)研究16個有上述症狀之犯罪人,發現大部分均有腦側面功能失常之特徵。他認為以此來預測暴力犯之再犯情況,可獲得95%的正確性。

　　教育學家與犯罪學家共同關心之問題,即輕微的腦功能失常與兒童較為低劣之學習能力是否有相關性?然有些研究指出,學習能力較差與較優之兒童,在違法比率上並無不同,但學習能力較差的兒童較容易被警察逮捕、移送法辦,而在官方犯罪統計上占較高之比率。

(二)腦波之異常

　　腦波乃用來測量記錄腦的電波律動。腦波之衡量可反應出腦皮層有關神經活動。腦的活動性質是屬規則循環似的振動,然影響其活動最大的是腦的視丘(Thalamus)。腦波乃代表一些規則振動和短暫變換腦的電流之信號,可由放在頭皮上之電極予以記錄。而振動之次數是以「赫」(Hertz)來衡量,通常每秒振動次數是0.5至30赫。

　　有關腦波異常與少年犯罪之關係研究,有學者曾隨機抽樣335位暴力少年犯,然後再將這些少年犯分為習慣暴力犯和偶發暴力犯,研究結果發

現習慣暴力犯中有65%是屬腦波異常，而偶發暴力犯中只有24%有腦波異常。

　　其他研究亦指出，腦波異常和兒童的反社會行為有相關。研究發現正常的青少年當中僅有5%～15%有腦波異常；而行為偏差的青少年當中有腦波異常則高達50%～60%。而另外發現適應困難之兒童中，有半數患有腦波異常。與腦波異常相同之偏差行為尚有：不良的衝動控制、不適當之社會適應、敵對之態度、暴躁之脾氣與破壞性之行為等。

　　成年人方面之研究，發現較慢的雙邊腦電流和敵對態度、過度批判性、易怒、不能遵循社會規範，以及衝動性之行為有關。精神疾病患者如腦波異常，則會有較高的好鬥性以及偶發性之憤怒。另有學者研究發現，殺人犯中大部分患有腦波異常。

　　但也有些研究指出，腦波異常與暴力行為相關性不高。因為暴力傾向之人們中如有一半是屬腦波異常，而事實上，非暴力傾向人們之中也有不少是屬腦波異常，因此，研究者甚難下結論指出腦波異常是暴力犯罪之原因。

七　男性荷爾蒙之研究

　　男性荷爾蒙可控制男性的第二性特徵，諸如：臉部鬍鬚以及聲音之音質。有些研究指出，男性荷爾蒙產生之多寡與侵略攻擊性犯罪行為有相關性。克魯茲（L. E. Kreuz）和羅斯（R. M. Rose）曾對監獄受刑人抽樣調查發現，暴力性犯罪人比其他類之犯罪人有較高之男性荷爾蒙。羅達（R. T. Rada）等亦做類似研究，發現那些強姦犯及猥褻小孩之暴力行為與其男性荷爾蒙之多寡呈正相關。另有研究者以心理測驗來評量犯罪人與非犯罪人之侵略攻擊性及敵對態度，並進一步比較二組男性荷爾蒙之高低，但未獲得一致之結論。

　　雖然迄今尚無足夠的研究證據來說明男性荷爾蒙與犯罪之相關性，但已有人開始使用藥物來減少男性荷爾蒙。也有學者主張，對性慾衝動較強之男性予以注射女性荷爾蒙之雌激素（Female Hormone Estrogen），可降

低控制性犯罪傾向[38]。

八 環境汙染方面之研究

近年來犯罪生物學家已開始研究有關環境汙染對犯罪行為之影響。當前社區自然生態環境內，已發現逐漸增加鉛、銅、鎘、水銀以及無機氣體，諸如：氯和二氧化氮等之含量，而這些含量如高到某些程度會引起感情與行為上之困擾，更嚴重則會引起疾病或死亡。

最近亦有研究指出：食物之添加劑與犯罪行為有關。如哈利（C. Hawley）和布克烈（R. E. Buckley）認為，人工色素和香料也會引起年輕人之敵對態度、衝動和其他反社會行為。

此外，也有研究從事評估鉛對青少年行為之影響。大衛（Oliver David）等曾對一些行為困擾與反社會行為之兒童進行研究，發現兒童血液中的鉛含量對於偏差行為扮演非常重要之角色[39]。

另外，燈光之輻射也是影響反社會行為之重要環境因素。許多研究指出，日光燈與電視等螢光輻射，也會影響社會及侵略攻擊性之行為。曾有實驗報告指出，將一些兒童置於沒有窗戶之教室內，予以日光燈照射之後，易產生過度活躍及困擾之行為；然後進行第二次實驗，將上述教室之日光燈管用鉛紙罩住，以吸收X光之輻射線之後，兒童會產生與上述顯著不同之行為，亦即行為會有改善之現象。

第四節 對現代犯罪生物學理論之評論

近年來，犯罪生物學理論之探討已改變昔日獨斷之看法。亦即，已較願意接納考慮環境之因素。如貝克（David Baker）及傑佛利（C. R. Jeffery）均研究遺傳與環境兩方面之因素對反社會行為之影響，並強調遺

---

[38] 同註33，第133頁。
[39] 同註33，第134頁。

傳與環境有持續性影響之關係，而且兩者之間亦發生交互作用之影響。

　　社會生物學（Sociobiology）是一門新興學問，主要研究人類社會行為之生物基礎。然有些社會生物學家，則較熱衷於生物之解釋因素而強調「生物決定論」。他們認為如無生物因素之考慮，則人類文化之研究則不具任何意義。這些社會生物學家更極端地解釋各種生活形式之存在，只為服務DNA之目的，因為DNA乃決定所有有機體之本質，亦是基因之要素。亦有些社會生物學家認為，人類之基因與利他傾向、遵守規範、同性戀、侵略攻擊性行為有關。達芬波特（Davenport）也認為常見的偏見行為及犯罪行為（如酗酒、殺人、搶劫等），可以基因方法來解釋；又加州大學柏克萊校區心理學者任森（Authur Jensen）指出黑人與白人之間智商的差異，亦可歸於基因之不同，這些說法也是從生物決定論來解釋[40]。上述論點是近幾十年來社會生物學界一直爭論之問題。但犯罪行為之生物決定論解釋，亦遭到許多社會學家反對。

　　犯罪古典學派學者不太接受犯罪生物學理論，他們認為沒有一個人的行為是完全遺傳而來；如果犯罪行為是得自生物因素影響，則犯罪古典學派之自由意志，以及行為人之道義責任與法律觀念會被腐蝕減弱，而失其立足地位。另方面古典學派學者也認為，如將犯罪移為純醫學上之問題，則會造成實證學派以處遇為藉口之濫用，也會危害到個人之法律權益。

　　美國當代最有名的犯罪學家之一——傑佛利，在其著書《經由環境設計促進犯罪預防》（*Crime Prevention Through Environmental Design*）中提出其發明的生物社會學習理論（Biosocial Learning Theory）[41]。傑佛利亦由犯罪行為多元性之研究，而要建立另一新的綜合犯罪學——生物環境的犯罪學（Bioenvironmental Criminology）。傑佛利認為中樞神經系統——腦，乃遺傳因子與環境交互影響之產物，並強調要研究犯罪行為，必須兼顧生物與環境二方面因素。傑佛利亦認為要控制犯罪，除強化刑事司法體系之外，亦應加強生物醫學之研究，以期進一步控制那些足以促成犯

---

[40] 黃宣範，基因與社會行為——社會生物學中的新爭論，刊，民國65年8月10日，中央日報。
[41] 同註22，第104頁。

罪之遺傳缺陷因素。

　　由犯罪生物學之理論可知犯罪人與犯罪人間在生物條件方面有部分之不同，因而強調行為人之陷於犯罪，主要是受個人生物條件方面，諸如：遺傳基因、染色體異常、體型、身體結構、腦瘤、過敏症狀、低血糖症、內分泌異常、生化上不平衡、男性荷爾蒙等影響。而早期的犯罪生物學家認為生物因素是不能改變的，而今之生物學者則認為可經由維他命之吸收及飲食習慣等來改變或控制偏差行為。

　　總之，我們由許多犯罪生物學論點之探討，得知有些生物上之變項可能有助於某些犯罪型態之解釋，但迄今尚無強有力及充分證據來證明其為導致犯罪之直接因素。而犯罪為一錯綜複雜之社會現象，自非犯罪生物學單一因素或單一學科所能解釋或單獨研究，因此，必須從「犯罪多元性」及「科際整合」之整體觀，配合運用其他相關學科，來探討複雜之犯罪問題，才能了解其癥結所在。

第五章　犯罪心理學理論

　　自從心理學興起，許多學者便開始從人格的發展探討人類行為，而犯罪行為亦是人類行為之一種，因而犯罪行為亦應從內在之心理因素加以探討。心理因素強調人是思維、感情及意志之動物，而認知感情和意志是心理學方面之概念，因而運用許多概念諸如：本我、自我、超我、自己本身、態度和價值等介入變因來解釋行為。因此，從上述心理學觀點之精神醫學理論、心理分析理論、人格特質理論，以及心理增強作用來探討犯罪行為發生之研究理論，即為犯罪心理學方面之理論。

第一節　精神醫學理論

　　精神醫學理論（Psychiatric Theories）之學者強調研究少年犯罪，應探討少年之早期經驗，尤其是探討少年與父母之關係，此關係會影響少年人格特徵之發展，而促其傾向侵略攻擊性行為。

　　通常精神醫學著重研究與處遇治療各種心理病態（Psychopathology），諸如：思想、感情、動機、概念、學習、記憶，以及行為等之困擾問題。然從精神醫學之發展歷史來探討上述之行為困擾等問題，可歸咎於許多不同原因。如1930年代，精神醫學家強調遺傳與身體結構之缺陷，來解釋心理上之困擾較易導致犯罪行為[1]，直到1950年代、1960年代則逐漸以心理疾病（Mental Illness）取代心理上之缺陷來解釋反社會行為。而根據醫療模式（Medical Model）之論點，認為犯罪就是心理疾病之症狀，因而認定少年犯有心理疾病，如果能矯治其心理疾病，促進其心理健全，則不致成為少年犯。

---

[1]　W. E. Thornton, J. A. James, and W. G. Doerner, Delinquency and Justice, Scott, Foresman Company, 1982, pp. 88-89.

　　沙賓（Sarbin）研究指出，許多重刑犯在兒童時代均有一段不快樂之痛苦經驗，未能享受到愛與感情溫馨，或者遭受到被遺棄以及其他生活創傷。這些早期的生活創傷經驗，往往是導致日後產生少年犯罪行為之根源。

　　精神醫學理論強調少年犯罪行為與其早期兒童生活經驗有關，尤其深受兒童與父母之間的關係所影響。一般精神醫學家認為兒童時期之人格特徵，對於其日後是否傾向於偏差行為發展具有重大影響。因為嬰孩出生之後，即有某些基本需要，首先滿足其基本生理需要，如：食物及排洩；然後進一步滿足更高層之心理需要，如：情緒上之安全感、愛與感情、自我價值之感覺；兒童如無法滿足其生理及心理需要，則較可能發生違常行為與偏差行為之症狀。

　　家庭是兒童社會化最基本的場所，而兒童時期之家庭生活經驗，對他日後人格及行為發展有莫大影響。因此，從精神醫學觀點探討，少年如因早期家庭生活缺乏愛，而引起人格發展之創傷；如不能滿足其心理需要，極易導致犯罪行為發生。少年如缺乏愛及自尊，則容易用犯罪行為來引起社會注意與關懷。然此理論之解釋亦有其困難，因為並非所有缺乏愛與自尊的少年均會犯罪。因為少年早期生活缺乏愛而無法滿足其情緒及心理需要，則部分少年可能轉化為積極的奮鬥，日後成為有為的青年，或部分可能因此而墮落為破壞性偏差行為的少年。

　　此外，尚有學者對精神醫學之論點加以批判，認為精神醫學實務工作常運用醫療類推方法，認為反社會行為就是一種心理與情感上之困擾行為，卻忽略社會與環境因素對少年行為之影響。其次，精神醫學家認為心理疾病會導致少年犯罪行為發生，以及運用精神醫學可對少年犯實施有效之矯治，也遭到學者攻擊批判。最後，他們也批判精神醫學過分強調兒童時期之生活經驗。雖然早期的兒童與家庭生活經驗固然重要，但不一定即會決定其日後少年、成年之行為。因為根據社會心理學家之看法，社會互動影響人類之行為至鉅，因為少年常因別人對他們之反應及標籤而影響其對自我概念及行為之發展。

　　目前許多犯罪學家均認為，精神醫學對部分偏差行為有其矯治效果。但部分假設並未經過嚴格之測試，而且有些精神醫學家之研究常依賴

個案以及設有代表性之樣本（如取樣自少年犯矯治機構），然後再將其研究概化到一般少年，其結果未免過於主觀，而不合乎行為科學研究之探討。

第二節　心理分析理論

　　少年犯罪心理學之理論中，以心理分析理論（Psychoanalytical Theories）較具代表性，此理論為現代臨床心理學之父佛洛伊德（S. Freud, 1856-1939）所提出。佛洛伊德理論之主題是所謂心靈決定論（Psychic Determinism），認為凡人之一言一行，均反映其內在之需求、欲望、自我觀念，以及個人對於外界認知之心靈實況。在佛洛伊德之前的人文科學家，從2500年前的亞里斯多德至20世紀初葉的心理學家，對於人類行為之解剖，均止於意識及本能層面，一切非意識解釋者皆歸諸天性本能。直至佛洛伊德之後，潛意識概念乃成為人文科學最流行之詞句，由此可以解釋許多以往不能理解之人類行為，並洞測人類行為更深一層之基礎；透過佛洛伊德理論，醫學界更得以正確的透視精神病現象。從佛洛伊德之後，精神病現象已不再被視為神靈妖怪作祟，不再是先天生理遺傳之惡果，而是出於後天生活經驗。佛洛伊德理論更綜合人格發展、精神病、夢境之分析，日常生活中偶然發生的錯誤，以及個性為一體，認為個人行為出自於生命欲（性本能）與死亡欲之鬥爭，復受社會文化因素之影響。佛洛伊德自1897年開始，從事自我分析，終其一生從無間斷[2]。

　　佛洛伊德是心理分析大師，對於增進了解人類行為的貢獻很大，其理論旨在探討人類的精神活動，亦即在揭發潛意識的奧祕，進而提供心理輔導的方法。佛洛伊德亦致力於行為違常之分析研究，從事精神疾病臨床實驗，並從神經系統轉移到心靈方面之探討來解釋違常行為，如某少年犯發生違常行為而沒有腦部等生理機能之創傷，則非機體方面問題而為功能方

2　張華葆，社會心理學，三民書局，民國75年3月，第113、114頁。

面之問題，亦即心理衝突和焦慮之產物。同時，佛洛伊德亦以潛意識來解釋犯罪，認為人類與生俱來很多犯罪的潛意識與足以促成犯罪行為的各種欲望，他們生下來即為不適應社會之產物，其後經過社會化之後，社會規範漸漸把此等犯罪欲望加以壓抑，或加以合理疏導。少年如果沒有成功地完成這個適應過程即成為少年犯[3]。亦即人類之本我（Id）乃由出生時起即有反社會之傾向。由於反社會之行為招致痛苦的結果，因而壓抑其本我之衝動而遵循超我（Superego）之道德標準，而表現出合法的行為，如果自我（Ego）一味追求本我之欲望，而不受超我之支配，則無法發展出很好的自我及超我，而易發生犯罪行為。

此外，心理分析學派把犯罪行為歸咎於下列三項原因[4]：

（一）未能控制犯罪之衝動（本我）：乃因「自我」或「超我」在發展過程中有缺陷，未能壓制本能（犯罪）的衝動。因此，一個常被「本我」控制的人，最終會觸犯法律。

（二）反社會性格：常由於「自我」不健全的發展，最可能發生在1歲至5歲的時候。

（三）「超我」之過度發展：會導致精神病態之犯罪行為，因為它把「本我」之需求壓制下去。

因此，心理分析學派認為犯罪行為是由於內部心理衝突、情緒問題、缺乏安全感、能力不足、自卑感過重，及潛在之情緒問題等。心理分析學派對於解釋因精神病及心理病態之犯罪行為、精神變態等十分適合，但並未能解釋一般普通犯罪行為。

另有學者分析佛洛伊德之看法，認為罪惡感在犯罪行為中所扮演的角色極為重要。根據對個案分析治療之經驗，他深信犯罪者是為了減輕內心的罪惡感，而故意觸犯刑法，藉機受罰[5]。

論及佛洛伊德對犯罪學之貢獻，主要有下列諸點與犯罪之發生有密切

---

3 林山田，經濟犯罪的犯罪學理論，軍法專刊第22卷第7期，第11頁。
4 車煒堅，社會轉型與少年犯罪，巨流圖書公司，民國75年，第165頁。
5 柯永河，青春期犯罪行為的心理成因，社會變遷中的青少年問題，中央研究院民族學研究所，民國67年，第325頁。

關係[6]：

（一）父母對待子女之行為，決定了子女是否真有安全感及遭遇挫折與否的心理感覺。同時子女也會從父母的行為中，學習應付社會上現實問題的榜樣。

（二）父母的態度與文化的環境對子女有不可忽視之影響。

（三）假使個人表現出多種不同的行為，先後互相牴觸的話，其關鍵則在於潛意識的精神過程衝動的力量。因為這些均是使個人行為表現發生乖離之因素。精神醫學家認為，應尋求個人精神生活中缺乏理智部分及潛意識部分，方可明瞭真正關鍵所在。

此外，佛洛伊德及其門人之學說與理論，雖有多處未能共同一致，然對下列諸點確具有相同見解，可供研究犯罪原因參考[7]。

（一）人類不是學習經驗中的被動接受者，而是具有選擇、淘汰、取捨、內在及外在力量的主動者，此與犯罪社會學觀點不同。因為犯罪社會學家認為少年犯罪純是社會之產物；而犯罪心理學家則以為少年雖存在於社會中受社會影響，然少年仍居於主動的地位。

（二）無論對內在的或外在的環境並沒有偶然的、機會性的反應，任何行為均是基於個人之需要，人類的行為，不問其為社會所接受之正常行為或不為社會接受之犯罪行為，然都是個人為了解決問題的表徵，也說明行為人本身確有問題存在，解決問題的根結，才是矯正行為的根本之圖。

（三）個人為解決心理上的衝突，使用不同的方式，如：放棄行為、爭鬥行為或採取和藹態度或拒絕態度，須知這些行為表現都是因為確實的問題存在，而造成個人心理上的不安與衝突，而這些行為正是企圖追求更快樂現實的努力結果。

（四）就心理分析學而言，反常行為的表現，是內在問題的症狀，不能僅用陳舊的治療方法企圖壓抑、打擊。因為如此表面症狀似乎減輕或消失，但卻可能為另一種症狀所代替。

6　周震歐，犯罪心理學，民國60年，第202頁。

7　參照周震歐著前揭書，第203頁。

（五）除了向病人本身求諸原因治療之外，社會環境因素的探討與社會之治療亦應加以注意。

第三節 人格特質理論

人格係由個人的認知結構、動機結構、興趣、態度與價值觀、自我觀、品格、情感方面的基礎，情緒經驗和對刺激連結的習慣反應（適應機能）等各結構的混合調配，經由統整而形成。它是一個人內在的感受、體會（生理的與心理的反應）和外顯的行為舉止，兩方面調和、統合而一致的特有模式，這可以由個人的生活中較穩定和固著的行為上看出來。人格有其一定的內涵，有著一套有組織、有系統的行為模式[8]。歐波特（Allport）認為，每一個人的人格結構中，均包含二種特質，一種是個人特質：是由個人在其獨有的遺傳和環境條件之下所形成；另一種為共同特質；是屬於同一種族、文化、生活方式的人，所具有的共同人格特質。他強調人格的個別差異，而人格個別差異的主要決定因素為個人特質[9]。

一般心理學家支持人格特質理論（Personality Traits Theories），認為病態的人格特質，易導致犯罪行為的發生。因為少年之病態人格，會引發其高度侵略攻擊性、缺乏良心，且易傾向於反社會行為。心理學家認為，這些犯罪人均具有社會病態人格。

過去50多年來，心理學家已設計多種人格項目來衡量與反社會行為有關之人格特質。大部分研究較集中於鑑識犯罪人與非犯罪人人格特質之差異。通常犯罪人之人格特質是不成熟、過於侵略攻擊性、外向型、叛逆型、敵對態度、退縮型等。而暴力犯經診斷發現均有社會病態（Sociopaths）或心理病態（Psychopaths），甚至病態人格病症。心理學家、精神醫學家和社會學家為及早鑑定出犯罪之虞犯少年或有暴力傾向之

8　余昭，人格心理學，民國68年再版，第617頁。
9　葉重新，不同家庭社經水準青少年人格特質之比較研究，大洋出版社，民國69年，第5頁。

少年，乃設計一些診斷鑑定方法，事先鑑定，俾能防範於未然。如華爾多（Waldo）等曾於1967年指出研究個案之結果顯示，少年犯與非少年犯在人格特質上有統計上之差異[10]。但他們的研究有下列缺陷，諸如：一、對於其他會影響犯罪之變項並未加以控制；二、抽樣方面並未採用隨機抽樣；三、並未界定什麼是人格測驗所要衡量的；四、少年犯之間的差異並未測量；五、並未指出哪一種犯罪行為確為哪一種人格特質之結果，也未指出某種人格特質是否因犯罪經驗所造成。

　　儘管有些學者不同意用人格特質來區分犯罪人與非犯罪人，但下列反社會人格（Antisocial Personality）特質與犯罪行為有密切關聯，已為學者所共認：一、不能與他人建立親切人際關係；二、缺乏罪惡感；三、無愛人與被愛之能力；四、具有攻擊性與高度衝動性格；五、無超我，以本我為中心；六、反社會行為[11]。

　　行為人如具有上述精神病態人格特質，則因為他們不具有罪惡感，不能與他人建立良好人際關係，且以本我為中心，缺乏超我，無愛人及接受他人愛的能力，無社會適應性人格，其反社會行為常與社會規範相牴觸，常為其本能之欲念所驅使，在其以自我為中心尋求逸樂時，則會罔顧社會所存在之規範，以致在竊盜、強姦、性犯罪、殺人等犯罪人中，常發現此類犯罪人較具有精神病態人格特質。

第四節　增強作用

　　除上述佛洛伊德理論之外，我們尚可採用增強作用（Reinforcement）來說明犯罪行為之發生。

　　在人類歷史中，早已有人發覺獎賞與懲罰對於人類行為之影響。然而直到19世紀末葉，增強理論始正式出現。1890年美國心理學家桑

10　同註1，第100頁。
11　同註6，第145～152頁。

代克（Thorndike）及1902年俄國生物學家巴卜洛夫（Pavlov）先後提出有關增強理論。增強理論之基本立場認為人類及動物行為是對外界刺激（Extrinsic Stimulus）之反應，更而主張「人性白紙論」，認為人類天性，除基本生理需求之外，別無他物；人性主要是後天環境經驗之產物。增強理論是應現代行為學派之風而起，反駁藉主觀思考而建立之傳統理論。從開始，增強理論即因循行為學派之傳統，以可觀察事物為研究對象，強調實證主義[12]。

痛苦與快樂是決定人類行為之主要因素，而本我一直在追求快樂，然如違法則會受到超我的懲罰。

此派學者認為犯罪行為既然為痛苦與快樂所控制，則我們應從行為本身來探討未來之增強，而不應由行為本身以外那些直接且與行為本身不同之變因，諸如次級文化體系，不同接觸等來解釋少年犯罪行為。

如果有機體與環境發生互動，而造成有機體行為的增加（Increase），此種過程叫做增強（Reinforcement）或報償。因為此增強會更加強化行為：如果有機體與環境發生互動，而造成有機體行為之減少（Decrease），此種過程即為懲罰，懲罰乃用來削弱其行為，使其不再發生。

行為可能是正面的（Positive）或反面的（Negative）；所謂正面即行為能產生刺激來影響有機體，而反面即行為移去影響有機體之刺激。而增強亦可分為正面的增強（Positive Reinforcement）及反面的增強（Negative Reinforcement）[13]。

因為行為的直接結果對少年有二方面之影響：一方面是正面的增強，另方面是反面的增強。茲就這二方面增強來探討少年犯罪行為產生之原因如下：

---

[12] 同註2，第47、48頁。

[13] C. R. Jeffery, Crime Prevention Through Environmental Design. Beverly Hills: Sage Publication, Inc., 1977, pp. 47-48.

一　正面的增強作用

此乃為獲得報償，例如拿取別人的食物放入嘴裡，或某人發動搶劫行為而獲得財物之享用。一般而言，大多數重大犯罪皆為財物犯罪，其犯罪原因乃強調獲得物質的報償。下列諸多犯罪型態均屬正面增強之類型：如許多白領階級犯罪、經濟犯罪等皆為社會上富裕階級所犯；有些犯罪人在精神醫院方面的鑑定分類是屬正常；有些犯罪人亦受過高等教育及良好的職業；另有些少年犯亦不屬於不良少年的次級文化團體。因此，這些犯罪皆不能用貧窮或次級文化因素來解釋，而可用正面的增強作用來解釋。

二　反面的增強作用

此可用來說明謀殺、侵略攻擊性行為及妨害性自主等犯罪。反面增強作用，例如：服用藥物以去除頭痛或解除內心之痛苦、焦慮、挫折等厭惡之刺激而行暴力行為。傑佛利（C. R. Jeffery）認為部分性侵者為滿足性需要而犯罪，可用正面增強作用來說明，然根據調查研究大部分性侵者均是為了除去內心之痛苦而引起[14]。換言之，如果性侵者與被害者是朋友關係，而且性侵行為在計畫下進行，被害人是導致性侵犯罪的促成者，性侵時所使用之暴力及抵抗力很小，則應用正面增強來解釋；反之，如果性侵涉及暴力之使用，則應用反面的增強來解釋較妥。另方面，大部分之殺人罪、傷害罪皆可用反面增強作用來說明。如果某人因經常受太大辱罵造成內心無比之痛苦與壓抑，後因不堪再度忍受憤然在廚房取刀予以殺害，其動機顯然是為解除其內心痛苦焦慮等厭惡情緒，而發生暴力行為。

筆者願再引述一例用反面增強作用來說明暴力犯罪之形成；某湯姓曹族青年，本就讀某師專，今年1月休學在家（嘉義吳鳳鄉），後來北上找一職業介紹所求職，找到一份洗衣服工作，然須先繳3,500元介紹費才有工作，而身上錢不夠乃先欠著一部分而先開始工作。由於年關將近，工

---

[14]　同註13，第176頁。

作特別繁重，每天從早上九點工作至深夜兩點，八天下來深感無法負荷，乃先向老闆辭職，然從老闆口中才知道每天工資僅200元，而非職業介紹所所云之500元，由於老闆已先墊介紹費2,000元，他現在反而欠老闆一些錢，被扣的身分證亦要不回來，深覺挫折沮喪；於是外出喝酒，當晚返回洗衣店睡覺，在酣睡中被老闆強拉起來做工，他深為惱火，乃回答「我不做了總可以吧」，但老闆不答應，並堅持要他起來工作，兩人進而發生衝突，在衝突中打死了老闆[15]。

蘇哲蘭（Sutherland）的不同接觸理論（Theory of Differential Association），強調犯罪行為之學習是與那些支持反社會行為的人發生互動之結果，而成為導致犯罪之重要因素。然傑佛利反駁蘇氏之理論，認為蘇氏理論忽略犯罪行為所獲得物質方面的增強作用，同時亦忽略某種程度的社會增強。此外，一般次級文化理論強調少年幫會增強少年犯罪行為之原因，乃因幫會團體不但不懲罰犯罪行為，反而予以口頭上之嘉許，然事實上少年犯罪最大的問題關鍵，乃在於他人對其犯罪行為之反應，以及從犯罪行為所獲得之報償為何而定。

為此，家長及學校老師對少年之行為應多給予正面之增強，以收增強之效果；另方面亦儘量減少其反面增強，進而阻止少年認同次級團體的價值體系，杜絕接觸不良幫派之機會。如此，藉由正面之增強作用，可促使少年內化社會規範於日常生活中，而減少偏差行為。

第五節　認知與道德發展理論[16]

認知與道德發展之觀點亦為了解犯罪心理之重要向度。基本上，認知（Cognition）涉及記憶（Memory）、想像（Imagery）、智力

15　參閱民國75年7月18日，中國時報。
16　引自楊士隆，犯罪心理學，五南圖書出版公司，民國109年7月；楊士隆，圖解犯罪心理學，增訂第二版，五南圖書出版公司，民國110年8月

（Intelligence）與推理（Reasoning）等概念[17]。然而，認知與思考（Thinking）之意義最具相關性。早期葛魯克夫婦之研究中，即曾隱約指出凝固之思考（Concrete）或衝動性（Impulsive）為犯罪人族群之重要特性。而學者Yocheison及Samenow之研究，發現許多犯罪人具有「犯罪思考型態」（Criminal Thinking Patterns），為認知與犯罪之連結關係提供更為重要之佐證[18]。其研究係從轉介至醫院做精神鑑定之成年男性犯罪人訪談而得，認為犯罪人具有：不合乎邏輯、短視、錯誤、不健康之人生價值感等偏誤之認知型態。學者羅斯及費比諾（Ross and Fabiano）之研究亦指出，犯罪人具有至少52種獨特之思考型態，包括：凝固之思想、分離、片斷，未能注意他人之需求，缺乏時間感，不負責任之決策，認為自己是受害者等[19]。學者瓦特斯（Walters）進一步建構出八類犯罪人思考型態，頗具參考價值，扼要敘述如下[20]：

（一）自我安慰

自我安慰（Mollification）係指犯罪者企圖把自己從事犯罪行為之責任，歸咎到外在環境的不公平與不適當之條件上。例如：長官或長輩給我的錢，能不收嗎？大家都在飆車，只不過是跟著他人的步伐在走等。自我安慰常以「受害者之想法」（Victim Stance）、淡化及常態化（Normalizing）三種形式出現。

（二）切除斬斷

切除斬斷（Cut Off）係指犯罪者常用各種方法來消除阻礙其從事犯

---

[17] Clive R. Hollin, Psychology and Crime: An Introduction to Criminological Psychology. New York: Routledge, 1989.

[18] S. Yo chelson and S. E. samenow, The Criminal Personality, Vol. 1: A Profile for Change. New York: Jason Aronsen, 1976.

[19] R. R. Ross and E. A. Fabiano, Time to Think: A Cognitive Model of Institute of Social Science and Arts, 1985.

[20] G. D. Walters, The Criminal Lifestyle: Patterns of Serious Criminal Conduct Nawbury Park. Calif: Sage Puldivations, 1990. 引自蔡邦居，犯罪少年犯罪考型態與偏差行為之研究，國立中正大學犯罪防治研究所碩士論文，民國87年12月。

罪行為之制止力（Deterrents），如藉由酒精、藥物來降低恐懼，增加膽量，或使用三字經與髒話，如「幹！」（Fuck it!）等之助燃，瞬間達成自我解放之目的。

（三）自恃特權

自恃特權（Entitlement）係指犯罪者具有孩童時期之自我中心思想，認為自己較優越、聰明與強壯，即可享有特權，並操控他人，略奪他人之財物。具有自恃特權認知思考型態者，就好像是一張提供犯罪者去從事犯罪行為的許可證明，其常以所有權（Ownership）、獨特性（Uniqueness）及錯誤識別（Misidentification）三種型態呈現，而企圖逃脫規範與法律約束。

（四）權力取向

權力取向（Power Orientation）係指犯罪者對於這個世界採取簡單的二分法觀點，將人區分為強與弱兩個類別，然後運用此原則去面對他所遭遇的人與物。其常透過以下三種形式表現出來：

1.身體的形式（Physical）：攻擊性、破壞性等屬之。
2.口頭上的形式（Verbal）：與人爭辯，認為自己較優越。
3.心理上的形式（Mental）：心中編造一個自己可掌握的情境，而於其中，一切劇情皆按照自己的意思來發展。

（五）虛情假意

虛情假意（Sentimentality）係指犯罪者個人強調以較為正向或軟性的一面來替自己的行為辯護。由於犯罪者之行為可能與原具有之正面形象有所矛盾，因此必須尋求調和之道，以消除已存在之矛盾與差異，虛情假意之表現則為其中的一種方式，一般係透過沉溺於文學、藝術創作或音樂等呈現。惟一旦出獄，自我縱容行為（含犯罪行為）復容易再次出現。

（六）過度樂觀

過度樂觀（Super Optimism）係指犯罪者對於自己與從事之犯罪行為所帶來可能不良後果之判斷往往不切實際，過度樂觀。例如，許多犯罪者認為即便其終究有被逮捕的一天，但絕對不可能是這一次。

（七）認知怠惰

認知怠惰（Cognitive Indolence）係指犯罪者在思考上呈現怠惰狀態，其最初在從事犯罪行為時，可能審慎評估成功之機率，但因在「快速致富」（Get-Rich-Quick）之想法下，變得懶散，而無法周延的構思犯罪內容與計畫。

（八）半途而廢

半途而廢（Discontinuity）係指犯罪者常忽略長遠的目標，而去追求可立即滿足的機會，對於自己所許下的承諾、立定的計畫與目標，往往在缺乏恆心、毅力下無法實現。

除前述偏誤之認知思考觀點外，另一派代表Cornish及Clarke的理性抉擇模式（Rational Choice Model），則從認知之觀點來解釋犯罪。此派主要強調犯罪之決意在於獲取快樂、避免痛苦，故犯罪經常是對行動與事件做成本效益分析之結果[21]。

理性抉擇理論可溯至貝加利亞（Beccaria, Cesare, 1738-1794）與邊沁（Bentham, Jeremy, 1748-1833）的功利主義學說。例如：貝加利亞認為人類行為的基本動機是獲取快樂與避免痛苦，人是相當理性的選擇自己的行為；同樣地，邊沁亦認為行為的基本目的為產生利益、快樂與幸福，避免痛苦與不幸。這些學者強調不管是否為犯罪人，大多數人具有一般之通性，亦即對於刺激、誘因與嚇阻的反應經常是相當理性的。此外，理性抉擇理論亦與經濟學者Becker及Sullivans所倡導之經濟模式（Economic

---

[21] D. B. Cornish, and R. V. G. Clarke, The Reasoning Criminal: Rational Choice Perspectives on Crime. New York: Springer-verlag, 1986.

Model）相關[22]。此派學者大體上認為犯罪的決意與一般人對事情的抉擇相近，亦即犯罪經常是對行動（事物）做成本效益分析的結果。事實上，對於這些經濟決定論的學者而言，假如被高度誘發或犯罪機會呈現時，一般人從事非法活動的機率是相當高的。學者Cornish及Clarke強調，理性抉擇理論對於解釋個人犯罪之決意，甚至發展或終止犯罪生涯均具效能[23]。目前其已廣泛的應用至解釋竊盜、順手牽羊、搶劫、濫用藥物等行為，甚至包括放棄犯罪之決意等[24]。

　　在道德發展（Moral Development）理論方面，以瑞士心理學者皮亞傑（Piaget）與美國學者寇伯爾（Kohlberg）二人之見解最具代表性。基本上，皮亞傑認為道德判斷的發展是經由無律、他律和自律三個發展階段，循序漸進[25]。無律時期約在4歲至5歲以前，行為以單純之神經感應為主，以自我為中心；他律時期約在5歲至9歲間，此期兒童係以服從權威、避免懲罰為主；自律時期約在10歲以後，小孩對事理之判斷較具獨立、理性，道德判斷更富彈性。因此，倘道德之成長未能循序發展或停留在早期之無律階段，皆可能因而違反社會規範，形成犯罪或偏差行為。

　　哈佛大學教授寇伯爾（Kohlberg）曾將道德發展理念應用到攻擊行為的解釋上[26]。他認為人類在成長過程中經歷不同的道德發展階段，包括三個層級六個階段，每一層級包括二個階段，依序發展，茲說明如下：

（一）第一層級：道德成規前期（Pre-morality）

1.第一階段「避免懲罰與服從」：行為取向為遵守（服從）權威，避免

[22] G. S. Becker, Crime and Punishment: An Economic Approach, Journal Political Economy, No. 77: 169-217, 1968; The Economics of Crime: An Introduction to the Literature, Crime and Delinquency, 1962, pp. 138-149.

[23] 同註20。

[24] Clive R. Hollin, Psychology and Crime: An Introduction to Criminology Psychology. New York: Routledge, 1989.

[25] Lawrence, Kohlberg, Stages in the Development of Moral Thought and Action. New York: Holt, Rinehart and Winston, 1969; J. Piaget, The Moral Judgment of the Child. London: Kegab Paul, 1932.

[26] Lawrence Kohlberg, Stages in the Development of Moral Thought and Action. New York: Holt, Rinehart and Winston, 1969.

遭受懲罰。

2.第二階段「功利主義導向」：以實利為出發點，追求滿足自己之需求，不在乎別人的感受。

（二）第二層級：傳統服從期（Conventional Conformity）

3.第三階段「人際和諧導向」：順從傳統之規範，獲取他人之讚許。

4.第四階段「法律與秩序維護」：服從社會與宗教權威，遵守法律規定。

（三）第三層級：自律期（Autonomous Principles）

5.第五階段「社會契約」：承認個人權力及民主化之制定法律過程。

6.第六階段「普遍性倫理原則導向」：道德判斷係基於正義感、尊重與信任，並且超越法律規定。

根據寇柏爾之看法，許多攻擊行為與個人之道德認知能力發展停滯於第一層級，且密切相關。蓋此項結果將促使個人無法做自我控制並抗拒誘惑。

綜合言之，認知與道德發展理論提供了前述犯罪行為理論之另一種詮釋，此種發展有助於突破傳統理論之限制。目前這些理論觀點已逐漸廣泛的應用至對各類犯罪行為之解釋，預期將可對犯罪心理學理論之發展做更大之貢獻。

第六章　犯罪社會學理論

　　犯罪生物學理論與犯罪心理學理論較著重於個人原因之解釋與探討；而犯罪社會學理論則強調社會原因之解釋與探討。通常犯罪社會學之研究，可分三大學派，即社會結構學派（Social Structure Theories）、社會過程學派（Social Process Theories），以及社會衝突學派（Social Conflict Theories）。而其中社會結構學派、社會過程學派探討犯罪行為之形成最多。屬於社會結構學派之理論有：文化偏差理論（如芝加哥學派、文化衝突理論、下階層文化衝突理論）；無規範理論；緊張理論；次級文化緊張理論（如次級文化理論、機會理論）等。而屬於社會過程理論者有：社會學習理論（如不同接觸理論、不同增強理論及中立化理論）；控制理論（如赫西之控制理論、雷克利斯之抑制理論）；標籤理論。上述犯罪社會學理論著重研究社會機構，以及社會過程對犯罪行為及偏差行為之影響，並探討行為人的社會地位與犯罪行為之相同性。

第一節　文化偏差理論

　　根據美國犯罪學家茜傑爾（L. J. Siegel）之分類，芝加哥學派之少年犯罪地帶理論、雪林（Sellin）之文化衝突理論，以及米勒（Miller）之下階層文化衝突理論均屬文化偏差理論（Cultural Deviance Theories）[1]。文化偏差理論學者認為，貧民區居民之所以犯罪，乃因他們只遵行其下層社會地帶獨特之價值體系與規範，而他們獨特之價值體系及規範卻與大社會中產階層之價值體系與規範互相違背衝突。他們不但不否定排斥偏差行為，反而加以肯定讚賞，而且將此價值體系傳遞至下一代。

---

[1] Larry J. Siegel, Criminology. West Publishing Co., 1998.

一 芝加哥學派

　　美國芝加哥大學教授波格斯（E. Burgess）於1920年領導創立芝加哥學派（The Chicago School），從事生態學方面之研究而提出少年犯罪地帶（Delinquent Area）之理論[2]。此派即由環境學（生態學Ecology）之觀點來分析犯罪，亦即運用社會學方法分析生態之社區環境，特別注意人與社區環境之相關性，以及人們對於社區環境的反應。

　　波格斯教授以芝加哥市為例，將該城市構想為圓形，其發展結果形成了五個界線分明的同心圓地帶理論（The Concentric Zone Theory of Urban Development）（見圖6-1）[3]。

　　第一圈是中心商業區（The Main Downtown Area）：此區內有百貨公司、摩天大廈、火車站、大飯店、電影院、博物館、市政廳。

　　第二圈是過渡區（Transitional Area）：是成環狀圍繞中心商業區，此區有貧民住宅區、移民聚居所、小商店、租屋區和一些輕工業區。居住在此一地區之居民，往往是已被拒絕參與競爭者（如罪犯、失業者或被遺棄的人），或沒有機會參與競爭之美國黑人或少數種族分子。

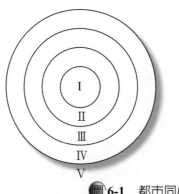

Ⅰ：中心商業區

Ⅱ：過渡區

Ⅲ：工人住宅區

Ⅳ：中上級住宅區

Ⅴ：郊區及通勤區

圖6-1 都市同心圓模式

---

[2] Vernon Fox, Introduction To Criminology. Englewood Cliffs, New Jersey: Prentice-Hall, Inc., 1976, p. 391.

[3] William E. Thomton, Jennifer A. James and William G. Doerner, Delinquency and Justice, 1982, p. 116；謝文彥，犯罪區位學之研究，刊於許春金等著犯罪學，民國75年3月，第192頁。

第三圈是工人住宅區（Working People Housing Area）：此區主要是工廠、工人住宅區，其房屋均很小且古老，第二圈的人常居住於此地區。

第四圈是中上級住宅區（Upper Middle-class Housing Area）：此區標準房屋型態是獨家住宅單位，住此區的人均是商人、專業人員、佐理及中產階級者。

第五圈是郊區及通勤區（The Suburbs and Commuter Areas）：此區是最外圍地區，環繞著中上級住宅區，居民多半為中等階級居民，他們也多半於市中心工作。

並非所有都市發展型態，均如上述同心圓地帶模式之發展，因為其他都市之發展可能有其他型態之模式來解釋，而非亦比照此種模式而形成。然這種同心圓地帶模式之理論在犯罪社會學內非常重要，因為許多研究者均引用此理論來說明芝加哥的少年犯罪率。

少年犯罪集中地區之特性，乃因其接近工業區、商業區、環境惡劣地區、城市全面急劇成長而某一時期減少人口之地區、屬領地、租屋地區、黑人地區、新近外來移民區、缺乏建設性機構促進福利及預防失調之地區。蕭氏及馬凱（Clifford R. Shaw and Henry D. Mckay）之研究進一步認為，某一地區之犯罪率是與城中心及工業中心距離愈遠而愈減少；犯罪地帶通常靠近工業區、百貨中心或城市等，主要是由於鄰居關係之頹廢而不再能發揮社會控制之功能，因而引起較高的犯罪率。在美國城市中之犯罪大都集中於貧民區及城中心區，分析其原因主要是這些地區自然環境之衰頹，人口過於擁擠，經濟過度依賴，租來之住宅及外來種族和黑人較多之因素。亦即，這些地區人們大都是流動人口，且是異族人口雜居處，較無法凝聚而無一致性倫理道德行為。

（一）蕭氏及馬凱之研究[4]

蕭氏及馬凱之研究提出五點結論：

4　C. R. Shaw and H. D. McKay, Juvenile Delinquency and Urban Areas. Chicago: University of Chicago Press, 1969.

1.某些地區少年犯特別多而形成少年犯罪地帶。

2.少年犯集中於靠近市區之低房租地區,且離市區愈遠愈少。

3.小孩逃學率高的地區,少年犯較多。

4.某一地區1900年少年犯罪率高,而上述同一地區1930年仍然有高的少年犯罪率。雖然該地區經過30年人口組成成員已有很大的變動,但犯罪率仍然維持不變,顯示自然環境對人類行為之影響,亦甚重要。

5.各個種族均有相同趨向——即市中心的少年犯罪行為發生率較高,而愈向郊區則愈低。

(二)塔福特之研究

　　塔福特(Taft)擴大蕭氏犯罪地帶之研究,而提出七種型態的鄰近地帶促進少年犯罪情況的聚合[5]:1.有正常家庭組織之貧民地區;2.無規範及異種族雜居一處之貧民區;3.與傳統社會脫離且發生文化衝突之空隙地區;4.缺乏人際關係之住宅區;5.單一民族居住,且有人口擁擠、低級住宅區及貧窮等特徵之地區(Ghetto Area);6.娼妓及賭博聚集之地區;7.供犯罪人藏匿之鄉村衰頹地區。

　　此派另一代表人特拉西爾(F. Thrasher)於1927年發表其專著《幫會》(*The Gang*)[6]。研究芝加哥1,313個幫會,提出幫會地帶,認為這是地理上及社會上之過渡地帶,大部分位於工廠區、城中心、大建築物、百貨公司之後街,這些地帶有很高的犯罪率。我們由此犯罪地帶可知犯罪均存在於一切城中心等富麗堂皇繁榮地帶之後面,另方面犯罪則存在於欠缺人際關係的社區裡頭。許多貧窮地帶,由於其生活方式的特殊,可能轉移為少年犯罪地帶。

　　我們由芝加哥學派之探討,可知此學派之理論已漸取代以個人為主的生物學或心理學理論來探討少年犯罪之形成因素,因為此派認為貧民區、擁擠及衰頹之住宅區均可能導致少年犯罪之形成。此外,此理論亦指出必

5　D. R. Taft, Criminology, Fourth Edition. New York: Macmillan Company, 1964, pp. 153-154.

6　同註2。

須發展區域性的少年犯罪防治計畫,來改善整個地區之生活環境,以及促使此區域之民眾來共同參與少年犯罪防治工作。

如蕭氏(Shaw)於1932年發起「芝加哥區域計畫」(The Chicago Area Project),是由芝加哥市6個地區中23個鄰里中心所組織,這些中心有兩項基本功能:1.他們協調各個社區資源如教會、學校、工會、工廠及其他團體來解決社區有關之問題;2.他們必須贊助社區舉辦之各種活動,以幫助居民關心社區福利,了解社區的問題,及企圖以共同行動來解決他們的問題。芝加哥區域計畫持續實施25年,直至蕭氏死亡為止。雖然此一計畫在這些地區防治少年犯罪之成效未被明顯地評估,但它被認為已使各種犯罪顯著減少,凡此均已顯示區域性防治計畫已發揮其功能。

芝加哥學派之研究與應用,亦使美國人逐漸重視社區區域防治犯罪之重要。1972年美國全國警察局長協會創設了「全國性鄰里守望相助計畫」(National Neighborhood Watch Program),其目的在喚起民眾之社區意識及共同參與社區防治犯罪活動。

芝加哥學派之研究,除可應用於上述區域防治計畫及鄰里守望相助之推展外,我們亦由芝加哥生態學之研究,了解都市之工業區、商業區由於社會之瓦解及解組,而造成比其他地區有較高之犯罪率、娼妓及其他社會病態之現象。因此相當可確定的是,如小孩在不健全的家庭環境出生,在一少年犯罪地帶長大,而參加的又是少年犯幫會,則其將來與法律衝突之可能性甚大。雖然芝加哥學派對犯罪行為之形成原因說明過於簡單,且對部分生長於犯罪地帶者不犯罪,以及生長於非犯罪地帶者陷入犯罪,無法解釋。但有一點可肯定的是,雖然犯罪地帶不一定會製造犯罪,但犯罪地帶對於那些有潛在犯罪傾向的人,有極大之誘導作用。因他本人潛在有犯罪傾向,加上不良環境之誘導,極易陷入犯罪。

■ 文化衝突理論

文化衝突理論(Culture Conflict Theory)為學者雪林(Thorsten Sellin)所提出之著名理論,強調文化的適應(Cultural Adaptation)與犯

罪行為有關，並認為犯罪的形成是與文化的內部衝突，傳統社會關係的解體，有問題的社會結構以及一般價值觀念的改變等有關。由於文化的差距（Cultural Gap）而造成很多的衝突現象，包括對於規範制度的接受與價值判斷標準等的衝突，均足以促成犯罪的發生[7]。

雪林認為社會成長過程中一定會造成規範混淆之情況，而下階層的文化與價值體系，往往會與傳統的中上階層優勢文化價值體系相衝突，而致發生犯罪行為與少年犯罪。雪林認為芝加哥學派蕭氏（Shaw）之研究，亦是文化衝突問題之最佳案例。

文化衝突可分為二種型態來說明少年犯罪之形成：

第一種型態的文化衝突即指移赴國外居住的上一代移民，他們已深受其自己國家文化、社會行為規範之約束、指導，而他們原有之規範與移入國之文化及行為規範，不僅有異而且引起甚大的衝突，自己面臨文化衝突之結果產生適應困擾，其第二代更是無法適應。此種型態的文化衝突，很適宜解釋移民及第二代之犯罪。近年來在以色列的犯罪學研究，亦證實此一理論的適用性，因為這些研究發現移民抵達以色列出生的第二代，均有較高之犯罪率[8]。

第二種型態的文化衝突即指某些少年來自國內的農村社會遷移至都市工商業社會，由於文化的衝突而產生許多不適應之困擾，亦易產生偏差行為。

文化衝突理論可用來說明，移入國外居住之第二代少年及由農村社會移入工商業都市社會之少年有較高之犯罪率。主要是因其父母原居社會之規範與移入國社會之新文化發生衝突，而且個人的適應能力有限，面臨新文化之適應困擾或文化衝突之結果，造成價值觀念思想體系的改變與分歧，以及情緒、態度、管教方法等之失調，亦極易引起子女行為的偏差。凡此，足見文化衝突與少年犯罪有很大的相關性。

7　林山田，經濟犯罪與經濟刑法，民國68年再版，第60頁。

8　林山田，經濟犯罪的犯罪學理論，軍法專刊第22卷第7期，第11頁。S. Shoham (Ed.), Israel Studies in Criminology, 1970, p. 95.

三　下階層文化衝突理論

米勒（Walter Miller）提出下階層文化衝突理論（Theory of Lower Class Culture Conflict），旨在說明下階層社會環境與少年犯罪之關係。亦即，下階層的文化可能產生偏差行為。米勒不認為少年犯罪是因為心理的偏差或病態人格所引起，而認為少年犯罪行為是對獨特的下階層社會文化之價值與規範的正常反應行為。米勒之理論仍然是屬於文化偏差方面之探討，但與蕭氏與馬凱（Shaw and Mckay）之研究有所差異。米勒認為，少年犯罪行為是下階層社會文化中根深柢固之規範與價值的必然產物；而蕭氏與馬凱則認為，在下階層社會之少年沒有得到適當之輔導，為獲得錢財以及社會地位而發生犯罪行為。然相同的是，他們均認為這一代下階層社會的犯罪行為會傳遞到下一代。米勒之看法與雪林較為相似。

米勒認為下階層文化社會內之少年，在合法的社會秩序中，很少有機會獲得成功，因而只在其自己下階層文化中追求個人的地位與滿足。米勒認為下階層文化社會少年，接受下列六種主要關懷（Focal Concern）的價值觀念影響其行為，而被中上階層認為是偏差與犯罪行為[9]。

（一）惹事生非（Trouble）

製造問題與是非，以及如何避開這些麻煩，是下階層文化社會少年所最關心的事。這些麻煩包括：打架、酗酒以及性的偏差行為。在下層社會裡，他們以是否會打架及製造是非來衡量其地位，但這些行為與中上階層社會之法律規範相牴觸。

（二）強硬（Toughness）

下階層社會的少年常因其勇敢，強壯之身體而獲得地位之認同。對他人之評價往往以身體之強壯、打架戰鬥之能力，以及運動之技巧為標準。少年如不具上述能力則會被恥笑為弱者。

---

[9]　引自 Larry J. Siegel, Criminology, 1988。

（三）詭詐（Smartness）

下階層社會之少年如懂得賭博技巧來贏錢，則會受到社會之崇拜讚賞。

（四）尋找興奮、刺激（Excitement）

下階層社會少年為追求享樂、刺激，而去賭博、酗酒、打架、滿足性慾，這些少年在下階層社會認為是較活潑、時髦的一群。

（五）命運（Fate）

下階層社會之少年，認為他們的命運已由上天安排，而自己無法去控制。偶爾碰到好運，那是可遇不可求的，下階層社會少年較易有無力感及宿命論，也較易發生偏差行為。

（六）不喜別人干涉（Autonomy）

下階層社會少年喜歡自由自在地為所欲為，以及自己管理自己，而不願意他人來限制其行為。對於接受警察、老師及父母之控制，則認為是一種懦弱之行為。因而反對及不滿外界所給予之行為控制。

我們由上述下階層文化主要關懷之價值觀念，可知其與少年犯罪關係至深。因為少年如具有上述六種觀念愈強，則表示與中上階層規範衝突愈大，則愈可能成為少年犯，這一論點與雪林之文化衝突看法相同。如他們愈追求享樂、刺激，則愈可能淪落於藥物濫用、酗酒、賭博。因此，少年愈順從下階層社會文化價值，愈可能成為少年犯，而且內心亦沒有挫折或與大社會疏離之感覺。故米勒不從中等階層社會之觀點來看少年犯罪，而是從下階層文化社會本身來看少年犯罪問題。因為下階層文化社會有它自己獨特之規則、價值與規範，這些均有別於中上階層社會，下階層社會之少年為得到該文化所支持之目標與價值，則會利用非法之方法或偏差行為去達到目標。為此，下階層文化社會本身自然會產生少年偏差與犯罪之問題。

第二節　無規範理論

一　涂爾幹無規範之理論基礎

涂爾幹（E. Durkheim）是法國社會學家，1858年生於法國東北部；24歲畢業於巴黎高等師範學校，任教中學6年，並曾赴德進修，返國後在學術界發表許多論文，甚為士林所推崇；1887年在波爾多大學擔任社會科學教授。涂爾幹曾發表三本社會學著作：1.《社會分工論》（*The Division of Labor in Society*, 1893）；2.《社會學方法論》（*The Rules of Sociological Methods*, 1895）；及3.《自殺論》（*Suicide*, 1897），並於1896年創辦《社會學年刊》；1902年即在巴黎大學講授社會學，1917年病逝，享年59歲。

涂爾幹在其著作中提出下列論點：

（一）人是社會之動物

1.現代有關犯罪之結構方面的解釋均是來自法國社會學家涂爾幹，涂爾幹認為人類是社會動物正如有機體一般[10]。人類行為被社會力量（社會道德行為規範等）所控制，因而認為社會裡有三個定論（Dogma）：(1)社會秩序（Social Order）如同自然法則（Natural Order）一般；(2)社會規範約束指導人類行為，正如同太陽光規範著植物的滋長一般，例如向日葵受著陽光的支配；(3)社會的法則變化較慢，因而有謂社會正如同有機體（Organism）之封閉系統一般。

2.涂爾幹認為學習是一種社會過程，與心理生物學（Psychobiology）關係不大。因為學習既是一種社會現象，唯有社會法則（Social Law）才能用來說明，其他有關心理生物學等之解釋均是虛假的。又涂爾幹認為社會事實（Social Facts）乃存在於個人意識（Individual Consciousness）之外，因而拒絕用那些抽象、複雜的心理現象來說明

---

[10] Gwynn Nettler, Explaining Crime, 1974, p. 155.

社會事實，同時也拒絕用義大利的生物學派來說明[11]。涂爾幹特別強調人類行為之學習主要受社會規範之影響，因為人類不可能生活在一個沒有學習概念指導其行為之社會環境。

3.涂爾幹不贊同用個別差異（Individual Difference）來解釋人類行為。因為他一再強調集體的社會意識（Collective Consciousness）支配人類之行為[12]。為此他進一步提出兩種社會型態：一種是古代社會被集體社會意識支配較簡單或機械式團結的社會（Mechanical Solidarity Society）；另一種是現代較複雜分工及專業化有機體的團結社會（Organic Solidarity Society）。因此，涂爾幹認為個人人格均已被吸收於團體人格之內，因而涂氏不強調個人，而強調個人如何組成一個團體（How They Are Grouped）。故涂氏解釋社會生活（Social Life）時，不在乎哪些個人組成社會，而在乎於什麼原因促使他們組成一個團體。

4.涂爾幹強調人類環境最重要的是社會文化、道德規範（Social Environment），其次才是物質的環境（Physical Environment）。如果個人之間各別發展，而毫無社會關係來聯繫，則極易有衝突之事發生。如果個人不對社會作永久有價值之犧牲，則社會無法組成。如果每個人能約束其自我並受制於社會之集體意識，然後社會才能真正的安定、自由、幸福。

5.涂爾幹認為人是社會之動物，強調精神及感情而非物質的。每個人均基於社會情感，而壓抑自己的個人意識趨向於整體社會之團結。

（二）人類之本性

1.人類本性是以自我為中心的。

2.人類在本質上無法順利地自我約束，因為每人均是貪求無厭的，且每人之本性均是野蠻的。

---

[11]　Emile Durkheim, Suicide, Translated by Gohn A. Spaulding and George Simpson, 1967, p. 37.

[12]　同註2，第116頁。

3.人類之生活如繼續追求其不能達到目標的結果，則會感覺不快樂。

（三）社會之本性

1.唯有集體的社會意識存在，才能控制人們之自我主義。而此所謂集體
　的社會意識，乃指社會每一成員均有共同的信仰和情感，並產生歸屬
　於這個社會的感覺。
2.社會是一種社會事實。如犯罪亦是一種社會事實，是人類社會進展過
　程中的規則現象。
3.社會唯有道德因素，才能維繫人們成為一個團結、聚合的整體。

■ 涂爾幹無規範理論之內容

　　（一）涂爾幹認為缺乏規範引導約束的社會生活，即是一種無規範
（Anomie）。涂爾幹進一步指出，人類一直在追求無法滿足之目標，且
其欲望是貪求無厭的。在這種狀態之下，社會如無明確規範加以約束，則
這種社會會造成混亂不可忍受之局面。因此無規範產生之問題癥結，乃
在於社會體系沒有提供清楚的規範（Norm）來指導人們之行動，以致人
民無所適從，而形成無規範產生偏差行為[13]。茲引用柯恩（Cohen）在其
〈偏差行為及其控制〉（Deviant Behavior and Its Control）一文中以競賽
規則不明之比喻來說明無規範之影響：「社會即受某種規則支配之一連串
競賽，競賽規則確定比賽之方法及勝負之標準，比賽的每一位置即代表每
一選手之公開身分及應扮演之角色。如競賽規則不清楚或選手遵守規則之
精神欠佳，則激勵選手之衝勁不夠，因而表現符合這些角色之傳統和高尚
行為標準之誘因較為薄弱，結果顯現出一種無規範、混亂狀態，而易發生
一連串高比率之違規行為（偏差行為）」。
　　（二）涂爾幹認為社會的道德行為可歸納為二類：
1.規範（Regulation）：此是指從團體至個人而言。此規範不是自然的

---

[13] Emile Durkheim, Anomie, R. A. Farrell, and V. L. Swigert, Social Deviance, 1975, p. 135.

（Physical）規範，而是道德（Moral）的規範。團體的道德規範擴張延伸到個人身上，亦即個人接受團體之規範並身體力行。此正是社會秩序之主要來源和基礎。如果社會的規範不好或不清楚，則會產生無規範（Anomie），即一種缺乏規範的社會狀態，亦即社會的無規範狀態；在這種狀態之下會產生諸多偏差行為。

2.整合（Integration）：此是指從個人趨向團體而言。指社會之所以有秩序主要是由於個人整合到團體之內，亦即捐棄個人本位主義，而主動地趨向社會團體，且接受團體的規範。如果個人的社會整合不好，則個人的自我主義（Egoism）盛行，在這種狀態下，社會非常渙散，產生解組現象而發生諸多偏差行為。

（三）涂爾幹認為應用社會的交互作用來說明犯罪行為。因為社會的無規範與個人之追求自我滿足二者交互作用不好的結果會產生犯罪。

（四）涂爾幹認為有社會就有犯罪問題存在，犯罪是一種內涵性的（Immanent），甚至一定限度的犯罪是整體社會活動不可避免的正常現象[14]。

（五）涂爾幹認為在經濟不景氣或崩潰之際，社會階層會發生階級變動（Declassification）之情況。如社會上某些富商因為破產而淪為下階層，此際他們必須減少及約束其需求，並學習做較大之自我控制；反之如他們不能自我控制，又缺乏清楚的道德教育來指引，則會陷於無法適應之困擾而悶悶不樂，且會有自殺等偏差行為發生。

我們由上述可知，涂爾幹認為無規範產生的癥結所在，乃由於社會體系無法提供清楚的規範來指導及約束人們之行為，以致人們無所適從，再加上人們自己不能自我約束，形成社會的無規範狀態，而產生偏差行為及社會解組的現象。

---

[14] Emile Durkheim, The Normal and the Pathological, L. D. Savitz and Norman Johnston edited, Crime in Society, 1978, p. 3.

第三節　緊張理論與一般化緊張理論

　　緊張理論（Strain Theory）亦屬於社會結構理論的一種，緊張理論著重於行為人無法獲得合法的社會地位與財物上之成就，內心產生挫折與憤怒之緊張動機與壓力，而導致犯罪行為之發生。中上階層社會較少有緊張與壓力存在，乃因他們較易獲得較好教育與職業的機會，而下階層社會青少年由於其個人之目標與其能實現之方法間有矛盾而產生緊張壓力，而易導致其發生偏差行為。

　　最著名的緊張理論乃屬美國社會學家梅爾頓（R. K. Merton）之無規範理論（Theory of Anomie）。梅爾頓在其文章〈社會結構與無規範〉（Social Structure and Anomie）中探討社會解組之問題。梅爾頓將涂爾幹（Durkheim）之無規範理論予以發揚光大，並強調社會結構過程（Social Structure Process）是所有社會問題之根源[15]。

　　梅爾頓認為各階層人們在渴望目標與實現目標的方法之間如產生矛盾，將會造成社會行為規範與制度之薄弱，人們因而拒絕規範之權威而造成各種偏差行為。因此社會秩序之所以能夠維持，乃因文化目的（Goals）與社會方法（Means）之間沒有衝突分裂而產生均衡。然目的與方法之間所以能夠維持均衡狀態，主要是二方面獲得滿足：一是自己所運用之社會方法沒有問題，且促進外在目標的達成而獲得滿足；另一是文化之目的沒有問題，且促進其遵循規範而獲得內在之滿足。亦即，大多數民眾皆有良好之整合或社會化，接受社會一致性之規範所致。因為大多數人皆有合法之預定目標，然後遵從社會一致同意之規範方法，且成功地將規範方法內化，而運用適當的方法去達成目標。如果每一社會均有一致性之文化（Uniformity of Culture）及成功的社會化（Success of Socialization），則社會不會有偏差行為發生。

　　社會結構之所以會對某些人造成壓力而致產生偏差行為，梅爾頓認為

---

[15]　Cavan and Ferdinand, Juvenile Delinquency, Third Edition, 1975, p. 99.

除了涂爾幹之無規範理論，他亦指出文化結構（Cultural Structure）或社會目的（Social Goals）及社會結構（Social Structure）或社會所認可之手段（Institutionalized Means）間如產生衝突，則會產生偏差行為。所謂文化結構，即指目的、意圖、利益等值得我們追求之一切事務，這些目標包含一些不同程度之威望（Prestige）和情感（Sentiment）；而社會結構乃指那些能達到目的且為社會所接受之規範手段[16]。故文化結構與社會結構二者交互作用之下，文化結構如能控制（決定）那些能獲取目標且為社會所接受之模式，則不會產生偏差行為。茲詳加論述如下：

一、如用社會所允許之方法去達到預定目的，則為守法行為，亦即文化結構與社會結構之間能保持均衡，沒有衝突分裂，則會有良好社會秩序。

二、如個人所選擇之行為模式，是一種非法手段，亦即文化結構與社會結構之間發生很大之衝突，則發生偏差行為。

梅爾頓亦用表6-1說明個人適應模式之型態[17]。

一般社會中守法者（Conformity）占絕大多數，他們的文化結構（目的）及規範的方法均為社會所接受，成為社會穩定及持續之主流力量。標新（Innovation）者之目的為社會所接受，然其方法並非為社會所接受，例如下階層工人為賺取更多錢財成為富翁，此目的為社會所允許，然他不以合法方法達到上述目的則將為社會排除。精通儀式（Ritualist）者，亦即社會陽奉陰違之偽善者，他們內心存有不法之意圖、目的，然外表之行

表6-1 個人適應模式之型態

個人適應模式型態	文化結構（目的）	社會認可之手段（方法）
1.守法（Conformity）	接受（＋）	接受（＋）
2.標新（Innovation）	接受（＋）	拒絕（－）
3.精通儀式（Ritualism）	拒絕（－）	接受（＋）
4.逃避（Retreatism）	拒絕（－）	拒絕（－）
5.叛逆（Rebellion）	接受（＋）／拒絕（－）	接受（＋）／拒絕（－）

---

[16] Robert K. Merton, Social Structure, and Anomie, L. D. Savitz and Norman Johnston, Crime in Society, 1978, p. 115.

[17] 同註16，第118頁。

為表現儼然一個守法者，這種人一旦社會規範瓦解，則極易陷入偏差行為。逃避（Retreatist）者之目的與方法均為社會所拒絕，如吸食麻醉藥品之逃避現實者。叛逆（Rebellion）者與上述四種截然不同，這種人採取選擇性或批判性地過渡方式，對於社會之目的或方法有時接受有時反對，甚至改採新的目的或方法，他們通常喜歡與傳統的目的或方法作對，並喜標新立異、譁眾取寵，為社會帶來諸多新的問題。

嚴格比較梅爾頓與涂爾幹無規範理論內容之異同，筆者認為涂爾幹強調無規範，主要是由於文化目的規範不適當之結果所引起，亦即社會沒有建立適當、明確之目的規範；而梅爾頓則強調社會行為、方法規範不適當之結果所引起。偏差行為者往往由於沒有適當之社會化，以致無法運用適當之方法、手段達到目的，造成不適當之控制、產生偏差行為及無規範之狀態。然他們二人之共同點均認為社會產生無規範，主要是人們追求自我之滿足及貪求無厭之本性或自我主義，行為沒有足夠的規範來約束、指導所引起。

涂爾幹與梅爾頓之理論在犯罪防治上之應用，則一再強調追溯社會偏差行為產生的原因，不能只注意犯罪人個人因素，尚須從社會規範及法律規範的層面來探討。以今日台灣社會種種不健康心理氾濫的情形觀之，社會如無明確之規範加以約束，俾便民眾遵循，則極易造成無規範混亂不可忍受之局面，民眾無所適從，不能自我約束，極易形成許多脫法行為及社會解組的現象。例如：啤酒屋、土雞城、風化場所等之管理，應有一套清楚、可行、有效的規範，面對現實、予以整頓、約束、指導，才能適當地處理，以減少其副作用的衍生。規範底定，再就現行法律加強民眾的法律知識教育，倡導知法、守法、崇法之精神，方能避免社會墮入無規範的混亂局面，減少犯罪問題的發生。

值得注意的是，社會學學者Robert Agnew於1992年間提出隸屬於微觀層級之一般化緊張理論（General Strain Theory, GST），其嘗試解釋遭遇到緊張及壓力的個人容易觸犯犯罪行為。Agnew也對犯罪活動提供了社會

各個面向的解釋，而非侷限在低階層之犯罪[18]。一般化緊張理論之核心觀念為「負面情緒狀態」（Negative Affective States），指的是當個人面對負面或是具有破壞性的社會人際關係時，極易產生憤怒、挫折、感覺不公平等情緒，而此將會影響一個人是否去從事犯罪行為。一般而言，負面情緒狀態係由各種情狀而衍生[19]（詳見圖6-2）。

資料來源：Siegel, Larry J., Criminology, Ninth Edition, Thomson and Wadsworth, 2006, p. 198.

圖6-2　負面情緒狀態由各種情狀而衍生

一　未達到正向價值之目標

　　未達到正向價值之目標（Failure to Achieve Positively Value Goals），這種類型與梅爾頓的迷亂理論較為接近，認為壓力是由於期望或目的與實際情況有落差而造成。當青少年希望獲得財富或名譽，但卻缺乏經濟或教育的資源時，就會因為感到自己的目標無法達成而產生緊張。

---

[18] 參見Robert Agnew, "Foundation for a General Strain Theory of Crime and Delinquency," Criminology 30: 47-87, 1992. See also Larry J. Siegel, Criminology, Ninth Edition, Thomson and Wadsworth, 2006, pp. 197-198。

[19] 同註18，第198頁。

二　期望與成就之差距

在期望與成就有差距（Disjunction of Expectations and Achievements）時也會產生緊張。當人們將自己與那些在經濟與社會上較為優秀的同儕比較時，即使自己的表現已經很好，仍然會感到緊張，例如一個高中生即使已經申請到一間好大學，但他仍然會因為自己的學校不如其同儕的有名氣而感受到壓力。當個人有不公平的感覺時，可能會引發某些負面的反應，藉著身體攻擊或任意破壞他人財產，來降低對方的優勢。

三　正向價值刺激之移除

當個人在實際上或預期上移除或失去了某個正向價值的刺激時，緊張也會隨之而來。例如：失去了男女朋友、自己所愛的人去世、搬到一個新的社區或學校，以及與伴侶分居或離婚等。正向價值刺激之移除（Removal of Positively Value Stimuli）可能會導致行為人做出某些偏差行為，以用來重新拾回失去的東西、取得替代品，或對需要為此事負責的人進行報復。例如在早期經歷到父母離婚或分居的兒童，可能會因為要填補其情感需求而尋求偏差的同儕，但同時也增加了他成為犯罪者的機會。

四　負面刺激之出現

緊張也可能因為令人嫌惡的刺激出現（Presentation of Negative Stimuli）而造成。這些刺激包括某些導致痛苦的社會互動，如：兒童的虐待或忽略、犯罪被害、身體的處罰、家庭與同儕的衝突、在學校的失敗經驗，以及與其他生活中壓力源的互動，從言語暴力到空氣汙染都可涵括。舉例來說，Agnew預測在個人成為種族主義與歧視行為之目標的情況下，可能也會獨發其憤怒與攻擊的行為；此外，青少年的被虐可能會因為其盛怒而與偏差行為連結，在家中被虐待的兒童也可能把憤怒發洩在年紀較小的同學身上，或是轉而投入暴力偏差行為。

Agnew之一般化緊張理論有別於梅爾頓之解釋各社會階層犯罪率之差異。其微觀層級之緊張（Strain）觀點對於犯罪行為（不侷限低階層）之衍生，提供了另一項值得重視之解釋。目前，國內在此項理論之測試上較聚焦於少年偏差行為之解釋，未來可嘗試各階層犯罪行為類型之測試，俾了解其解釋效能。

第四節　次級文化緊張理論

一　次級文化理論

次級文化理論（Subcultural Theory）是美國社會學家柯恩（Albert K. Cohen）首先於西元1955年用非行少年次級文化（Delinquent Subcultural Theory）來說明少年犯罪之形成原因[20]。柯恩之次級文化理論乃綜合蘇哲蘭（Sutherland）之不同接觸理論（Differential Association）及梅爾頓（Merton）之無規範理論（Anomie Theory）而形成其次級文化理論。

柯恩認為犯罪次級文化的發展過程，主要是對另一種特殊的行為規範加以建立、維持及再強化，而此特殊行為規範與一般社會的優勢價值體系（Dominant Value）相反，且發生衝突矛盾之現象[21]。

次級文化理論乃指，某些人認同其同輩團體或小團體特有之價值體系，而這些特有價值體系與一般社會所能接受之價值體系不僅有異，且不容於一般社會。亦即，這些人僅隨著其周遭同輩團體之價值體系發展其特有之價值觀念，而未接受整個大社會之價值標準。

這些少年之言行無法符合一般社會之標準，因而他們在社會上之身分地位被否定或被貶低為問題少年，而產生適應困擾之窘境。他們面臨此種困境乃深感「此處不留人，自有留人處」，因而在「物以類聚，臭氣相

---

[20]　Albert K. Cohen, Delinquent Boys: The Culture of the Gang, 1995, p. 49.

[21]　G. M. Sykes and David Matza, Techniques of Neutralization, A Theory of Delinquency, H. L. Voss, Society, Delinquency and Delinquent Behavior, 1970, p. 263.

投」之下，結合一批面臨相同命運及利害與共之少年，且認同一套他們能接受之價值體系，而漸形成其次級文化，以解決共同面臨之問題。

　　筆者擬運用因果過程來說明下層社會之青少年較易形成次級文化及陷入犯罪，分述如圖6-3：

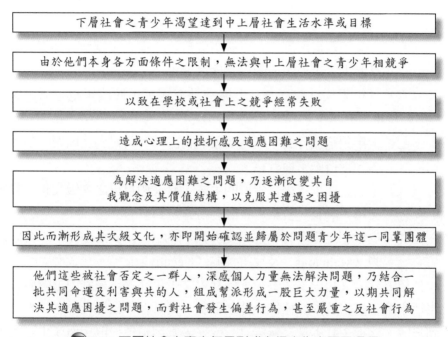

下層社會之青少年渴望達到中上層社會生活水準或目標

由於他們本身各方面條件之限制，無法與中上層社會之青少年相競爭

以致在學校或社會上之競爭經常失敗

造成心理上的挫折感及適應困難之問題

為解決適應困難之問題，乃逐漸改變其自我觀念及其價值結構，以克服其遭遇之困擾

因此而漸形成其次級文化，亦即開始確認並歸屬於問題青少年這一群體

他們這些被社會否定之一群人，深感個人力量無法解決問題，乃結合一批共同命運及利害與共的人，組成幫派形成一股巨大力量，以期共同解決其適應困擾之問題，而對社會發生偏差行為，甚至嚴重之反社會行為

圖6-3　下層社會之青少年易形成次級文化之因果過程

柯恩在其次級文化理論中曾說明少年犯之特徵如下[22]：

（一）下階層社會或工人階層之青少年所遭遇之適應問題與一般中上階層的青少年不同；亦即下階層社會之青少年最大的困擾是身分地位挫折（Status Frustration）產生不能適應之問題。

（二）下階層社會青少年的社會化（Socialization）遭遇到甚多阻礙

22　John I. Kitsuse and David C. Dietrick, "Delinquent Boys: A Critique," H. L. Voss edited, Society, Delinquency and Delinquent Behavior, 1970, p. 239.

及困難。反之，中上階層社會的青少年社會化過程則較為順利。

（三）下階層社會的少年參與社會競爭的各種條件較差，且從父母、師長獲得之指示及激勵較少，因而產生較多之挫敗。

（四）次級文化中的少年犯較為短視，只求眼前短暫之享樂、滿足，並沒有長遠的計畫一個目標去執行。

（五）少年犯對於所屬之小團體講究自治、盡忠、團結，然對於別的團體則表示漠視或敵對之態度。

（六）少年犯反社會行為之型態經常在變，不像成年犯犯罪之專業化。

（七）少年犯竊盜行為不一定為獲取物品，有時是為在同輩團體中逞勇，獲得威望而行竊。

（八）不少犯罪少年來自犯罪的家庭，有他們自己之次級文化；且對父母、師長、警察、牧師均持有敵對感。

（九）少年犯之犯罪行為經常是非功利的（Nonutilitarian）、有惡意的（Malicious）及反抗性的（Negativistic）。

柯恩之次級文化理論認為，下層社會之少年亦渴望達到中上階層社會之生活水準，然由於本身種種條件之限制，致其在學校或社會之競爭經常遭到失敗、挫折，其本身又無法忍受或妥善處理這種挫敗，而產生適應困擾之窘境。他們面臨此種困境乃深感「此處不留人，自有留人處」，並產生有別於普通社會之另一套價值體系，以克服其社會適應之困擾，為此而結合一批面臨相同命運及利害與共之少年，共同認定他們不歸屬於普通正常之社會，而歸屬少年犯的特殊團體，並進一步合理化其偏差行為，形成次級文化甚至組成幫會，共同以反社會行為來應付，解決其遭遇的適應困擾問題。

🔳 機會理論

梅爾頓（R. K. Merton）之無規範理論（Anomie Theory）認為，各階

層人們在渴望目標與追求目標之方法間如產生矛盾、差距，將會造成社會行為規範與制度之薄弱，而造成無規範狀態，產生較多之偏差行為。克拉法德（Richard Cloward）和奧林（L. E. Ohlin）於1960年提出少年犯罪與機會理論（Delinquency and Opportunity Theory）[23]，認為少年之所以發生偏差行為，有其不同機會結構（Differential Opportunity Structure）接觸非法之手段，造成犯罪機會不同，有些因他們之正當機會被剝奪，沒有機會合法地達成其目標，而使用非法方法達成以致陷入犯罪；有些少年仍需有機會來學習如何犯罪；有些從事犯罪行為是因為目標與方法之間矛盾，產生壓力所引起。

克拉法德及奧林認為，少年會趨向不合法之機會而犯罪，也是經由次級文化同輩團體之影響，亦即次級文化造成一種氣氛誘導其學習犯罪行為。少年犯罪與機會理論所強調之重點，仍認為下階層社會之青少年渴望達到中上階層之生活水準目標，然由於自己的階層以及機會阻塞致無法獲得公平與平等之機會，造成身分地位的挫折與失敗，認為其使用合法方法絕不可能達到此目標，而逐漸偏離合法的社會規範，且開始運用集體之力量（如組成少年幫會）以克服其不能適應之困擾，並進一步使用非法方法逃避其罪嫌，逐漸發展其少年犯次級文化及少年犯罪行為。

克拉法德及奧林強調社會環境影響個人之行為，並認為少年偏差行為及其次級文化可分成三種型態：

第一種幫會是犯罪集團（Criminal Gang）：是以犯罪手段實現其欲望及目標，如少年竊盜集團。此種犯罪集團常依賴成年犯罪技術老練者之指導，如何以犯罪方法來達成及獲得目標與成就。又犯罪之後使用何種方法來逃避警察之逮捕，對這些成年慣犯學習模仿，對大的社會反抗與不信任，而逐漸形成其犯罪集團的次級文化。

第二種幫會是衝突集團（Conflict Gang）：喜好械鬥滋事生非之暴力幫派。他們較喜使用暴力及破壞性之侵略攻擊性行為，並強調其屬於「硬漢」聲譽之價值集團，亦即喜藉暴力來獲取其地位與名譽。此種次級文化

23　同註2，第226頁。

集團並無如上述犯罪集團社會內有成年慣犯指導、唆使，只能靠個人單獨去掠取。成年犯不願涉足這種集團社會，乃因為這些少年喜用暴力，較易引發警察之注意，以致一般合法及非法集團均不太敢涉足此地帶。而衝突集團多數出現於解組的貧民區內。

第三種幫會是逃避集團（Retreatist Gang）：這種集團之少年是屬「迷失」之型態，他們無法以合法及非法方法獲得其目標，為解除其憂慮及逃避現實之競爭，乃藉吸食強力膠、施打速賜康等麻醉藥品來逃避退卻，並暫時獲得享樂之目的。

由上述可知克拉法德及奧林之機會理論，亦綜合蘇哲蘭之不同接觸理論與梅爾頓之無規範理論而成。他們一再強調少年犯之行為乃因受少年犯次級文化所賦予及支持之社會角色的扮演之結果所造成；少年在次級文化社會內，合法獲得目標之機會已被剝奪，而他們之行為很容易為刑事司法體系標籤為犯罪行為，乃退縮而求得次文化規範之支持，而進一步發展其犯罪行為。筆者再就克拉法德及奧林之機會理論用因果過程來說明如圖6-4。

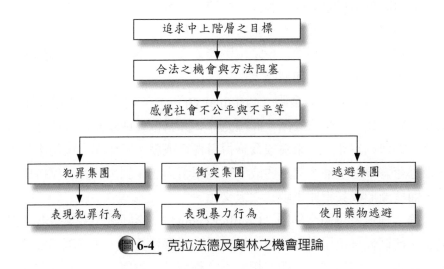

圖6-4 克拉法德及奧林之機會理論

第五節　社會學習理論

　　以前，解釋人類行為之理論，一向著重人體內在因素如：本能、驅力、欲望、需要等。這些內在因素不為人類意識所感受，不受意志支配，而促使人類行動。這些傳統理論支配人文科學界，直至19世紀末葉才發生演變。在19世紀末期，由於自然科學突飛猛進，傳統人文科學理論遭受嚴厲批判及挑戰，新興學者認為傳統理論之最大缺失是缺乏實證依據。直至19世紀末葉，以美國心理學家桑代克（Thorndike）以及俄國生物學家巴卜洛夫（Ivan Pavlov）為主的行為學派理論興起，取代以前傳統本能學派之地位，強調外界環境對於個人行為之影響及重要性。個人行為被解釋為對於外界刺激之反應，但此行為學派之缺失乃否定人類思考能力，否定人類內在因素在學習過程中之價值及意義。故行為學派有失之偏頗之嫌，在其極力強調環境因素之下，忽視動物內在因素以及人類思考，心靈對於人類行為之重要性。社會學習理論乃針對上述行為學派之缺失而產生之理論，不僅強調外在因素之重要性，而且更強調人類心靈在學習過程中扮演重要角色[24]。

　　社會學習理論（Social Learning Theory）亦屬於社會過程學派，認為犯罪之形成乃由於與犯罪人接觸並學習其規範與價值之結果。下文將就屬於社會學習理論之不同接觸理論、不同增強理論、中立化理論，加以探討其與少年犯罪之相關性。

一　不同接觸理論

（一）不同接觸理論之歷史發展

　　美國犯罪學家蘇哲蘭（Edwin H. Sutherland）於1939年在其《犯罪學的原理》（*Principles of Criminology*）第三版中提出其不同接觸理論（或

---

[24] 張華葆，社會心理學，三民書局，民國75年3月，第65、66頁。

稱差別接觸理論，The Theory of Differential Association）[25]。

　　不同接觸理論是第一個用個人部分來討論犯罪行為形成之犯罪社會學理論；亦是第一個著重於頻度（Frequency）、強度（Intensity），以及社會關係意義等研究之犯罪社會學理論，而較不著重個人特質或外在環境特徵之問題。蘇哲蘭進一步用其理論解釋，芝加哥學派生態學研究中犯罪地帶產生較多的少年犯，主要是由於那些少年在生活過程中與較多的犯罪青少年接觸，而學到偏差行為的傾向。我們可用此理論來解釋少年幫會產生之原因，乃因他們與更多少年犯接觸的結果。

　　蘇哲蘭不同接觸理論曾受奎克（Quakers）及塔德（Gabriel Tarde）之影響。奎克提出不良夥伴之理論（The Theory of Bad Company），認為不良的朋友足以感染犯罪之惡習，猶如一個爛蘋果會導致整籃蘋果爛掉。而塔德於1890年提出犯罪行為是經由接觸學習而來，同時亦提出他的模仿法則（Law of Imitation）。塔德雖亦屬犯罪學實證學派，但他不同意龍布羅梭（Lombroso）之生物學研究，乃以其犯罪行為學習理論來取代龍氏之研究。犯罪是一種正常的學習行為，有別於19世紀末期及20世紀初期的生物及心理觀點之研究[26]。

　　蘇哲蘭於1930年代在美國印第安那大學任教曾與實驗心理學派接觸甚繁，且受上述二種理論之影響，而有助於他用學習法則或學習理論來說明犯罪行為之形成。

　　蘇哲蘭於1939年首先提出不同接觸理論，1947年曾作修正而包含學習法則。蘇哲蘭之學生克烈西（Donald R. Cressey）於1960年再修正蘇氏之書，蘇氏及克烈西於1974年增訂出版該書第九版，致使該書在犯罪學教科書中盛行長達近50年之久。

（二）不同接觸理論之內容

　　蘇氏於1939年提出其理論，認為犯罪主要緣於文化的衝突，社會的

---

[25]　Edwin H. Sutherland, Principles of Criminology, 1939, pp. 4-9.

[26]　同註2，第100頁。

解組，以及接觸的頻度和持續的時間而定。而社會解組主要是由於社會流動、社會競爭及社會衝突之結果。但社會解組亦會造成文化衝突，產生不同的接觸，為此個人接觸到不同的社會價值，而產生不同的行為型態。而其中，那些與犯罪人發生接觸的就容易產生犯罪行為，與犯罪人接觸次數愈多愈容易犯罪，故蘇哲蘭否定犯罪傾向之遺傳。

蘇哲蘭於1947年修正其理論，主要內容如下[27]：

1.犯罪行為是學習得來。

2.犯罪行為是與其他人溝通過程中（Process of Communication）發生交互作用（Interaction）學習得來。

3.犯罪行為主要是與親密團體（Intimate Personal Group）的互動生活過程中學習而來的。

4.犯罪行為之學習內容包括：(1)犯罪的技巧──有時非常複雜，有時非常簡單；(2)犯罪的動機、內驅力、合理化及態度之特別指示。

5.犯罪動機與內驅力學習之特別指示，乃從犯罪的法律定義去考慮犯罪對他有利還是不利。

6.一個人之所以犯罪，乃認為犯罪比不犯罪有利。主要是長久與犯罪團體接觸學習之結果。

7.不同接觸之學習，並隨其接觸次數的頻度（Frequency）、接觸時間的長短（Duration）、優先順序（Priority）、強度（Intensity）等之不同而異。

8.犯罪行為學習的過程，主要是看他們與犯罪團體或反對犯罪團體接觸所發生之學習結果。如經常與犯罪團體接觸，而與反犯罪團體隔離，則易陷入犯罪，此與其他學習相同。犯罪行為之學習不僅限於模仿（Imitation），尚有接觸（Association）之關係。

9.不能用一般需要與價值來解釋犯罪行為，因為非犯罪行為亦是為了一般需要及價值而為的。

克烈西（Cressey）修正蘇氏理論，認為蘇氏理論僅強調「壞同伴」

27　同註2，第101頁。

（Bad Company）之學習，未免過於簡化；亦即不侷限於模仿、接觸、頻度、期間、強度、順序、動機、內驅力、合理化、態度，倘有其他足以影響「接觸」效果之因素或其他有關之過程所導致。因此，克烈西主張不同接觸理論最好改為文化傳遞理論（Cultural Transmission Theory）。

（三）對蘇哲蘭不同接觸理論之評估

霍克斯（Vernon Fox）認為蘇氏理論之一大困難，即並非每一個人與犯罪人接觸即會犯罪。保爾德（Void）指出，普通人口中與犯罪人有接觸經驗的不少，然真正成為犯罪人究屬少數。另有些批評指出，一個人之所以犯罪，除了受接觸人的影響之外，他個人本身的生物、心理因素對其接觸感染亦有很大影響。凱得威爾（Robert G. Caldwell）指出蘇氏理論之優點在於喚起大家重視犯罪之社會因素，而其缺點即：其理論未考慮每個人均有其自由意志（Free Will），以及我們無法了解蘇氏所指的犯罪行為為何？因為蘇氏僅提出系統性的犯罪行為來說明，而無法了解他所指確切的犯罪行為為何？何況他對所謂的系統性（Systematic），亦未作確切之界說[28]。

亞當斯（Reed Adams）曾綜合各家對不同接觸理論之批評如下[29]：

1. 在有效驗證方面，不同接觸理論很難用實證的方法做研究。
2. 部分學者誤解不同接觸理論。例如蘇哲蘭特別強調，應與犯罪行為型態過多之接觸，而非單純的與犯罪人接觸。
3. 不同接觸理論並未解釋為何會有「接觸」（Association）發生？
4. 不同接觸理論無法說明所有的犯罪型態。
5. 不同接觸理論並未考慮人們之人格，及其接納能力（Receptivity）之不同。
6. 不同接觸理論並未特別說明決定犯罪之行為型態的準確性之比率。

28　Robert G. Caldwell, Criminology, 1956, pp. 181-185.

29　Reed Adams, An Experimental Evaluation of The Adequacy of Differential Association Theory and A Theoretical Formulation of a Learning Theory of Criminal Behavior, Ph. D. Dissertation in Florida State University, Tallahasee, 1971, pp. 5-9.

　　昆尼（Richard Quinney）認為蘇氏理論之形成過於抽象，而無法用實證的資料及方法去實驗，僅能對接觸之變數方面諸如頻度、期間、順序、強度等做部分之研究實驗而已。就此說明與犯罪人接觸較易犯罪，則其可靠性是有限的[30]。

　　克拉塞爾（Glaser）主張用不同的仿同（Differential Identification）來取代不同接觸理論。因為不同接觸理論強調，經由接觸才發生學習之效果；然不同仿同認為，不一定要人與人（Person to Person）或面對面（Face to Face）之實際上的身體接觸，才能發生仿同之效果[31]。

　　雖然蘇哲蘭不同接觸理論受到上述學者批評攻擊，然蘇氏理論已成為近代犯罪學家思想體系中極重要且亦是最基本之理論。我們如以蘇哲蘭理論來印證台灣地區十多年來青少年犯心態，已有很大之轉變。以前有些犯罪人是因饑寒起盜心，而今許多歹徒均是年富力強之青少年，絕無被逼於饑寒而要鋌而走險，而是基於要成為「暴發戶」以及「犯罪划得來」之心理作祟，無視於法律之重罰制裁。蘇哲蘭在其不同接觸理論裡分析犯罪人之所以犯罪，乃基於理性之考慮，即在犯罪之前，已事先審慎研究犯罪對他們是否划得來，尤其著重於犯罪成功機會有多大，而較不在乎被逮捕之後會被判多長刑期。此外，蘇哲蘭特別強調犯罪行為是學習而來，如因犯罪得逞可獲暴利，則會被歹徒及其他旁觀潛在性犯罪人有很大之傳染誘導作用。蘇哲蘭理論另一成就，乃其理論不但盛行幾十年，且引起諸多學者對此理論做進一步之探討。史基納（Skinner）之社會學習理論（Social Learning Theory）及傑佛利（Jeffery）之生物社會學習理論（Biosocial Learning Theory）均源自蘇氏理論。此外，蘇哲蘭更進一步用白領階級犯罪（White-Collar Crime）來說明不同接觸理論。因為我們一般犯罪統計上所出現的人口幾乎全為社會低階層人們，因而誤解中上階層的人不會犯罪；而事實上中上階層犯罪的人亦不少，只因其運用高度智慧犯罪且有足夠的社會關係為其脫罪，因而造成不少「犯罪的未知數」。白領階級之犯

30　Richard Quinney, Criminology, 1975, p. 110.
31　W. C. Reckless, A New Theory of Delinquency and Crime, Rose Giallombardo edited, Jurenile Delinquency, 3rd, 1976, p. 168.

罪，諸如經濟性的犯罪型態亦是經由接觸學習，而容易走上犯罪之途。

二 不同增強理論

不同增強理論（Differential Reinforcement Theory）也認為犯罪行為是學習而來，但他們修正蘇哲蘭（Sutherland）之理論，並融入史基納（B. F. Skinner）以及班迪拉（Aebert Bandura）之社會學習理論。不同增強理論是愛克斯（Ronald Akers）於1977年提出[32]。

此派學者認為犯罪行為既為快樂與痛苦所控制，則應從少年行為本身來探討未來之增強，而不應由少年行為本身以外那些間接且與行為本身不同之變因，來解釋少年犯罪行為。如少年與環境發生互動，而造成少年行為之增加，此種過程叫做增強或者報償，因此增強會更增加強化行為。

根據愛克斯之論點，少年是因為操作制約作用（Operant Conditioning）而學習其社會行為，亦即少年行為亦為刺激所控制[33]。而所謂操作性的制約作用，乃源於史基納（B. F. Skinner）把老鼠放在史基納箱內實驗，老鼠觸碰到橫木時，則可得到食物（報酬），如此一再反覆，則此食物（報酬）會增強老鼠按壓橫木之行為，而促老鼠亟願重複出現該按壓橫木行為。反之，如果老鼠做某一行為會受到懲罰，則老鼠會抑制避免此行為出現。因此，少年之行為形成，亦是基於相同道理，認為少年之行為結果，可得到精神與物質之積極正面報酬，則會增強其再度表現此行為；另方面如少年之行為結果可避免某種懲罰，也會得一種反面之增強（Negative Reinforcement）。亦即，行為結果會受到反面之刺激（正面懲罰）或者得不到報酬（反面懲罰），均會減弱其行為之再出現，凡此皆是不同增強理論之重點。

愛克斯與其研究助理曾調查3,065位青少年藥物濫用情形，來驗證其不同增強理論和社會學習理論，結果發現青少年之藥物濫用與社會學習變

---

[32] Ronald Akers, Deviant Behavior, A Social Learning Approach, Second Edition. Bellmont, Mass, Wadsworth, 1977.

[33] 同註9，第206頁。

項及不同增強有顯著相關性[34]。此外，愛克斯理論之其他二大貢獻，其一將社會變項與心理變項連結使用解釋少年犯罪；其二運用古典學派之犯罪學理論於其社會學理論上，以建議適當地運用刑罰來懲罰犯罪行為，可達到減少犯罪行為之目的。

三 中立化理論

筆者認為此理論應放在次級文化理論內討論，但美國一些學者則將其放在社會學習理論內探討。瑪特札（David Matza）認為柯恩（Cohen）在次級文化理論，僅就下階層社會青少年基於身分地位的競爭挫敗，而形成另一套與之對抗的價值體系和規範，來解釋少年犯罪行為之形成是有諸多缺點[35]，因而提出另一理論——中立化理論（Neutralization Theory）。

中立化理論（Neutralization Theory）旨在探討少年犯對其偏差行為合理化（Rationalization）之技巧或者對其偏差行為持著自以為是之態度。

通常少年犯對其偏差行為合理化，可分五種型態之中立化技術，分述如下：

（一）責任之否認（The Denial of Responsibility）

少年犯否認應對其行為負責；他自認亦是當前社會環境下之犧牲者。他在這種環境下是無助的，他的行為完全受外在不良社會環境影響所致，例如：家庭的不溫暖、父母的管教方式不當、壞朋友的感染等。

（二）損害之否認（The Denial of Injury）

少年犯否認其行為造成損害，亦即不認為他們行為所造成的損害是損害，如汽車竊盜犯認為偷車載女友到野外郊遊，只是暫時借用而已，將來用畢棄之某地，被害人仍可由警方通知領回。此外，少年幫派發生集體械

---

34 同註9，第207頁。
35 同註21。

鬥，咸認打架是他們雙方解決問題之最佳方法，警方不應出面干涉。

（三）被害人否認（The Denial of Victim）

少年犯發生偏差行為後，反認為其偏差行為是一種正當的反應，亦即正確的報復和懲罰。例如竊盜是針對那些不誠實的商店而行竊，對女人猥褻之行為，乃是針對那些服裝不整有被害傾向之婦女而發，如此犯罪行為，在犯罪人之看來，是屬於痛擊或教訓「犯人」之正當行為。

（四）對非難者之非難（The Condemnation of the Condemners）

少年犯對其犯行不自我檢討、反省，反而責備那些責備或懲罰他們的人。如宣稱：老師、牧師或警察均是表面偽善者，少年犯責罵警察集腐敗、貪汙和殘忍於一身；教師之管教方法有偏私或不允當；或父母並未給他們充分的溫暖等。

（五）高度效忠其團體（The Appeal of Higher Loyalties）

通常少年犯之犯罪行為乃為遵守幫規、效忠幫會而犧牲普通社會規範或法律規定。他們並不認為其違法行為不對，反而認為這些遵守幫規所作之犯行，是效忠幫會領袖最高情操之表現，值得讚揚。

少年犯解決困境的方式，經常堅持不論如何定要幫助自己的夥伴，一旦犯罪行為為他人察覺，亦不揭發共犯之罪行。縱然如此作為，會使其在優勢的社會秩序中陷入更大之困難與危險，仍在所不惜。另方面少年犯較不尋常，乃因他們之自我認知，以為自己代表其歸屬之某一小團體，並且極力為其惡行強詞奪理式地辯護。

上述次級文化及中立化理論雖然無法解釋所有犯罪行為，但可用來說明下階層社會或勞工階層之青少年的適應問題及解釋青少年為何組成幫會。因為下階層社會青少年之文化、目的及策略均與一般正常的社會不同，且發生衝突時，他們為除去這些衝突，乃公然拒絕中上階層之社會行為標準；此外他們自有其一套生活方式、特殊價值體系、嗜好、偏見以及

關心自己特有之問題，因此他們雖能適應自己次級文化之生活型態，然卻違反整個大社會之行為規範。又少年犯對其犯行經常使用下列合理化之技巧：「我只是順手拿一下或者暫時借用，並沒有偷竊之意」、「他們自作自受，罪該應得」、「他們的麻煩是自己找上門來的」等。他們這些合理化口語在其次級文化內非常盛行，深感自然而無罪惡感。然這些合理化技巧又顯示出對一般社會優勢之價值體系的侵犯和攻擊，且有高度危險性的，因為他們足以削弱社會控制力量之有效性，如果多數少年均持有這些合理化技巧而不自知，則將來對社會的危害性更大。

　　次級文化及中立化理論亦提出諸多論點及證據來支持其理論，並為少年犯罪之研究導出另一方向及假設——即勞工階層的青少年陷入犯罪的比例比中上階層社會之青少年為高。因為青少年在其社會化過程中，常隨其社會階層地位之高低而有所不同，這些不同常阻礙下階層社會青少年之社會化，而無法與中上階層的青少年做適當競爭而產生適應之困難。例如下階層社會之青少年文化及周遭之環境並不支持、接受中上階層社會之倫理道德價值標準，亦即他們只重眼前短暫之享樂，工作精神及紀律均較鬆散，而易陷入偏差行為。然我們要去輔導這些青少年，則應了解他們次級文化之特性，以及中立化技巧。亦即，青少年犯之價值體系雖不為我們正常社會所接受，然卻能在其青少年犯幫會同輩團體中有適應及被接受之感覺；而青少年最需要的是友情，青少年朋友之間均是同輩團體，彼此極易溝通而沒有所謂「代溝」存在。為此，我們應善用社區中優秀同輩團體（Peer Group）橫的動力，主動協助他們消除客觀的阻力，以及他們「迷失」已久的自尊心與榮譽感，如是漸為他們剖開不能適應之困擾，使他們從自我形成之「繭結」次級文化裡解脫、尋回自我，而將偏頗的心理導向平衡並改正其自以為是之中立化（合理化）技巧，以作為重新適應正常社會生活之起步。

第六節　社會疏離理論

美國犯罪學家傑佛利（C. R. Jeffery）曾發表其大作《犯罪與犯罪行為之整合理論》（*An Integrated Theory of Crime and Criminal Behavior*）[36]，特別提倡其社會疏離理論（Social Alienation Theory）來說明犯罪之原因。

傑佛利認為犯罪行為之解釋可分為二大派：其一是犯罪心理學派；其二是犯罪社會學派。犯罪心理學派所根據之假設，認為犯罪人與非犯罪人之主要區別在於反社會行為之人格特質不同。犯罪行為發生之原因均歸咎於情緒與心理之衝突。然一般對犯罪心理學派缺陷的批判，乃認為大多數的犯罪人並無心理病態及精神疾病，傑佛利亦以蘇哲蘭（Sutherland）之不同接觸理論（Theory of Differential Association）代表犯罪社會學理論而加以批判。傑佛利認為，蘇哲蘭著作之《犯罪學原理》（*Principles of Criminology*）教科書，竟將生物學及心理學排除於犯罪學之外，以致當時之犯罪學與社會學並無二致。自那時起，犯罪學家對犯罪及少年犯罪問題之探討，均根據社會互動及社會結構功能為基礎之社會決定論為其主要論點及假設。然事實上，沒有一個基於社會原因之行為理論能被廣泛接受，乃因社會原因單方面之探討，無法為少年犯罪問題之分析及控制提供有效對策。此外，傑佛利亦批判蘇哲蘭之不同接觸理論，而提出下列批判要點：一、此理論無法解釋犯罪之原因與起源；二、此理論無法解釋因情緒衝動及偶發之犯罪行為；三、此理論無法解釋那些未曾與有犯罪習性交往，而犯罪之行為；四、此理論無法解釋那些經常與犯罪習性交往，而卻沒有犯罪之人；五、此理論無法用來區別犯罪人與非犯罪人之行為；六、此理論未考慮動機或不同的反應型態，因為人們對相同之情境會有不同之反應；七、此理論未用年齡、性別、都市地區以及少數團體等變項，來說明不同的犯罪率[37]。因此，傑佛利發展其社會疏離理論，企圖整合犯罪心

---

[36] Martin R. Haskell and Lewis Yablonsky, Criminology, 1983, p. 485.
[37] 同註36。

理學派及犯罪社會學派，來說明犯罪發生之原因。社會疏離理論認為某些地區之社會互動，如果愈缺乏人際關係、愈隔閡疏離、愈沒有守望相助、愈沒有社會規範，則其犯罪發生率會愈高。此理論進一步說明，一般犯罪人及少年犯之所以犯罪，大都由於缺乏良好的人際關係，未能與他人發展出成功且令人滿意之友誼及人際關係所導致。這些少年經常感覺孤獨，而且在情感上有疏離感。他在合法的初級團體內缺乏屬於成員之身分，因而常感覺缺乏安全感，有敵對之態度，且有仇恨心理及攻擊性；他甚至感覺沒有被愛且有被遺棄之感而且缺乏歸屬感。

　　傑佛利社會疏離理論所強調之拒絕感，情感之需求，心理上與他人之疏離隔閡等論點是與犯罪心理學派相結合的；此外，傑佛利所強調在初級團體的互動關係，則又與蘇哲蘭理論相結合的。因此，傑佛利為支持其理論，特別以此來說明都市貧民區的青少年犯罪率較高，乃因他們來自較下階層的社會經濟團體，且屬少數民族，而且有嚴重的社會疏離感[38]。

　　傑佛利又將社會疏離分成三種型態：一、個人疏離（Individual Alienation）：指一個人與他人疏離、隔閡，缺乏良好人際關係，則這個人會表現出社會病態之表徵，而無法接受社會的價值體系；二、團體疏離（Group Alienation）：指某些成員所歸屬之團體與大社會疏離，而這些成員與其團體仿同，而導致有文化偏差及社會障礙之態度及行為；三、法律上疏離（Legal Alienation）：指美國的白人、黑人以及社會上的中上階層及下階層在法律上受到不同的處遇，甚至不公平之待遇，而造成這些黑人或下階層人士對法律的規範及價值體系疏離，而易發生偏差行為[39]。

　　社會疏離理論說明，如個人與個人之間的人際關係缺乏，以致情感上有孤獨及疏離感，甚至缺乏安全感，有敵對態度，且有仇恨心理及攻擊行為；如個人所屬之團體與大社會有疏離之情況，則其團體所屬之成員較易有文化偏差及社會障礙之態度與行為；如社會上的下階層人士未得到公平的待遇，則會造成與國家法律規範之疏離，而易發生違反法律規範之行

---

[38]　同註36，第486頁。
[39]　同註36，第487頁。

為。為此，我們要防治犯罪，應加強推展社區精神倫理，培養敦親睦鄰守望相助精神，使民眾深入體會互助合群之生活，強化社區意識之歸屬感，才能創造更安和樂利之生活環境，確保個人與社區之發展，預防犯罪。

第七節　社會關懷理論

許多的犯罪理論和犯罪控制政策都基於人們是自利的假設[40]或人性中性（空白）之立場[41]。但最近學者Agnew指出在多個工作領域中人們既自利又關心社會。社會關懷（Social Concern）涉及基於生物學的傾向，這些傾向有時會導致人們更多地考慮他人而不是自己的利益。Agnew在美國犯罪學年會中，提出社會關懷理論（Social Concern theory, SCT）。此理論之核心要素包括：一、關心他人福祉（Care for Others）；二、渴望與他人建立密切聯繫和合作（Desires for Close Ties）；三、遵循某些道德直覺（Moral Intuitions）；四、順應他人的行為和社會規範（Conformity to Others），以及制裁違法行為[42]。Agnew認為，社會關懷度較低的人更有可能從事不同類型的違法行為，原因是：一、低水平的同理心和同情心；二、低個人道德標準；三、低水平渴望與他人建立情感和社會聯繫；以及四、對他人和社會的順從性較低。換句話說，低水平的社會關懷會降低人類心理上的利他傾向[43]。

Agnew提出社會關懷理論可以作為預防犯罪的保護因素，韓國Choi et al.，（2022）進行社會關懷的一個要素（即同理心）對1,091名韓國青少年樣本中的在線騷擾行為的影響進行了部分檢驗。研究發現，考慮到社會關

---

[40] 例如Clarke and Cornish, 1985; L. E. Cohen and Felson, 1979; Gottfredson and Hirschi, 1990; Hirschi, 1969; Tittle, 1995等之人性自利主張與論述。

[41] 例如Akers, 1985; Burgess and Akers, 1966; Sutherland, 1947; Akers et al., 2021等之人性空白中立主張與論述。

[42] Agnew, Robert, Social Concern and Crime: Moving beyond the Assumption of Simple Self-interest. Criminology, 52(1), 1-32. DOI: 10.1111/1745-9125.12031, 2014.

[43] Agnew, Robert, Social Concern and Crime: Moving beyond the Assumption of Simple Self-interest. Criminology, 52(1), 1-32. DOI: 10.1111/1745-9125.12031, 2014.

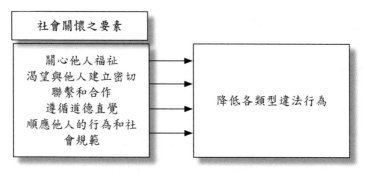

資料來源：Agnew, Robert (2014), Social Concern and Crime: Moving beyond the Assumption of Simple Self-interest. Criminology, 52(1), 1-32.

注（即同理心）對在線騷擾行為的直接和間接影響，以及社會關懷和低自我控制之間的潛在交互作用。與理論驅動的命題一致，多變量建模的結果發現，社會關懷（即同理心）對在線騷擾行為有直接和間接的影響[44]。另陳伯勳以Agnew（2014）社會關懷理論（Social Concern Theory）及Darley & Latané（1968）旁觀者效應（Bystander Effect）作為理論分析架構，抽取高雄市在學高中（職）生進行調查，研究發現高中（職）學生之社會關懷特性、霸凌旁觀經驗與親社會旁觀者因應行為確實存在顯著相關，其中道德直覺主要影響重度霸凌，情感同理則影響輕度霸凌，調查初步證實社會關懷理論主張個體同情與關懷他人能力及群體傾向獎勵親社會行為[45]。

44　Choi, Jaeyong, Nathan Kruis, and Julak Lee, Empathy, Self-control, and Online Harassment: A Partial Test of Agnew's Social Concern Theory, Computers in Human Behavior, Vol. 136, November, 107402, https://doi.org/10.1016/j.chb.2022.107402, 2022.

45　陳柏勳（2021），社會關懷與霸凌旁觀經驗對親社會旁觀者因應行為影響之研究——以高雄市在學高中（職）生為例，中央警察大學犯罪防治研究所碩士論文，https://hdl.handle.net/11296/zdbjkq。

第八節 控制理論

一 控制理論

一般的犯罪理論（如次級文化理論、機會理論等），均在探討人們為什麼不遵守社會規範而犯罪，而控制理論（Control Theory）則從相反的角度來探討人們為什麼要遵守社會規範而不犯罪。因為控制理論學者認為，犯罪問題是社會無可避免之現象，如果人們順從社會規範而不犯罪，則需要進一步加以解釋說明。

控制理論之基本假設，認為當人們與社會之維繫（Bond）薄弱或破裂之時，則會產生偏差行為。換言之，當人們與社會之維繫堅強時，則來自本我之衝動與欲望，就能受到控制而產生順從社會規範之行為。

控制理論（Control Theory）為赫西（Travis Hirschi）於1969年創立[46]。赫西強調少年犯罪行為與四個要素有關，而此四個要素亦即維繫之要素（Elements of the Bond）：（一）附屬（Attachment）；（二）責任感（Commitment）；（三）參與（Involvement）；（四）信念（Belief）。

茲將赫西上述所提個人與社會維繫之四要素分述如下：

（一）附屬

社會學家在解釋個人之遵守規範行為（Conformity Behavior），乃因個人對別人意見之敏感性（Sensitivity）與認同，然另方面不幸的是有些社會學家在解釋個人之偏差行為時，卻排除敏感性之因素。而心理學家在解釋個人偏差行為時，則強調因個人對別人意見之無敏感性（Insensitivity）所引起，結果選用敏感性這個因素的解釋價值降低。

涂爾幹（Durkheim）認為如果個人對他人之意見無敏感性，即表示人對他人不關心，則無法為社會規範所維繫，而易產生偏差行為。控

---

[46] Travis Hirschi, Causes of Delinquency: A Control Theory of Delinquency, 1969.

制理論強調敏感性，即個人對他人及社會規範之期許非常重視，個人敏感性愈強，則表示個人與他人之附屬性愈高，則其對社會規範之內化（Internalized the Norms of Society）愈強，則愈不會發生偏差行為。

涂爾幹認為社會道德行為可歸納為兩類：第一類是規範（Regulation），此規範是指從團體至個人或從上級頒布下來之道德規範、法律規範，俾為個人所遵循，是維護社會秩序之主要來源及基礎。如果團體或上級頒布之規範不好或不清楚，則會產生無規範（Anomie）狀態，在這種狀態之下會造成許多偏差行為發生。第二類是整合（Integration），此是指個人趨向團體而言，社會之所以有秩序是因個人捐棄個人本位主義，而主動地內化團體之社會規範，遵行社會規範；反之，如果個人對社會規範的內化不好，趨向團體的整合不好，則個人之自我主義（Egoism）盛行，在這種狀態下，社會非常渙散，產生解組現象而造成許多偏差行為發生。

涂爾幹強調對社會規範內化之程度來解釋偏差行為；而赫西則認為用附屬（Attachment）來解釋偏差行為比用內化更為妥切。因為內化的本質涉及規範、良心及超自我，這些內在控制方面較難測量，如果使用附屬，則不必要未經證明就將其假設當真地去討論，而且使用附屬，可獨立地測量對別人附屬之強弱與偏差行為之關係。此外，可另舉一例說明用附屬比內化更為妥切解釋偏差行為[47]，如一個人離婚之後較易發生自殺或偽造文書之類的偏差行為，我們如用內化、良心、超自我來解釋，則解釋他離婚之後失去良心而發生偏差行為，如果他再婚，則需解釋他又恢復良心；我們如用附屬來解釋偏差行為較佳，解釋他離婚之後附屬性較弱，易發生偏差行為，如果他再婚，則可解釋他對別人的附屬性又增強，較不會發生偏差行為。

（二）責任感

赫西所謂責任感（Commitment），即承諾履行順從合乎社會規範之

---

[47]　同註46。

行為。赫西在其控制理論中引述霍布斯（Thomas Hobbes）所言，當人們因破壞法律規範而得到某些利益及快樂之際，只有恐懼（Fear）是唯一要件，可促其不敢犯法。赫西進一步認為幾乎沒有人會否認，人們之所以會遵循社會規範而不犯法，乃因恐懼犯法後之法律效果。因此，人們遵行社會規範而不犯法有二種成分，一方面是順從合法行為之理性成分——責任感；另方面是順從合法行為之感情成因——恐懼。而貝克（Howard S. Becker）曾解釋人們為什麼要守法？其一是因為他的行為會間接地影響別人之利益，故要遵行社會規範之合法行為；其二是因為他很重視自己在這些活動上之身分地位；其三是因為他了解到他的決定及責任感會造成許多枝節問題。上述看法亦指一個人已在某方面事業投下相當多的時間、人力、物力，此際，他如要從事犯罪行為，則要考慮犯罪的代價是否划得來。因此，假如對別人之附屬（Attachment to Others）是超自我或良心之社會學的相對應，則我們可解釋責任感就是自我的社會學相對應部分。

控制理論認為犯罪人之所以犯罪，亦基於理性之考慮，即在犯罪之前已事先審慎研究犯罪對他們是否划得來，尤其著重於犯罪成功之機會有多大。但有時犯罪人也會因疏忽及錯誤之估算而被逮捕。因而，控制理論有時因他們事先之失算，而造成犯罪行為發生。另外，許多人之所以不犯罪，乃因他們認為犯罪划不來，且會失去以往之成果，故要守法致力遵行社會規範。

（三）參與

赫西於控制理論中特別強調，許多人之所以遵循社會規範之合法行為，乃因他們忙著參與許多正當活動，而沒有時間及機會去犯罪。因此，參與或專心一意於社會規範之活動也是控制理論中社會維繫之第三要素。

犯罪學家蘇哲蘭（Sutherland）也指出，在少年犯罪區域裡，少年犯與非少年犯最大之區別，乃因非少年犯有較多正當活動之機會以滿足其娛樂興趣之需要，而少年犯則缺乏這些機會與設備。如果一個人之時間、精力，均忙於從事正當活動，則根本不可能有閒暇從事偏差與犯罪行為。為

此，在青少年的犯罪防治計畫中，應多舉辦有益身心之活動，善用青少年時間，使其精力、感情、時間有適當途徑可宣洩排遣，並陶冶其性情，使其身心健康均衡發展，並從中學習守法、合群及服務精神，以減少青少年之犯罪問題。

（四）信念

控制理論在信念（Belief）方面與文化偏差理論（Cultural Deviance Theory）及次級文化理論之看法不同。文化偏差理論認為，少年犯只認同、順從其自己小團體特有之價值體系，而這些特有之價值體系與我們大社會之價值體系不僅有異，且不容於一般大社會。但控制理論則持不同看法，認為這些少年犯違犯、破壞大社會之規範，但整個大社會之規範及價值體系仍然存在，亦即這些少年犯仍認為大社會之規範是對的。因此，控制理論進一步探討，為什麼一個人要違犯他平素所信念的規範呢？（Why does a man violate the rules in which he believes?）因此，控制理論假設不僅偏差行為者信念社會規範，甚至在他違犯偏差行為時，仍信念此規範，亦即他們知道其偏差行為是錯的。對這些問題，我們亦可引述緊張理論（Strain Theory）中梅爾頓（Merton）之無規範理論（Anomie Theory）以及克拉法德、奧林（Cloward and Ohlin）之機會理論（Opportunity Theory）來處理。

瑪特札（David Matza）之中立化理論（Neutralization Theory）認為，少年犯在犯行之時，仍知犯行是錯，且亦有其信念，只是為了減緩其罪惡感以及維持其自尊心，乃用中立化之技巧對其行為加以合理化。但赫西之控制理論並不同意上述中立化理論之解釋，赫西不相信少年犯使用中立化而促使犯罪行為發生，也不相信少年犯建立一套合理化之體系，乃是為了對其犯罪行為正當化以及合理化，以減緩其犯行之罪惡感。相反地，控制理論假設人們對遵守社會規範之信念有程度上差異，人們對社會規範道德的信念愈強，則愈不會有要違犯社會規範之動機；有些人對社會規範道德的信念愈薄弱，則愈有可能去破壞社會規範道德，而發生犯罪行為。

赫西認為信念方面之解釋，不需經過合理化之過程，只是個人對社會規範道德之信念有程度上差異，亦即信念強的，其對社會之維繫亦強，而較不會犯罪；相反地，信念較弱的，其對社會之維繫亦弱，而較可能犯罪。

在犯罪社會學中之三大學派，其一是緊張理論（如梅爾頓之無規範理論，克拉法德及奧林之機會理論）；其二是次級文化理論（如柯思之少年非行次級文化理論，雪林之文化衝突理論，以及米勒之少年非行理論）；其三則是赫西之控制理論。足見赫西對犯罪學方面有莫大之貢獻，此外，赫西使用自我報告調查研究方法，在犯罪衡量技術亦有其重要地位。而控制理論所提社會維繫（Social Bond）中之四要素：附屬、責任感、參與、信念四種要素相互關聯，而少年在社會維繫之四要素所顯示程度上之強弱，對於其可能犯罪之高低，具有相當之影響。

二 抑制理論

每次犯罪問題發生，一般人即有一種錯誤觀念，把問題過失歸咎於其他方面。例如：家庭把此責任推給學校和社會；而學校卻認為是家庭和社會之責任；社會則認為此是家庭與學校疏忽所致。如是家庭、學校與社會各推其責，殊不知除了家庭、學校、社會之外，行為人本身也應該負一部分責任（甚至大部分責任），乃因其問題之發生，常因其自我控制能力薄弱所造成。

犯罪行為之發生，如從心理學觀點解釋，可分為二方面：一方面是為正面之增強作用（Positive Reinforcement）而起，即犯罪人為滿足自己內心需求和獲得某種報酬享受，而不知自我控制及循正當途徑取得，如竊盜犯、搶奪犯等。另方面則為反面之增強作用（Negative Reinforcement）而起，某些犯罪人為袪除內心一時之痛苦、挫折、焦慮，不知自我控制或用其他適當方法處理而觸犯法網，如某少年因不甘他人責罵侮辱，乃意氣用事動刀殺人，以解除被辱罵所引起內心之痛苦。

美國犯罪學家雷克利斯（W. C. Reckless）根據內在控制系統與外在

控制系統之交互作用而提出其抑制理論（Containment Theory）[48]。亦即用個人人格之變數，以及社會環境之變數等之交互作用來說明少年犯罪行為形成之相關因素。

雷克利斯發展其抑制理論，主要是受雷斯（Albert J. Reiss）及尼亞（F. Ivan Nye）之影響，因為他倆強調人格與社會環境交互作用之不良結果，極易陷入犯罪。雷斯於1951年曾提出犯罪行為之發生，乃由於個人與社會之控制失敗而起。外在的社會控制環境惡劣，但如個人內在的阻止或控制能力極強，則亦能預防偏差行為發生；同理，如外在社會控制環境極強（如警察及司法力量能發揮高度的刑事追訴能力等），則對那些自我控制能力較低者，亦能發生遏阻之效果而不敢犯罪。尼亞於1958年亦指出，社會控制因素可抑制犯罪之傾向。社會控制因素有四種即：（一）直接的控制：係指來自紀律、限制或刑罰之直接控制；（二）內在的控制：即來自內在良心之控制；（三）間接的控制：即發展其個人意願，使其不要令父母、師長、親友等失望；（四）運用其他合法的取代方法去達到既定之目的、意願。

尼亞進一步指出，有缺陷之社會控制往往是促成犯罪之有力因素，而且抑制理論亦不能用來說明所有之犯罪型態，例如強迫性的行為或為次級文化所影響之行為。

雷克利斯認為一個人如有良好之自我觀念（Self-concept），則生活在一個足以誘導其犯罪的社會環境中，亦能發生絕緣之作用，亦即能排斥外在不良社會環境之誘導。他進一步指出，犯罪社會學理論缺乏自我因素（Self-factors）方面之探討，然事實上，這些自我因素正是構成無規範、次級文化，以及促進犯罪之有力因素。所謂自我因素即包括下列諸因素：（一）自我觀念、自我印象、自我認知；（二）對於有限機會之認知；（三）合理化之技巧；（四）疏離的型態；（五）責難的接受或拒絕。上述這些自我因素如均能發揮正面之功能，則必能加強一個人之內在自我控制力量，而協助他不做出違法之行為。

---

[48]　同註31。

外在社會環境之誘惑即相當於外在之拉力，而內在的傾向或抵制即相當於內在推力。如外在之拉力與內在之推力均傾向於犯罪，則最後必會陷入犯罪而無法自拔。通常良好的內在控制能力即指下列諸項：（一）健全的自我觀念；（二）良好的自我控制；（三）良好的超自我觀念；（四）對挫折有高度的忍受力；（五）高度的社會責任感。而健全的外在控制環境即指下列諸項：（一）健全的家庭生活；（二）居住社區有正當之娛樂活動；（三）參與社區組織活動；（四）結交益友。而上述內在之控制能力極易受外在控制環境之影響，有時二者交互影響，甚至發生相輔相成之效果。如一個人生長於健全的家庭環境、接受良好的教育，則易產生良好的自我觀念。同理，一個人有良好的自我控制能力，則不會涉及不正當之場所或結交不良朋友。

比利（A. L. Beeley）曾論述促使內在自我控制能力減弱之個人因素，及促使社會控制環境轉壞之社會因素如下[49]：

（一）促使內在自我控制能力減弱之個人因素

1.先天遺傳或後天患得之身心殘障。
2.由於意外事故造成之身體傷害或生病。
3.心神耗弱、病態人格、癲癇症等之心理障礙。
4.由於酗酒、麻醉藥品等造成個人人格解組。
5.精神病等之心理困擾。
6.疏忽的個性。

（二）促使社會控制環境轉壞之社會因素

1.病態的社會環境。
2.經濟秩序的缺陷，如貧窮、失業。
3.都市化所造成的高度人口流動及社會控制的薄弱。

---

[49] A. L. Beeley, Asocio-Psychological Theory of Crime and Delinquency, A Contribution to Etiology, Journal of Criminal Law, Criminology and Police Science, 45. No. 4, December 1945, pp. 394-396.

4.性觀念改變所造成之困擾、衝突。

5.破碎家庭的解組。

6.鄰近社區之解組：如貧民區、犯罪地帶。

7.刑事司法體系之腐化。

8.不正確之教育活動。

9.不正當之消遣娛樂。

10.個人之間、個人與團體、團體間倫理、宗教之衝突。

　　雷克利斯之抑制理論有七項優點分述如下[50]：

　　（一）它比其他犯罪學理論更能適切地說明大多數犯罪或少年非行。

　　（二）它可說明對人的犯罪（殺人、傷害等）及財產犯罪（竊盜、搶奪等）。

　　（三）精神醫學家、心理學家、社會學家或刑事司法體系實務人員均能妥善運用此等系統性之理論。

　　（四）任一個案研究，均可分析其內在與外在控制之強弱。

　　（五）抑制理論亦有助於受刑人之處遇。因為此理論指出一方面加強受刑人內在心理重建；另方面改善外在社會環境，並協助受刑人重新適應社會生活。

　　（六）抑制理論在犯罪預防方面亦有其貢獻。

　　（七）內在與外在控制之強弱，可訂定標準加以評估研究。

　　雷氏認為如外在環境有誘發其趨向犯罪之因素時，而行為人本身又無法抑制其內心之欲望，則極易導致犯罪行為發生。因此，預防犯罪之探本追源，一方面加強社會各種措施，健全社會環境，減少外在不良環境誘惑；另方面應加強個人自我觀念，自我控制力，健全發展超自我，強烈之責任感，以及願望不能滿足或遭遇挫折時，應如何轉化尋求其他合法之替代和培養高度自我控制能力。

---

[50] 同註31，第165頁。

第九節　衝突理論

　　犯罪原因論之探討，可從三方面來論述：一是以犯罪學古典學派及犯罪學實證學派之傳統的犯罪理論；其次是象徵性之互動學派犯罪理論；再次是衝突學派之犯罪理論。而大多數犯罪學古典學派及實證學派犯罪理論，於1950年代以前，均承襲社會學鼻祖法儒孔德（August Comte）與英國斯賓塞（Herbert Spencer）之社會學觀點，設定社會是一個有機的全形（Organic Wholeness），社會各組成部分的功能發揮，導致社會的整合。這種社會有機的觀點，後來由於美國社會學大師派深思（Talcott Parsons）的發揚光大，蔚成「派深思學派」（Parsonism），此可說是「功能主義」（Functionalism）之化身[51]。功能學派後來影響社會對犯罪的一致性觀點（The Consensual View of Crime）之發展，功能學派強調社會的每一部分構成社會之整體。根據功能學派之模式，社會之不同部分組成一個社會整體之結構；而其中某一部分如發生變動，則會造成對其他部分巨大之影響，在一個較完美之整合文化內，就會有社會之穩定性，同時社會成員亦會對社會之規範、目標、規則與價值體系有相同看法。因此，功能學派模式建議社會成員應有一套標準之規範與價值來引導他們的日常生活活動。如現存的法律規範，即是社會大眾同意而建立之行為規範。功能學派之看法認為，刑法即代表社會之價值、信念及民意而形成。

　　前面已述及犯罪學家如蘇哲蘭（Edwin Sutherland）與克烈西（Donald Cressey）即強調，從刑法之觀點來看犯罪之定義，認為犯罪即違反刑法之行為，如果刑法不對此行為加以禁止和處罰，則此行為並非犯罪行為。由此可知，對犯罪所下之定義乃是社會信念、道德以及法律結構方向之功能表現。故蘇哲蘭與克烈西認為刑法可一致地適用於社會各階層，並強調犯罪是法律之概念。

　　犯罪學古典學派及實證學派均持上述功能學派一致性之看法，但此

51　詹火生編譯，新衝突的開拓者——達倫道夫，允晨文化公司，民國71年11月初版，第31、32頁。

二學派在許多方面仍有其相異之處，如保守派之古典犯罪理論強調下列論點：一、人們有自由意志來選擇用犯罪或合法行為，以獲得他們所需要的東西或服務；二、刑罰之威脅足以發生威嚇效果，而使人們不敢選擇犯罪途徑來解決問題；三、我們如使刑罰之痛苦大於犯罪所得之快樂，則社會可達到控制犯罪行為之效果。古典學派犯罪學家相信，我們如能增強刑事司法體系之成效，以及對罪犯處以較嚴厲之刑罰，則可發揮預防犯罪之效果。

　　相對地，自由派之犯罪實證理論則認為犯罪之發生，乃因人們無法控制之外在因素所促成。實證學派學者運用自然科學的實證科學方法，來控制促成犯罪之情況或因素。實證學派又可分為自由的個人實證學派（強調從少年個人之生物與心理特徵研究與犯罪之相關性）、自由的社會實證學派（此又可分為社會結構觀點——強調貧窮與階級結構影響犯罪行為；社會過程觀點——強調同輩團體之間關係、師生關係、家庭成員間之關係等社會過程與犯罪之相關性）。然上述古典學派及實證學派均同樣地強調，社會有其一致性看法及共同目標。為此，安培（Empey）認為所謂少年犯即指那些拒絕社會價值、破壞社會法律或威脅整個社會穩定之少年[52]。因此，少年犯罪是功能失調的結果，而非導因於為維護社會之產物；因此，古典學派及當代犯罪理論學者認為要使社會穩定發展，必須先有效地控制少年犯罪。

　　其次，象徵性互動學派之犯罪理論，則與上述持不同看法，其認為：一、少年之行為乃依據他們對實體之解釋，以及實體對他們所具之意義而發；二、少年了解實體之意義乃受他人正面或反面反應之影響；三、少年均依據他們向別人所學之意義與象徵，來對他們自己之行為加以評估與解釋。由上述看法，可知互動學派之觀點正介於傳統一致學派與衝突學派之間。

　　互動學派之看法，認為少年因為違反社會規範而被社會標籤為偏差行

52　L. T. Empey, American Delinquency: Its Meaning and Construction. Homewood, Ill: Dorsey press, 1978.

為者。社會學家貝克（Howard Becker）認為，犯罪人之行為並非真正邪惡，而是社會給予標籤為犯罪，此行為才成為犯罪。例如，同一行為（如大企業之賺錢方法）在美國是合法的行為，然在共產國家可能被標籤為犯罪行為。

最後，我們要詳細深入探討衝突學派之犯罪理論。在近代社會學及犯罪學理論中，衝突理論（Conflict Theory）同被視為與結構功能理論站在對立之立場，其影響力愈來愈強。通常以派深思、梅爾頓（R. Merton）、涂爾幹（E. Durkheim）為結構功能理論之代表。而派深思等之社會整合觀點，在1950年至1960年之間，遭到不少學者之攻擊，其中尤以達倫道夫（Ralf Dahrendorf）等社會學家，大肆評擊整合觀點的社會學分析。他們認為由整合觀點，只看到社會靜態的一面，而未察覺到社會動態之另一面，達倫道夫等試圖另以社會衝突的觀點來詮釋社會結構，尤其是工業化社會的社會結構。他們用社會科層組織中「權威」、「權力」的概念為基礎，來分析社會衝突之成因、過程及其影響，於是創立另一學派的衝突理論[53]。衝突理論的代表人，諸如：昆尼（Quinney）、達倫道夫（Dahrendorf）、得克（Turk）、馬克思（Marx）。衝突理論認為少年犯罪，並非歸咎於個人或環境因素，而是團體或社會階層與其他不同之力量及利益接觸後，從而發生衝突之產物。衝突理論學者認為，意見分歧（Dissension）與衝突是普遍存在的，因為社會某些階層比其他階層控制較大之經濟與政治勢力，而易造成彼此間意見與利益之衝突[54]。

有些學者兼採多元論之保守派衝突理論，諸如：雪林（Thorsten Sellin）、保爾德（George Void）以及德克（Austin Turk）也同意「少年犯罪是衝突下之產物」的說法。因為每一團體均為保持其既得利益，而運用其不同勢力來影響政府及少年刑事司法體系。上述多元論學者認為，美國社會就是由這些利益相衝突之團體所組成，社會學者馬克（Charles McCaghy）認為這些團體相互衝突一段時間之後，則會爭奪立法權以制定法律，保護其經濟與政治上之既得利益[55]。

---

53 同註51。
54 R. A. Quinney, The Social Reality of Crime. Boston: Little, Brown, 1970, pp. 15-24.
55 C. H. McCaghy, Deviant Behavior: Crime, Conflict and Interest Groups. New York: Macmillan, 1976.

　　然而多數激進之衝突派學者，諸如：昆尼（Richard Quinney）、赫曼（Herman），以及史灣迪克（Julia Schwendinger）、普拉特（Anthony Platt）、泰勒（Ian Taylor）、華爾頓（Paul Walton）、暢格（Jock Young）等，均認為美國社會可分為二對立社會階級，即資產階級（Bourgeoisie）和工人階級或無產階級（Proletariat）。他們認為解釋一般犯罪及少年犯罪之理論基礎，均應源自馬克思（Karl Marx）之理論。馬克思及恩格斯（F. Engels）主張，社會的經濟組織是社會結構發展最主要之決定力量。激進派學者進一步用馬克思之架構來探討一般犯罪和少年犯罪，認為上述犯罪是社會階級鬥爭之產物。因為在資本社會內，資產階級依據其既得之利益及權勢來界定偏差行為之範疇，因而大部分之偏差行為均為下階層所違犯。資本主義社會之資產階級，易利用刑事司法體系來控制社會之危險階級。他們會批評美國創設少年法院之目的，乃在種族及性別歧視之下，控制社會下階層之少年。

　　激進派學者與傳統犯罪學者主張不同，激進派學者認為犯罪理論不僅在解釋犯罪，尚須著手改革政治、經濟、社會措施才能消滅犯罪。但有些激進派學者不想在現有的資本主義社會體系內來改善、解決犯罪問題，反而強調要先改變資本主義，然後建立社會主義社會。為此，激進派學者認為「犯罪控制之研究」只是次要問題，亦是要達到改革政治經濟之手段而已。

　　激進派學者批判傳統犯罪學者要就現存之刑事司法體系改革是有問題的，諸如要建立更專業之警察、更人道之犯罪矯治措施，以及發展社區處遇等。激進派學者批判上述之改進措施，只是資產階級用來包容資本主義之矛盾，並為保護資產階級之利益而已。

一　早期馬克思理論

（一）馬克思及恩格斯理論

　　早期的衝突理論來自馬克思（Marx）及恩格斯（Engels）理論，他們藉階級的歷史關係來說明社會之組織，以及著重於對19世紀西方社會資本

主義之發展及附帶而來之政治、經濟變革以及勞資關係之研究。他們所提之社會模式，認為經濟利益是所有社會現象之主要基礎。

馬克思的基本理論概念，是針對當時歐洲的資本主義社會而發的。他不同意黑格爾（Georg Hegel）把思想和意識，看成領導人類社會變遷的因素。同時，主張思想僅是物質的反映，因此物質力量才是決定歷史過程的決定因素。馬克思資本論裡的勞動價值論強調，勞力本身是一種商品，資本家的利潤主要是靠剝削勞工的勞力而來。社會分子可分成二階級：資產階級和無產階級。資產階級是指那些擁有生產工具的資本家；無產階級是指那些沒有生產經濟工具，只能依賴出賣勞力為生的勞工。因此，馬克思認定一個人的社會階級地位，乃決定於他是否擁有生產經濟工具，而非在於他的思想或社會聲望的高低，經濟因素才是社會的真正基礎。人的行為、社會的意識，以及所有的社會制度都是由經濟因素而發的[56]。

恩格斯於1844年發表「英國工人階層之條件」（The Condition of the Working Class in England）[57]，內容涉及犯罪問題之探討。恩格斯認為酗酒及犯罪，乃因道德腐化及人格尊嚴墮落之結果。亦即，資本主義社會工業化之結果產生道德腐化，再因道德腐化而引發社會之混亂及暴力。馬克思指出政府、家庭、宗教及法律制度均是社會經濟之產物。他們認為資本主義愈擴張，則刑法必愈會分殖發展，而將更多下階層之行為予以犯罪化。他們主張只有將現存之經濟體系予以完全改變，社會的下階層才能處於一個沒有階級、沒有被剝削的社會之中。

許多學者批評馬克思並未創立犯罪學理論，只是對犯罪問題有興趣，而將犯罪視為人類行為之一部分而已，為此，馬克思對犯罪學之貢獻仍然有限。一般而言，激進派學者大致同意馬克思之主張，認為犯罪是社會衝突之產物，他們強調犯罪是資本主義社會結構固有之問題，必須改革資本主義之社會結構，建立社會主義社會結構才能消滅犯罪。泰勒（Taylor）等引述馬克思之理論，認為犯罪人在工業資本主義社會下，是

---

[56] 蔡文輝，社會學理論，三民書局，民國68年10月初版，第125頁。
[57] I. Taylor, P. Walton, Jock Young, Marx, Engels, and Bonger on Crime and Social Control, 1973.

就業或失業受到剝削的另一種適應方式[58]。

　　馬克思較少從事犯罪人之個別研究，他僅從政治及意識型態之鬥爭加以探討。馬克思在剩餘價值理論（Theories of Surplus Value）曾提及，犯罪人亦為社會帶來一些正面利益。他認為犯罪人使社會產生警察、刑事司法體系、法官、犯罪矯治人員、陪審團等。

　　馬克思反對孔德實證學派，以及涂爾幹功能學派等均基於社會一致性之模式（Consensual Model of Society），馬克思反對上述傳統理論。因為傳統理論認為，社會的所有一切活動包括犯罪，均是維持社會正面功能而產生的，涂爾幹甚至提出犯罪是社會無可避免的正常規則現象。馬克思認為犯罪雖有其正面功能，但仍強調可達到一個沒有犯罪之社會。馬克思也同意李瑪特（Edwin Lemert）之標籤理論，認為社會執法控制機構之社會反應，會製造更多之犯罪。馬克思和恩格斯認為社會上之失業者，較容易成為犯罪人，乃因他們是屬社會上之危險階層，在社會上是寄生的，且非生產性以及沒有組織之一群人，他們會仰賴竊盜、恐嚇、行乞或提供娼妓、賭博等服務來適應變遷的社會。馬克思理論在美國於1960年代末期及1970年代初期再度復活。

　　一般對馬克思及恩格斯理論之批判，認為他們並未真正探討偏差行為之理論。雖然激進派或非激進派學者均強調，從社會組織來探討社會上一些明顯或不明顯的暴力，會傷害到社會內之個人或團體。激進派犯罪學者不願從個人因素來解釋犯罪之形成，反而運用普遍存於社會之歷史關係來加以說明。他們認為重新改造資本主義可解決犯罪問題，但許多學者均對此論點深表懷疑，因為已有許多明顯證據證明社會主義國家，仍然無法獲得馬克思所謂的沒有犯罪之烏托邦社會。

（二）邦格之理論

　　邦格（Willem Bonger, 1876-1940）是荷蘭阿姆斯特丹大學教授，也是

---

[58] I. Taylor, P. Walton, and J. Young, The New Criminology: For a Social Theory of Deviance. New York: Harper and Row, 1973, p. 218.

第一位將馬克思理論發展成犯罪理論的學者，他所發表之著作：《犯罪與經濟條件》（1916）、《犯罪學》（1935）及《種族與犯罪》（1943）等之論點，均是承續馬克思之理論而來[59]。但邦格對犯罪之解釋有二點與馬克思不同：其一，邦格特別強調經濟與社會條件與犯罪具有關聯性；其二，邦格認為不僅工人階層犯罪，工業界之資產階級也一樣犯罪。邦格在其《犯罪與經濟條件》（*Criminality and Economic Conditions*）一書中特別分析犯罪的原因有三：1.犯罪的思想與概念；2.如何預防這些犯罪概念產生；3.何種犯罪機會促成犯罪之發生。足見邦格強調用犯罪思想來說明犯罪，因為資本主義社會易產生自私、貪欲、自我本位主義，然後工人階層在此剝削之情境下容易產生犯罪之思想。邦格認為用犯罪思想來探討犯罪原因，等於用生物因素、心理因素、社會因素等自變項來探討，而犯罪是依變項，凡此均屬犯罪實證學派理論之範疇。但德克（Turk）批評一般研究及解釋犯罪均在強調，犯罪人與非犯罪人之比數研究，然事實上，犯罪人與非犯罪人並無顯著性之不同。因此，邦格之論點仍然在於環境決定論（Environmental Determinism），認為資本主義社會環境產生自私、自我本位主義，導致社會道德腐化而產生犯罪。邦格在其資本主義與道德腐化（Capitalism and Demoralization）文章中，分析歐洲資本主義國家犯罪之形成，乃因為資本主義社會帶來道德腐化之結果，導致某些人較為貪心與自私，資產階層利用其經濟與政治力量剝削工人階層，而且資產階級有各種機會合法地滿足其欲望，但勞工階層為獲得某些利益，勢必與資產階層衝突，則其行為易被犯罪化，而使得犯罪集中於勞工階層。

邦格自認為社會主義優於資本主義，一方面資本主義製造三種犯罪原因：1.資本主義社會製造許多衝突；2.資本主義社會貧窮階層缺乏文明及教育；3.資本主義社會環境易導致酗酒產生。另方面，邦格又認為社會主義社會能推展利他主義（Altruism）及消滅犯罪。有些學者認為馬克思只是約略提到犯罪之社會關係而已，並未探討個別犯罪人之研究，因而批評邦格將犯罪行為之原因過於簡化，因為人類之犯罪不能只以自我本位主義

---

[59]　同註58。

來說明[60]，例如：少年幫派之間的械鬥，乃為爭奪其幫派之利益、威望以及地盤勢力範圍。此外，邦格贊成實證學派之決定論，認為人是被動的，犯罪受社會環境影響至鉅，邦格也反對古典學派之自由意志論（認為人是主動地去犯罪）。但邦格主張之缺點，則是將個人與社會合併討論，造成分析層次的混亂。儘管多位學者對邦格激烈批評，但有些學者認為至少邦格之犯罪理論是衝突理論的早期先鋒，其理論著重於不同社會與經濟利益團體之關係，而且將少年犯罪定義納入衝突學派探討之範圍。

■二 多元化衝突理論

1930年代，非激進之多元化衝突理論（Pluralist Conflict Theory）開始問世，代表學者，諸如：雪林（Thorsten Sellin）、1950年代之代表學者為保爾德（George Void）、1960年代之代表學者為德克（Austin Turk）。上述學者均主張，少年犯罪是社會不平等權力團體衝突之產物，但他們不同意馬克思將社會階級分成兩對立之團體——即資產階級及勞工無產階級。他們認為社會除上述兩階級之外，尚有許多階層同時存在，並共同追求權勢。

（一）雪林之文化衝突理論

雪林（Sellin）於1938年發表其著作《文化衝突與犯罪》[61]。雪林認為犯罪的形成與文化的內部衝突，傳統社會關係的解體，有問題的社會結構，以及一般價值觀念的改變等有關。由於「文化的差距」而造成很多的衝突現象，包括對於規範制度的接受與價值判斷標準等的衝突，均足以促成犯罪的發生[62]。雪林進一步用美國移民史來說明少年犯罪之形成，他區分刑法內之犯罪規範（Crime Norms）有別於一般之行為或團體規範

60　同註55。
61　Thorsten Sellin, Culture Conflict and Crime, in S. H. Traub and C. B. Little (Eds.), Theories of Deviance, Second Edition. Itasca, Ill: F. E. Peacock Publishers, Inc., 1980, pp. 58-68.
62　林山田，經濟犯罪與經濟刑法，民國68年再版，第60頁。

（Conduct or Group Norms）。他認為刑法規定哪些行為予以犯罪化，給予刑罰，均受立法階層之影響，且著重於保護優勢階級之利益。由此可見，雪林用初步的衝突來探討犯罪，而其所謂之優勢利益階層即以國籍、種族或經濟水準，足以控制及界定犯罪之法律定義的團體而言。因此，雪林強調社會意義之犯罪定義，比法律定義之犯罪定義為佳，致後來許多學者強調社會意義之犯罪研究，均受雪林之影響。

　　雪林用文化衝突理論來說明移民犯罪。雪林認為有些正在變遷轉型的社會環境，因為移民大量的遷入，造成許多不同種族、不同國籍、不同文化的人雜居一處，較易發生衝突，而且少年面臨新文化之適應困擾，無所適從而形成犯罪。雪林指出某些種族仍保持其同類同質性社會，較可與外人接觸，則此地區會有較低的少年犯罪率，雪林之理論對於日後團體衝突理論之發展，頗有助益。

（二）保爾德之團體衝突理論

　　犯罪學家保爾德（Vold）於1958年發表《理論犯罪學》（*Theoretical Criminology*）[63]。此乃第一本強調社會衝突會引起某些型態犯罪的犯罪學教科書。保爾德認為犯罪是社會衝突之產物，保爾德也用史梅爾（Simmel）之團體衝突（Group Conflict）理論來說明犯罪，認為犯罪之形成常因戰爭、勞資紛爭，以及種族歧視所引起。因此，保爾德主張正常的對立（Normal Antagonisms）以及社會內團體之衝突可用來解釋一般犯罪及少年犯罪之成因。他認為社會內一些對立團體互相對抗，以爭奪政治與經濟之力量，當他們的目標與利益相互交疊會引起衝突。他進一步認為，較強勢之團體為保護其既得利益，會運用各種方法影響立法，而決定哪些行為應予犯罪化[64]。

　　保爾德認為某些少年幫派之行為是一種適應之行為，少年幫派之成員

---

[63] George B. Vold and Thomas J. Bernard, Theoretical Criminology, Second Edition. Oxford: Oxford University Press, 1980.

[64] Gecrge B. Vold, "Group Conflict Theory as Explanation of Crime," in R. Serge Denisoff and Charles H. McCaght (Eds.), Deviance, Conflict and Criminality. Chicage: Rand McNally, 1973, pp. 77-78.

經常緊密連結在一起，以發揮團體力量以保護幫派成員，他們自認是社會的一群弱者，是屬少數團體，他們因無法經由正常規範之途徑，獲得其追求之目標，而用其他方法則會與社會已建立之團體價值體系及規範發生衝突，而發生犯罪行為。

保爾德之衝突理論與激進之犯罪理論不同。因為保爾德理論是用在某些社會關係限制之下，來解釋特定型態之一般犯罪及少年犯罪；保爾德認為團體衝突是正常的，在現存的政治、社會體系之下，沒有必要進行激烈的改革。保爾德也說明在社會特殊條件之下，大多數團體成員均會遵守團體規範，僅少數人會偏離團體規範而犯罪。但其他純屬個人衝動之犯罪，則不可用保爾德之團體衝突理論來解釋。

（三）德克：對權威的衝突

德克（Turk）亦屬於非激進派衝突理論之代表，強調犯罪是一種身分（Status）的犯罪，而非特殊的行為。他認為沒有一個人在本質上是犯罪的，犯罪之定義是由權勢階級加以界定。此外，德克不強調階級衝突（Class Conflict），而強調對權威（Authority）之衝突。德克也認為社會不可能有一致性之目標，社會如果有一致性目標，社會為何有那麼多犯罪行為。德克將規範分為文化規範（公布之規範目標）和社會規範（實際運作之行為），而此兩種規範不一致時，則會產生衝突並被加上不良標籤，如社會優勢階級認為不可抽大麻，而予以禁止；然青少年卻認為抽大麻是可接受的，則這兩團體會引起急劇之衝突，於此情形之下，這些少年會被加上濫用藥物偏差行為者之標籤。

此外，德克認為某些社會變項，諸如：年齡、性別、種族等亦可決定其個人與社會優勢規範是否會有衝突關係，同時個人對於組織及違法行為之合理化能力，亦會影響其是否會與優勢團體發生衝突，而被標籤為犯罪人[65]。德克亦解釋少年犯罪，認為某些少年由於心理不成熟，而易與權威衝突而發生犯罪行為。

---

[65] A. T. Turk, Criminality and Legal Order. Chicage: Rand McNally, 1969, p. 59.

（四）雷格利與海威特之身分差別壓迫理論

　　新近雷格利（Regoli）與海威特（Hewitt）[66]提出「差別壓迫理論」（Differential Oppression Theory），該理論認為青少年偏差問題，起源於幼年時期，並持續發展至青少年階段而達到頂點。該二學者認為「問題青少年」與「偏差行為」均是一種產物，而成年人是「製造者」。成年人對於子女的壓迫，即是指迫使子女變成「次級角色」的力量（壓迫是指權威的不當使用），而子女對於這種壓迫產生不適應或有問題的行為，其中之一即是青少年犯罪行為。

　　孩童因為社會與法律地位之故，對於社會影響力有限，而相較於成年人操控他人之能力，更相形見絀。因此，成年人具有操控孩童之能力，更是毋庸置疑。尤其孩童對於父母及老師的控制，通常不僅無力更屈服於其權威之下；當這股「防止孩童獲取其有利因素的力量」或「防止孩童發展成一個獨立主體」的力量被操控，則會產生「壓迫」。雖然大部分的成年人壓迫孩童的程度均控制在有限的容忍範圍內，但亦有許多成年人因過度壓迫控制孩童，而造成問題青少年及其不良行為的產生。

　　成年人對於孩童的壓抑行為則視社會脈絡而定，最初的壓迫來自「隔絕」與「控制」，其源起出自成年人自以為此種壓迫均是有利於孩童，但這只是成年人為求一己之利而已，當成年人以「關心」為名而使用權威壓迫孩童時，實質上只不過是為了讓自己的生活更便利罷了（例如要孩童早點就寢是為了讓自己有多一點的休閒時間）。另孩童通常會接受「被壓迫者」的角色，因為這是一種瀰漫於社會的常態——孩童之所以被壓抑應是受社會普遍觀念造成。根據雷格利（Regoli）與海威特（Hewitt）[67]撰述，差別壓迫理論包括四大論點：（詳圖6-6）

　　1.成年人強調家庭與學校秩序：孩童被迫遵從成年人所訂的規定，成年人並經由這些規定來指導孩童應有的行為。由於成年人認為這些規定

---

[66] Rebert M. Regoli and John D. Hewitt, Differential Oppression Theory, in Clifton Bryant, Encyclopedia of Criminology and Deviant Behavior, Vol. 1, pp. 131-133. (Philadelphia: Taylor and Francis, 2001)

[67] 同前註，第131～132頁。

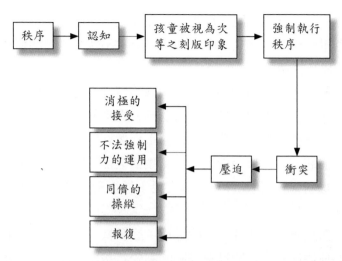

資料來源：Robert M. Regoli and John D. Hewitt (2001), p. 132.

圖6-6 差別壓迫理論

均有利於孩童，因此當孩童違反這些規定時，成年人會起而維護，甚至強烈地防衛這些規定。

2.由於成年人認為孩童是較次等、需受監督的人，更是麻煩製造者：孩童被視為對現有秩序具有威脅的人，因此他們需要被控制，「壞小孩」則表現叛逆。

3.成年人為維持「秩序」而加諸孩童的懲罰可能會造成最大的壓迫力量：在孩童時期，成年人在家庭、學校甚至遊戲場所建立「秩序」，並經常灌輸孩童「秩序」的觀念，形成壓迫的力量，有時以強制或高壓手段行事，造成良好的親子關係與孩童對於合法權威遵從信念的破滅。因而使「拒絕家長合理控制」的孩童，產生「成年人權力的運用只不過是一種高壓控制的工具」——僅為一己之私不惜犧牲孩童的權益。他們將認為同樣行使這種權力的商店老闆及警察，亦是基於此種自私的動機；另一方面，接受或已內化認同成年人價值觀之孩童，則表現出適應良好，較不會製造社會問題。

4.壓迫導致孩童調適適應的反應：孩童受壓迫會產生無力感與無能感，進而產生四種調適狀態：即消極的接受、不法強制力的運用、同儕的操縱，以及報復。

(1)第一類適應是消極的接受：指消極的接受自己的地位與因恐懼而產生的服從性，類似奴隸、監獄受刑人與家暴婦女對於被虐行為的忍受。通常自認為「次等人」的孩童會發展出對「加諸其壓迫力者」的負面觀感（即學會憎恨），產生憎恨卻不得不予以壓抑，進而產生負面行為，如酗酒、藥物成癮，最後形成「低自尊」的人格發展。

(2)第二類適應是不法強制力的運用：許多青少年犯罪係因犯罪行為能幫助他們建立一種威權與控制的感覺，藉由立即發生並產生示威性的效果，從而恢復其原有的活力（其原本受到父母的壓迫）。如性偏差、違法使用藥物或酒類及以身試法等行為，更是孩童對於父母所加諸之控制表示反抗的重要表徵。

(3)第三類適應是同儕的操縱：係成年人為獲取更大的控制權力，對於孩童與同儕的互動關係中，施加更大的控制與干涉。

(4)第四類適應是報復：孩童或許對他們視為壓力源的對象（人們或機構）施予報復，例如許多學校發生藝術品遭破壞之情形，乃因學生對老師或校長不滿所致；有些孩童對父母會直接攻擊、暴力相向甚至殺害。另外，亦會為了報復父母進而自殘，產生精神抑鬱或試圖自殺的行為。

　　基於前述主張，該理論認為成年人必須改變其對於控制孩童的想法及對親子關係的加強與改善。該理論指出傳統家長對於孩童之認知，實際上存在著親子關係中基本結構上的不平等，成年人必須學習平等看待孩童，亦即孩童應被同等價值的對待，正如其他的社會成員一樣。另該理論亦贊成立法通過「禁止體罰」之法律，禁止家長或老師在所謂維持紀律的大帽子下體罰孩童。此外，該理論支持讓孩童能完全參與地方的決策與社會化的過程，即他們的聲音應被傾聽，而非使他們沉默，但並非主張使他們有投票權或否決權等公法上的權力，而係主張孩童可以參與家庭裡各類例行

的或重要的決定。另外，在學校、鄰里組織或社區機構的決策成員應包含他們在內；該理論更呼籲國內應發展親子教育養成訓練——在父母尚未生育子女之前。

三　激進派衝突理論

　　犯罪學之衝突理論在犯罪學史上時盛時衰，自1960年代開始正值美國政治經濟不穩定之時，學術界再度興起以衝突為導向的偏差行為理論。從美國許多政治運動中，可發現激進派衝突之根源，諸如：人權運動、反戰運動、學生運動、婦女運動、兒童權力運動等。英國犯罪學家泰勒（Taylor）、華爾頓（Walton）、楊格（Young）於1973年合著《新犯罪學》（*New Criminology*）[68]，即根據馬克思之衝突法則來解釋一般犯罪及少年犯罪，並強調唯有消除財產與權勢之不均分配，才能消滅犯罪。

　　激進派犯罪衝突理論（Radical Conflict Theory），後來由於權普利斯（William Chambliss）、普拉特（Anthony Platt）、史灣迪克（Julia Schwendinger）、昆尼（Richard Quinney）等學者之引證論述，使得美國部分犯罪學家在複雜情況之下，接受激進派衝突理論。但美國多數犯罪學家仍然持續地批判激進犯罪學派，認為要減少少年犯罪，仍然要改善政治、經濟及少年刑事司法體系，而不接受激進派要以急劇手段改革資本主義社會之理論。

　　大部分激進派犯罪學理論著重成年犯罪之探討，較少論述少年犯罪。論述少年犯罪學者，諸如：普拉特（Platt）於1974年研究美國早期救助兒童運動；史灣迪克（Schwendinger）於1976年研究少年犯罪之成因。而昆尼在美國是一位多元化激進派犯罪學家，雖然他的研究著重於成年犯罪，然許多犯罪學家均認為他的理論亦可適用於少年犯罪。

68　同註58。

（一）昆尼之激進衝突理論

昆尼（Richard Quinney）在其《犯罪學》一書中，強調馬克思仍然認為犯罪基本上是屬物質問題[69]。換言之，昆尼與其他激進派學者亦均主張犯罪受資本主義社會、經濟、政治結構之影響；昆尼等認為社會上多數人為有限之社會資源競爭，必然會引起衝突，然權勢階級通常得到較優勢之利益，乃因他們能夠控制有關決策來保護其既得利益。而昆尼認為上述之部分控制過程會暴露引發當前社會犯罪之現實問題，因為社會之權力、權威及利益結構會引發社會犯罪之滋生。昆尼最早提出六項原理來說明犯罪的社會現實（The Theory of Social Reality of Crime）[70]。

1. 犯罪之官方界定：犯罪之界定，乃由法律定義之觀點認為係由政治組織內具有優勢之階層所制定之人類行為。
2. 犯罪定義之形成：乃將那些與上階層利益衝突之行為列為犯罪。
3. 犯罪定義之應用：犯罪定義之應用，乃由權勢階級制定刑法並予以執行。
4. 犯罪定義造成某些行為型態之發展：某些行為一旦被界定為犯罪之後，社會上之無權勢階級則較易發展某些行為型態而被列為犯罪人。
5. 犯罪概念之建立：權勢階級會利用大眾傳播工具說明犯罪之定義。
6. 犯罪定義形成及應用之後，會造成更多的犯罪事實。

昆尼強調社會有兩種階層，即有權階層及無權階層。他認為美國社會及政治組織中有許多不同的利益結構，某些利益團體可決定實質的公共政策，乃因他們控制生產工具，進而控制整個社會，為此資產階級較關心如何維持現存社會之秩序。

昆尼的激進分析，仍然強調工人階層之少年發生較多的犯罪，而中上階層的少年涉及犯罪較少，以致一些社會學家認為少年犯罪之觀念，乃資產階層用來對付下階層少年犯罪之措施而言。

但昆尼上述對犯罪學之激進分析，亦受到相當程度之批判，例如：昆

---

[69] R. A. Quinney, Class, State and Crime. New York: David McKay, 1977, p. 31.
[70] Richard Quinney, Criminology. Boston: Little, Brown, 1975, pp. 37-41.

尼認為解決犯罪問題之有效途徑，必須走向社會主義體制。然事實上，社會主義國家仍無法避免犯罪發生，何況馬克思之理論根本無法解釋社會主義國家之暴力犯罪問題。因為共產國家仍舊有美國社會之少年犯罪問題，如：蘇聯少年犯之年齡、犯罪型態、教育程度、家庭背景與美國少年犯之相關因素均無不同，為此，激進派強調社會主義可解決少年犯罪問題是頗值懷疑的。此外，激進派強調社會下階層因對上階層不滿而犯罪的說法，亦有其缺點，乃他們的理論對社會下階層彼此之間的暴力犯罪，無法予以解釋。

（二）普拉特之激進派衝突理論

　　激進派之犯罪衝突理論，對於少年犯罪之探討只限於一些基本卻零碎不完整之論點，他們認為少年犯罪亦是資本主義社會之產物。因為某些少年之行為違反資產階層之利益，則其行為易被界定及予以標籤為少年犯。

　　他們也支持批判學派解釋少年法院產生之原因，如普拉特認為19世紀革新刑事司法體系並創設少年法院之目的，乃期望能更人道地處遇少年犯罪問題，但並未達到其預期之目標。

　　普拉特（Anthony Platt）認為美國於1890年代，因經濟不景氣發生產業上之風暴，故致力於資本主義社會之穩定。普拉特認為要控制社會，必須先平息犯罪之混亂情況。他們並進一步認為，犯罪均來自下階層社會，而且犯罪者均具危險性，且屬偏離社會傳統道德規範的階層。

　　普拉特批判救助兒童運動，認為此運動本來目的是為保護兒童，結果反而將以前未列為犯罪行為之行為予以犯罪化，如將一些僅違反道德、身分或無被害人之行為均列入犯罪。又少年法院立法之目的，乃為避免少年受成年犯感染而陷入嚴重犯罪，以免危害資產階層之社會秩序。為此，少年法乃擴大將少年犯（Delinquent）、疏於管教（Neglected）、依賴少年（Dependent）等均列入其管轄範圍。此外，國家扮演父母責任角色之觀念（The Parens Patriae），也使得少年法院有更大權力去處理干涉適應困難之青少年。普拉特亦批判早期的兒童救助計畫，也有相同之做法，其目

的仍然在致力於控制或訓練工人階層之少年，使其成為守法者。

　　根據普拉特之激進看法，認為美國少年刑事司法體系仍然維持著種族歧視、性別歧視以及對社會下階層歧視，使得大多數的少年犯均來自社會下階層或少數民族，而中上階層的少年均能避免刑事司法程序及監禁。為此，激進派學者認為目前之機構及臨時的改革措施，均無助於少年犯罪之減少，唯有真正民主的少年刑事司法體系及機構，才能減少少年犯罪。

　　一般對激進派理論之批判，認為它的理論有些看法並不一致。因它一再強調少年犯罪來自下階層，然事實上，根據少年自我調查報告發現，社會之各階層均有犯罪，可見激進派學者忽略中上階層犯罪之自我報告資料。

　　此外，激進派犯罪學家認為貧窮與失業亦是犯罪之原因，然事實並非如此。因有些研究顯示，社會經濟繁榮時，犯罪反而增加，並非經濟蕭條、失業率高時，才會有較高犯罪率。另有些學者認為，社會經濟繁榮與就業機會多的時候，反而會帶來鬆弛的社會控制，這些因素與犯罪之關係比貧窮因素更為密切。

　　最近亦有研究指出，社會階級與犯罪之理論必須重新評估。史密斯（Smith, 1978）認為社會階級與犯罪之相關性又逐漸降低，因犯罪產生之原因至為複雜，並非單一因素所能解釋。因此，激進派只用歷史與經濟因素來解釋犯罪，仍然是不夠的。

（三）達倫道夫之衝突理論

　　達倫道夫（Ralf Dahrendorf）之理論，在當代衝突理論中甚具代表性。他的論點乃秉承馬克思主義傳統而加以引申，但他反對馬克思之社會衝突論點，並對馬克思之階級論加以批判，認為階級理論只不過是衝突理論的一個特殊例子而已。達倫道夫之理論對現代工業社會之詮釋有所貢獻，他強調用權威（Authority）的概念代替階級（Class）的概念，來探討一般犯罪與少年犯罪，並認為擁有權威的優勢階層與隸屬於權威的下階層必須強制協調，然後才可以了解社會之衝突。此理論一般而言較優於馬克思之衝突理論。此外。達倫道夫也批判結構功能學派等之假設，均以社

會目標一致性為前提，此亦是烏托邦之想法而不切實際。達倫道夫認為，社會應以衝突矛盾模式來取代社會整合之模式。達倫道夫亦認為資本主義社會內有資方與勞工之衝突，但將來之資本主義社會勢必為消費者與生產者之間的資本主義後之社會（the Post-Capitalist Society）所取代。

　　達倫道夫對人類行為衝突理論，提出下列要點[71]：

1.每一社會均受普遍存在之社會變遷所支配。

2.每一社會均普遍存在著分歧及社會衝突。

3.社會之每一要素均直接間接促成社會的分化（Disintegration）和變遷。

4.每一社會均存在著某些社會成員對其他成員之強制支配，亦即強制性的權力關係是社會的基礎。

　　達倫道夫認為權力分配不均必然衝突，而且社會並非靠一致性、聚合或合作而結合在一起，而是靠對居民之強制壓力結合起來。任何社會之權力與權威均會有不同之分配，再造成有權力之人支配控制無權勢之人，於此情況之下，社會定會產生團體之衝突。達倫道夫雖未直接專論少年犯罪問題，但其衝突模式（Model of Conflict）已是現代衝突犯罪學之重要理論。

四　對激進派衝突理論之批判

　　激進派犯罪學者對犯罪之解釋與一般傳統的犯罪學者不同。它強調犯罪是資本主義社會之產物，由於中上階層掌握控制社會經濟條件，以致下階層個人較易發生偏差行為，而被標籤為犯罪。早期的非激進派衝突理論學者強調在複雜社會內，不同團體之規範會有衝突，然激進派犯罪學者認為僅就現存之刑事司法體系予以改善，並無多大效用，只有改變資本主義社會才是解決犯罪之唯一方法。但傳統的犯罪學者則認為如此急劇之變革，並不能有助於犯罪減少。因為，此時此地唯有就目前之社會情況、刑

---

[71]　L. J. Siegel, Criminology. New York: West Publishing Company, 1983, p. 239.

事司法體系，以及犯罪處遇方式予以改進，才是最實際有效之途徑。

　　激進派衝突理論學者並從另一角度來探討標籤理論，認為許多犯罪人是其年齡、身分、種族、社會經濟地位等屬於社會之下階層，致使其行為較易被優勢社會標籤為犯罪。筆者認為他們發展標籤理論之另一實益，乃將違法行為之研究導向解釋模式，而有時社會對偏差行為之反應過於激烈，而給予加上壞的標籤或太早移送少年刑事司法體系，均可能會促成輕微的少年犯陷入更嚴重的犯罪行為，這一論點頗值研究犯罪學者及少年刑事執法人員警惕。但有些學者之理論完全改變犯罪學功能理論研究，而走向激進衝突理論方面，諸如：李瑪特（Lemert, 1951）、貝克（Becker, 1963）、德克（Turk, 1969）、昆尼（Quinney, 1970）及史拉克（Schrag, 1971）等。史拉克等學者從衝突觀點探討標籤理論與犯罪，而提出九個假設如下[72]：

（一）沒有行為在實質上是犯罪的。

（二）犯罪定義的界限均為社會權勢階級之利益而定，並強制執行。

（三）一個人並非因違反刑法而被認定為罪犯，主要是受社會權勢階級之認定才列為犯罪人。

（四）基於事實證據，每個人均有守法及違法之經驗，因而不可用二分法將人類區分犯罪人或非犯罪人。

（五）一個人被司法機構逮捕之後乃為標籤過程之開始。

（六）犯罪人有關年齡、社會經濟地位及種族等特徵，均會影響刑事司法體系之決定。

（七）刑事司法體系之逮捕或有關重要決定，均為犯罪人之特徵所影響，而非受他們犯罪差異之影響。

（八）刑事司法體系乃根據犯罪學古典學派之自由意志論建立，因而對犯罪人可加以排除或處罰。

---

[72] Charles Wellford, Labelling Theory, L. D. Savitz and Norman Johns-ton, Crime in Society, 1978, pp. 186-187.

（九）標籤過程會造成偏差行為者確認其為偏差行為者之身分地
　　　位，產生次級文化，並進一步對社會之否定（標籤）再否定
　　　（再犯罪）。

筆者認為史拉克等激進衝突派學者上述之假設，乃針對美國資本主
義社會而發，並非完全令人接受。關於第一點假設認定實質上沒有行為是
犯罪的，但實質上有些自然犯罪如：謀殺、強姦、強劫等行為，在本質上
是犯罪的。關於第二點假設認為犯罪之定義完全為權勢階級而定，亦即權
勢階級為控制下階層而定出犯罪定義，事實上不盡然。很多法條之訂定，
亦為適應社會之變遷及需要而定，以維持社會秩序達到刑期無刑之最高目
標。關於第三點假設認定，亦不敢苟同，一個人若非違反刑法，則不能移
送監獄執行而成為犯罪人。威爾福特認為第四點假設亦有問題，乃因他們
問卷調查而獲得每人均有過偏差行為之結果是很薄弱的。然筆者同意這點
假設，認為每人多少均發生過偏差行為，只是質的程度差異而已。關於第
六點、第七點之假設認為社經地位較差或少數種族，易受刑事司法體系之
歧視，桑貝利（Thornberry）曾做大規模之實證研究，結果並不支持上述
假設。因為，黑人以及勞工階層之犯罪人並未比其他白人或中上階層的犯
罪人，接受更嚴重之刑罰[73]。關於第八點假設，亦有不能測驗之缺點，無
多大意義。況且，標籤理論亦可適用於否定自由意志、強調犯罪原因及罪
犯處遇之犯罪學實證學派。關於第九點假設，則甚具實用性，亦是標籤理
論中最重要之一點，尤其他強調標籤會造成第二層次之偏差行為，告誡我
們應謹慎使用標籤。

此外，馬克思與恩格斯實際上並未企圖發展犯罪之理論，而且我們也
很難發現犯罪學理論學者企圖從馬克思主義之觀點妥當地來解釋犯罪[74]。
馬克思與恩格斯也早將他們的社會主義思想貶為「烏托邦社會主義」，自
詡其社會主義為「科學的社會主義」。恩格斯曾於1877年撰寫「社會主
義由空想發展為科學」，並強調實行其主義將使人們成為自由的人。然事

---

[73] 同前註，第190頁。
[74] C. W. Thomas and J. R. Hepburn, Crime, Criminal Law and Criminology. Dubuque Iowa: Wm. C.
Brown Company Publishers, 1983, p. 191.

實上，人類問題的解決不是從馬克思主義可找到，因為他們被譏為社會病理學家，只是看到社會之部分病態而已。有學者認為馬克思論點雖然對19世紀上半期工業革命所造成社會病態之批評有所貢獻，但他只是一位社會思想家，並不能算是真正的社會科學家[75]。又昆尼等激進派衝突學者強調有效解決犯罪之方法，必須推翻資本主義社會，而建立社會主義之社會才能解決犯罪問題，但波恩（R. M. Bohn）嚴厲地批評上述激進派衝突學者之矛盾，因他們的理論只著重在批判而已，如果他們也能提出有效解決犯罪之方法，則顯然他們已失去其批判之基本立場[76]。卡特金批判馬克思主義的社會為維持較少的犯罪統計，會特意地去隱藏犯罪，不公布實際之犯罪數字，而讓外界誤以為他們真正減少犯罪[77]。許多學者也懷疑激進衝突學派之論點，認為社會主義可達到沒有犯罪社會之境界，然許多證據說明社會主義仍然無法獲得馬克思等衝突學派所謂沒有犯罪的烏托邦社會，正如湯姆士（C. W. Thomas）[78]等指出許多國家社會採取與美國不同經濟體系，諸如略有不同之國家——加拿大、西德、日本；以及顯著不同之國家——英國、瑞典；以及完全不同經濟體系之國家——蘇聯、伊朗、羅馬尼亞等國家，仍然有追求權利之衝突，仍然有行為犯罪化之問題存在。

就竊盜犯罪之實際問題探討，托比（Jackson Toby）認為竊盜犯罪之犯罪動機，只是為追求更大之享樂，而非饑寒起盜心。托比也認為社會上每一階層均有犯罪和不道德行為，只是下階層的犯罪較容易被發現，而呈現較高之犯罪率而已[79]。

克拉卡（Carl Klockars）是對馬克思等衝突理論批判最激烈的一位社會學家，他批評馬克思犯罪學之核心是階級問題，其認為社會財富不平均分配，而引起階級衝突，造成社會許多罪惡發生，諸如：戰爭、種族歧

---

[75] 龍冠海，社會思想史，三民書局，民國68年第三版，第279頁。

[76] Robert M. Bohn, Reflexivity and Critical Criminology: The American Society of Criminology Annual Meeting in San Francisco, California, November, 1980, p. 29.

[77] D. Katkin, D. Hyman, and J. Kramer, Juvenile Delinquency and the Juvenile Justice System. Belmont. California: Wadsworth Publishing Company, 1976, p. 51.

[78] 同註74。

[79] 同註71，第255頁。

視、貧窮及犯罪。但克拉卡認為，社會階層之不同是正常現象，而且還會對社會發生正面影響。此外，克拉卡也批評馬克思等將生產的所有者與生產控制者混為一談是錯誤的，因為所有者不一定必須控制生產工具及方法，通常另有經理等專才來控制生產。克拉卡也批評馬克思過於著重階級利益之探討，而忽略多元化社會中尚有不同之威望及利益團體。同時，馬克思認為資本主義社會是社會一切罪惡之根源，這點在研究上是無法驗證的。克拉卡批評馬克思理論尚有下列問題[80]：

（一）馬克思理論要作為一個社會運動是不值信賴的，因為他們無法探討社會主義國家所面臨之問題與衝突。

（二）馬克思理論所探討的均是一般可預測出來之陳腔濫調，諸如他們會將所有的社會問題、少年犯罪問題，均歸咎於資本主義社會等。

（三）許多共產地區如：蘇聯、古巴、大陸等，均禁止私人擁有生產工具，然馬克思理論如何對這些地區之犯罪加以解釋。

（四）馬克思理論忽略社會之客觀現實，本來社會不同階層就有不同之特性，怎能要求每一個人對社會經濟條件皆有相同之反應。

（五）馬克思理論針對一些不需要解釋之問題大作文章詳細解釋，諸如商人之貪慾賺錢問題。

（六）馬克思理論所談一些社會罪惡是無意義的，因為他們將資本主義社會的一切，包括：審判程序與權益、自由通行、宗教自由，均認為是有問題的。

（七）他們將馬克思主義奉為具有神祕、類似宗教之本質，可免除剝削、腐化、犯罪之責任。而事實上，這些問題仍存在於社會主義國家，因此，馬克思主義亦只是另一個烏托邦想法而已。

　　有學者批判指出，衝突理論在最近幾年發展頗速，但其理論架構仍然相當不健全，不僅尚未有一個能包容萬象之大型綜合理論，而且學者們之間的觀點亦無法一致。正如齊特林（Trving M. Zeitlin）教授批判衝突理論

---

[80]　同註71，第258頁。

本身就是一個很含糊的名詞，此亦是衝突理論之弱點。此外，衝突理論之觀點是帶有價值判斷的成分在內，因此也常被評為不科學[81]。

　　總之，激進衝突理論在某些方面提供少年犯罪起因及其特性之重要觀點，同時，它亦與標籤理論將吾人之注意力引至現行法律之起源與效果；它指出少年犯罪之概念是19世紀法律所發明的。激進衝突理論亦指出法律的制定乃在控制社會下階層人民，以保障中上階層之優勢地位。此外，一些證據亦支持激進衝突理論之看法，認為中上階層有影響力者，由於有能力負擔昂貴之法律費用，以及他們之高社會地位，即使遭到逮捕，亦很少被判定有罪。激進衝突理論學者特別將其注意力集中於美國及其他現代社會中有關種族歧視、性別歧視及剝削勞工階層之社會現象。

　　但從另一方面來說，激進派衝突理論亦有許多缺點與矛盾之處，如它的論點是迂迴的，而無法予以證實。而它又認為古今社會一直是在鬥爭中，某一階層在壓迫另一階層。因此之故，激進派衝突理論亦無法描述一個完美的社會秩序中，其法律是否不會被一些特殊利益團體所濫用。其最終結果，激進派衝突理論所描述的一個能滿足所有社會問題的社會主義時，事實上，他們是在形容一個空想而無前例可循，亦是一個空洞不實際且無法實現之幻夢[82]。

　　此外，激進派衝突理論強調，少年犯罪是政治及經濟影響下之產物，而否定了個別決定論或動機理論，為此而遭到許多犯罪學者之批判責難，諸如：史帕克斯（Richarch Sparks）、托比（Jackson Toby）、克拉卡（Carl Klockars）等，均批判馬克思衝突理論之研究是錯誤的，只是感情用事卻不能面對社會現實，而且對所有權及階級利益之探討均患嚴重基本上之錯誤。此外，功能學派犯罪學家均同意犯罪是社會無法避免之規則現象，許多證據已說明，社會主義仍然無法達到馬克思所謂的沒有犯罪的烏托邦社會，何況衝突學派著重在批判，如果他們批判之外也提出烏托邦式的解決方法，顯然他們已失去其原來批判之立場。

81　同註56，第146、147頁。
82　張大光譯，少年犯罪原因之探討，刊：觀護選粹第二集，民國74年8月，第116頁。

第十節 標籤理論

標籤理論（Labelling Theory）導源於現代社會心理學之人際交流理論，又稱互動理論，強調社會群體之反應對於個人人格、心態行為之影響。雖然標籤理論之實用範圍廣泛，然而近年來，標籤理論主要應用於少年偏差行為之解釋，其對於偏差行為形成的過程，以及社會標籤對於偏差犯罪者之影響，貢獻特多。

早在20世紀初葉，社會心理學家古力（Cooley）、米德（G. H. Mead）等人的著作，已一再強調社會解體對於個人行為之影響。古力「鏡中之我」（Looking-glass Self）的觀念，以及米德的理論，都強調個人自我形象，塑造於人際關係脈絡之中，反應社會群體對於個人態度之影響。中國俗語所說：「眾口鑠金」、「十目所視，十手所指」，在在說明社會反應對於個人之影響。古力及米德的人際交流理論更為標籤理論建立基礎[83]。此外，標籤理論與前述衝突理論在解釋偏差行為之根源方面，不謀而合，強調社會群體之間的摩擦、衝突，上層社會對於下層社會之剝削歧視，易排斥下層社會之行為模式為偏差行為，並以偏差犯罪之標籤加諸於下層社會青少年。

標籤理論之代表人李瑪特（Edwin M. Lemert）及貝克（Howard S. Becker），曾將偏差行為分為第一階段之偏差行為（Primary Deviance）及第二階段之偏差行為（Secondary Deviance）[84]。

所謂第一階段之偏差行為，乃指任何直接違反社會規範之行為。通常一般人多少均曾犯過類似第一階段偏差行為之經驗。此種偏差行為甚為輕微，對行為者之影響不大，乃因它不會導致偏差行為者社會自我（Social Self）觀念之重大修正，仍然自認是一般正常社會之成員。相反的，如社會對他們偶爾犯錯之第一階段偏差行為給予嚴重之非難並加上壞的標籤，

---

[83] 同註24，第175、176頁。

[84] Edwin M. Lemert, Secondary Deviance and Role Conceptions, R. A. Farrel, and V. L. Swigert, Social Deviance, 1975, p. 70.

則極易導致另一階段（第二階段）更嚴重之偏差行為發生。茲以因果過程來說明第二階段偏差行為產生之原因，如圖6-7：

(1)一般社會為控制所有之偏差行為，乃對那些初次違反社會規範的人加上「偏差行為者」之標籤。

(2)當初次違反社會規範被加上壞的標籤之後，他們遂開始修正其自我印象（Self-image），確認他們歸屬於偏差行為者的團體，此即是一種「自我實現預言」（Self-fulfilling Prophecy）之後果。

(3)他們初次違反社會規範的行為被否定之後，遂產生適應困擾之問題；為此，即開始以偏差行為來作為對社會否定反應進行防衛、攻擊或適應之手段。

(4)一旦他們被公開標籤為「犯罪人」以後，他們的親戚、朋友、師長會視他們為犯罪人，他們無法再繼續升學或就業，則會自暴自棄地朝犯罪之方向，而愈陷愈深。

(5)社會各界在使偏差行為者陷入及確認自己是偏差行為者的過程當中，扮演極重要之角色。因為社會各界對第一階段偏差行為者的偏差行為，加以打擊或羞辱，對於偏差行為者的改善不僅無濟於事，反而更助長及加重他們更嚴重犯罪行為之後果。

圖6-7 第二階段偏差行為產生之原因

有關導致第二階段嚴重犯罪行為所發生交互作用之順序分述，如圖6-8[85]。

試舉三例來說明標籤之使用所造成之影響：

案例（一）

某位學生上課曾向其他同學丟粉筆惡作劇而遭老師責罵，幾天之後，這位同學又因粗暴言行再遭老師處罰。於此情況下，老師遂開始

---

[85] Edwin M. Lemert, Primary, and Secondary Deviance, Earl Rubington, and Martin S. Weinberg, Deviance, Third Edition, 1978, p. 412.

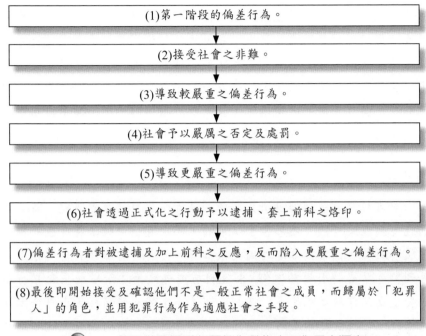

(1)第一階段的偏差行為。

(2)接受社會之非難。

(3)導致較嚴重之偏差行為。

(4)社會予以嚴厲之否定及處罰。

(5)導致更嚴重之偏差行為。

(6)社會透過正式化之行動予以逮捕、套上前科之烙印。

(7)偏差行為者對被逮捕及加上前科之反應，反而陷入更嚴重之偏差行為。

(8)最後即開始接受及確認他們不是一般正常社會之成員，而歸屬於「犯罪人」的角色，並用犯罪行為作為適應社會之手段。

圖6-8 第二階段嚴重犯罪行為發生交互作用之順序

對這同學罵出「頑皮蛋、壞孩子、問題少年」的外號。這位同學被套上上述壞的標籤之後，即不知不覺開始修正自我之印象，並確認他是真正的問題少年，而遵照老師所賜之標籤去履行他的角色漸趨自甘墮落。

案例（二）

筆者閱報發現一則新聞[86]可用來佐證老師不隨意給學生加上壞標籤之優點。學期開始，葉老師發現班上一同學上課不用心聽講，經常雙手托腮、兩眼緊閉作沉思狀，當時心中極為氣憤，忍無可忍曾予以嚴厲責罵，然效果不好。某日，葉老師發現這位同學有跛腳之缺陷，乃寄予關心並多次把握機會說明心靈的美感可彌補身體外形之缺

---

86 葉于樸，發揮生命的衝創力——心理學教授談教學經驗，民國68年4月14日，中央日報。

陷等實例，以後亦改變管教方式，儘量運用說話之技巧，以鼓勵代替責，用誘導代替懲罰。第一學期結束，這位同學之成績高達86分，結果第二學期上課更為認真，且比過去活潑。有一天，葉老師走出教室，突然有人在後面喊他，他轉身一看，原來是那位跛腳的同學羞怯地站在他面前，數度欲語還休，最後終於很困難地從小嘴中迸出幾個字：「老師！我很感激您！」

案例（三）

筆者於師大暑期輔導研究所講授「青少年犯罪專題研究」時，特別就標籤理論對個人之影響予以申論，其中有一何姓學員有感而發，曾就其朋友之個案與筆者討論交換心得，並將其看法發表於《張老師月刊》。筆者特引用該案例[87]來說明前述導致第二階段嚴重犯罪行為所發生交互作用之順序（1至8）：阿昆一生的犯罪過程，正符合上述的過程。在一次捉迷藏時，偶然發現藏身處有一窩的雞蛋，就順手拿了兩個，放在口袋裡；站在窗口的主人，將全部過程盡入眼底(1)。於是，劈頭就指阿昆是偷雞蛋賊；向阿昆的母親告狀之後，又奔走告訴鄰居：「阿昆偷了我家的東西！你家可要當心，說不定下次就是你家！(2)」原本無心地拿了兩個蛋，也許好玩多於貪心，卻硬被指為有心。阿昆受此委屈，氣極了。為了報復這位主人，狠下心腸把他家的母雞也抓來，殺了與「弟兄」們共享；不想，「弟兄」們又將此事，好玩似地張揚出去，結果再次被主人知悉(3)。主人憤恨地向昆母控訴，因無證據，雙方吵開了，因此主人更是積憤難消、到處訴苦，將阿昆形容成一副窮凶惡極的模樣(4)。左鄰右舍自然地對他有了戒心，為避免孩子學壞，都阻止他們再和阿昆一起玩。阿昆沒有了朋友，更加憤恨不平，偷得更兇(5)。

終有一次因偷賣涼水小販的錢箱子，被捕送管訓(6)。結訓返鄉後，更無人理睬他。一天夜裡，又因竊取米粉廠的馬達出售被發現，

---

87 何榮，標籤理論在輔導上之運用，張老師月刊第11卷第1期，民國72年1月，第21頁。

再遭逮捕(7)。自此,「賊仔昆」的綽號不逕而走。他也一再地進出監獄,以至自戕。他的一生,可以說從來沒有做過一項正當的職業。

從上述標籤理論之內容及實例說明給我們很大的啟示,乃呼籲家長、老師,甚至刑事司法界的工作人員,不要隨意為偶爾犯錯的小孩加上壞的標籤(如壞孩子、問題少年、少年犯等)。因為這樣隨意加上壞的標籤,不僅無助於少年行為之改善,反而更陷深他們之偏差行為。此外,也儘量不要促使少年太早進入刑事司法程序。因為美國曾做許多實證研究指出,少年愈早進入刑事司法程序,則其未來停留在刑事司法體系時間愈久[88]。一旦非進入刑事司法程序不可,則亦儘量運用社區處遇代替機構性的處遇,以避免其受機構性處遇前科紀錄之汙染;其他有關不必列為犯罪加以刑罰者,亦儘量予以除罪化(Decriminalization)[89],改用刑罰以外之手段予以處理,較能獲得更多正面效果。此外,標籤理論之學者亦強調將來研究少年犯罪之新趨勢,不僅注意少年犯本身之相關因素,同時,建議管理少年犯之有關機構,亦應袪除歧視下階層少年之預存偏見與態度,並要注意防治中上階層之少年犯罪。

第十一節　犯罪被害理論

除了前述犯罪理論之發展外,另一支與傳統犯罪理論著重於犯罪原因探討截然不同之研究取向為從被害之觀點,探討加害人與被害人之互動關係。而其中以辛德廉、蓋佛森和葛洛法洛(Hindelang, Gottfredson, and Garofalo)提出之生活方式暴露被害理論(A Lifestyle/ Exposure Model of Personal Victimization)[90]及柯恩與費爾遜(Cohen and Felson)倡導之日常

88　Vernon Fox, Community-based Corrections, 1977, p. 46.

89　所謂除罪化,乃指其行為雖然犯罪,但是予以刑罰以外的處遇更能收效,故將此等行為排除於犯罪範圍之外,而不成為刑罰之對象。例如:將來為因應社會情勢之需要,墮胎罪或安樂死等在特殊條件之下,有除罪化之必要。

90　Michael J. Hindelang, Michael R. Gottfredson, and James Garofalo, Victims of Personal Crime:

活動被害理論（Routine Activity Theory of Victimization）[91]最具代表性，茲分別敘述如下。

一 生活方式暴露理論

　　個人生活方式暴露被害理論係由辛德廉等氏於1978年提出。此理論旨在說明，一個人之所以可能遭致被害，與其「生活方式」之某些特色有關。根據辛德廉等氏之見解，生活方式（Lifestyle）係指日常生活之各項活動，包括職業活動（如工作、就學、持家）及娛樂休閒活動等。個人因這些生活方式、型態之不同，而影響及其被害之風險。辛德廉等氏之理論架構，如圖6-9[92]。

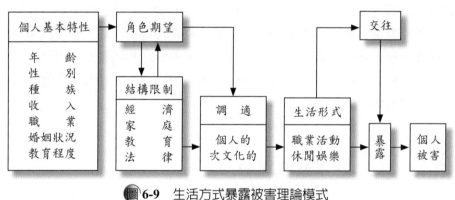

圖6-9 生活方式暴露被害理論模式

　　辛德廉等氏指出，個人在社會中適應情形，受角色期望（Role Expectations）與社會結構（Social Structure）的限制與約束。而角色期望與社會結構的結果，則依個人基本人口資料特性而定，例如：年齡的不

An Empirical Foundation for a Theory of Personal Victimization. Cambridge, Mass: Ballinger Publishing Company, 1978.

[91] Lawrence E. Cohen, and Marcus Felson Social Change and Crime Rate Trends: A Routine Activity Approach, American Sociological Review, 44: 588-608, 1979.

[92] 同註90。

同、男女性別的差異、種族的不同、收入的多寡、職業、婚姻狀況及教育程度的不同，社會對其角色的期望與要求亦有所差異。

　　此外，社會上既定的各種制度，如：經濟、家庭、法律及教育制度等「社會結構」上的約束，限制了個人對其行動的選擇權，譬如：經濟因素嚴格限制個人對居家環境、娛樂休閒生活方式、受教育機會及交通工具的選擇；核心家庭或小家庭取代大家庭時，也影響了家庭組成分子的行為模式；教育制度使人必須依循其體系循序漸進，且大部分的人均受法律之約束。個人在社會化（Socialization）過程中，逐漸習得所屬團體之規範、態度及適應角色期望與社會結構之限制後，自然而然產生一套適應的行為模式，如：上學、就業、持家及休閒娛樂等日常生活活動。此類活動即辛德廉等氏所稱之「生活方式」（Lifestyle），即為個體安排其職業與休閒等活動的生活方式。這種生活方式關係著個人是否於特定地點、特定時間與具有特殊人格之特定人接觸；而生活方式的不同，與具有某種特性之人在特定時空點上相遇的機會也有所不同，因加害者與被害者並非隨機分布在時間與空間上，因而導致某些特性之人，在某些時空點上較易成為被害對象。亦即，不同的生活方式，蘊含著不同的被害危險性，常與具有犯罪特性之人接觸交往者，其暴露於危險情境的機會愈多，被害的可能性也就愈大。故個人生活方式暴露理論指出，生活方式除直接影響個人暴露於危險情境之機會外，亦間接透過加害者與被害者之間的相互接觸，而影響被害者之間的相互接觸，而影響被害可能性的大小[93]。

　　辛德廉等氏認為個人之被害必須具備下列條件：

（一）必須有加害者與被害者，且兩者的生活步調在特定時空上須有互動機會。

（二）加害者與被害者必須有所爭執或對抗，使加害者以為被害者是下手的適當目標。

（三）加害者必須有所企圖，且有能力去實施恐嚇威脅等暴力方

93　引自張平吾，簡介被害者學之發展及其兩個相關理論，警政學報第16期，中央警官學校警政研究所出版，民國78年12月。

式，以遂其所求。

（四）情境必須相當有利於犯罪，使加害者認為在此種情形下，能訴諸暴力威脅手段來達成其犯罪之目的。

上述為個人被害的促成條件，凡符合此四個條件者，被害的可能性自然較大。生活方式在此一理論中之所以重要，即因它與暴露在危險情境的機會有關，個人被害並非呈現機率式的均勻分布現象，而是集中在某特定時間、特定地點及特殊環境上，而加害者也傾向於具有某些特性，即潛在被害者與加害者有關，常存有某種特殊關係，由於生活方式的不同，加上特殊地點、時間及情境下，而與特定類別的人互動接觸結果，遂產生不同的被害可能性。

辛德廉等氏提出八項命題，藉以說明暴露被害與特殊生活方式間之連帶關係[94]：

命題一：個人被害的機率與其暴露在公共場所時間多寡成正比，特別是夜晚的公共場所。

命題二：個人置身公共場所可能性，隨其生活方式的不同而有所差異，尤其夜晚較為明顯。

命題三：類似的生活方式者，其彼此接觸互動的機會較多。

命題四：個人被害的機率，端視其是否具有與加害者相類似之人口特性。

命題五：個人與其家人以外成員接觸時間的多寡，隨其生活方式之不同而異。

命題六：個人被害的可能性，隨其與非家人接觸時間的多寡而定，尤其是竊盜罪。

命題七：生活方式的不同與個人阻絕和具有犯罪特性之人接觸能力的差異有關，即個人愈常與有犯罪特性之人接觸，其被害可能性也就愈大。

命題八：生活方式的差異與一個人成為被害的方便性（Convenience）、誘發性（Desirability）及易於侵害性

94　同註90，第251～266頁。

（Vulnerability）的差異有關。

綜上所述，個人生活方式暴露理論之主要內容，在於基本人口特性資料背景不同之個人，因角色期望、社會結構及生活調適之不同而形成不同之生活方式，而不同的生活方式決定了暴露於被害危險情境的高低，而是否常與有犯罪特性之人接觸交往，也決定個人被害之可能性[95]。

由於辛德廉等氏之生活方式暴露被害理論模式仍未完全臻於完善，葛洛法洛（Garofalo）對生活方式暴露理論模型做了修正，如圖6-10。葛洛法洛指出，該修正後之模型適用於解釋直接接觸掠奪性犯罪，其增加了數個因素於新模型中，說明如下：

（一）加入結構限制對暴露之直接影響，此主要指經濟地位與房屋市場限制了居住環境的選擇，因此而使低社經地位者較多暴露於有傾向犯罪者的機會，造成較高之被害率，而此非日常活動所引起的。

（二）加入對犯罪反應此一因素。葛氏認為對犯罪不同的認知不會影響日常活動的行為，而對犯罪的反應，係依據個人對犯罪的認知態度，如避免晚上單獨外出，家中防盜設備增加等。

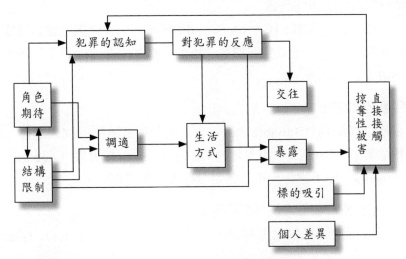

圖6-10　直接接觸掠奪性犯罪生活方式暴露理論修正模型

95　同註93，張平吾，前揭文。

（三）加入標的特質因素。葛氏指出，並非所有的被害危險均可由社會層面因素來說明，應該還包括個人生理的、心理的相關因素，如：心理特質傾向、生理缺陷等[96]。

二 日常活動被害理論

日常活動被害理論（Routine Activity Theory of Victimization）係由柯恩及費爾遜（Cohen and Felson）於1979年所提出。此項理論強調犯罪等非法活動之發生，在時空上須與日常生活各項活動相配合。換句話說，日常生活活動型態影響及犯罪發生之「機會」，而導致「直接接觸掠奪性犯罪」（Direct-Contact Predatory Violation）之發生。

（一）柯恩及費爾遜之理論

柯恩及費爾遜（Cohen and Felson）認為犯罪之發生，必須在時空上三項因素聚合[97]：

1.具有能力及犯罪傾向者

具有能力及犯罪傾向者（Motivated Offender），係指社會急速變遷，人類活動型態改變，造成犯罪機會之增加及潛在犯罪者之發生，而此為犯罪被害發生之啟動者。

2.合適之標的物

合適之標的物（Suitable Target），指合適被害標的物之選擇，隨著標的物之價值（Value）、可見性（Visibility）、可接近性（Access）及其慣性（Inertia）如：物之大小、重量及是否上鎖等而定。

3.足以遏止犯罪發生之抑制者不在場

足以遏止犯罪發生之抑制者不在場（Absense of Capable Guardian

---

[96] 引自許春金等，暴力犯罪被害者個人特性與日常活動型態之實證研究，行政院國家科學委員會出版，民國79年12月。

[97] 同註91。

Against Crime），非單指執法人員之不在場而言。泛指足以遏止犯罪發生控制力之喪失型態，如被害時無熟識之人在場等。

（二）林曲之理論

此外，林曲（Lynch）探討日常活動被害理論，認為下列四變項為其核心要素[98]：

1.暴露

被害者是否暴露（Exposure）於危險情境，即潛在犯罪者可看見或身體接觸之情形。如工作地點與較多人互動，為決定是否被害之重要前提要件。

2.抑制者

抑制（Guardianship）係指能預防或阻止被害之人是否在場，包括人與物在內，如警衛及警鈴等。一般而言，如至外界單獨活動，抑制者不在場時，其被害之危險性即增加。

3.對危險之認知

對危險之認知（Perceived Dangerousness），係指是否常接近潛在犯罪者，而有否警覺性而言。倘無此認識，被害之可能性即可能增加。

4.吸引性

吸引性（Attractiveness），指犯罪被害標的物是否因某些特性，而引起加害者特別注意而言。例如錢財露白，女性具有魔鬼般身材並穿著暴露衣服等。

總之，日常活動被害理論提供了犯罪被害之重要詮釋。尤其該理論指出被害之發生，往往有其時空特定之因素，並且係許多因素聚合之結果。為免成為犯罪之被害人，民眾必須有警覺性，減少單獨外出並多結伴而行，避免成為合適之被害對象。

---

[98] James P. Lynch, Routine Activity and Victimization at Work, Journal of Quantitative Criminology, Vol. 3, No. 4, 1987.

第七章　犯罪學理論之發展趨勢與動向

　　上述各種犯罪學理論，大部強調某一種犯罪因素之研究，諸如：犯罪生物學從遺傳、體型、XYY性染色體異常、腦的功能失調、內分泌異常、生化上之不平衡、神經生理學、過敏症狀、低血糖症、男性荷爾蒙、環境汙染等方面來探討犯罪形成之原因；犯罪心理學理論從精神醫學、心理分析、人格、潛意識及心理上之增強作用來探討犯罪行為；而犯罪社會學理論中的文化偏差理論——芝加哥生態學研究從生態環境之觀點來分析犯罪，認為居住鄰近地區環境之特性與犯罪有關；雪林（Sellin）之文化衝突理論認為犯罪之形成與文化衝突、社會解組有關；米勒（Miller）之下階層文化衝突理論認為，下階層的文化與社會環境和犯罪之發生有關；涂爾幹（Durkheim）之無規範理論強調，社會不能提供一套符合人性及社會需要之道德行為規範，易使行為人發生無所適從而陷入無規範混亂狀態，致易表現違規犯法之行為；屬於緊張理論之梅爾頓（Merton）無規範理論，強調行為人在渴望目標與實現目標的方法之間如產生矛盾，將會造成社會行為規範與制度之薄弱，對個人造成壓力與緊張而致發生偏差行為；次級文化緊張理論中柯恩（Cohen）的次級文化理論，特別說明下層社會犯罪及少年幫會之形成，亦即這些少年僅隨其周遭同輩團體之價值體系發展其特有之價值觀念，而未接受整個大社會之行為價值標準；克拉法德及奧林（Cloward and Ohlin）之機會理論，認為少年之所以發生犯罪，乃有其不同之機會結構，接觸非法手段，造成犯罪機會之不同。有些因他們之正當機會被剝奪，沒有機會合法地達成其目標，而使用非法方法達成以致陷入犯罪；社會學習理論中蘇哲蘭（Sutherland）的不同接觸理論強調，犯罪行為是與親近團體之人群在溝通過程中，發生交互作用而產生犯罪行為學習之效果；愛克斯（Akers）修正蘇哲蘭理論，並融入史基納（Skinner）之社會學習理論，而提出不同增強理論，強調個人與環境之互動發生犯罪行為，會造成精神與物質之正面報酬，則此增

強會更增加強化其犯罪行為；瑪特札（Matza）之中立化理論，則探討行為人學習對其偏差行為合理化之技巧；控制理論中赫西（Hirschi）之控制理論，強調少年與社會之維繫連結薄弱或破裂，則易產生偏差行為；雷克利斯（Reckless）之抑制理論，以個人人格變數及社會環境變數之交互作用來說明犯罪行為之形成；昆尼（Quinney）等之衝突理論認為，犯罪並非歸咎於個人或環境因素，而是團體或社會階級之間衝突之產物。李瑪特（Lemert）及貝克（Becker）之標籤理論則強調家長、老師、刑事司法界人員隨意為少年加上壞的標籤，不但對偏差行為者的改善無濟於事，反而會助長其陷入更嚴重之犯罪行為。上述犯罪理論各有其理由，然因立場各有所偏，未能把握全局；同時，上述犯罪學研究者，常以其本行之學科為出發點，而忽視其他與犯罪有關之學科，故其研究或成果與理論之建立，常是單方面之論斷。犯罪為一錯綜複雜之社會現象，自非某一單一理論或某一單一學科所能解釋或單獨研究，因此，近年來趨向「科際整合」與「犯罪理論整合」之綜合研究。另外，近年另有學者倡議時間序列發展中的理論（Developmental Theory）觀點，其對於犯罪之肇始、形成與持續，有著獨特之詮釋價值，亦為各國犯罪理論學家積極倡議與重視，特予介紹其新近發展。

第一節　犯罪科際整合之研究

美國當代最有名的犯罪學家之一——傑佛利（C. Ray Jeffery）在其著書《經由環境設計促進犯罪預防》（*Crime Prevention Through Environmental Design*）中提出，生物社會的學習理論（Biosocial Learning Theory）[1]特別強調，犯罪科際整合研究（Interdisciplinary Approach）。

其指出，犯罪學家可分成二派，一派追求單一原因之研究者如蘇哲蘭、柯恩等，此派理論源自涂爾幹所提之一個原因、一個結果（One

---

[1] C. Ray Jeffery, Crime Prevention Through Environmental Design, 1977, p. 104.

Cause, One Effect）。涂氏認為所有原因即社會原因（Social Causation）；另一派即追求多元性之研究者，如：上述之柏特、葛魯克夫婦、雷克利斯，傑佛利之生物社會的學習理論亦屬多元性理論。傑氏認為犯罪行為之形成，乃因社會因素之間的交互作用引起，以及社會因素與生物因素、心理因素之交互作用所引起[2]。

　　傑佛利由犯罪行為多元性之研究而企圖建立另一新的綜合犯罪學——生物環境的犯罪學（Bioenvironmental Criminology）。然重要的是，必先建立一套行為理論，否則無法探討犯罪學之研究，更無法探討犯罪防治之措施。此乃當前一般犯罪學研究最易忽略之缺失。

　　建立一套行為理論之前，必先探討行為之模式（Models of Behavior），而行為之模式可分三種，即：一、心智方面之內省模式（Mentalistic Introspection）；二、行為主義模式（Behaviorism）；三、生物社會的學習理論模式（Biosocial Learning Theory）。茲將上述三種行為模式之探討分述如下[3]。

一　心智方面之內省——認知與內省之心理學

　　此行為模式以蘇哲蘭的不同接觸理論為代表，認為人是理性動物，人擁有意志及心靈，人類之行為是學習而來，而行為之學習亦常隨經驗累積的反應而做修正。此行為模式之探討僅限於刺激與反應之關係，亦即強調有機體對環境刺激單方向之反應，在於身心二元論、心理過程、內省—主觀性、心靈上的決定主義，以及社會闡釋主義。茲將此行為模式以圖7-1說明如下：

2　同註1，第322頁。
3　同註1，第98～123頁。

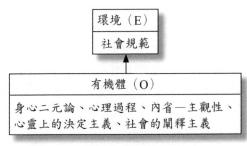

圖7-1 認知與內省之心理學模式

二 行為主義

　　此行為模式以史基納（Skinner）之學習理論為代表，此乃源自巴卜洛夫（Pavlov）之行為主義，藉行為主義來探討刺激與反應，並進一步提出反應乃制約於刺激，此在心理學方面又躍進一大步。然此行為模式，否定遺傳方面之生物體系與行為之學習有關。亦即，此行為模式否認有機體、腦及中樞神經方面之影響，而強調社會學的行為主義及史基納的學習理論。茲將此行為模式以圖7-2說明如下：

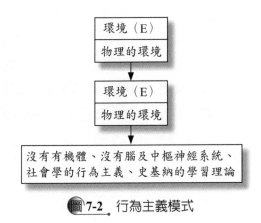

圖7-2 行為主義模式

三　生物社會學習理論

　　傑佛利批判第一個行為模式——蘇哲蘭之不同接觸理論的最大缺陷，乃因它排斥生物及遺傳方面對行為之影響；因為蘇氏理論認為有關學習之增強完全是社會因素之影響，而非生物因素，足見蘇氏理論不夠廣泛亦非科際整合性之理論。傑佛利於1971年出版其著作《經由環境設計促進犯罪預防》（*Crime Prevention Through Ervironmental Design*）一書中亦採用第二個行為模式——行為主義，強調環境因素之影響，後來發現史基納學習理論之最大缺陷——即忽略腦、中樞神經系統等有機體之功能；同時，史基納亦否定遺傳基因及生物因素對行為之影響，因而史基納排斥刺激與反應之間，尚有腦等有機體之參與交互作用，而認為有機體是空的。然事實上，外來的刺激乃先輸入腦等有機體，由腦接收、整合後再輸出而產生行為的反應。因此，傑佛利用圖7-3來說明其生物社會學習理論之行為模式：

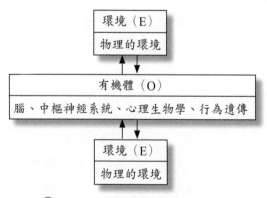

圖7-3　生物社會學習理論模式

　　傑佛利認為中樞神經系統、腦，乃遺傳因子（Gene）與環境（Environment）交互影響之產物。而腦的接受部門、整合部門及動力部門乃是促成生物有機體（Organism）與環境發生互動行為之主要所在。由於腦與環境彼此發生互動之影響，而導致彼此發生修正作用。因此，人類

行為以及犯罪行為均是腦與環境發生互動之結果[4]。傑佛利贊同犯罪行為是學習而來，然行為之學習主要是遺傳因素、神經生理因素、心理因素及社會因素交互作用而引起學習之效果。然蘇哲蘭的不同接觸理論則忽略生物及心理方面之因素，尤其忽視腦方面之功能。因此，傑佛利的生物社會學習理論特別強調，行為遺傳方面研究（Behavioral Genetics）及心理生物學方面之研究（Psychobiology）。因此，刺激的制約、增強以及刑罰方面之增強等作用，均應經由有機體之經驗而定，而有機體之經驗又受行為人遺傳基因、過去經驗的歷史以及當時之心理狀況所影響。

　　一般社會學家認為犯罪行為主要來自環境之影響，而遺傳或生物方面之因素是固定不變的，致犯罪行為不受遺傳或生物因素之影響，茲將其理論列為公式如下：

$$犯罪行為＝環境 \times 遺傳（此變數固定不變）$$
$$(B＝E \times G)$$

　　然傑佛利反對上述社會學家之看法，而予以修正，認為犯罪行為主要是遺傳（生物）因素與環境因素交互作用之結果，因而提出其公式：

$$犯罪行為＝環境 \times 遺傳$$
$$(B＝E \times G)$$

　　由傑佛利生物社會學習理論之論述，可獲得幾個要點如下：
　　（一）傑佛利認為要研究犯罪行為，必須兼顧遺傳（生物）及環境兩方面之相關因素。
　　（二）犯罪之研究，必須從科際整合的觀點，運用與犯罪問題相關之學科予以整合研究；在生物因素方面之有關學科如：遺傳學（Genetics）、腦生理學（Brain Physiology）、生化學（Biochemistry）、

4　同註1，第235頁。

心理藥理學（Psycho Pharmacology）、心理生物學（Psychobiology）；
在環境因素方面之有關學科如：學習心理學（Learning Psychology）、環
境的心理學（Environmental Psychology）、社區精神醫學（Community
Psychiatry）、都市設計（Urban Design）、工程學（Engineering）、建築
學（Architecture）、社會學（Sociology）、刑法（Criminal Law）、社會
生物學（Sociobiology）、人性學（Ethology）等[5]。

（三）可運用環境因素影響或控制遺傳方面之基因，並進一步控制犯
罪行為，因此環境方面之設計亦甚為重要。

（四）我們如能控制或影響遺傳基因，則對有XYY性染色體異常或
邊緣系統（Limbic System）中長有腦瘤者，可研究運用移植手術來改變
其遺傳結構，使成為正常之性染色體或去除腦瘤，而能用正常的行為來適
應社會生活，以期預防犯罪減少再犯。

（五）某些人因分泌過多之男性荷爾蒙，而導致侵略攻擊性的行為
者，可研究予以注射反男性荷爾蒙，而減少侵略攻擊性之暴力犯罪。

（六）可運用行為治療法，使有犯罪之虞的人，用合法的方法達到
其渴望之目標，並可設計健全的社會環境結構，促其體認不犯罪比犯罪有
利。

（七）妥善的都市設計、規劃，可減少都市之疏離感、隔閡及隱匿
性。因為上述人口都市化之特徵，極易導致人類之偏差行為發生，故將來
之犯罪預防亦應注意都市設計及規劃，儘量增加人際及社會關係之互動。

（八）由於酒精、麻醉藥品之濫用有增加犯罪之趨勢，因此我們亦應
朝此方向去控制酗酒及麻醉藥之濫用。

因此，我們研究犯罪行為，務必對犯罪學及與犯罪問題相關之學科加
以研究，了解犯罪各種相關之因素，對一切反社會行為之個人生物因素、
心理因素，以及周遭之社會環境做一科際整合性之研究，才能了解犯罪之
異質性，進而才能預防犯罪、控制犯罪。

由上述科際整合性理論之探討，可知當今刑事司法體系，不論在刑罰

5　同註1，第42頁。

或處遇方面均未達預期之效果,追究其原因主要是:1.犯罪之研究範疇,缺乏根源於科際整合一致性的行為理論探討;2.犯罪學偏向於刑罰或處遇二分法之基礎,偏向此二極端之發展,則無法發揮其預期的犯罪防治功能,因而當今防治犯罪所亟需要的是,要發展一套科際整合性之行為理論,以及在刑事司法的處遇或刑罰方面應有所折衷,而邁向另一新的轉向,不宜固守其一,而致極端偏差之發展。

有關犯罪行為之問題,一般犯罪之研究較強調社會學,而忽略生物學、心理學等相關學科科際整合之運用,以致無法周詳地了解犯罪行為,而導致犯罪學之研究發展受到甚大之阻礙。例如:犯罪學之早期歷史乃根源於龍布羅梭及佛洛伊德等學者之生物學及心理學,直至1924年蘇哲蘭(Sutherland)發表犯罪學教科書,竟將生物學及心理學排除於犯罪學之外,以致當時的犯罪學與社會學並無二致。自那時起,犯罪學家對犯罪問題之探討,均根據社會互動及社會結構功能為基礎之社會決定論為其主要論點及假設。當時所發展之犯罪學理論,諸如:無規範理論、機會結構理論、不同接觸理論、次級文化理論、貧窮、失業,以及社會階層理論,皆盛極一時。而有關緊張、文化衝突,以及社會結合等理論,企圖用來說明犯罪問題均受到相當之反對。因為,事實上,沒有一個基於社會原因之行為理論能被廣泛接受,乃因單方面探討社會原因,無法為犯罪問題之分析及控制提供有效之對策。我們認為犯罪學家或社會學家,無法發展出一個理想的科際整合犯罪行為理論,主要是受下列學說影響,以致對社會及人之本質有幾個不正確之假設:

(一)一般社會學家均接受法國社會學家涂爾幹之主張,認為必須用社會層次來說明社會事實,以致排斥生物學家及心理學之研究。相同地,孔德(Comte)亦排斥心理學作為其研究之單元部分。如果有學者建議運用生物學及心理學來說明人類行為,則他可能會被駁斥為「減縮主義論者」(Reductionism)。一般社會學家認為行為理論體系之探討,不能由社會大層次減縮到生物學或心理學層次,因為社會大層次之發展,仍然根源或依賴於生物學或心理學層次,故應從社會大層次來探討行為較為適切。他們並舉例說明一個體系之發展,始於細胞而後發展至器官,再發展

至有機體、團體、總人口以至社會，因此只要從最後之社會層次予以探討，自然會探討到細胞或器官層次，不必再另外單獨探討細胞層次。

（二）自從柏拉圖時代，將人二分為心與身，生理與心理，遺傳與環境，本能與學習。這種二分法方式迫使我們無法了解行為之本質。我們雖創造出心智方面之內省探討，以了解行為原則所根據之心理、主觀主義、內省等之內部過程，我們依賴口頭報告、訪談、問卷及測驗分數之間接觀察行為方式以代替行為之直接觀察。並從態度、觀念、自我概念以及自我認同等來發現行為之原因。然上述心智內省之名均認不切實際，以致無法真正探討所預期發生的那些行為。

（三）他們假設每個人之學習能力大致相同，而忽略了個別差異。這種潛力相同之論調，認為每人行為之所以有所差異，主要是每人接觸環境經驗不同之結果，而非遺傳基因之差異影響所致。

（四）有關年齡、性別、社會階層、教育等之變項，均被認為屬於社會之變項，而非生物社會之變項；且有關年齡、性別、社會階層、教育等之生物因素，均被忽視或被認為不存在。

（五）他們之觀點，否定了有機體對行為影響所扮演之角色，而僅強調所有行為均是環境之產物，甚至於認為環境不僅是影響行為之主要決定因素，且此處之環境係指社會環境而非自然環境。

一個科際整合之行為理論，不僅包括生物學、心理學、人類學、社會學，甚至還包括一些新的整合學科，諸如：生化學、神經病學、心理生物學及社會生物學，而整合及組合行為範疇之主要觀念即為學習。

目前大多數犯罪學家認為，形成犯罪之原因是多元的，自非單一因素所能解釋，更非單一學科所能獨立探討。我們如僅從極專精的單一因素或單一學科來探討少年犯罪問題，猶如戴著顯微鏡看世界，只能對其中一小部分做透澈深入之觀察，而無法考量犯罪的整個癥結所在，容易陷入以偏概全之錯誤。

因此，犯罪理論發展之新趨向，已不可再循傳統方法從單一學科觀點去做單方面探討，而必須探取科際整合性的多元理論，整合與少年犯罪問題有關之學科，諸如：法律、生物學、心理學、社會學、精神醫學、生物

社會學等理論與方法，以科際整合性之整體觀，從事犯罪研究，提出促成犯罪之相關因素，進而對症下藥，予以預防矯治。

此外，美國犯罪學家傑佛利（C. R. Jeffery）於1979年第一屆亞太地區少年犯罪會議時特別評論少年犯罪防治之做法[6]，認為當前控制少年犯罪之模式，均基於非生理有機體與非生態環境交互作用之行為模式理論。在這種行為模式之下，我們等到犯罪行為發生之後，才運用刑事司法體系來改變犯罪行為，而刑事司法體系亦完全依賴警察、法院以及犯罪矯治機構之運用，又無法成功地處理少年犯罪問題。

傑佛利認為改進之方向，即少年犯罪預防模式必須基於生理有機體與生態環境交互作用之行為模式。現代的少年犯罪學習理論，必須根據遺傳基因、腦之作用以及神經學上之改變等在腦所發生之經驗予以探討。此一行為模式將使有機體在學習過程中扮演一個主動的角色，如是每個少年均有能力與環境發生互動作用，而此環境是生態的，包括自然及人為之環境。因此，必須運用科際整合的方法來探討少年與社區環境之交互作用，如此對於少年犯罪行為之了解及矯治才能有所助益。

第二節　犯罪理論整合之發展

有關犯罪行為之研究，在犯罪學學界先驅與後繼者持續努力下，已發展出許多生物、心理與社會相關理論，以供解釋、預測及控制犯罪之用。迄至1960年間，諸如：無規範（Anomie）、社會解組（Social Disorganization）、差別接觸（Differential Association）、社會控制（Social Control）、標籤（Labelling）、衝突（Conflict）等理論駕馭了整個犯罪學學界。雖然這些犯罪理論豐碩，提供了許多可行解釋，但卻也因彼此水火不容，而呈現支離破碎、混亂，互不相讓之局面。

近年來，由於前述傳統犯罪理論對於某些犯罪現象，並無法提

6　C. R. Jeffery, The Prevention of Crime and Juvenile Delinquency. In the First Asian-Pacifice Conference on Juvenile Delinquency. Taipei, 1979, p. 380.

供令人滿意之解釋，加上多變項統計技術之精進，有關犯罪理論整合（Theoretical Integration）之呼籲，在民國70年代末期及80年代初期相繼出現於犯罪研究文獻上[7]。1987年美國紐約州立大學奧本尼分校（SUNY-Albany）邀請全美犯罪學界知名學者，對犯罪理論整合相關議題進行研討，而使得此項議題在犯罪學界趨於熱絡[8]。

一　犯罪理論整合之意涵

在社會科學之定義中，Blalock清晰的指出理論係指「一組邏輯相關之命題以解釋特殊之現象」（a set of logically interrelated propositions designed to explain a particular phenomenon）[9]。此外，學者另指出理論不應侷限於形而上之抽象解釋，而應應用至實際生活情境與行為之解釋上[10]。

整合之意涵，韋氏字典曾定義為「將分散之部分聚合在一起形成統一體」（to bring parts together into a unified whole）。《Random House字典》（二版）則將整合（Integration）定義為「組合為整合體之行為或情況」（the act or an instance of combining into an integral whole）。換句話說，其係指組合分散之部分，以形成較具整合與完整之構成體，而這些在分散之部分是缺乏的[11]。

---

[7] Madeline G. Aultman and Charles F. Wellford, "Towards an Integrated Model of Delinquency Causation: An Empirical Analysis," Sociology and Social Research, 63: 316-327, 1929; Mark Colvin and John Pauly, "A Critique of Criminology: Toward an Integrated Structural Marxist Theory of Delinquency Production," American Journal of Sociology, 89: 513-551, 1983; D. S. Elliott, S. S. Ageton, and R. J. Canter, "An Integrated Theoretical Perspective on Delinquent Behavior," Journal of Research in Crime and Delinquency, 16: 3-27, 1979; Frank S. Pearson and Neil Alan Weiner, "Towards an Integration of Criminological Theories," Journal of Criminal Law and Criminology, 76: 116-150, 1985.

[8] S. F. Messner, M. D. Krohn, and A. E. Liska (Eds.), Theoretical Integration in the Study of Crime and Deviance: Problems and Prospects. Albany, NY: State University of New York Press, 1989.

[9] Hubert M. Blalock, Theory Construction, Englewood Cliffs, NJ: Prentice Hall, 1969.

[10] Barney G. Glaser and Anselm L. Strauss, The Discovery of Grounded Theory, Chicago: Aldine, 1967.

[11] Terence P. Thornberry, "Reflections on the Advantages and Disadvantages of Theoretical Integration.," in Messner, S. F., M. D. Krohn, and A. E. Liska (Eds.), Theoretical Integration in the Study of Crime and Deviance: Problems and Prospects. Albany, NY: State University of New York Press, 1989.

　　至於理論整合之意涵，Farnworth則指出其係以理論間共通相似之部分為基礎，組合兩種或兩種以上先前存在之理論[12]（the combination of two or more pre-existing theories on the basis of their perceived commonalities）。

　　Thornberry則認為理論整合係指，將二組或二組以上具邏輯相關之命題予以組合，形成較大組類型之相關命題，以便對獨特現象提供較為周延之解釋（the act of combining two or more sets of logically interrelated propositions into one larger set of interrelated propositions, in order to provide a more comprehensive explanation of a particular phenomenon）[13]。此項定義為當前犯罪研究文獻上屬較完整的一個，其特別強調各理論命題間之組合，而非概念上之整合，同時以達成對某一特殊現象較周延之解釋為目的。

二　犯罪理論整合之動力

　　犯罪理論整合之呼聲並非憑空而來，而係在一定背景、條件因素之激盪下而產生。一般而言，犯罪理論整合之動力可歸納為下列數點：

（一）理論競爭之替代

　　傳統理論間之競爭（Theory Competition），雖可印證理論對某一現象之詮釋力，但卻經常形成互相殘殺之局面，例如雪爾曼及勒克（Sherman and Berk）之家庭暴力研究提出對施虐丈夫之立即逮捕（即採威嚇觀點）有助於減少其暴力行為，而非標籤（Labelling）後之再犯效應[14]。此項研究，明顯的支持嚇阻之觀點，而不贊同標籤之觀點。艾利特等人（Elliott, et al.）特別指出，這些結果並不是非常確定的，而且許多實

[12] Margaret Farnworth, Theory Integration Versus Model Building, in Messner, S. F., M. D. Krohn, and A. E. Liska (Eds.), Theoretical Integration in the Study of Crime and Deviance: Problems and Prospects. Albany, NY: State University of New York Press, pp. 93-100.

[13] 同註11，第52頁。

[14] Lawrence W. Sherman and Richard A. Berk, "The Specific Deterrent Effects of Arrest for Domestic Assault," American Sociological Review, 49: 261-272, 1984.

證發現通常可以各類理論加以綜合詮釋[15]。此外，如認為對其理論之接受即意味著對競爭理論之駁斥，在學理上並不一定合邏輯。因此，為避免理論之互相殘殺，造成偏誤，故有倡導理論整合之呼聲出現。

（二）統計技術更新，增加詮釋能力

理論整合倡議者指出，將各理論之精華部分予以整合之後，透過多變項統計分析之技術，其詮釋力不僅增加，且將更趨於周延。例如，學者艾利特等人（Elliott, et al.）以美國全國青少年調查（National Youth Survey）之資料，檢驗各理論模式及整合理論模式之解釋力，發現整合模式（即連結緊張、社會控制與社會學習理論）對少年犯罪行為之詮釋力最高，R平方值達35%[16]。國內，許春金與楊士隆連結鉅觀社區結構變項及個人分析層級之解組變項，對台北市少年偏差行為進行多重層級評量，亦發現詮釋力（R平方值）由原先（社區解組變項為外因變項）的24%增加至48.9%[17]。艾利特因此指出，在犯罪之原因具有複雜多變之本質下，單一層面之原因論明顯的面臨許多侷限。相反的，理論或觀點之整合則提供較為具體、周延之解釋[18]。

三 犯罪理論整合之途徑（類型）

犯罪理論整合可以多種形式呈現。犯罪學學者Hirschi在1979年稍早曾指出，理論整合具有上下整合（Up-and-Down）、重點抽離（Side-by-Side）及前加後（End-to-End）三類型。上下整合型基本上係指，找出某一較具類推型（Generality）之主要理論概念層級，而將另一理論概念加以吸收、整合（類似大吃小）。重點抽離則係指找出理論間共通之部分

---

[15] D. S. Elliott, D. Huizinga, and S. S. Ageron, Explaining Delinquency and Drug Use. Beverly Hills: Sage, 1985.

[16] 同註15。

[17] 許春金、楊士隆，社區與少年偏差行為：社區解組犯罪理論之實證研究，警政學報第23期，中央警官學校警政研究所出版，民國82年8月。

[18] W. B. Groves and M. J. Lynch, "Reconciling Structural and Subjective Approaches to the Study of Crime," Journal of Research in Crime and Delinquency, 27: 301-319, 1990.

（如以人口基本特徵或解釋目的），適當的加以分類，並予抽離，形成目的一致之整合。前加後理論整合類型係指找出各理論之關鍵變項，並適當安置其因果次序，以做整合之詮釋而言[19]。根據麥斯那等人（Messner, Krohn, and Liska）之看法，此三類型可以分別應用至微觀（Micro）、鉅觀（Macro）及從鉅觀之跨越層級（Cross-level）[20]，而以九類型之整合形式呈現（詳表7-1）。

表 7-1 犯罪理論整合之類型

整合之原則	分析之層級		
	微觀 （Micro）	鉅觀 （Macro）	鉅微觀跨層 （Cross-level）
重點抽離或水平型（Side-by-Side）	1	2	3
前加後型（End-to-End）	4	5	6
上下整合型（Up-and-Down）	7	8	9

資料來源：Allen E. Liska, Marvin D. Krohn, and Steven F. Messner, Theoretical Integration in the Study of Deviance and Crime: Problems and Prospects, State University of New York Press, 1989, p. 6.

除前述Hirschi之分類外，學者Liska等人另指出犯罪理論整合亦可能以概念上之整合（Conceptual Integration）及命題之整合（Propositional Integration）形式呈現[21]。概念上之整合係指整合各犯罪理論間具共通意涵、概念之關鍵變項，將類似概念之變項予以吸收（Absorption）。例如，社會學習論之對犯罪有利或不利之定義（Definition Favorable or Unfavorable to Crime）、吸收控制理論之信仰（Belief）變項即為一例。命題之整合則係指從不同犯罪理論間依據其目的予以整合，而不論其基

---

[19] Travis Hirschi, "Separate and Unequal is Better," Journal of Research in Crime and Delinquency, 16: 34-38, 1979.

[20] 同註8。

[21] Allen E. Liska, Marvin D. Krohn, and Steven F. Messner, "Strategies and Requisites for Theoretical Integration in the Study of Crime and Deviance", in Messner, S. F., M. D. Krohn, and A. E. Liska (Eds.), Theoretical Integration in the Study of Crime and Deviance: Problems and Prospects. Albany, NY: State University of New York Press, 1989, pp. 1-19.

本主張如何。例如，無規範理論（Anomie Theory）及衝突理論（Conflict Theory）均可預測中下階層之高犯罪率而予以整合。此外，命題之整合亦可將各理論間之重要解釋變項以因果之形式予以安置排列。例如，由社會解組理論出發，詮釋家庭附著力之喪失進而影響及犯罪行為之發生即為一例。前述整合類型則可在層級間內（Within-level）（如僅止於微觀或鉅觀層級內）或以跨層級（Cross-level）之形式出現。

四　犯罪理論整合之範例

前已述及犯罪整合理論之類型，本部分進一步援引整合理論中較具代表性者供參考。

（一）艾利特之整合緊張、控制及學習理論

艾利特及其同僚於1985年間提出整合緊張、控制及學習之理論（如圖7-4所示）。他們之整合模式認為，少年在家庭與學校之緊張（憤怒與挫折），削弱了個人與傳統社會之連結，進而促使其與偏差行為同儕接觸，透過仿同學習增強，而走向偏差行為型態[22]。

艾利特之整合模式係屬命題整合（Propositional Integration）之類型，同時亦屬Hirschi所提出之前加後（End-to-End）整合類型。

(1)	(2)	(3)	(4)
緊張 （Strain）　→	降低傳統繫帶 （Weak Convention → Bonding）	增強少年犯罪同儕繫帶 （Strong Bonding to　→ Delinquent Peers）	少年犯罪行為 （Delinquent Behavior）
期望與實際、成就之差距、矛盾及其他家庭、學校生活之挫折與憤怒	家庭、學校附著奉獻、參與之轉弱	與少年犯罪同儕之接觸；少年犯罪行為之社會增強；同儕及少年之非行傾向	自陳報告犯罪行為

圖7-4　艾利特等人（1985）之少年犯罪整合理論

---

[22] 同註15。

（二）Colvin及Pauly之結構馬克思少年犯罪整合理論

1983年學者Colvin及Pauly整合了微觀層級之社會心理理論，而提出結構馬克思少年犯罪理論（詳圖7-5）[23]。

他們強調資本主義及伴隨之社會關係，促使人們對權威當局產生不同之態度。植基於在工作場所發現之社會控制類型，勞工將對權勢者產生尊敬，遵循其權威並且發展權威結構；或者其將發展出敵意與疏離之態度，愈強制之控制，疏離感愈大。

勞工在工作場所之經驗於家庭中重新複製，在部分少年與父母疏離程度高，產生敵意時，少年即可能在非法機會呈現下與同儕進一步接觸，而在其後影響到少年在學校及同儕團體之社會經驗。例如，同儕團體可能發展出其控制關係，透過其各類控制結構，而強化傳統或偏差行為。

明顯地，Colvin及Pauly之整合模式不僅屬前加後（End-to-End）之形式，同時跨越層級（Across Levels）連結了鉅觀與微觀之變項，將馬克思（激進派）理論落實至微觀個人偏差行為產生之解釋上。

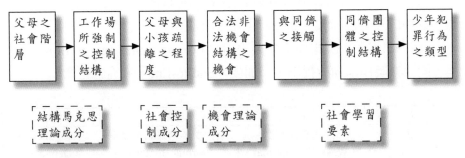

圖7-5 Colvin及Pauly（1983）結構馬克思少年犯罪整合理論

---

23 同註7，Colvin及Pauly。

（三）Hagan等之權力控制理論

加拿大犯罪學者Hagan等整合了衝突與社會控制理論，倡議其「權力控制理論」（Power-Control Theory），以詮釋女性犯罪及其他一般（Common）非法活動類型（詳圖7-6）[24]。此項屬整合型之理論強調，偏差及犯罪行為之發生與一個人之社會階層地位（Class Position）和家庭功能（Family Functions）有關。尤其父母之階層地位與工作經濟狀況更影響到子女之管教及未來之犯罪行為。例如，以父權為主之家庭（Patriarchal Families），父親負責生計，母親照顧子女之情境下，將促使母親對女孩之管教趨於嚴格，對男孩之管教趨於放任，並允許更多之自由。在此情況下，女孩由於受到諸多限制與管制，故其犯罪之可能性降低，男孩則提高犯罪之可能；相反的，在平權之家庭（Egalitarian Families），即母親與父親無論在工作或家庭中均享有平等之地位時，女孩即可能減少受父母之約束與管制，而可能衍生與男孩相同之犯罪行為。當然，女性犯罪更容易發生在破碎家庭，尤其是缺乏父親之單親家庭中。

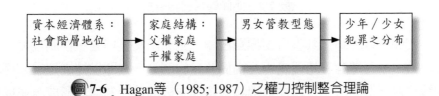

圖7-6　Hagan等（1985; 1987）之權力控制整合理論

（四）Braithwaite之明恥整合理論

澳大利亞犯罪學者Braithwaite於1989年提出之明恥整合理論（Reintegrative Shaming Theory）亦屬整合理論類型之一（詳圖7-7）[25]。

---

[24] John Hagan, A. R. Gillis, and John Simpson, "The Class Structure of Gender and Delinquency Toward a Power-Control Theory of Common Delinquent Behavior," American Journal of Sociology, 90: 1151-1178, 1985; John Hagan, J. Simpson, and A. R. Gillis, "Class in the Household: A Power-Control Theory of Gender and Delinquency," American Jouranl of Sociology, 92: 788-816, 1987.

[25] John Braithwaite, Crime, Shame, and Reintegration. Cambridge: Cambridge University Press, 1989.

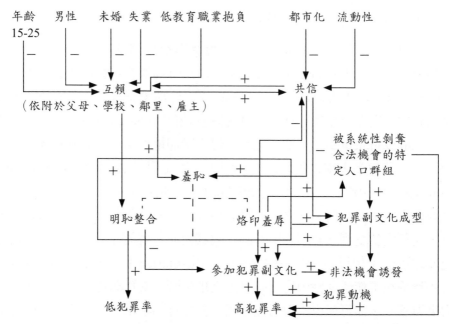

資料來源：Braithwaite, R. (1989), Crime, Shame, and Reintegration, p. 99；黃富源（民81：95）。

圖7-7　明恥整合理論模式

　　明恥整合理論，其整合了標籤理論、犯罪副文化理論、控制理論、機會理論、學習理論等諸理論中互補而共存的部分。亦即以控制理論來探討初級偏差行為的產生，以標籤理論來了解次級偏差行為何以形成，並以犯罪副文化理論說明次級偏差行為因何可以持續，再以其他理論加以補充說明、潤飾（黃富源，1992：95-98）。

　　無疑地，Braithwaite之明恥整合理論屬前加後（End-to-End）整合形式，亦屬命題整合（Propositional Integration）之一種。

五　犯罪理論整合之困境

　　犯罪理論整合不僅形成一學派，同時曾獲致許多實證上支持，但理論

整合本身仍面臨許多問題與挑戰，茲說明如後[26]：

（一）各犯罪理論間之基本主張與假設不相容

犯罪學學者Kornhauser在1978年稍早之論著中，曾指出傳統社會結構理論、社會控制理論及學習理論，具有獨特之基本假設與內涵（詳表7-2）[27]。這些不同理論模式之觀點，促使學者Hirschi指出各犯罪理論間是不相容的，他們原本被設計即互相排斥（Theory is incompatible, they are designed to be incompatible）。因此，分離是較好的（Separate is better），整合是不恰當，徒勞無功的[28]。

（二）整合理論透過多變項統計分析之試煉，將使部分犯罪理論之獨特解釋力消失

透過複迴歸因素分析等多變項統計技術，各理論變項對犯罪之不同影響雖可獲得，但卻也失卻原理論之特殊解釋目的，進而支持某特定理論變項，排除了部分理論之地位。犯罪學學者Hirschi指出，理論不應輕易被

表7-2 主要犯罪理論模式與主張

理論類型＼項目	緊張理論	控制理論	學習理論
人性主張	人性本善	人性自利	人性非善非惡
犯罪原因	社會結構功能失調產生之挫折與憤怒。	缺乏自我控制或個人與社會之繫帶轉弱，致個人由非法管道滿足欲求。	次級文化之社會化與學習，致其認為違反社會規範是正確的。
問題	為何人們偏離社會規範？	為何人們遵循社會規範不犯罪？	社會規範係如何學習而來？

資料來源：Brown, Esbensen, and Geis (1996: 360).

---

[26] Donald J. Shoemaker, Theories of Delinquency: An Examination of Explanations of Delinquent Behavior, Second Edition. Oxford University Press, 1990.

[27] Ruth R. Kornhauser, Social Sources of Delinquency. Chicago: University of Chicago Press, 1978.

[28] 同註19。

整合，應充分的發展，並且「漠視自己主張的弱點，頑固的抗辯到底」
（Blind to the weakness of their own position and stubborn in its defense）[29]。

（三）整合理論之代表性變項選擇不易，極可能遺漏重要者產生偏見

以差別接觸理論（Differential Association Theory）為例，其有九大命題，而控制理論（Control Theory）亦有社會鍵四大要素，假使再將緊張理論、生物、心理理論等再予整合納入，其操作變項數目將達數十個，欲測試此整合理論之效能，需有較大之樣本數，而自願之樣本並非唾手可得，研究人員勢必裁減變項數目，選擇較具代表性者，在選擇妥適變項之同時也因犯罪研究人員之見解與研究取向不同，極可能遴選出不同之代表性變項，因而呈現迥異之研究結果。

（四）整合理論之類推各犯罪類型能力面臨侷限

整合理論對於各犯罪類型之類推解釋力（Generalization）並非全是相同的。例如，學者Matsueda及Heimer之研究即指出，學習理論（如差別接觸理論）對於男性少年之詮釋比社會控制理論佳，尤其對父母與同儕之附著透過「違反法律有利之學習」——差別接觸理論之核心項目，而與少年犯罪間接發生相關[30]。同時，該研究復對其次樣本黑人與非黑人少年犯進行調查發現，破碎家庭對黑人少年犯罪之影響超過非黑人少年犯，因此在其次樣本研究中則對社會控制理論提供更多之支持。由於獨特之犯罪理論很難平等、妥適的應用至每一少年犯罪類型，因此整合理論對所有犯罪類型之類推能力亦面臨相同之困境。

---

[29]　Travis Hirschi, "Exploring Alternatives to Integrated Theory," 1979, pp. 37-49. in Messner, S. F., M. D. Krohn, and A. E. Liska (Eds.), Theoretical Integration in the Study of Crime and Deviance: Problems and Prospects. Albany, NY: State University of New York Press, 1989.

[30]　Ross L. Matsueda and Karen Heimer, "Race, Family Structure, and Delinquency," American Sociological Review, 52: 826-840, 1987.

（五）整合理論仍侷限於對某一犯罪類型之解釋

　　整合理論雖然彙整了許多犯罪理論之精華，但仍然侷限於對某一犯罪類型之解釋，無法普遍應用至各犯罪類型之解釋。例如，學者Elliott等人以緊張理論、不適之社會化及社會解組為先驅變項，認為其影響及個人對傳統社會規範之連結繫帶，進而可能與不良友伴接觸，而促成犯罪行為之發生[31]。其對美國1,700名11歲至17歲之少年進行調查，並分別於1977年及1979年分三次進行訪談調查。研究結果發現，該整合理論模式非常適合詮釋少年犯罪現象，尤其對少年吸食大麻之詮釋力更高達59%。然值得注意的是，其對少年吸食較嚴重毒品（Hard Drug）之詮釋力卻降至29～34%。

（六）犯罪理論整合之方向

　　在理論之建立上，整合理論面臨部分質疑，但仍有許多學者認為理論整合本身仍具有許多優點，而嘗試理論整合之工作。回顧文獻，理論整合可往下列方向邁進[32]：

1.概念上之整合

　　由於命題之整合（Propositional Integration）面臨不少困難，故部分學者認為理論整合可從概念之整合（Conceptual Integration）開始。概念之整合如同前述，部分理論之變項概念或名稱雖有不同，但理論之意涵及衡量之操作可能係相似的[33]。Akers即特別強調許多理論之變項概念，基本上與社會學習理論變項之概念是相等的，而可由其加以吸收[34]。例如，社會鍵理論之信仰（Belief）變項概念與社會學習理論對犯罪有利或不利之定義（Definition）變項概念是相似的，而緊張理論之機會的阻斷

---

[31]　同註15。

[32]　同註21。

[33]　同註7，Pearson及Weiner。

[34]　Ronald L. Akers, "A Social Behaviorist's Perspective on Integration of Theories of Crime and Deviance," in Messner, S. F., M. D. Krohn, and A. E. Liska (Eds.), Theoretical Integration in the Study of Crime and Deviance: Problems and Prospects. Albany, NY: State University of New York Press, 1989, pp. 23-26.

（Blocked Opportunity）及社會鍵理論中之奉獻（Commitment）變項相通概念，亦與社會學習理論中差別增強（Differential Reinforcement）變項相通。

另外，社會鍵理論之與家庭學校同儕附著（Attachment）亦與社會學習理論中接觸之強度（Intensity）及仿同（Imitation）變項意涵相近，可由其予以吸收，進行理論整合之嘗試。

2.理論之精心敘述與發展

各犯罪理論間由於基本假設與內涵不盡相同，甚至產生互斥現象，因此部分學者強調，以理論精心敘述與發展（Theoretical Elaboration）之策略，即對現存犯罪理論加以充實改進、充分發展，以取代整合理論之做法[35]。這些學者認為許多現存之犯罪理論並未充分發展，因此學者最好投資時間與精力發展之，而非尋求整合。茲以犯罪學學者Thornberry之對控制理論之精心敘述與發展建議說明其具體修正方向[36]。

首先，對控制理論Elaboration分析，我們可以檢視社會鍵變項的來源作為起點，而不用從社會鍵出發。亦即社會鍵要素（如附著於傳統活動、奉獻於學校活動、參與有益身心活動及信仰傳統規範），可能與某些先行測試變項（Antecedent Test Variable），例如：家庭結構、社會階層、社經地位、性別及人種等，發生極大的相關。因此此類先行測試變項，必須加以敘述解說，我們可以檢試社會鍵變弱時所產生之結果。換言之，四個社會鍵要素是否如赫西宣稱對犯罪有直接的影響力，或者是否有其他中介變項（Intervening Variables），例如偏差同儕團體（Delinquent Peers），可對犯罪原因做進一步之了解與澄清（詳圖7-8）。最後，我們亦可對控制理論之單一方向迴歸因果模式（Recursive Causal Model）加以檢視。事實上，最近之研究指出，如果要對於少年犯罪更深入了解，就必須檢視社會鍵要素對少年犯罪之影響及少年犯罪本身對社會鍵維繫之衝擊。在此精心詳述發展過程中，明顯的無須觸及對犯罪來源與基本假設之爭議，而充分的發展原理論模式。

---

35 同註11及28。
36 同註11。

先行變項 （**Antecedent Variable**） 性別（Gender） 年齡（Age） 社經地位（SES） 人種（Race）	→ 	附著（Attachment）→ 奉獻（Commitment）→ 參與（Involvement）→ 信仰（Belief）→	中介變項 （**Intervening Varaible**） →偏差同儕團體 （Delinquent Peers） →犯罪（Delinquency）

圖7-8 精心敘述與發展模式修正赫西控制理論之因果模式

三 小型或中型層級整合

　　犯罪理論整合或因理論間之基本假設主張迥異，而呈現不相容（Incompatible）情形，但部分學者卻認為理論間之部分命題或變項概念仍可互相援引借用，雖然理論之基本主張並不盡然皆相同。換句話說，犯罪理論之整合仍可選擇適切變項，進行所謂小型或中型層級之整合（Small or Middle Range Integration）工作。Cloward及Ohlin之修正、整合Merton之亂迷理論（Anomie）即屬本案之範例。他們借用了Merton之緊張、亂迷概念及Sutherland之犯罪副文化學習概念（兩者之基本主張係不相容的），構成其差別接觸機會理論（Differential Opportunity Theory），又稱緊張副文化理論（Strain Subculture Theory）[37]。此項努力顯然至為成功，其對於周延詮釋少年犯罪之成因，貢獻至鉅。

　　另外，學者Bursik亦從整合政治決策過程（Political Decision Making）（衝突之觀點）及犯罪區位理論（共識之觀點），說明其詮釋犯罪之理論模式[38]。Bursik強調，犯罪係由人口之不穩定性（Population Instability）所促成，而此乃國家及經濟選擇過程之政治決策結果，其整合之努力基本上係屬中型層級之整合。

---

[37] Richard A. Cloward and Lloyd E. Ohlin, Delinquency and Opportunity. New York, NY: The Free Press, 1960.

[38] Robert J. Bursik, "Political Decisionmaking and Ecological Models of Delinquency: Conflict and Consensus," in Messner, S. F., M. D. Krohn, and A. E. Liska (Eds.), Theoretical Integration in the Study of Crime and Deviance: Problems and Prospects. Albany, NY: State University of New York Press, 1989, pp. 105-117.

四　小　結

　　犯罪理論整合為近十年的犯罪理論建立與發展之重要動向，尤其在理論彼此互相競爭、殘殺及部分理論之詮釋力呈現侷限之際，理論整合之策略，提供了理論建立與發展之一個新的思考與運作方向。

　　在嘗試整合之過程中，犯罪理論整合面臨諸多挑戰，諸如理論基本假設相左、邏輯不一致，解釋目的迥異及整合本身根本是大雜燴等質疑與責難相繼而來。惟倡議者仍堅信透過概念之整合，對理論之精心敘述與發展或由理論間妥適之引介，形成小型或中型層級之整合，仍為犯罪整合理論之發展，提供了新方向。

　　無論未來理論整合之動向為何，誠如學者Liska等人所述，促其在主張上符合邏輯之一致性（Logical Coherence of the Statements），強化解釋與預測能力，並拋開傳統理論之侷限，開啟嶄新研究議題，厥為犯罪理論整合成功之關鍵[39]。

第三節　時間發展的理論

　　近年來在犯罪研究領域中，學者逐漸重視犯罪生涯（Criminal Career）發展與形成歷程之研究，並且累積許多豐碩成果。根據學者們之見解，此類研究對於深入了解行為人從事偏差行為之肇始、形成歷程與持續，甚至少數發展成嚴重之常習犯具有相當程度之貢獻。此項發展逐步形成所謂「時間發展的理論」（Developmental Theories）。根據Siegel之引介，此項理論觀點主要在於嘗試辨別、描述和了解能夠用來解釋犯罪行為開始（On Set）與持續（Continuation）之相關發展因素，而非侷限於某一單一因素，如貧窮或低智商。同時，此項理論亦認為人們倘擁有這些特質，未來傾向於犯罪之可能性大增。此類理論通常會把以下許多因素之相

39　同註21。

互關聯性用來解釋複雜之人類行為。這些因素包括人格及智慧等「個人」因素，收入與鄰里之「社會」因素，婚姻與兵役等「社會化」因素，資訊處理、注意力等「認知」因素及犯罪機會、有效監控、逮捕風險等「情境因素」。

此類理論並非只關注人們為什麼犯罪之單純問題，而是為什麼有些人持續犯罪，而有些人在成年後停止或改變他們的犯罪行為等更複雜的問題。為什麼有些人持續升高他們的犯罪行為，而有些人則減緩或改變他們的行為型態？是否所有犯罪人的犯罪型態都類似？或是他們的型態和路徑亦有所不同？此類學者想了解的不只是人們如何進入犯罪生活型態，同時一旦犯罪後，為什麼他們能夠改變他們的犯罪行為型態[40]。

前述理論隱約可區分為生活週期（Life Course）及潛伏特質（Latent Trait）兩大觀點。茲援引Siegel與Senna[41]及Siegel[42]彙整之文獻，並參酌其他研究心得，將前述理論研究之發展摘要敘述如下：

一 生活週期觀點

犯罪如何肇始與持續？此派認為影響犯罪之發生包括多重之社會、個人、經濟因素等，而這些因素隨著行為人成長而發生變化，偏差與犯行亦跟著改變。例如，美國紐約州立大學Thornberry教授指出，在少年初（早）期，健全的家庭是促始少年與傳統社會連結（Bonding）之最重要因素。當少年走向少年中期時，友伴、學校及次文化團體成為影響少年行為之重要變項。而當少年進入成年期時，傳統活動以及家庭之奉獻等，對於個人與社會繫帶之影響則產生重要之影響[43]。茲分述如下：

40　Larry J. Siegel, Criminology, Ninth Edition, Thompson and Wadsworth, 2006, p. 288.

41　Larry J. Siegel and Joseph Senna, Juvenile Delinquency, Sixth Edition. West Publishing Co., 1997: 65-77.

42　Larry J. Siegel, Criminology, Ninth Edition, Thompson and Wadsworth, 2006: 287-327.

43　T. P. Thornberry. "Toward an Interaction Theory of Delinquency," Criminology, 25, 1987: 863-891.

（一）相關研究及其發展

1.Glueck夫婦之拓荒研究

1930年代美國哈佛大學Sheldon Glueck及Eleanor Glueck[44]夫婦為犯罪少年生涯生活週期之拓荒研究，其進行一系列之追蹤研究，嘗試確定預測犯罪少年持續犯行之重要因素。Glueck夫婦在《少年犯罪闡明》（*Unraveling Juvenile Delinquency*）一書中，其配對500名犯罪少年與500名非犯罪少年，進行比較研究以預測反社會行為之個人因素。其研究特別聚焦於犯罪生涯之早期肇始，發現兒童時期之適應不良行為與成人期之適應密切相關。換句話說，兒少早期之徵候為犯罪生涯之孕育港口。此外，Glueck夫婦亦發現犯罪生涯具有穩定性，在早期呈現反社會行為者，罪犯可能持續其犯罪生涯至成年期。Glueck夫婦之研究兼重視生物、心理、社會各層面之因素，其中發現少年智力較低、具心智缺陷背景與鬥士體型者，最容易形成持續犯罪者（Persistent Offenders）。而家庭關係不良、父母教養品質低劣、與父母情感之繫帶薄弱之少年，如在經濟情況惡劣之單親家庭中成長，並且有低學業成就之情形，最容易陷入犯罪。Glueck夫婦之拓荒研究，為少年犯罪生活週期研究奠立良好之基礎。

2.早期問題行為徵候研究

在犯罪生活週期相關研究中，研究並發現犯罪行為可能是所有「問題行為徵候」（Problem Behavior Syndrome, PBS）之一部分，這些行為包括許多非傳統之非行之雜聚，包括：早期性經驗、性雜交、抽菸、酗酒、學業適應不良、未婚懷孕、偷竊、瘋狂冒險行為等[45]。學者Farrington及Loeber之研究曾發現，許多問題行為徵候與自陳報告非行及官方統計具有密切關聯，其曾比較Loeber之匹茲堡研究，發現兩者間具有共通性[46]。

---

[44] Sheldon Glueck, and Eleanor Glueck, Unraveling Juvenile Delinquency. Cambridge, MA: Harvard University Press, 1950.

[45] Richard Jessor, John Donovan, and Francis Costa, Beyond Adolescence: Problem Behavior and Young Adult Development. New York: Cambridge University Press, 1991.

[46] David Farrington, and Leober Rolf, Transatlantic Replicability of Risk Factors in the Development of Delinquency, Paper presented at the American Society of Criminology meeting, Boston, Mass, 1995.

問題行為聚集一起者包括家庭相關問題，如：管教的衝突、家庭人口過多、低收入、破碎家庭等。個人層級問題行為包括：注意力不集中、過度活躍、衝動性。比較不同之時間（1960及1990年代）、地點（匹茲堡及倫敦）發現，問題行為徵候具普遍性[47]。筆者在從事少年殺人研究時，以回溯的方式調查台灣地區75名少年殺人犯過去之偏差與犯罪行為，發現其中以無照駕車（占92%）、抽菸（88%）、深夜在外遊蕩（82%）、觀賞暴力影片（80%）、吃檳榔（80%）、與人口角爭執（72%）、進出聲色場所（60%）、與他人打架（58%）、飲酒過量（56%）、頂撞師長（54%）、攜帶刀械或其他危險物品（50%）、打賭博電動玩具（50%）等所占比例較高[48]。

3.朝向犯罪之路徑研究

　　部分生活週期之學者認為，進入犯罪生涯可能存有不同之路徑，而非單一路徑。Loeber及其同事分析匹茲堡（Pittsburgh）同生群少年追蹤研究之資料時，曾發現以下三類少年之犯罪路徑朝向：

(1)權威衝突路徑

　　權威衝突路徑（The Authority Conflict Pathway）：此項路徑在少年較年少時即伴隨頑固行為（Stubborn Behavior）出現，進而藐視他人（以自己之方式做事、拒絕別人要求、不服從），進而逃避權威（Authority Avoidance）（很晚回家、逃學、逃家）。對父母不在意及逃避權威之結果，導引更嚴重之犯行，包括藥物濫用等。

(2)內隱之路徑

　　內隱之路徑（The Covert Path）：此項路徑從較輕微之行為開始（如說謊、順手牽羊）導致對財物之損害（縱火、破壞財物），而最終提升至更嚴重之少年犯罪型態，如：偷竊、支票／信用卡詐欺、偷車、買賣毒品及非法入侵等。

47　同前註。
48　楊士隆，青少年殺人犯罪問題與防治對策，法學叢刊第44卷第4期，法學叢刊雜誌社印行，民國88年。

(3)外顯之路徑

外顯之路徑（The Overt Path）：此項路徑係從騷擾、欺凌他人等行為開始提升，進而導引至具暴力性質（包括對個人之攻擊、刀械武裝）之肢體衝突（如打架、幫派鬥毆）[49]。

Loeber指出，前述任一路徑均將促使少年持續犯罪行為型態，許多甚至進入二以上之路徑，這些多重路徑少年係非常頑固、經常對老師及父母說謊，並且欺凌他人，屢有偷竊行為，而走向更嚴重之犯罪行為型態[50]。除Loeber之研究發現外，少年犯罪防治實務工作亦顯示，部分少年因好奇心而吸毒，之後因缺錢購買毒品而有對父母及他人偷竊之行為出現，進而提升至販賣毒品之行動，呈現單一路徑。當然亦有少年因父母本身即屬偏差或犯罪行為團體，如經營應召站、賭場等，在耳濡目染情況下而自然涵化成偏差行為價值觀與行為型態，顯然此類路徑與前述截然不同。

4.從少年非行至成人犯罪之研究

倡議犯罪生活週期觀點之學者嘗試記錄持續犯罪者之犯罪生涯，以便確認促成犯罪與減少犯罪之相關因素。此派學者認為少年呈現非行與犯罪生涯間具有密切關聯，即形成所謂Delinquent-criminal Career Patterns。亦即，早期之偏差行為預測未來之犯罪行為；犯罪基本上呈現其持續性（少年犯最有可能成為成年犯）；而常習犯觸犯了大部分的犯罪。

在此項觀點上，美國賓州大學Wolfgang、Figlio及Sellin等教授以縱貫型追蹤研究方式，深入了解少年成長期間觸犯嚴重罪行之成因與重要相關因素最具影響力。Wolfgang等曾對1945年出生之9,945名青少年追蹤至18歲止，統計發現占所有樣本數6%、累犯5次以上之所謂「常習犯」（Chronic Offender），或稱「核心犯罪者」（Hard-core Criminal）卻觸犯51.9%之所有罪行[51]。此外，Wolfgang、Thornberry及Figlio在追蹤原來

---

[49] Rolf Loeber, et.al., "Developmental Pathways in Disruptive Child Behavior," Development and Psychopathology 5, 1993: 103-133.

[50] 同前註。

[51] Marvin, Wolfgang, E., Robert Figlio, and Thornsten Sellin, Delinquency in a Birth Cohort. Chicago: University of Chicago, 1972.

樣本之10%至30歲為止（總計974位），進一步發現成年後之「持續性犯罪者」（Persistent Offender）有70%來自原來的少年常習犯；少年時期無犯罪紀錄者，成年後只有18%的犯罪可能性；少年犯有80%的可能性成為成年犯：並有50%可能於成年後被逮捕4～5次；「常習少年犯」的犯行占全部逮捕次數之74%和嚴重暴力罪行（如殺人、強姦、搶劫）的82%。其研究明確指出，「常習少年犯」長大後大多仍持續其犯行，同時犯罪的嚴重性也隨著年齡的成長而大增[52]。除Wolfgang等對1945年出生之9,945名青少年追蹤至18歲之研究外，其為進一步了解往後同生群少年之行為是否有變化，因此其與Paul Tracy及Robert Figlio重新選擇另一較大樣本之同生群進行研究[53]，其係出生於1958年之費城少年總計27,160名，追蹤至18歲止，其中13,160名係男性少年，14,000名係女性少年。研究發現在男性樣本中，常習犯罪少年（被逮捕4～5次者）占樣本之7.5%（1945年則占6.3%），此982名常習少年犯總計有9,240次遭逮捕紀錄（全部之61%）。他們同時觸犯了高比例之各類犯行，包括61%之殺人、76%之性侵害行為、73%之搶劫及65%之攻擊行為。在女性少年犯罪樣本中，則發現約7%（147名少女）可歸類為常習累犯（Chronic Recidivists）。在此新的同生群樣本中（1958年出生），確立了常習犯之徵候仍然存在於小於13歲之樣本中（1945年），同時其犯罪行為更形暴力。

此外，除Wolfgang等之研究發表「從孩童至成年人，從非行至犯罪」（from boy to man, from delinquency to crime）具有實質影響外，英國劍橋大學Farrington教授從事之縱貫型追蹤研究，亦提供了另一最佳佐證。Farrington教授追蹤411名於1953年倫敦出生之同生群少年，以自陳報告非行資料，深度訪談及心理測驗方式，在24年中訪談8次，從8歲開始至32歲為止。Farrington發現持續犯罪者之特質在8歲即可察覺，其大多數出生於功能不健全之家庭，並在8歲左右即有不誠實及攻擊等反社會行為出現。

52　M. E., Wolfgang, T. P. Thornberry, and R. M. Figlio, From Boy to Man, From Delinquency to Crime. Chicago: University of Chicago Press, 1987.

53　Paul Tracy, Marvin Wolfgang and Robert Figlio, Delinquency in Two Birth Cohort, Executive Summary. Washington D. C.: U. S. Department of Justice, 1995.

在18歲左右離開學校後工作欠缺穩定，甚至失業，且經常從事各類偏差與犯罪行為。在走向32歲期間，多數積欠許多債務，並獨自居住於髒亂的環境裡。Farrington之研究證實常習犯之存在、犯罪行為之持續性，及偏差行為之早期肇始，將導引持續性之少年犯罪行為[54]。

二 生活週期相關理論

（一）Thornberry之互動理論

學者Thornberry於1987年提出互動理論（Interaction Theory of Delinquency）為生活週期相關理論之代表。Thornberry指出，當代之犯罪理論具有下列三大缺失[55]：

1. 具單一方向因果結構之犯罪理論對於犯罪之詮釋過於呆板，缺乏動態描述。
2. 傳統之犯罪理論並未能檢視少年成長之可能變化，即成長中不同階段行為之呈現。
3. 傳統之犯罪理論並未能將少年發展過程之概念，適當的與其在社會結構中的角色相連結。

互動犯罪理論即針對前述之弱點而加以改進、測試發展而言。基本上，互動犯罪理論認為犯罪行為之發生乃個人與傳統社會連結變弱之結果，並且在互動之團體中經由增強與學習而來，更重要的是這些連結與學習變項和犯罪行為發生交互影響（Reciprocally Related），並伴隨一個人成長生涯而行，而有不同階段之偏差行為與犯罪呈現。

Thornberry進一步說明互動犯罪理論之內涵如後：

促使少年犯罪之首要驅力為與傳統社會之連結繫帶削弱之結果，這些

---

54 David Farrington, "The Development of Offending and Antisocial Behavior from Childhood to Adulthood," Paper presented at the Congress on Rethinking Delinquency, University of Minho, Braga, Portugal, July, 1992.

55 T. P. Thornberry, "Toward an Interaction Theory of Delinquency," Criminology, 25, 1987: 863-891. 另參閱蔡德輝、楊士隆著，少年犯罪理論與實務，五南圖書出版公司，民國92年9月，第141～145頁。

連結繫帶包括與父母之附著程度（Attachment to Parents）、就學之奉獻專注（Commitment to School）及對傳統價值之信仰（Belief in Conventional Value）。一旦這些傳統繫帶被削弱時，個人從事偏差行為之可能性即大增。

對於偏差行為或犯罪行為之進一步發展，乃須要一強化少年犯罪之團體為中間媒介，俾以促使犯罪行為進一步學習與強化。此團體係由下列二個變項，與非行少年同輩之接觸（Associations with Delinquent Peers）及少年偏差行為價值觀念之接觸（Associations with Delinquent Values）所呈現。伴隨著偏差與犯罪行為本身，形成交互影響之環節，並隨著時間演化而導致偏差與犯罪行為之發生。

更進一步的，互動之過程伴隨著個人之生活週期而發展，而重要之變項亦隨著個人的年齡不同而有差異之呈現。在少年初（早）期，家庭是促使少年與傳統社會連結（Bonding）之最重要因素，並為減少犯罪之關鍵。當少年隨著歲月成長而趨於成熟，走向少年中期時，友伴、學校以及少年次級文化乃成為影響少年行為之重要參考變項。最後，當少年進入成年期時，嶄新之變項，尤其是傳統活動以及家庭之奉獻（Commitment）等，對於個人與社會繫帶之影響更具效能。

值得注意的是，互動犯罪理論進一步指出，這些過程變項相當有系統的與個人在整體社會結構中之地位互相關聯。包括社會階層（Social Class）、少數團體之地位（Minority Group Status）及居住鄰里之解組（Social Disorganization of the Neighborhood of Residence）等不僅影響互動變項之最初表現，同時影響及行為之運行軌道。少年從最具劣勢之背景環境中，開始其與傳統社會連結最低之生活歷程，並且與犯罪之世界初步接觸。同時，在互動之過程中增加了其持續參與犯罪生涯之機會。相反地，來自中上層社會家庭之少年則進入順從社會規範之軌道，並遠離犯罪。

但是，根據Thornberry之看法，無論行為之肇始或最後之結果如何，互動犯罪理論最重要觀點之一，為其主張互動之因果過程並伴隨個人之生涯而發展，而犯罪行為是此過程中重要之一部分；其不僅影響及社會鍵以及學習變項，同時亦受這些重要變項之影響。不同階段之少年犯罪行為之

互動模式，如Thornberry在美國Rochester Youth之縱貫型研究中初步證實
少年犯互動理論之觀點，其發現少年犯罪原因比吾人想像中來得複雜，不
僅與家庭及學校繫帶之削弱導致少年犯罪，這些犯罪行為亦進一步的削弱
其與家庭、學校之繫帶強度，而形成走向犯罪型態之行為軌道[56]。

（二）Sampson及Laub之逐級年齡理論

　　1993年學者如Siegel之引介[57]，假使有各種的路徑通往犯罪及偏差行
為，那麼有無任何特質可引導這些人認同社會規範呢？1993年，Robert
Sampson及John Laub的《犯罪的形成》（*Crime in the Making*）一書中，
提出犯罪生涯轉捩點（Turning Points）的觀念。Sampson及Laub發現穩
定的偏差行為會被後來生涯中發生的事件所影響，甚至影響後來之犯罪
生涯。他們同意正式及非正式社會控制限制一個人的犯罪性，認為犯罪
發生在生涯初期並會持續到整個人生生涯。但是他們不同意的是，犯罪
惡性在生涯初期形成後，終其一生難以改變的看法。為此，Sampson及
Laub運用現代高等統計方法，重新分析40年前由Glueck夫婦儲存於美國
哈佛大學法學院圖書館地下空中之資料，支持前述發展理論之看法，
並發展為「逐級年齡理論」（Age-Graded Theory）。其指出低自制力
（Low Self-Control）雖可詮釋偏差行為，但在生涯中，家庭、學校、職
業、婚姻等「非正式社會控制」（Informal Social Control）機制，對於少
年未來偏差與犯罪行為之衍生與否卻具關鍵之阻絕影響。而其中婚姻與
事業生涯（Marriage and Career）此兩個重要之生涯「轉折點」（Turning
Points），將使得犯罪之發生機率降低（詳如圖7-9）。根據Sampson及
Laub之說法，此二支撐之力量有助於提升個人與機構間建立正向關係，
形成有形之「社會資產」（Social Capital），而強化守法行為，抑制犯罪
行為之發生。其指出良好之婚姻，將改進個人之形象與自我價值感，而他

---

[56] T. P. Thornberry, A. J. Lizotte, M. D. Krohn, M. Farnworth, and S. J. Jang, "Testing Interactional Theory: An Examination of Reciprocal Causal Relationships Among Family, School, and Delinquency," Journal of Criminal Law and Criminology, 82, 1991: 3-35.

[57] 同註41，第303頁。並參閱Robert Sampson and John Laub, Crime in the Making. Cambridge, MA: Harvard University Press, 1993, pp. 244-245。

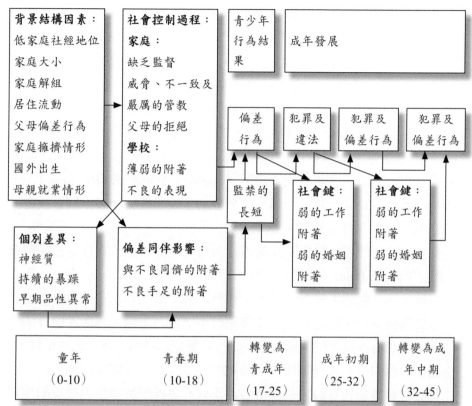

資料來源：Sampson, Robert and John Laub, Crime in the Making: Pathways and Turning Points Through Life. Cambridge, MA: Harvard University Press, 1993, pp. 244-245.

圖 7-9　Sampson與Laub的逐級年齡理論

人亦較願意與其交往並參與投資。同樣地，一個人倘有穩定之事業，其怎會去犯罪？而就業與職業狀況惡劣或欠缺穩定，顯然提升其從事犯罪行為之動機。

　　此外，值得一提的是，根據王伯頎之撰述[58]，Sampson及Laub在1993年發表前述「逐級年齡理論」之後，他們認為需被修正，以便能解釋一個人在不同生命階段持續犯罪或終止犯罪的原因，並解釋有相似起點的人，

58　王伯頎，犯罪少年生活歷程及思考型態之研究，國立中正大學犯罪防治研究所博士論文，民國94年7月，第50～51頁。

確有不同的生命史（如有的持續犯罪，有的停止犯罪）的原因。如在犯罪學上有關犯罪行為開始的研究，一般均認為始自兒時或是青少年時期。雖然少年犯罪的開始情形都大同小異，大多存在諸如：放牛班（Special Class）、抽菸、逃學、說謊、偷竊等現象。來自不同的兒時環境，自然有不同的後來發展。但如果具有相似的成長背景（如成長地區、不好的居住環境、困境的家庭與學校生活、矯正學校犯罪少年經歷等）時，我們會想知道是何原因導致他們未來成長歷程的不同？這便是《相同開始不同生命歷程：從青少年到七十歲》（*Shared Beginnings, Divergent Lives: Delinquent Boys to Age 70*）一書的主要立論基礎。故於2003年發表該書，試圖再行修正原有理論架構，主要論點如下：

1. 有些生活事件可改變犯罪及偏差行為的可能性，非正式社會控制轉捩點（Turning Point），如：家庭（配偶）、學校、職業（就業）、服役與婚姻等，對個人是否會從事犯罪有影響，這些非正式社會控制上的重要轉捩點會導致犯罪者，突破原有不法作為藩籬，轉而走向守法途徑，進而論述社會控制和自我控制可影響犯罪及偏差行為的可能性。

2. 兒童時期的反社會行為和少年時期的偏差行為，至成年時期的犯罪，其連結點為弱社會鍵，社會鍵之非正式社會控制影響作用會反映出犯罪者不良行為的嚴重或減弱趨勢，進而論述強調社會鍵的品質，非生命事件的發生或時間之生命史論點。

　　經由上述，在1993年的理論將「工作」（Work）和「婚姻與家庭」（Marriage and Family），即成人時期的家庭、婚姻和就業狀況可以解釋成人犯罪狀況之改變。到了2003年，除上述兩因素外，又加入了「從軍」（Military Service）、司法系統的影響（Justice System Involvement），如刑事司法系統中人員對個案的處罰經驗，以及加入了個人因素意志力（Agency）的因素，如贖罪心態。還有所處在的暴力和環境背景（the Situational Context of Crime and Violence）與歷史背景（Historical Context），如經濟大恐慌、二次大戰期間的因素變化，諸如：早婚、早產、缺乏教育與地理上遷徙等問題。其試圖加強和擴張該理論的解釋力，即以正式社會控制力和非正式社會控制力來說明犯罪持續或停止的原因。

三　潛伏特質觀點

除前述觀點外，另一觀點認為犯罪少年在出生時及以後具有一犯罪之特質徵候（潛伏特質）（Latent Traits），此項特質在早期即已建立，並且隨著時間而穩定不變。學者艾秋宏在稍早提及之潛伏性偏差行為（Latent Delinquency）概念及晚近Wilson、Hermstein、Gottfredson與Hirschi主張之犯罪者具我行我素特質與低度控制力（Low Self-Control），較具代表性。此類特質傾向具持續性，與前述生活週期觀點強調少年成長階段不同犯罪之原因（含參與時間、頻率、持續性），顯著不同。

（一）相關研究及發展

1.潛伏特質之研究

艾秋宏在研究偏差行為少年後指出，單僅環境因素並無法適當的詮釋犯罪現象；相反地，他發現個體具有某些潛在特質（傾向）（Predisposition），稱之為「潛伏性偏差行為」（Latent Delinquency），為促使少年走向未來犯罪生涯之重要關鍵[59]。「潛伏性偏差行為」泰半係天生的，惟亦可能係由小孩早期發展之情感關係所決定。艾秋宏認為在小孩初與社會接觸時，會顯現非社會（Asocial）之態度。換句話說，小孩子以追求快樂為最高指導原則，僅關心其生活舒適與否，隨著社會化之過程，小孩慢慢依據現實原則而遵循社會規範。然而，艾秋宏指出，部分小孩在社會化之過程中迷失了自我，而允許「潛伏性之偏差行為」成為生活型態主流，犯罪行為即是心理發展過程失敗之結果，促使潛在之偏差行為駕馭了正常行為[60]。

2.犯罪與人類本性研究

1985年學者James Q. Wilson與Richard Herrnstein出版《犯罪與人性本

---

[59] A. Aichorn. (1955), Wayward Youth (trans). New York: Meridian Books (original works published in 1925).

[60] 引自楊士隆著，犯罪心理學，五南圖書出版公司，民國107年，第37頁。

質》（*Crime and Human Nature*）一書，激勵了潛伏特質理論的倡議者。在這本書中提到人性本質理論，主張個人的特質，如：遺傳因子、智商、身體構造等，均是預測個人是否從事犯罪行為的重要變項[61]。

根據Wilson與Herrnstein的說法，人類的行為，包括犯罪行為，都是其「感受的結果」（Perceived Consequences）。而所謂犯罪行為的衍生，係指當個體在衡量合法與犯罪行為可獲得的利益後所選擇的行為，當犯罪後所得的酬償遠遠高於合法行為所得的酬償時，個體從事犯罪行為的傾向將大增[62]。

Wilson和Herrnstein假設生物及心理兩種特質均會影響犯罪與非犯罪行為的選擇。他們發現個體行為決定從事犯罪的機制與生物因素（如低智商、奇異的身體構造、犯罪基因、自主神經系統）及某些心理特質（如衝動性、敵意）存有密切的關聯（Close Link），將決定個體從事犯罪行為之潛能。

由於犯罪與生理結構、心理特質間的可能關聯性，其提出顯著的潛伏特質將會迫使個體趨向於從事犯罪行為的觀念。

（二）相關理論研究

1.Gottfredson與Hirschi之一般性犯罪理論（低自我控制理論）

美國犯罪學者Gottfredson與Hirschi於1990年結合古典犯罪學和實證犯罪學之觀點，提出「一般性犯罪理論」（A General Theory of Crime），嘗試對犯罪類型（含對少年犯罪與偏差行為）進行詮釋[63]。

基本上，一般性犯罪理論係將目前少年犯罪研究中之犯罪因素，推及家庭生活週期之趨勢的一部分[64]。換言之，一般性犯罪理論與犯罪學者雪爾頓及葛魯克、瑪克等所強調之概念相類似；同時，亦與學者威爾遜及赫

---

[61] James Q. Wilson and Richard Herrnstein, Crime and Human Nature. New York: Simon and Schuster, 1985.

[62] 同前註。

[63] Micgael Gottfredson and Travis Hirschi, A General Theory of Crime. Stanford, CA: Stanford University Press, 1990.

[64] McCord, Joan, "Family Relationship, Juvenile Delinquency, and Adult Criminality," Criminology, 29, 1991: 397-417，及同註56。

斯坦強調之犯罪生物因素有異曲同工之妙。然而，蓋佛森與赫西並不提出解釋犯罪與偏差行為之生物與遺傳因素之主張。相反地，他們將重點置於少年初兒期在家庭內早期社會化過程。此早期社會化過程之不當，將影響少年低度自我控制（Low Self-Control），而為犯罪與偏差行為之主因。

　　此項理論強調犯罪原因，乃在少年早期社會化過程，明顯地與犯罪學學者蘇哲蘭（Sutherland）不同接觸（Differatial Association）理論之犯罪原因解釋不同。此外，蓋佛森與赫西強調低度自我控制之持續性特質，與犯罪生涯觀點（Criminal Career Perspective）強調少年成長階段不同犯罪原因（含參與時間、頻率、持續性）相悖。

　　蓋佛森與赫西之一般性犯罪理論強調低度自我控制特質包括：衝動性、喜好簡單而非複雜的工作、冒險、喜好肢體而非語言的活動、以自我為中心、輕浮的個性。低度自我控制加上犯罪機會為犯罪之主因（詳如圖7-10）[65]。

```
低度自我控制                          +    犯罪機會              犯罪行為
1.衝動性：即現在與此地之傾向，以             （武力及詐欺          （以力量或詐
  對直接環境之刺激做回應。                   最易達成之情          欺追求個人自
2.行動缺乏勤勉、執著與持續。                 境聚合）              我利益之立即
3.喜好刺激，好冒險。                                              滿足）
4.偏好肢體活動，較不熱衷認知與心
  智之活動。
5.以自我為中心，對他人漠不關心，
  對他人之需求與遭遇不具感應性。
6.挫折忍受力低，無法以口語溝通的
  方式解決衝動。
7.認知與學業技術之笨拙。
8.追求非犯罪行為之立即滿足傾向。
9.婚姻、友情與工作欠缺穩定。
```

圖7-10　蓋佛森與赫西之一般性犯罪理論模式

---

[65] 引自蔡德輝、楊士隆，少年犯罪：理論與實務，五南圖書出版公司，民國106年，第125～126頁。

　　總之，一般性犯罪理論指出犯罪是一群低度自我控制者，在犯罪機會條件之促成下，以力量（Force）或詐欺（Fraud）追求個人自我利益之立即滿足的行為。而自我控制之形成與兒童早期在家庭中所接受之教養密不可分。

2.差別壓迫理論

　　在《犯罪與壓迫》（*Crime and Coercion*）一書中，學者Mark Colvin提出另一個可能引導人們去從事行為選擇的特徵，其稱為「壓迫性」（Coercion）。當人們幼年時期經歷嚴格的訓練時，我們就可以感覺到這種強迫性，這些教育包括身體的攻擊和心理上的壓迫，如：負向的命令、具批判性的評論、嘲笑、羞辱、抱怨、咆哮、恐嚇等。當經歷這些破壞性的變化，強迫成為事實，並引導人們的行動，使人對來自家庭或非家庭的周遭環境產生敵意[66]。

　　根據Colvin之撰述，產生壓迫的來源有二：一個是「人際間的壓迫」（Interpersonal Coercion）；另一個是「個人產生的壓迫」（Impersonal Coercion）。人際間的壓迫係較直接的，包含來自於父母、同儕或其他人之暴力、恐嚇和威脅的使用。相反地，個人壓迫則超越個人控制之程度，例如因失業、貧困或同業競爭所引起的經濟或社會壓力。

　　Colvin認為個人在生命歷程中所經歷的壓迫經驗，將影響個人之自我控制。減少壓迫可以產生很多的效益，如減少憤怒、高度的自尊及強力之道德與社會連結。

　　相對的，某些人發現他們自己經歷了高度的脅迫，而這些壓迫產生高度的憤怒、低的自尊和微弱的社會鍵連結、感受到絕望並降低自我控制，這些將影響心理的變化，如長期的沮喪。

　　更慘的是，根據Colvin的說法，在經歷反覆無常的壓迫後將使人產生無力感，當壓迫不規則的發生時所造成最大的傷害，即是因為其在無形中提醒人們他們無法控制自己的生活。最後產生壓迫之反應，可能性之一即

---

[66] Mark Colvin, Crime and Coercion: An Integrated Theory of Chronic Criminality. New York: Palgrave Press, 2000. 引自Siegel前揭註，2006, pp. 314-315。

為反社會行為。Colvin之差別壓迫理論模式，如圖7-11[67]：

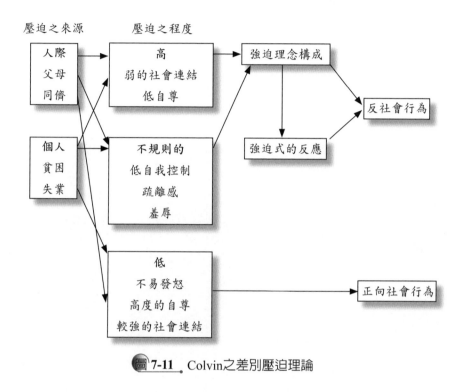

壓迫之來源　　　壓迫之程度

人際
父母
同儕

個人
貧困
失業

高
弱的社會連結
低自尊

不規則的
低自我控制
疏離感
羞辱

低
不易發怒
高度的自尊
較強的社會連結

強迫理念構成

強迫式的反應

反社會行為

正向社會行為

圖7-11 Colvin之差別壓迫理論

第四節 結　論

　　隨時間發展的理論為近年犯罪理論建構中較受矚目者，其特色在於除有助於了解犯罪行為之肇始、形成發展與持續外，並可依此提出各類介入（Intervention）措施，以預防偏差與犯罪行為之衍生及降低犯罪之傷害。

　　此外，發展性的理論倡議者，亦認為犯罪防治工作應強調兒少早期之犯罪預防與輔導措施，採行多因之觀點，強化增加其保護因子，降低危險

67　同前註，Siegel, 2006, p. 315。

因子，以期發展正向社會行為。

　　最後，發展性理論雖有潛伏特質與生活週期二大分支，不易整合，但其均對當前犯罪理論之建構影響深遠。

第三篇

犯罪類型研究

第八章　暴力犯罪

　　眾所皆知暴力普遍存在於每一社會中，但值得注意的是暴力並未隨著文明進步而有減少之跡象。相對地，在社會急速變遷呈現多元、分歧、衝突增加之現況中，任何形式之暴力均可能被大量援用，甚至達到犯罪之嚴重程度，造成民眾巨大之恐慌與傷害。

　　雖然，就整體犯罪類型而言，暴力犯罪之數量與比例並不高，但在高度現代化、民主化之今日，其發生均將造成個人與社會各層面深遠的影響，因此本章著重於探討暴力犯罪之概念、類型、成因及可能之防治對策。

第一節　暴力犯罪之概念

　　暴力犯罪或暴力一詞在學界呈現不一致的看法。例如，邱華君曾歸納指出[1]：

　　一、暴力為攻擊行為的一種型態，「凡意圖引起他人身體的、心理的傷害之行為，即為攻擊（Aggression），而暴力則專指造成他人身體傷害的行為」。

　　二、暴力犯罪乃以原始腕力為滿足欲望方法之犯罪，刑法上稱之為「對人犯罪」，蓋其多以人為攻擊對象之犯罪也。

　　三、暴行、傷害、脅迫、恐嚇等粗暴犯罪都是以暴行脅迫為手段，對他人加以威脅、恐嚇，即是用上述手段恐嚇取財之犯罪。

　　另學者Graeme Newman指出，暴力行為主要為身體力量之使用，致個人產生強烈的感受，並造成個人與財物之傷害而言[2]。無論如何，暴力

---

[1]　邱華君，暴力犯罪之探討，警學叢刊第12卷第1期，民國70年9月。

[2]　Graeme Newman, Understanding Violence. J. B. Lippincott Company, 1979, p. 13，引自許春金，犯罪學，民國80年，第360～361頁。

對於人類而言可能是最嚴重的問題[3]，其影響是深遠、多層面的，亟待正視。

第二節　暴力犯罪之類型

　　暴力犯罪之類型甚多，但各國之見解略有差異，例如美國聯邦調查局的統一犯罪報告（Uniform Crime Report, UCR）將謀殺及非過失殺人（Murder and Non-Negligent Manslaughter）等四種犯罪行為列為暴力犯罪[4]。日本警察白皮書將暴力犯罪分為兇惡犯罪和粗暴犯罪兩種，兇惡犯罪包括：殺人、強盜、放火、強姦等；粗暴犯罪包括：暴行、傷害、脅迫、恐嚇、聚集凶器等罪[5]。日本犯罪白皮書將暴力犯罪分為殺人、傷害、強姦及強盜等四種，加以分析比較[6]。我國之內政部警政署則將暴力犯罪區分成故意殺人、擄人勒贖、強盜、搶奪、重傷害、恐嚇取財、強制性交等七類[7]；至於我國法務部出版之《犯罪狀況及其分析》，將暴力犯罪區分為殺人（不含過失致死）、傷害（不含過失傷害）、強盜搶奪、恐嚇、擄人勒贖及妨害自由等各罪[8]。當然，除了這些傳統型之暴力犯罪外，家庭暴力、政府、企業、各專業之暴力──暴力白領犯罪及恐怖主義等，亦屬值得探討之範疇[9]。

　　據學者Brown等人之分類，將暴力犯罪區分成傳統暴力犯罪（Conventional Violent Crimes）及非傳統暴力犯罪（Nonconventional

---

3　Jeffery H. Goldstein, Aggression and Crimes of Violence, Second Edition. New York: Oxford, 1986.

4　Sessions William, Crime in the United States: Llniform Crime Reports. Washington D. C.: U. S. Government Printing Office, 1987.

5　日本犯罪白皮書，日本警察廳編，東京大藏省印刷局，昭和57年（西元1982年），第1頁。

6　日本犯罪白皮書，法務綜合研究所編，東京大藏省印刷局，昭和58年（西元1983年），第100頁。

7　內政部警政署警政統計指標，民國95年。

8　犯罪狀況及其分析，法務部犯罪問題研究中心編印，民國90年。

9　有關暴力犯罪之分類與探討，詳見楊士隆主編，暴力犯罪：原因、型態與對策一書，五南圖書出版公司，民國93年。

Violent Crimes）二大類型，各有不同意涵，分述如下[10]：

一　傳統之暴力犯罪

　　雖然有關犯罪之看法因人、因事、因地、因時間而有差異，但傳統型之暴力犯罪（如：殺人、強盜、搶奪、傷害、強制性交等），卻大多獲得民眾之譴責，而認為其是一項嚴重的犯罪行為。事實上，這些犯罪在各類刑案中所占比例並不高，但因其極易造成受害者巨大之生、心理傷害，因此，格外引起刑事司法部門之重視。

（一）殺人

1.現況

　　殺人是犯罪行為最令人恐懼及凶殘的一項，其不僅導致受害者之立即死亡與毀滅，同時極易引起民眾恐慌，造成秩序混亂。台閩刑案統計顯示，台灣地區歷年之殺人案件數字近年逐漸減少，例如民國97年至111年間故意殺人案件發生最少者有174件（民111），最多者為832件（民98）[11]，但根據分析，倘以每100,000人殺人案件之發生比例觀之，在美、英、法、德、日、韓等國中，1994年台灣殺人案件發生比例為6.8件，僅次於美國之9件，顯然較其他國家偏高，因此是類犯罪之發展有加以注意之必要[12]。

2.犯案特性

　　民國106年殺人案件發生時間以夜晚22：00～24：00時出現頻率最高，地點以住宅、市街商店及特定營業場所為主，犯罪方式乃以刀殺及槍殺所占比例較高，做案者大多屬工礦及無固定職業者，主要因素為口角、

---

[10] Stephen E. Brown, Finn-Aage Esbensen, Gilbert Geis, Criminology: Explaining Crime and Its Context. Ohio: Anderson, 1991.

[11] 警政統計指標，民國111年版。

[12] 參閱日本法務省「犯罪白皮書」，平成9年（西元1997年）內政部警政署之「台閩刑案統計」，民國88年。

仇恨報復、一時衝動及財務糾紛等[13]。

3.殺人犯罪之類型

殺人犯罪在各國刑事法規上之分類不盡相同，以故意或過失劃分者有之，如我國現行刑法之普通殺人罪、義憤殺人罪、過失致死罪等。

以犯罪對象及行為人主觀犯意而做劃分者如下[14]：

(1)謀殺

為殺人罪類型之一，係指有預謀的非法剝奪他人生命的行為。

(2)非預謀殺人

不屬於謀殺罪的非法殺人行為，包括故意的及過失的非預謀殺人二類。

(3)義憤殺人

係指行為人因遭受侮辱、誹謗、戲耍、挑釁或其他義憤而當場殺人之犯罪行為。

(4)殺嬰

係指孕婦在分娩時或在分娩過程中殺死其嬰兒，或生母誤殺或謀殺其初生嬰兒的行為。

(5)殺害尊親屬

係指非法剝奪尊親屬生命的犯罪行為。

(6)教唆或幫助自殺

係指鼓勵、慫恿、誘使和幫助他人自戕其生命的行為。

此外學者Williams等人依加害者與被害者之關係區分為：家庭殺人、熟識者間殺人與陌生人間的殺人三類，分述如下[15]：

---

13 楊士隆，殺人犯罪：多重面向之殺人犯調查研究，五南圖書出版公司，民國88年。民國90年台閩刑案統計，內政部警政署刑事警察局編印。

14 李雲龍、沈德著，死刑論──各國死刑制度比較，亞太圖書出版社，民國84年1月10日，第161～166頁。

15 引自楊士隆，殺人犯罪，文載於犯罪心理學，五南圖書出版公司，民國109年7月，第196～197頁。

(1)家庭間的殺人

所謂家庭間的殺人，係指被害者與加害者之間具有親屬關係（Relative）或是家庭中的成員間發生的殺人犯罪行為，而一般論及家庭殺人可區分為夫妻間殺人（Spousal Homicide）、殺害尊親屬（Parricide）及幼兒被殺（Infanticide）等方面。

(2)熟識者間的殺人犯罪

所謂熟識者（Acquaintance），依William與Straus的定義係朋友或是彼此認識之人而言，在Wolfgang的研究中雖其分類較為詳細（分為親密朋友、熟識者），但所研究的結果發現，在550件殺人犯罪中就占了293件（41.7%）。Rojek與Williams的研究亦有相類似的結果，如在1979年至1988年10年中，全美與亞特蘭大的殺人案件比例中家人與熟識者就超過54%。陌生人間的殺人犯罪占二成以下，而其中尤以熟識者占第一位將近四成。

(3)陌生人間殺人

係指加害者與被害者間未具親屬關係或彼此不相熟識，而在犯罪之情境中由陌生者殺害被害人而言。

Riedel研究陌生人間的殺人犯罪發現兩項特質因素是有密切相關。首先是與被害者或加害者的特性有關；再者是與其出入的場所相關聯（如：酒吧、運動場所）。有許多在自發性的（Spontaneous）會造成彼此間話題或言語上的不快，使得兩人之間的熱度升高，若是在飲酒之後，更是容易造成殺人行為。

Rojek與Williams的研究則發現，陌生人間的殺人犯罪許多是以經濟取向為主因。換句話說，殺人並非其本意，而是其手段；再者其種族間發生的比例高於其他類型。

日本學者近藤針對2001年至2006年間於日本觸犯重大案件，且由日本法務省總合研究所進行列管的408名個案中，挑選觸犯殺人罪行的73名個案進行再分析研究，分類出以下三種類型[16]。

---

[16] 近藤日出夫（2009），男子少年による殺人：殺人少年73人の類型化の試み，犯罪社会学研究（34），第134～150頁。

(1)反社會類型

此類犯罪人具有高度攻擊性，從小學高年級開始出現校園內暴力行為，青春期以後，因為暴力行為被逮捕的比例激增。這些犯罪人會出現諸如：藥物濫用、財產犯、交通業務過失犯等各種各樣的非行行為，而這些行為更強化了他們的反社會生活型態。

這類型犯罪人的社會生活出現顯著的反社會問題，自我控制力量薄弱、優先遂行個人的支配欲望，以及利己心、不考慮對方的立場及行動結果，行為充滿衝動傾向等。

(2)病理類型

在觸犯重大案件的犯罪人中，此類人常被懷疑有精神障礙，出現輟學等嚴重不適應行為，學者將這類犯罪人稱為病理類型。在病理類型中其病理性格並不明顯，表現上看起來是生活適應良好的犯罪人。但日本家庭裁判所調查官研修所的分析指出，這些犯罪人當其進入青春期後，開始對殺人、死亡、色情影片、暴力電玩遊戲等產生高度興趣，並且深陷這些不穩定的社會價值觀[17]。

(3)對應失敗類型

此類犯罪人不但沒有非行前科，亦沒有明顯的不適應或是精神病理症狀。熊谷智博、大淵憲一指出，有過半數的犯罪人都屬於此類型[18]，多半遭遇生活及課業之挫敗，導致自尊心降低，變得自暴自棄，無法對應複雜社會關係，使他們陷入了精神不安定的狀態而導致犯罪。

另外，犯罪學學者近年來對於能剝奪甚多人性命之殺人犯罪，特別關注。此可區分成集體謀殺（Mass Murder）及系列謀殺（Serial Murder）二大類。

(1)集體謀殺

係指犯罪者在一個地點或者在一個短暫時間內殺死許多人[19]。此項犯

17　家庭裁判所調查官研修所（2001），重大少年事件る実証的研究，司法協会。

18　熊谷智博、大淵憲一（2009），非当事者攻撃に対する集団同一化と被害の不公正さの効果，社会心理学研究，24(3)，第200～207頁。

19　Jack Levin and James A. Fox, Mass Murder. New York: Plenum Press, 1985.

罪者經常在面臨一極大之壓力（如：被解僱、被拒絕、太太要求離婚），而殺害許多人。當然屬某種教派之組織（如奧姆真理教），亦可能因某類不滿因素而展開集體殺人之行動。

(2)系列謀殺

係指犯罪者在不同的場所，長時間的不斷殺害單一之受害者[20]。此類系列謀殺之犯罪者大多有嚴重心理困擾問題，但智力卻甚高。在許多情況，其機動性甚高，計畫周延，很少留下加害者與被害者間關聯的證據，並且經常對流浪漢、妓女、逃學逃家少年下手，不易為執法人員所偵破。

4.殺人犯之心理人格特性[21]

傳統上，殺人犯被認為是被激怒的個人，在喪失理智與衝動的情況下，突發的殺人。然而，卻有其他學者認為殺人犯具有某些獨特之心理與人格特性，容易在特定情境中以暴力方式反應。美國紐約州立大學犯罪心理教授Toch在《暴力男性》（*Violent Men*）一書中即指出，許多暴力犯罪之衍生係行為人從人際衝動中習得，以慣性之方式暴力相向獲益。此外，Megargee則指出高度攻擊性者，具有低度控制（Undercontrolled）及過度控制（Overcontrolled）兩種心理人格特性。低度控制者無法抑制攻擊行為，當被激怒或面臨挫折時，即暴力相向。至於過度控制者基本上具有高度挫折忍受力，能禁得起一般之挑釁，並接受社會規範約制，但在超過其容忍度之情況，其可能比前述低度控制者更具暴力反應。此項見解在Miklos等人1992年的研究中獲得證實。其等人針對南斯拉夫（Yugoslavia）S. Mitrovica地區監獄中的112名殺人犯進行訪談，以MMPI施測及官方資料等進行人格類型研究，結果發現有三分之一的殺人犯並沒有心理異常的現象，反而呈現過度控制之情形。另外，Baumeister等人於1996年指出，暴力之衍生並非完全係與行為者之低自我肯定（Low Self-esteem）有關。相對地，高自我評價者其在面臨外在貶抑與負面評價而自我受到威脅（Ego Threat）時，更易引發暴行。其引述Polk對陌生者殺人

[20] Ronald M. Holmes and James De Burger, Serial Murder. Newbury Park, CA: Sage Publications, 1988.
[21] 同註15，楊士隆，第257～258頁。

之研究指出，多數陌生者殺人行為係受到他人之羞辱後，自覺面子掛不住，而以暴力攻擊行為因應。

（二）強制性交

根據內政部警政署之統計，111年台灣地區強制性交案件之發生數為64件，而104年之強制性交人數則有745名，人數有逐年減少趨勢。但因強制性交犯罪隱含極高之犯罪黑數[22]，極易引起女性同胞恐懼，且強制性交犯可能在徒刑執行案畢後再犯。因此，此類犯罪人之有效防治乃成為政府與民眾關切之焦點。

1.性侵害者之類型

性侵害者之種類甚為繁多，惟可依犯罪者之動機、情緒、特性及受害對象等加以分類。根據學者Cohen等人之見解，其類型包括：

(1)替換攻擊型

替換攻擊型（Displaced-aggression Rapist）性侵害者，大多以妻子或女友為對象，藉著強暴並予身體之傷害，以表達憤怒。

(2)補償型

補償型（Compensatory Rapist）性侵害者，係以強暴之方式，以滿足其性慾為主。

(3)性攻擊放射型

性攻擊放射型（Sex-aggression-diffusion Rapist）性侵害者，融合了性慾之需求與身體傷害之攻擊暴力，呈現出虐待之病態行為。

(4)衝動型

衝動型（Impulsive Rapist）性侵害者，缺乏計畫，以機會呈現時之衝動反應為主[23]。

---

[22] M. Hindelang and B. J. Davis, "Forcible Rape: A Statistical Profile," in Chappell, D., Robley Geis, and Gilbert Geis (Eds.), Forcible Rape: The crime, the Victim, and the Offender. New York: Columbia University Press, 1997；警政統計查詢網，民國112年2月。

[23] M. E. Cohen, R. F. Garofalo, R. Boucher, and T. Seghorn, "The Psychology of Rapists," Seminars in Psychiatry, 3: 307-27, 1971.

　　此外，心理學學者Groth在臨床觀察500位性侵害者後，將其區分為下列三類：

　　(1)憤怒型

　　憤怒型（The Anger Rapist）性侵害者，心中充滿憤怒與敵意，在沮喪、憤怒或長期之衝突累積至一定程度而無法忍受時，即可能爆發強制性交行為。此類型之性侵害者約占40%。

　　(2)權力型

　　權力型（The Power Rapist）性侵害者，並不完全以性的滿足為其目標，相對地，從攻擊行為中，獲取支配權，減輕其不安全感與自卑感；重拾男人之權威與自尊則為其主要目的。此類型性侵害者約占55%。

　　(3)虐待型

　　虐待型（Sadistic Rapist）性侵害者，融合了性之需求與暴力，除強制性交外並以折磨、綑綁、鞭打、燒灼、切割等方式凌虐受害者。施虐行為可使其達到性亢奮，此類性侵害約占5%[24]。

　　另性侵害者以幼童為對象者，依學者Howells之分類方式可區分為下列二類：

　　(1)偏好型

　　偏好型（Preference Rapist），亦稱戀童型性侵害者（Pedophiles），不以成年少女為對象，即以姦汙猥褻幼童，以獲取性滿足之強暴犯。

　　(2)情境型

　　情境型（Situational Rapist）性侵害者，係臨時起意者，即機會呈現時，無法抑制衝動，而對幼童強制性交者[25]。

2.性侵害者之特性

　　性侵害者與其他犯罪類型相較，屬少數而獨特的邊緣人。根據臨床之

---

[24] A. N. Groth, Men Who Rape: The Psychology of the Offender. New York: Plenum, 1979.

[25] K. Howells, "Adult Sexual Interest in Children: Considerations Relevant to the Theories of Etiology, in Cook, M. and K. Howells (Eds.), Adult Sexual Interest in Children. London: Academin Press, 1981.

觀察與相關研究，性侵害者之心理、生理與社會特性大致如下：

(1)大多來自破碎家庭。

(2)呈現家族病史徵候。

(3)有強烈的異性虐待妄想。

(4)婚姻生活並不協調、美滿。

(5)部分性侵害者有陽萎現象。

(6)部分性侵害者兒童早期曾遭受性侵害。

(7)部分性侵害者在早期有精神疾病之呈現。

(8)部分性侵害者存有智能不足現象。

(9)大多挫折忍受力低，並且有嚴重自卑感。

(10)人際處理拙劣。

(11)工礦業及無固定職業者居多。

(12)早期有偏差（如酒癮）與犯罪行為出現[26]。

由於性侵害行為之發生涉及複雜之生物、心理、社會因素，且與受害者之特性有關，因此其防治並非易事。在預防方面，避免製造「被害情境」，如不給男人「易於求歡」之印象，及夜間至偏遠之處所沉思等，乃最佳之預防措施。而對施暴歹徒做出妥適之反擊（如致命的一擊）或採行必要之逃避，亦屬重要之防暴策略[27]。至於在刑罰與矯治方面，傳統之消極性監禁做法並無法完全達成其更生之目標，必須建立起專業矯治機構，或施以專業診斷治療，始有改善之可能。有關性侵害者之矯正處遇，筆者認為應考量及下列諸點[28]：

(1)由專業人員運用妥適之測驗，對性侵害者予以妥善分類，達成個

---

[26] P. H. Gebhard, P. Gagnon, W. B. Pamevoy, and C. V. Christenson, Sex Offenders: An Analysis of Types. New York: Harper and Row, 1965，部分引自許春金著，犯罪學，三民書局，民國80年4月修訂新版，另參閱83、84年中華民國精神醫學學會執行強暴犯強制診療個案報告彙整之心得。

[27] 林東茂，性犯罪，警政學報第14期，中央警官學校警政研究所，民國77年12月，第8～10頁。

[28] Robert A. Serafian, "Treatment of the Criminally Dangerous Sex Offender," Federal Probation, 27, No. 1, March, 1963；許福生，強姦犯強制矯治處分之探討，警學叢刊第24卷第3期，中央警官學校印行，民國83年3月；沈政，法律心理學，五南圖書出版公司，民國81年2月。

別化處遇之目標。

(2)提供各項輔導與治療服務，如：心理分析治療、行為療法、認知療法、現實療法或藥物治療等，強化其自我控制與人際處理，降低其自卑感，減少再犯。

(3)對於再犯危險性高之性侵害習慣犯，可考慮修法科以強制矯治之保安處分，應用雌性激素治療或施以「打膝」，以電擊之方式使其暫時喪失性能力，並輔以心理治療，以避免再犯。

（三）強盜、搶奪

根據我國刑法第328條之規定，強盜罪（普通強盜罪）係指意圖為自己或第三人不法之所有，以強暴、脅迫、藥劑、催眠術或他法，至使不能抗拒，而取他人之物或使其交付者。相對地，搶奪罪，依刑法第325條之規定，意圖為自己或第三人不法之所有，而搶奪他人之動產者。由於兩者均具暴力本質，在國外一般以Robbery通稱之，為方便探討，本部分予以併置討論。

1.強盜、搶奪現況

根據內政部警政署之統計，111年強盜嫌疑犯有228名；搶奪犯有111名。強盜及搶奪案件大多以夜晚出現較為頻繁，發生之地點以交通場所為最多。犯罪方式中，強盜案件以暴力脅迫占大多數；搶奪則以騎機車搶奪最為普遍。

至於強盜及搶奪犯罪人大多屬無固定職業、基層技術工及勞力工居多，其教育程度以高中（職）居多[29]。

2.強盜、搶奪之類型

根據多數犯罪學教科書之記載，學者John Conklin對於強盜、搶奪犯之分類有獨到之見解，其分類如下[30]：

---

[29] 警政署統計查詢網。

[30] John E. Conklin, Robbery and the Criminal Justice System. Phila Delphia: J. B. Lippincott Company, 1972.

(1)職業犯

職業犯（Professional Robbers）：此類職業犯係以犯罪獲取財物為生活重心，其行動大多經細密之規劃，並以集團之形式出現，明確之職業分工與角色扮演並攜帶武器，俾以獲取鉅額財物，其每年大多進行四至五次搶劫。這些人人數並不多，但其於做案結束揮霍完畢後，即可能再一次進行搶劫。

(2)機會犯

機會犯（Opportunist Robbers）：機會搶劫犯大多不仔細規劃搶劫的行動，也很少攜帶武器，大多以老弱、婦孺、醉漢、計程車司機、單獨行走之女孩等為對象，這些受害者大多不富有。

(3)成癮犯

成癮犯（Addict Robbers）：對於搶劫並不熱衷，其較喜歡風險較低之財產犯罪。此類型對於目標物之選擇缺乏審慎之計畫，其犯罪大多以急需毒品為由，起而行搶。

(4)酒癮犯

酒癮犯（Alcoholic Robbers）：此類犯罪者一般係在酒醉後進行搶劫。其並非屬典型之搶劫犯，甚至其不喜歡搶劫，但在酒癮發作後，即可能因喪失理智，搶劫他人財物，而其搶劫行為顯然不是經周詳之計畫。

（四）擄人勒贖

民國86年白曉燕案發生，擄人勒贖案件一時成為眾所矚目的犯罪現象，警方投注大批警力，終於使陳進興伏法。而擄人勒贖事件卻仍不斷發生，不但贖金屢創新高，手段愈演愈烈，綁架的對象也從平民百姓轉移至民意代表及商人，甚至善良老百姓，使得治安之維護工作面臨空前挑戰[31]。

1.擄人勒贖現況

根據內政部警政署的統計，台灣自民國95年至106年間，每年仍約發

---

[31] 楊士隆、程敬閏、王中吟、郭人豪，台灣地區擄人勒贖犯罪模式之研究，執法新知論衡第1卷第1期，民國94年9月。

生3～57起擄人勒贖案件，在民國91年及92年分別發生71起與65起擄人勒贖案件，而在93年1月至11月間，續發生74起擄人勒贖案件，94年合計有226名嫌疑人犯罪。100年至106年，平均每年發生6.9件，案件數已大幅減少，且呈現下降的趨勢，111年間僅發生2件。雖然如此，此等具惡質性之犯罪，常造成民眾與受害者極端恐懼與傷亡。

2.犯罪型態

美國聯邦調查局（FBI）在1970年代把人質的挾持、擄人方面的犯罪人區分成四大類：恐怖活動者（Terrorists）、以俘虜為目的者（Prisoners）、一般犯罪者（Criminals）、心理異常者（Mentally disordered）[32]。學者Finkelhor與Ormrod則依綁架者的身分，從熟識者到陌生人，可分為下述三類：(1)親人綁架型；(2)認識者綁架型；(3)陌生者綁架型[33]。此外，根據Marongiu和Clarke的研究，其認為擄人勒贖需考量該地的地理因素、民情風俗、歷史傳統、社會結構等，其以副文化理論和理性選擇論來研究此一現象，歸納出兩種不同本質的犯罪類型：(1)同質性的擄人勒贖（Internal Ransom Kidnappings）：犯罪人和被害人有著相同的地理因素、民情風俗、歷史傳統、社會結構；(2)異質性的擄人勒贖（Extemal Ransom Kidnappings）：犯罪人和被害人有著不同的地理因素、民情風俗、歷史傳統、社會結構。被害者主要是當地或其他地方的有錢團體、商人、企業家、觀光客等[34]。

3.犯罪模式

根據楊士隆等從事台灣地區擄人勒贖犯罪模式之研究[35]，擄人勒贖犯罪仍以「集團模式」居多。而集團的組成，通常由一位經濟遭遇急迫性困

---

[32] C. R. Bartol, Criminal Behavior: A Psychosocial Approach. Upper Saddler River, N. J.: Prentice Hall, 1999, p. 356.

[33] D. Finkelhor and Ormrod, R., Kidnapping of Juveniles: Patterns from NIBRS. Juvenile Justice Bulletin, 2000.

[34] P. Marongiu and Clarke, R. V., Ransom Kidnapping in Sardinia, Subcultural Theory and Rational Choice. Routine Active and Rational Choice: Advance in Criminology Theory. New Brunswick.

[35] 楊士隆，台灣地區贖人勒贖集團犯罪模式之研究：理性抉擇之觀點，行政院國家科學委員會專題研究計畫，民國94年7月。

境者發起（如：被追債、吸毒、假釋期間、逃亡通緝等），其吸收之成員多為兄弟、同居人及熟識友人或友人引薦，但其成員不一定遭遇相同或類似之經濟問題。通常犯罪者會以郊區或山區隱密廢棄之建築物，或以偽造之證件租賃房屋，甚至以行動車輛作為組織運作、囚禁人質之基地。至於目標之設定，通常由成員提出，經團體商議後決定，但亦有隨機選取下手目標。一旦決定目標之後，犯罪者便著手準備相關運輸、通訊、制伏及控制被害人之工具，並積極觀察目標物之生活作息，以尋求適當之下手時機，以守候跟蹤為最多的方式，而且會因犯罪者與被害人之關係而有所不同。當犯罪者擄獲被害人之後，有則直接將其殺害或意外殺害；有則以藥物或恐嚇的方式，甚至暴力相向，逼迫人質就範。至於取款的方式，則有定點式透過高速公路或鐵路運輸，以「丟包」的方式為之，及新興的利用金融漏洞，以人頭帳戶或ATM提款機取款。因多數的擄人勒贖案件均有其強烈的「地緣關係」，故而破案的機率均維持九成左右。

（五）傷害

傷害罪近年來仍維持一定比例。根據法務部之統計，近十年來每年大多有11,600至14,000件之傷害案件，民國111年傷害案件共發生14,016件[36]。由於傷害案件意味著人際衝突之趨於惡化，其原因包括因口角、一時衝動、仇恨、財物糾紛、性情暴戾等偶發因素，因此其發展亦特別值得重視。

在傷害案件中，最近國內相繼發生多起因政治立場不同而衍發之肢體衝突，及看不順眼亂砍傷人之流血事件，最引人注目。

仔細觀察這些暴力傷害事件本質，吾人認為部分屬憎恨式犯罪（Hate Crime）之範疇，此等犯罪型態主要係因宗教、膚色、族群、政治信仰、性別等之不同或衝突，產生偏見及敵意，而對另一團體或個人展開宣洩式之報復攻擊。根據學者Levin與McDevitt之見解，此種暴行目前散布於全球包括機關、學校、社區鄰里等各個角落，其影響層面是廣泛深遠的，不

---

[36] 同註11。

僅製造出許多暴力流血事件，加深社會不同族群對立，同時亦讓其他無辜的第三者陷於犯罪被害恐懼當中，深恐成為第二波被傷害之對象[37]。

一般而言，憎恨式暴力傷害行為類型包括下列三種：

1.刺激追尋型

係以凌虐、傷害他人以獲取刺激、快感，其暴力行為經常係為獲取同儕之認可而發動。

2.攻擊型

係以對他人主動攻擊，減少入侵，確保本身權益之暴力行為。

3.信仰狂熱型

主要係受超自然力量之支配，或屬病態人格者，而對特定族群攻擊、傷害之行為。

減少前述憎恨式暴行之發生，做法大致包括致力於落實憲法上對人民平等、生存、信仰、表現權等之保障，強化對憎恨式暴行潛在被害人之保護，對從事憎恨式暴行之累犯加重刑罰，支持民間組織、團體及輿論之道義聲援。

二　非傳統之暴力行為

除了傳統之暴力犯罪外，尚有許多非傳統型之暴力行為。非傳統型之暴力行為亦影響深遠，對一般民眾亦造成巨大損害。例如，家庭暴力或暴力性白領犯罪等受相關法令所約束，然其往往被忽略，甚至為執法人員所漠視，以至於造成嚴重之後果。本部分即對於這些非傳統型之暴力行為進一步說明。

（一）家庭暴力

家庭暴力基本上是指發生在家庭成員間的肢體、口頭及性等暴力的行

---

[37] Jack Levin and Jack McDevitt, Hate Crimes: The Rising Tide of Bigotry and Bloodshed. New York: Plenum, 1993.

為，其造成其中一方強烈之感受並導致生理及心理遭受傷害。一般而言，家庭暴力對家庭之影響是多層面的，包括促使家中的每一位成員都處於恐懼、不安、沮喪的氣氛之下，對家庭整體的傷害很大。

家庭暴力有很多種形式，根據陳若璋之見解，比較常見的有以下幾類[38]：

1.婚姻暴力[39]

婚姻暴力是指配偶之一方遭受到另一方言語、肢體、性等方式的虐待。

婚姻暴力中的虐待行為是指，引起配偶生理傷害和精神恐懼、不安的言行。包括：摑打、揍、踢、掐或使用器具傷害配偶；使配偶心生畏懼，並具威脅、恐嚇性質的言行和舉動，如：性暴力、逼娼，或以傷害孩子及其他關係人的生命為要脅等。受害者被傷害的程度可分不需治療、傷害，甚至死亡等層級。

在這種類型的家庭暴力行為中，大多數施虐者是男性，包括：先生、前夫、同居人等。少數施虐者是女性，包括：妻子、前妻、同居人等。

2.兒童、青少年虐待[40]

兒童、青少年虐待是指，兒童、青少年的父母或親友，對18歲以下的兒童、青少年施加身體或精神上的傷害、性虐待、疏於處置、惡待等，致使兒童、青少年的健康與福利遭受損害或威脅。

關於兒童、青少年虐待的種類及認定標準有以下幾種：

(1)身體虐待

在非意外事故情況下，成人對兒童、青少年施加暴力，導致或允許其遭受身體傷害。身體傷害包括：踢打、綑綁、灼燒等使其外形損毀，身體

---

38 陳若璋編著，家庭暴力——防治與輔導手冊，張老師出版社，民國82年6月。

39 有關婚姻暴力之現況與防治請另行參閱陳若璋著，台灣處理婚姻暴力體制之改革方案，理論與政策，民國84年春季號。至於警察人員之回應婚姻暴力問題，請參閱黃富源著，警察系統回應婚姻暴力的理論與實務，警政學報第26期，中央警官學校警政研究所出版，民國84年1月。

40 有關兒童與青少年虐待之相關文獻，讀者可參閱由蔡德輝與楊士隆合著之《少年犯罪：理論與實務》一書，第十二章兒童被虐待與少年犯罪內容。

健康受損，身體功能受傷害，甚至死亡。

(2)精神虐待

對兒童、青少年施以不人道、不合理行為，造成其心智、心理與情緒上的嚴重傷害。

(3)疏忽

因照顧不當而導致兒童、青少年健康或福祉受損，包括無法供給或故意不供給兒童充足的食物、衣物、住所、醫療照顧，或免於身體傷害的監護，以及照顧不足而導致嚴重的營養不良或成長受阻。

(4)性虐待

發生在家庭成員間強迫式的性接觸。性接觸的行為包括：

①身體接觸：性調戲、熱烈親吻、受撫身體、撫摸生殖器、口交、性交、插入陰道或肛門、強暴。

②非身體接觸：言語挑逗、舉動淫蕩、裸露、利用受害者散發、販賣色情物品，或從事色情事項，如：拍裸照、拍色情電影、現場色情表演、賣淫等。

3.對尊長的暴力行為

這類的家庭暴力是指，引起尊長生理傷害和精神恐懼、不安的言行，如：毆打、恐嚇、疏忽、不當照顧等。所謂尊長包括：（岳）父母、公婆、（外）祖父母等。

4.手足間的暴力行為

這是指引起其他兄弟姐妹生理傷害和精神恐懼、不安的言行，包括：毆打、恐嚇、性虐待、身體虐待等。

（二）企業機構、政府與專業領域之暴力

由企業機構、政府與各專業衍生之暴力係屬暴力白領犯罪之範疇。屬於此類型之犯罪，亦可能造成人命之大量傷亡，但因其他各項掩護下，經常被製造成疏忽或以意外收場，因而未受到應有之重視。以美國為例，每一年因為消費產品產生問題，至少導致30,000名民眾死亡，20,000,000

人受傷。而工作場所因欠缺安全，未善盡保護員工的責任，每年亦大約有2,000,000人肢體受傷的案件發生[41]。故本部分著重於舉例說明這些暴行有時比傳統之暴力犯罪危害更大、更具殺傷力。

1.企業機構之暴力

企業亦可能衍生暴行，以美國通用汽車公司為例，其在設計一種貨車油箱時過於疏忽，造成17歲青年莫斯利在1989年因車禍喪生，法院裁定其應賠償10,520萬美元給莫斯利的父母。根據莫斯利的父母指控，莫斯利駕駛一輛1985年份通用公司GMC貨車，被酒醉駕駛的汽車撞上後並未死亡，卻死於後來的貨車油箱爆炸。

喬治亞州傅爾頓郡州法院陪審團認為，通用公司明知其油箱設計有問題，卻不加以改正，因此裁定該公司付給莫斯利的父母10,100萬美元懲罰性賠償，另外支付420萬美元損害賠償。

此項裁決可能產生重大影響，因為目前還有數百萬輛類似車型的貨車在路上行駛，同時有200多人的死因歸咎於這種油箱設計[42]。

此外，美國福特汽車公司製造之野馬（Pinto）汽車，亦在1970年代間因安全設計失當致汽車碰撞時容易著火燃燒，造成至少數百名之民眾死亡[43]。更令人憂心的是，這些汽車雖然備受消費者團體抨擊，但該公司仍然允許其繼續行駛[44]。根據學者Dowie之指控，該公司經成本效益分析之結果，認為召回這些汽車將損失上億美元之損失，而不願召回是類汽車修改，而此係基於商業利益之整體考量[45]（另詳表8-1）。而也因此，美國歷來最鉅額的產品損害賠償案終於在1978年發生，福特汽車公司所產汽車油箱再度爆炸，造成一名13歲少年嚴重燒傷，被法院判賠償12,850萬美元。

---

[41] 同註10，第567頁。

[42] 聯合報，民國82年2月6日。

[43] Mark Dowie and Carolyn Marshall, "The Bendectin Cover-Up," Mother Jones, 5: 43-56, 1980.

[44] Francis T. Cullen, William J. Maakested, and Gray Cavender, Corporate Crime Under Attack: The Ford Pinto Case and Beyond. Cincinnati, OH: Anderson, 1987.

[45] 同前註。

表 8-1 福特汽車公司汽車碰撞燃燒死亡與產品回復之成本分析

利　　益	
儲　　　金	180件燃燒死亡案件，180件嚴重灼燒案件，2,100輛被燃燒之汽車
單 價 成 本	每死亡1人200,000美元，每件受傷案件67,000美元，每燒一汽車700美元
全部之利益	180×200,000＋180×67,000＋2,100×700＝4,950萬美金
成　　本	
銷　　　售	11,000,000輛汽車，1,500,000輛小客車
單 價 成 本	每輛汽車11美元，每輛小客車11美元
全 部 成 本	11,000,000×11美元＋1,500,000×11美元＝1億3,750萬美元

資料來源：Dowie, Mark, "Pinto Madness," Mother Jones, 2: 24, 1977.

2.政府之暴力

　　為達成特定目的，世界各國政府均可能衍生暴力行為[46]。部分屬於此類之暴行學者，將其稱之為「結構性之犯罪」，係指濫用國家政治結構上的公權力與資源，從事犯罪行為而言[47]，其包括：

(1)暗殺政治反對者或政敵，造成無法破案的政治謀殺。

(2)非法逮捕、拷打、羞辱、監禁政治反對者或政治異議分子，使其與民眾隔絕或遠離政治。

(3)製造或羅織罪名，逮捕政治反對者，刑求逼供或施以殘酷的凌虐，而後取得自白，濫用未能獨立審判的刑事司法充當其「合法性」的工具，將政治反對者判刑處決或加以監禁。

(4)將政治犯罪的追訴交由軍事司法警察與軍事檢察機關偵辦，而由非屬司法權體系的軍事法庭或特種法庭，依據特別刑事訴訟程序，或不公開而祕密審判，適用特別刑法，從重定罪科刑。對於軍事法庭的判決，亦無法律救濟程序可以上訴，故判決甚速即告確定，而將政治犯處決或送特種執行場所監禁。刑罰執行完畢後，可能透過特別法的規定，施予政治犯保安處分，使其雖在服

---

[46] William J. Chambliss, "State Organized Crime," Criminology, 27: 193-208, 1989.

[47] 林山田，論政治犯罪，刑事法雜誌第34卷第3期，民國79年。

刑後，仍不能完全獲得自由。

(5)將政治反對者或政治異議分子送進精神醫院，強制治療；或將其放逐於國外；或透過各種手段施加壓力，使其流亡於國外，進而以「黑名單」管制，使其不得返國。

(6)濫用情治體系的力量，監視或監聽政治反對者或其政敵，或非法跟蹤或逮捕，製造白色恐怖，使政治反對者心生畏懼。

(7)操縱大眾傳播工具或控制教育體系，從事僅有利於其統治利益的思想教育與政治宣導，並醜化其政敵或政治反對者，以導引社會大眾對於政治反對運動的反應，或疑懼政治反對者或政治異議分子所提出的較大幅度的政治改革。

(8)濫用政治權力或其他特權，以圖謀私利，或縱容其親屬斂財等所形成的各種貪汙犯罪[48]。

3.專業領域之暴力

許多專業領域亦可能在「專業」之掩護下而呈現許多暴力行為。以醫師為例，根據學者Jesilow、Pontell及Geis之見解，不當或不必要之手術與犯罪攻擊行為別無兩樣[49]。而此類狀況天天發生，在美國每年至少有超過200萬件之不當或不必要手術發生，而更令人擔心的是，1990年哈佛大學針對一些誤診病例進行調查，發現在紐約地區的3萬名病人中，有4%受到醫療不當的傷害，在受害者中有14%因而喪命。這項研究的負責人之一李普說，如果這項調查結果可以作為全美國的縮影，那麼全美國每年有10萬人死在庸醫手中，相當於每天有一架巨無霸客機墜毀的死難人數[50]，而此類案件之庸醫肇事者大多未受到應有之懲罰。此類烏龍事件層出不窮，在美國佛羅里達州坦帕大學社區醫院，民國84年2月間，有位51歲的病人金恩，因為糖尿病併發症，需要將右腳鋸掉。結果當他從麻醉的昏迷中醒來，赫然發現自己的左腳沒了，原來醫生鋸錯腳了。後來醫生還是將他的

---

48 同前註，第7～8頁。

49 Paul D. Jesilow, Henry N. Pontell, and Gilbert Geis, "Medical Criminals: Physicians and White-Collar Offenses," Justice Quarterly, 2: 149-165.

50 聯合報，民國84年4月1日。

右腳鋸掉。十一天之後，醫護人員將77歲的病人阿芳索誤以為另一名病人，居然將他的呼吸管拔掉，阿芳索因而一命嗚呼[51]。這些案例並非為美國之專利，我國81年4月間台中一所外科醫院因為用錯麻醉藥及下錯麻醉藥量，在二天內「麻」死三個人之案件，亦突顯出此類專業犯罪之問題。根據「中華民國麻醉醫學會」理事長李德譽，及該會「品質管理委員會」主任委員的三總麻醉部主任何善台之說法，「病人在手術台上因麻醉出問題而腦部缺氧、甚至喪命所引發的醫療糾紛時有所聞，究其原因，由非麻醉專科醫師進行麻醉是主要的原因」。

　　而台中仁愛醫院麻醉科主任詹廖明義透露，此椿在中部醫界造成震撼的意外發生在四個月前，這所外科醫院缺乏麻醉專科醫師，故手術前由外科醫師為病患麻醉，結果有三名病患都因用錯麻醉藥物或劑量不當發生抽筋現象，其中二名送中國醫藥學院，一名送澄清醫院急救，但均告不治。

　　詹廖明義指出，因為麻醉不當致死的情形，在醫界不斷發生，但都沒有這次「離譜」。一些中小型醫院寧可在出事時賠償病家，也不願請個麻醉專科醫師來為病人麻醉，這實在是一項危險。

　　雖然醫界也有人認為，這是麻醉專科醫師不足所致，惟事實上，即使麻醉專科醫師充足的台北地區，一些中型醫院為了省錢，也僅聘請麻醉護士負責麻醉工作，詹廖明義非常感慨部分醫院「一切向錢看的行徑」[52]。

（三）恐怖主義

　　恐怖主義（Terrorism）係今日政治犯罪中最具威脅者，其係指個人或團體為達特定之政治或經濟目的，以恐懼、勒索、強制或暴力之手段進行之犯罪或威脅行為[53]，其可能以劫機、暗殺、爆炸或擄人勒贖等形式出現。根據觀察恐怖主義之特性包括：

---

[51] 同前註。

[52] 聯合報第五版，民國81年4月29日。

[53] Private Security Advisory Council, Prevention of Terroristic Crimes: Security Guidelines for Business, Industry and Other Organizations. Washington, D. C.: U. S. Government Printing Office, 1976, p. 3.

1.以暴力作為有系統性說服之方法。

2.選擇最具媒體價值之目標與受害者。

3.採用非挑撥性之攻擊。

4.選擇可擴大媒體效果而對自己降低風險之行為。

5.以令人措手不及之手段達成反制。

6.以威脅、擾亂及暴力之方法，營造恐懼氣氛。

7.並不認為平民、婦女及小孩是非戰鬥者。

8.運用媒體以擴大使用暴力之效果，並且達成特定政治與經濟目的。

9.由團體所發動之恐怖主義罪行[54]。

目前在世界各地仍存有許多恐怖組織，較著名者包括：中東之巴勒斯坦解放組織、回教什葉派真主組織、北愛爾蘭共和軍。這些組織成立之動機至為複雜，涉及種族、人權、領土主權、不公平待遇等，在傳播媒體之廣泛影響下，其並不易消除，甚至可能更助長其活動。

（四）仇恨犯罪

根據美國司法部（Department of Justice）之界定，「仇恨」一詞可能會產生誤導。在仇恨犯罪法中使用時，「仇恨」一詞並不意味著憤怒或普遍的厭惡。在這種情況下，「仇恨」是指對具有法律規定的特定特徵的人或群體的偏見。

在美國聯邦一級，仇恨犯罪法包括基於受害者的感知或實際種族、膚色、宗教、國籍、性取向、性別、性別認同或殘疾而實施的犯罪。大多數州的仇恨犯罪法包括基於種族、膚色和宗教的犯罪；許多還包括基於性取向、性別、性別認同和殘疾失能的犯罪行為。至於仇恨犯罪（Hate Crime）中的「罪行」往往是暴力犯罪，例如毆打、謀殺、縱火、故意破壞，或威脅實施此類犯罪。它還可能包括密謀或要求他人實施此類犯罪，即使犯罪從未實施過[55]。

---

[54] 同前註，第3～4頁。

[55] https://www.justice.gov/hatecrimes/learn-about-hate-crimes.

學者Anthony Weiner指出[56]：「犯罪行為人單純因為對於社會少數族群的偏見與仇視動機所為的暴力犯罪行為，即構成仇恨犯罪[57]。」美國仇恨犯罪防治法（Hate Crimes Prevention Act）對仇恨犯罪所下之定義為：「基於種族、膚色、宗教信仰、國籍、性傾向、性別與身心障礙的認識或事實，而故意或意圖傷害該群體個人的各類犯罪行為，包括殺人、傷害、妨礙性自主、脅迫、縱火與騷擾[58]。」美國聯邦調查局則將仇恨犯罪界定為：「針對個人人身、財產或社會不特定多數人，基於犯罪行為人對於種族、宗教、身心障礙者、性傾向或國籍等的偏見而生的動機，不論該動機係行為部分或全部原因，進而對上述族群所為的暴力犯罪行為。」換言之，這種犯罪類型的動機，並非基於「主觀意圖」對「個別主體」（Individual Subjectivity）的仇恨或偏見，而是區分「同類」（Insider）與「異類」（Outsider）群體的「集體犯意」（Collective Hate）的「內化過程」[59]（Process of Interaffectivity）。美國UCR將仇恨犯罪定義為一種犯罪行為，其全部或部分動機是罪犯對以下行為的偏見：種族、宗教、失能、性取向、性別、性別認同。即使罪犯錯誤地認為受害人是某個群體的成員，該罪行仍然是偏見犯罪，因為罪犯是出於偏見[60]。

仇恨犯罪依Jack Levin、Jack MacDevitt（1993）之分類，可以分成以下三種主要類型[61]：

1.尋求刺激型（Thrill）：本類型係將自己的快樂建築在他人的痛苦之上，以傷害他人為樂。對於宗教場所、墓地或同性戀者等特定目標發

---

[56] 張宏誠，「同性戀者與仇恨犯罪的立法芻議」司法改革雜誌資料庫，https://digital.jrf.org.tw/articles/1521；https://www.justice.gov/hatecrimes/learn-about-hate-crimes。

[57] Anthony Weiner, "Hate Crimes, Homosexuals, and the Constitution," Harvard Civil Right-Civil Liberties Law Review, 29: 387, 1994.

[58] 陳文葳，惡魔的門檻：美國「黑特犯罪」仇恨起訴有多難界定？轉角國際，民國110年4月13日。

[59] Gail Mason, "Being Hated: Stranger or Familiar?" Social & Legal Studies, 14(4): 585, at 586, 2005 [hereinafter Being Hated]。轉引自張宏誠，同性戀者與仇恨犯罪的立法芻議，司法改革雜誌資料庫，https://digital.jrf.org.tw/articles/1521。

[60] https://www.fbi.gov/how-we-can-help-you/more-fbi-services-and-information/ucr/hate-crime.

[61] 引自潘宗璿，淺談仇恨言論及犯罪法制的形成——以美、德、日例，第2～3頁；Jack Levin and Jack MacDevitt, Hate Crimes: The Rising Tide of Bigotry and Bloodshed, 1993.

動攻擊。類型上多係由青少年成群組成，集體行動、選定目標，並傷害目標，同時藉由仇恨犯罪，可以使他們在支持他們的同儕中獲得很酷的評價[62]。

2. 自衛反應型（React）：行為人自認為攻擊外人之行為，實際上係在採取保護措施，即對入侵者的侵害行為進行防禦。他們經常把他人扮演成積極威脅者，而將自己視為社區的支柱[63]。如某白人社區中搬入一家黑人，行為人將其視為對於社區之攻擊，進而攻擊所搬入之黑人家庭。

3. 使命召喚型（Mission）：此類型認為某些族群會破壞自身種族、文化、經濟之完整性，或血統之純正性，他人乃是惡魔或是邪惡化身，自身負有將彼等淨化、排除之使命。如白人至上主義的3K黨或是反移民的新納粹主義皆是如此，多數認為自己乃係天選之人，負有上天賦予的任務[64]。

4. 報復型（Retaliatory）：此類型係基於為了報復某些事件，對於加害人或是加害人所在之團體、族群等進行針對性之攻擊[65]。

第三節　暴力犯罪之成因

有關暴力犯罪之成因，幾乎所有之犯罪理論學派均可提供部分之詮釋（詳表8-2），本章從各理論中選擇較常被論及與暴力行為有關者，包括：生物、挫折、攻擊、社會學習及暴力副文化觀點扼要說明[66]。

---

[62] Jack Levin and Jack MacDevitt, Hate Crimes: The Rising Tide of Bigotry and Bloodshed, pp. 65-74, 1993.

[63] Jack Levin and Jack MacDevitt, Hate Crimes: The Rising Tide of Bigotry and Bloodshed, pp. 75-88, 1993.

[64] Jack McDevitt, Jack Levin, and Susan Bennett, "Hate Crime Offenders: An Expanded Typology," Journal of Social Issues, 58(2): 303-317, Summer 2002.

[65] https://www.nytimes.com/2022/04/28/magazine/riots-los-angeles-violence.html.

[66] 參閱Ronald L. Akers, Criminological Theories. CA: Roxbury, 1994; Goldstein, Jeffery H. Aggression and Crimes of Violence, Second Edition. New York: Oxford, 1986; Siegel, Larry J. Criminology, Third Edition. MN: West, 1998。

表 8-2　各犯罪學理論與暴力犯罪原因及解決之道

理論	原因	解決之道
古典學派	暴力犯罪及行為者個人自由意志選擇的結果，行為者並不畏懼於刑罰的威嚇性。	增加刑罰的明確性、迅速性，增進刑事司法體系的效率，並多使用死刑。
生物學派	特殊的外表、生理結構、基因遺傳，並受到外在環境的壓力而產生暴力犯罪。	改善犯罪人之生理結構，提倡藥物治療及個別處遇。
行為主義學派	觀察到他人因暴力行為而獲得獎賞，將會增加其攻擊驅力。	教導人們暴力犯罪行為將受到懲罰；獎賞守法的行為；提供良好的行為模式。
心理分析學派	早期嬰兒及幼兒不良的經驗，導致無法解決的衝突，人格異常或攻擊行為，微弱的「自我」控制，亦為導因之一。	使用心理療法以解決心理和人格的衝突，或使用藥物改善情緒。
認知心理學派	有些人的道德發展較低，未能達到了解自己行為的破壞性。	設法提升行為者道德認知的層次。
社會結構學派	居住在城中心貧民區的青少年不斷受到挫折及壓力，而使其產生暴力行為。低階層文化價值觀念亦使其與權威當局衝突。	提供低階層者經濟、教育及職業機會，並設法減低其挫折感。
社會過程學派	有些人不附著於家庭、學校及其他社會機構。他們可能學習到暴力行為。標籤強化暴力的傾向。	創造機會以便強化人們和社會機構間之社會鍵。提供良好之行為模式，並避免標籤。
社會衝突學派	資本階級與無產階級間利益的衝突是暴力犯罪的導因。資本主義社會藉著對物質主義及競爭的強調而產生暴力。而上階層的犯罪未被懲罰追訴。	重新改造社會；終止資本家的獨占；增加人們彼此的關心。

一　生物因素

採生物觀點之學者大致認為，暴力行為與下列三種因素有關：

（一）遺傳觀點

此派學者認為生物遺傳因子（如基因）不僅決定了有機體之本質，同時方可能將有缺陷的基因（Defective Gene）遺傳給子女，而影響及其行

為表徵（暴力、攻擊行為），諸如XYY性染色體異常、生父母有犯罪紀錄、智能不足、學習障礙等皆有可能透過複雜之遺傳工程，而傳遞給下一代，並造成負面之影響。

（二）神經生理學（腦部活動）觀點

此派學者強調人體腦部功能缺陷或產生障礙，極易造成腦部機能之不平衡，及生化上之異常，進而擾亂個人之生活與思考方式，引發攻擊行為。諸如腦部功能失常（MBD）、腦波異常（EEG Abnormality）、下視丘邊緣腦瘤或遭受傷害等，皆為促使腦部功能無法正常運作之重要因素，添加更多之犯罪變數。

（三）生物、化學觀點

此派認為人體生物化學之因素亦可能跟攻擊行為有關。例如：維他命、礦物質、低血糖症、內分泌異常或環境上之汙染等，皆易可能造成人體生化上之變化，而引發異常與攻擊行為。

但值得注意的是，此派只能解釋部分人類之暴力行為，其忽略了人類心理及後天環境之變數。

二 「挫折—攻擊」假說[67]

1939年，Dollard、Doob、Miller及Sears等人提出「挫折—攻擊」假說，他們認為攻擊是因為個體遭遇挫折所引起。所謂挫折是指個體朝向某一目標的系列行為受到了阻礙。

但是，這種說法也不足以完全解釋人類的攻擊行為，因為挫折並非引起攻擊行為的唯一原因，而且有了挫折經驗，也不一定就會產生攻擊與暴力行為，於是學者們又做了進一步探討及修正。

---

67 節錄自洪莉竹，從攻擊行為理論探討欺凌行為之輔導一文，載於諮商與輔導第88期，民國82年4月15日，第13頁。

首先要注意的是，個體對挫折情境的歸因及對結果的預期會影響挫折與攻擊之間的關係。若是個體傾向於將挫折經驗做內在歸因，或預期採用攻擊行為後要付出較大的社會代價（Social Cost），則他會修飾及抑制攻擊行為表現。

另外，Berkowitz（1969）提出「線索喚起理論」（Cuearousal Theory）。他認為挫折所引起的只是一種未分化的喚起狀態（Undifferentiated Arousal State），如果在個體所處的環境之內，沒有給予引導的線索，則不會朝向特定的反應形式。換句話說，人類遭遇挫折經驗後，進入一種準備行動的激動狀態，他將採取什麼行動，端視當時環境中最占優勢的反應而定。若環境中有提示攻擊的線索存在，那麼個體就有可能採取攻擊行為；若有線索提示攻擊行為將不容於社會，則個體便會抑制公然的攻擊行為。

三　社會學習理論[68]

社會學習理論的代表人物Bandura將攻擊行為研究的重心，由行為的個體轉入社會情境中，並區分成攻擊行為的起源、攻擊行為的誘發因素，及攻擊行為的增強物等三部分探討：

（一）攻擊行為的起源

Bandura認為攻擊行為是透過模仿（Imitation）歷程而學得的，可能是有意的模仿，也可能是無心的學習。

造成楷模作用的途徑有三種：第一種是家庭的影響，父母解決問題的方式及管教態度都成為兒童行為的楷模；第二種是次文化的影響，社會中某些特定社群達到目的的手段會成為青少年模仿的對象；第三種是表徵符號的影響，如大眾傳播工具（包括：文字、圖片、電視）所傳播的訊息往往成為青少年仿效的對象。

68　同前註，第13～14頁。讀者可另行參閱Bandura, A. Aggression: A Social Learning Analysis. Englewood Cliffs, NJ: Prentice Hall, 1977。

（二）攻擊行為的誘發因素

個體雖然模仿了攻擊行為，但不表示就一定會表現攻擊行為，根據Bandura的分析，下列是誘發個體表現攻擊行為的五種因素：

1.楷模的影響

楷模的影響（Modeling Influence），係指當兒童或成人看見他人表現的攻擊行為後，也會表現更多的攻擊行為。

2.嫌惡的遭遇

嫌惡的遭遇（Aversive Treatment），係指當個體遭受身體的迫害、言辭的威脅或受到侮辱時，容易表現攻擊行為。

3.激勵物的引誘

激勵物的引誘（Incentive Inducements），係指當個體預期攻擊行為會產生積極的效果時，就可能引發攻擊行為。

4.教導性的控制

教導性的控制（Instructional Control），係指透過社會化的過程，個體接受法定權威的指導，決定是否表現攻擊行為。

5.奇異的表徵控制

奇異的表徵控制（Bizarre Symbolic Control），係指當個體不能有效與現實生活經驗相連結時，常被幻覺的力量所操縱，因而表現攻擊行為。

（三）攻擊行為的增強物

當個體表現了攻擊行為後，如果得到讚賞或認可，則會持續這種行為；若是受到懲罰或譴責，便較不會再表現這種行為。Bandura將增強物分為三種：

第一種是外在增強（External Reinforcement）：明確或不明確的酬賞都會增加攻擊行為的可能性。若是個體的痛苦或羞辱感能靠攻擊行為而減輕，也會增強該行為。

第二種是替代性增強（Vicarious Reinforcement）：若個體觀察到某

種行為似乎得到酬賞，那麼他也會學習該行為；若他觀察到某種行為表現似乎受到懲罰，就會抑制該行為。

　　第三種是自我增強（Self-Reinforcement）：個體常表現自發性的行為，以期獲得自我滿足與自我價值感，並避免導致良心的自我譴責。若是攻擊行為的結果使個體的自尊提升，那麼就產生自我酬賞的作用，持續該行為；若攻擊行為帶來個體的不安與焦慮，將產生自我懲罰作用。但有時個體為維護自我的價值，減低罪咎感，會使用中立化（Neutralizing）的技術，來推卸攻擊的責任，攻擊者常會將責任歸罪於被害者，認為被害者罪有應得，或是認為許多人都該為這個攻擊事件負責。

四 暴力副文化理論

　　1967年，渥夫幹（Wolfgang M.）及費洛庫提（Ferracuti F.）在對費城之殺人犯做系統性研究後，提出「暴力副文化」（Subculture of Violence）之理論。所謂副文化，即社會中某些附屬團體所持有之一套與主導文化（Dominant Culture）有所差異之文化價值體系。他們認為，在某些社區或團體裡，可能因暴力副文化之存在，致暴力為現存之規範所支持，並滲入到生活方式、社會化過程及人際關係之中[69]。

　　渥夫幹及費洛庫提利用七個命題來說明其所提出之「暴力副文化」理論[70]：

　　（一）沒有任何一個副文化是和主導文化完全不同或完全相衝突，兩者之間有所交集。

　　（二）暴力副文化之存在，並非意謂其組成分子在所有情況下均以暴力為解決問題之手段，暴力只是在特定狀況下使用時，才能為其副文化所容許或支持。

　　（三）暴力副文化組成分子以暴力為解決問題手段之頻率及意願，可

69　Charles W. Thomas and John R. Hepbur, Crime, Criminal Law and Criminology. Dubuque, Iowa: WM. C. Brown Company Publishers, 1983, pp. 273-274.
70　引自許春金著，犯罪學，中央警官學校，民國80年4月修訂版，第396頁。

反映其吸收暴力副文化之數量及程度。

（四）暴力副文化可能存在於社會各個角落裡，但以存在於青少年及中年團體為顯著。

（五）暴力副文化之反文化或對立文化是非暴力文化，其組成分子若違反其副文化之期待，可能遭受排斥。

（六）個人係經由差別學習、差別接觸或差別認同的過程，而發展出對暴力副文化之有利態度。

（七）在暴力副文化裡，使用暴力並不被認為是一種非法行為，暴力使用者因而不致產生罪惡感。

　　從暴力副文化理論中可推論，當一個因長期處於特定之社區中，而該社區之凝聚力甚強；或隸屬某一團體，且該團體之凝聚力甚強；則當該社區或團體之規範符合犯罪副文化之條件，即較普遍地支持採用暴力為解決問題之方式時，該社區或團體成員發生暴力頻率比較高。當然，不可能有任何團體或副文化全然支持暴力之價值，果如此，則該團體恐亦將無法存在。

第四節　暴力犯罪之防治

　　暴力犯罪之成因既如此複雜，因此其防治對策乃多面向的，非單一對策所能解決，茲分述如下：

一　落實優生保健措施，減少生物遺傳負因

　　對於有重大不良遺傳疾病（含精神疾病、染色體病變）者，可透過修法禁止婚配，以避免有缺陷的基因遺傳給下一代，同時，對於生理、心理上有異常者，社會應提供足夠適當處所（如心理衛生中心、精神科等）予以早期醫治，以避免暴力行為之發生。

二　加強親職教育、健全家庭功能

　　暴力犯罪之衍生，往往與許多家庭原因密切相關。例如，研究指出暴力少年比其他少年遭遇各種形式之虐待，同時多數來自具有病理之家庭，父母常有酗酒及其他精神、情緒之問題[71]。許多暴力少年的父母不僅不了解子女之問題與需要，同時亦不知如何對子女施予正確管教，不是過分溺愛、寵愛，不然即是過分嚴厲、鬆弛或拒絕，甚至父母彼此間暴力相向，缺乏和諧，此為其反叛與暴力行為製造了危機[72]。因此，筆者認為應加強父母親職教育，擴大舉辦「爸爸、媽媽教育」活動……促其成功地扮演父母角色，發揮家庭功能，強化監督子女，並予適當管教，此為防止犯罪發生之根本工作。

三　減少貧富不均、資源分配不均等機會結構問題

　　學者Samuel Walker在檢視犯罪抗制相關文獻後指出，優良之經濟政策，有助於治安之維護與改善。事實上，目前我國貧富差距日益擴大，此無形中製造出許多社會與治安問題，因此有必要採行必要措施，如健全稅制稅政、貫徹經濟自由化政策、加強社會福利、提升就業機會等，以抑制財富分配不均現象。此外，鑑於解嚴後之社會秩序紛亂現象，筆者認為其與政府各項資源分配未臻於均衡有關，包括：政治、社會、經濟、文化資源等。因此，應致力於妥適分配資源以滿足各方需求，減少衝突及暴力行為之發生[73]。

四　淨化大眾傳播媒體，減少暴力、色情與犯罪新聞之渲染

　　大眾傳播媒體由於具有休閒娛樂、社會教育及資訊溝通等功能，因

---

[71] 楊士隆，青少年殺人犯罪行為與防治對策，文載於蔡德輝、楊士隆主編，青少年暴力行為：原因、類型與對策，中華民國犯罪學學會，民國89年7月。

[72] 蔡德輝、楊士隆，少年犯罪理論與實務，五南圖書出版公司，民國89年7月。

[73] Samuel, Walker, Sense and Nonsense about Crime. California: Brooks/Cole, 1985.

此其對社會大眾之行為及生活各層面，產生深入、持久之影響。鑑於大眾傳播迥異且其滲透力甚強，如不善加利用，則其所造成之反效果，足以摧殘任何正面教育之功能。目前許多電影、電視、錄影帶濫製一些誨淫誨盜以及暴力之節目，加以報紙、雜誌對於犯罪新聞與犯罪技術過分渲染描述[74]，無意中在人們內心播植一些不正確之觀念──解決問題的最有效方法是使用暴力。

鑑於當前是我國有史以來接受大眾傳播媒體最多的一代，因此建議大眾傳播應自我約束，淨化其內容，發揮社會教育及預防犯罪之功能，減少色情、暴力與犯罪伎倆之傳播。

五　學校與社教機構加強人際溝通、憤怒情緒管理與法治教育課程

暴力行為與暴力犯本身具有非理性的認知、人際溝通拙劣與憤怒情緒之缺乏控制及管理有密切關係，此點可由許多少年殺人犯罪發生的主要動機為爭吵上獲得驗證。因此有必要在家庭、就學與社會教育階段強化社交技巧訓練（Social Skills Training）及憤怒控制訓練（Anger Control Training），讓行為人在面臨憤怒等負面情況時，能控制自己當下的憤怒及激動，用更具建設性的方式來處理，以免因為太過衝動而犯下不可抹滅的錯誤。再者，有很多的少年犯在行為當時並未考慮後果或是不知自己的行為會觸犯法令，因此亦應該加強青少年之法治教育。

六　採行情境犯罪預防措施

根據筆者研究27位重大暴力犯之發現，其犯罪前最優先考慮的因素為被發現及逮捕之可能性，其次為獲利之多少[75]。因此可見，大多數暴力犯在從事犯罪時皆經理性之考量與抉擇，倘有適於犯罪之情境出現，風險

---

[74] 楊士隆，大眾傳播媒體與犯罪預防，中警半月刊第612期，民國82年12月1日。

[75] 蔡德輝，台北市智慧型犯罪防治對策之研究，臺北市政府研究展考核委員會，民國77年4月。

低，即可能發生。因此，提升犯罪之風險，增加犯罪的困難，減少犯罪酬賞之努力，均值得採行。學者克拉克（Clarke）教授新近發展情境犯罪預防（Situational Crime Prevention）措施，以各種有系統常設的方法對犯罪環境加以管理、設計或操作，降低犯罪機會，即屬防範暴力行為發生之有效方法之一。其具體措施，包括：目標物強化、防衛空間設計、社區犯罪預防及其他疏導或轉移犯罪人遠離被害者之策略等[76]。

七　強化個人自我保護措施

新近由學者辛德廉、蓋佛森和葛洛法洛（Hindelang, Gottfredson and Garofalo）提出之生活方式暴露被害理論（A Lifestyle/Exposure Model of Personal Victimization）[77]及柯恩與費爾遜（Cohen and Felson）倡導之日常活動被害理論（Routine Activtity Theory of Victimization）[78]，告訴我們暴力犯罪被害之可能情況，包括「生活型態」及「犯罪情境」二大部分。因此，如何檢視自己之生活型態，強化採行自我保護措施，避免成為犯罪合適之標的物，暴露於危險情境，乃成為預防暴力被害之重要課題。

儘管21世紀之文明即將到來，但似乎人們成長於更多暴力之社會環境。暴力可能以傳統之型態出現，如：殺人、強制性交、強盜、搶奪、傷害等；但也可能以非傳統之方式呈現，如：家庭暴力、企業機構、政府或專業領域及恐怖主義等屬之[79]。這些形式暴力之成因有其複雜之背景因素，端賴個案之特性而定。而值得注意的是，各類型之暴力均對人類之生活造成不同程度之危害，而這些傷害往往無法彌補，並且影響深遠。因此，如何預防其發生乃成為當前刑事政策之重要課題。

---

[76] 楊士隆，情境犯罪預防之技術與範例，警學叢刊第25卷第1期，中央警官學校印行，民國83年9月。

[77] Michael J. Hindelang, Michael R. Gottfredson, and James Garofalo, Victims of Personal Crime: An Empirical Foundation for a Theory of Personal Victimization. Cambridge, Mass: Ballinger, 1979.

[78] Lawrence E. Cohen and Marcus Felson, "Social Change and Crime Rate Trends: A Routine Activity Approach," American Sociological Review, 44: 588-608, 1979.

[79] 楊士隆主編，暴力犯罪，五南圖書出版公司，民國92年12月。

第九章　幫派與組織犯罪

第一節　沿革與發展

近年來，台灣地區幫派與組織犯罪雖在政府一波接一波之掃蕩之下，而受到某種程度之壓制，但在政治民主化、經濟發展迅速與獨特地緣條件下，仍有持續擴張之趨勢。

在民國68年至73年間，中美斷交，人心不安，幫派分子為保護其自身利益，積極擴展組織，並開始走法律邊緣，以「非法走向合法，以合法掩護非法」，而逐步涉及保護、經營特種行業、設立討債公司、介入經營演藝事業、敲詐勒索、強占地盤收取保護費，並圍標公共工程，介入地方選舉[1]。有鑑於幫派犯罪問題之嚴重性，政府於73年11月12日實施大規模之掃黑「一清專案」，逮捕2,400餘名幫派分子以茲嚇阻，並於73年訂定「動員勘亂時期檢肅流氓條例」（已於98年1月21日廢止），加強對幫派分子之檢肅。

雖然如此，組織（幫派）犯罪活動並未因此消聲匿跡，在民國76年間，有利之政治氣候（如76年7月15日解嚴，77年減刑條例頒布）及經濟突飛猛進（如：投資、期貨、證券、建設等行業興盛，加上賭風日熾），促使幫派分子運用此有利局勢，而重整旗鼓，再度介入各種特種行業、傳播公司、地下錢莊、圍標公共工程，而成為治安維護之巨大隱憂[2]。有鑑於此，政府於79年7月9日起進一步實施迅雷掃黑專案因應。

值得注意的是，此時幫派分子已跨足各行業，並透過地方選舉以進行漂白工作，使得檢肅幫派犯罪更形困難。他們一方面經營著黑道企業，包括：保全、營建、房地產、休閒娛樂俱樂部、廟寺、美容業、養殖、廢土

1　參閱杜讚勳，台灣地區幫派之研究，中央警官學校學士論文，民國73年，第29～31頁。
2　楊台興及游日正，我國不良幫派及其成員之處理模式，文載於許春金等，不良幫派處理模式之泛文化比較研究，內政部警政署刑事警察局委託，民國82年5月，第166頁。

傾倒、木材、棒球場等行業均見其蹤跡；另一方面，則透過地方民意代表選舉，以暴力之手段躋身議堂（如民國82年11月底槍殺欲參選議員及議長之嘉義「阿○」及彰化之「阿○○」等），以期漂白，添增護身符[3]。

民國85年8月30日，由法務部主導之「治平專案」掃黑活動，首被移送四海幫大哥蔡○○及竹聯幫東堂堂主薛○○等人至台東看守所綠島分舍羈押，再度揭發幫派分子持續侵害政治、經濟、公共建設之事實。由8月30日起至11月9日止，計有264名幫派分子落網，37名住進綠島分舍（詳表9-1），屬治平專案者34人，地方民意代表者10人，重大之組織（幫派）犯罪案件包括11月25日收押涉嫌暴力介入工程圍標、法拍屋及有限電視公司經營糾紛之松聯幫老大吳○○；11月1日移送涉及恐嚇商家、經營賭場之竹聯幫東堂堂主任○○；11月6日約談移送深坑鄉「黑道治鄉」弊案之十五分幫老大王○○、鄉長、鄉民代表及分駐所所長等；11月8日自新加坡押解涉及中正機場二期航站、野柳隧道等工程弊案之竹聯幫蘭堂堂主、○○企業負責人陳○○；11月10日逮捕涉及多起台電工程及營造工程暴力圍標、綁標之竹聯幫地堂堂主、綽號「鍾馗」之李○○；11月11日移送多起工程圍標、恐嚇商家之四海幫仁愛堂堂主陳○○。前述幫派之活動及執法部門之持續擴大掃黑行動，透露出當前台灣地區組織（幫派）犯罪問題之猖獗與嚴重性，亟待研擬妥善對策因應。

表 9-1 治平專案羈押綠島監獄分舍嫌犯名單

編號	姓　名	年齡	押羈日期	背景
G22	謝○○	36歲	85.10.06	彰化縣議員，外號「小華」
B23	陳○○	37歲	85.10.08	新莊仔幫，鳳山市代表，外號「葫蘆」
D25	藍○○	34歲	85.10.09	桃園縱貫線，外號「豬哥標」
D25	廖○○	30歲	85.10.09	藍○○同夥
D25	何○○	43歲	85.10.09	台南縱貫線，外號「魯地」
D27	朱○○	39歲	85.10.16	南投竹山鎮代表，外號「破鼎」
I08	張○○	45歲	85.10.24	天道盟天德會長，外號「德哥」

3　參閱聯合報，民國82年12月8日。另自立晚報，85年11月16日報導法務部廖部長指出83年當選的800餘名各縣市議員中有35%具黑道背景。

表 9-1 治平專案羈押綠島監獄分舍嫌犯名單（續）

編號	姓　名	年齡	押羈日期	背　景
I08	吳○○	38歲	85.10.24	松聯幫老大，綽號「烏賊」
C30	陳○○	56歲	85.10.29	雲林水湳鄉代會主席
C30	陳○○	36歲	85.10.29	陳○○同夥
A25	高○○	37歲	85.10.30	竹聯幫青堂堂主
A48	彭○○	41歲	85.10.30	竹聯幫捍衛隊長，綽號「賴仔」
B34	劉○○	39歲	85.10.31	竹聯幫基隆堂口，外號「瘟生」
D35	黃○○	26歲	85.11.06	新竹縱貫線，外號「小傑」
L05	蔣○○	27歲	85.11.07	中市縱貫線，綽號「老要」
L04	蔡○○	29歲	85.11.07	蔣○○同夥，綽號「武林」
L04	鄭○○	36歲	85.11.07	台中大甲銀代會主席，外號「富獅」
L06	李○○	45歲	85.11.10	竹聯幫地堂堂主，外號「鍾馗」
L06	張○○	35歲	85.11.10	四海幫仁愛堂口
L06	張○○	51歲	85.11.10	雲林縣角頭，外號「康健」
A10	蔡○○	55歲	85.08.30	四海幫老大，外號「倫爺」
A10	鄭○○	33歲	85.08.30	四海幫成員
A10	劉○○	24歲	85.08.30	竹聯幫東堂，綽號「小孟」
A10	薛○○	33歲	85.08.30	竹聯幫成員，綽號「高個」
A10	陳○○	24歲	85.08.30	竹聯幫東堂
A10	鍾○○	25歲	85.08.30	竹聯幫東堂，綽號「清文」
A10	李○○	39歲	85.08.30	高雄沙地幫老大，外號「A伯」
A10	孫○○	39歲	85.08.30	沙地幫分子
A10	陳○○	34歲	85.08.30	沙地幫分子
B14	黃○○	36歲	85.09.04	屏東前議長鄭○○手下，綽號「卡車」
B14	邢○○	30歲	85.09.04	黃○○同夥，綽號「阿第仔」
B14	黃○○	41歲	85.09.04	黃○○同夥，外號「黑雲」
B14	陳○○	26歲	85.09.04	黃○○同夥，外號「狗仔」
A15	張○○	50歲	85.09.11	四海幫幹部，外號「二寶哥」
K16	粘○○	40歲	85.09.19	彰化縣副議長，外號「稍粘仔」
K16	洪○○	23歲	85.09.19	粘○○司機
K16	李○○	24歲	85.09.19	粘○○小弟，綽號「阿城」
A41	蔣○○	56歲	85.09.23	四海幫幹部，外號「大蕃薯」
G21	王○○	38歲	85.10.04	台中霧峰鄉主席

表9-1　治平專案羈押綠島監獄分舍嫌犯名單（續）

編號	姓名	年齡	押羈日期	背景
H03	俞○○	44歲	85.11.11	桃園中壢角頭，外號「臭魚」
L07	侯○○	45歲	85.11.14	天道盟顧問、大湖幫派，綽號「歪頭生」
L44	潘○○	35歲	85.11.16	黃○○同夥，綽號「破仔」
L45	甘○○	50歲	85.11.17	台南市東門幫老大，綽號「老甘」
M40	游○○	45歲	85.11.19	宜蘭南澳鄉代會主席，外號「阿順仔」

資料來源：民國85年11月24日新新聞。

第二節　幫派與組織犯罪之類型、組織型態與結構

一　類型

台灣地區之幫派組織，均可區分為下列三類[4]：

（一）外省幫派

外省幫派主要係指組織幫派時，係由外省子弟（大陸籍）所發起，如：竹聯、四海、松聯、三環幫等屬之。然值得注意的是，由於族群的融合，目前參加者並不侷限於外省子弟。外省幫派之成立與早期台灣眷村之設立有密切相關，組織幫派一方面可免受欺侮，並且有利於利益之擴張。外省幫派組織較為嚴密，具侵略性，活動範圍廣，國內外均見其蹤跡。除傳統幫派活動外，外省幫派成員善於經商、拉關係，為其幫派活動厚植許多基礎。

（二）本省掛

本省掛，故名思義，係指以本省籍之人士所組成之幫派組織，一般係以各地「角頭」為代表。例如：台南東門幫、彰化公園幫、員林太子幫、關帝廟、北門幫等。「角頭」一般係在古老之社區地域，經數十年之

---

[4]　聯合報，民國82年12月8日。

流傳而形成，成員因從小一起長大，故彼此感情濃厚，團結力較強。此類本省角頭一般甚講義氣，倘遇外敵，「莊仔內」之兄弟必定號召抵抗之。本省角頭由於地盤固定，故其活動以收取保護費、開設賭場等為主，但值得注意的是，在民國73年「一清專案」掃黑於監所中成立之「天道盟」，亦屬本省掛中新興的勢力。在監所中傳言，「不歸竹，則歸天」，足見其影響[5]。天道盟分子在70年代至80年代間曾跨足股票、房地產、航運、資訊、娛樂、影視等事業而盛極一時，目前已漸由盛而衰。

（三）縱貫線

「縱貫線」這個名詞，係近幾年因為國內治安環境轉變，才出現以剽悍出名、「火力」強大、手段狠，不論是「外省幫派」或「本省掛」的兄弟，對他們都敬而遠之，漸漸形成他們在黑道的力量。「縱貫線」的主要勢力範圍以中部為主。

二　組織型態

根據刑事警察局之官方資料，台灣地區之不良幫派聚合約有500餘個，就其組織型態上區分，有下列三種[6]：

（一）聚合型

此類型係由若干不特定不良分子組合而成，亦無固定名稱，多基於共同從事某一項犯罪活動或共同利益而臨時結合而成，故亦稱之為犯罪集團，此類型約占幫派的47%。

（二）角頭型

此類型亦無組織的型態，幫中成員、經費多無固定，並以某一特定

5　中國時報，民國79年7月13日。
6　同註2，第169頁。

地區為其地盤。惟當此地區商業活動落後，該聚合之勢力亦隨之瓦解，如：萬華的芳明館、花蓮的溝仔尾幫等，此角頭聚合約占台灣地區幫派的41%。

（三）組織型

此類型有固定入幫儀式、訂有幫規，設有幫主、幫法、堂口等組織，並有固定經濟來源，且以外省籍幫派居多，如：竹聯幫、四海幫、北聯幫、松聯幫、天道盟等，此類型約占幫派的12%。惟此等幫派經過政府多次的檢肅，目前只有竹聯幫稍具規模。

三　組織結構

台灣地區幫派及組織犯罪集團較具規模者以竹聯幫為代表，其他幫派及角頭組織則較零散，或僅有大哥及小弟二階層，故僅對竹聯幫之組織結構介紹如下[7]：

竹聯幫組織設有總堂、總執法、總護法、總巡查及各堂口（詳圖9-1），堂口（至民國85年已擴展為36個）包括八德類堂口（忠、孝、仁、愛、信、義、和、平）、天地類（天、地、至、尊、萬、古、長、青）、動物類（龍、獅，天蠍、天龍）、自然類（東、西、南、北、風、火、雷）、風雅類（梅、蘭、竹、菊、月、聖）及其他堂口如斗六堂、戰堂及捍衛隊等。各堂堂主以下設到堂主、左右護法及各旗，加上突擊隊員（竹葉青）。

7　引自註2，第170頁及自由時報，民國85年11月11日。

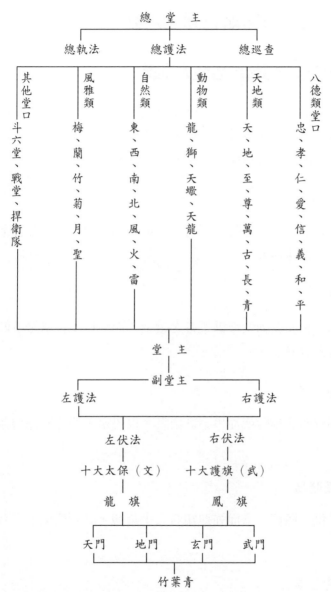

資料來源：楊台興、游日正（民82，第120頁）。

圖9-1 竹聯幫組織結構

第三節 幫派與組織犯罪之活動

一 傳統台灣地區幫派活動之範疇

台灣地區組織犯罪之活動傳統以包娼包賭、敲詐勒索、收取保護費為主。惟近年來其活動範疇日廣，除夾以傳統暴力外，並介入各行業。刑事警察局報告曾指出，台灣幫派至少涉及下列非法活動[8]：

（一）不法販賣

此種犯罪依其販賣客體之不同，又可分為販賣人口、販賣毒品、販賣禁藥、販賣假證件等。

（二）擄人勒贖

一般綁架犯罪為勒索被綁架者之贖金，而今日不良幫派所做所為，多係以暴力代人討債。

（三）恐嚇勒索

專對鄰近商店攤販或從事不當業者，以恐嚇手段強索保護費、保鑣費等。

（四）開設賭場

開場子供人賭博，甚而強邀知名人士賭博，其間避免不了有詐賭情事發生。

（五）色情營業

鑽法律漏洞、走法律邊緣，藉正當營業之名而從事色情營業之實，或為色情業場所保鑣。

---

8 參閱盧金波，幫派犯罪之預防與處理，中美防治犯罪研究會論文集，東海大學、中央警官學校、美國加州沙加緬度州立大學，民國77年7月，第2頁。

（六）暴力圍標

以暴力抽成或脅迫讓標，於得標後轉手圖利，亦有使用破壞工地設施等手段，以遂強索財物。

（七）包檔包秀

以暴力介入影劇、演藝圈包攬檔期、安排演出，苟有不從，即橫刀相向，因此而獲取暴利。

（八）包攬選舉

基於平時受助或藉角頭勢力，每逢選舉，不良幫派分子往往介入，造成「政治汙染」。

刑事警察局之資料進一步指出，幫派分子以暴力介入下列各行業[9]：

1.包秀包檔，演藝場所受其控制，演藝人員須受其支配。

2.經營、操縱各大規模有表演節目之西餐廳。

3.介入各餐廳、旅館、咖啡廳等場所，指定爪牙為該場所工作人員，名義上是保護他們營業，實際上是定期收取保護費，未定期支付或報警者，必遭滋擾或破壞，使業者不敢不就範。

4.經營傳播公司，如「捷○」、「樺○」、「綜○」等傳播公司，均由幫派分子介入經營。

5.經營期貨公司、地下酒家、投資公司、討債公司、酒廊、電影公司、地下錢莊、投資公司等，如「鴻○投資公司」負責人均係有案幫派分子。

6.圍標工程，凡各大建築公司招標，均參加投標，並向得標者索取分紅，如未遂所願，則暗中加以破壞。

民國84年內政部警政署之警政工作概況亦指出，流氓與幫派之不法活動包括[10]：

9　同註2，第167頁。
10　警政工作概況，內政部警政署編印，民國84年，第16～17頁。

（一）介入政治方面

流氓幫派、組合分子為危害社會治安根源，渠等為牟取非法利益、擴展勢力，並尋求以合法掩護非法，因此，積極介入選舉，以暴力為手段，非但降低選舉品質、阻礙選舉活動正常進行，並破壞選舉治安。其介入政治類型有三：

1. 以候選人為目標加以勒索，尤其是要犯在逃亡期間常為之。
2. 為政治人物之間或派系糾紛等問題，須透過流氓幫派人物居間折衝。
3. 為流氓幫派人物直接參與民代選舉，藉以「漂白」身分，作為逃避治安機關取締的保護傘。

（二）介入經濟方面

隨著工商業的發展，流氓組織勢力亦同時延展至各行各業。目前幫派組織分子已走向組織化、企業化的「黑社會」型態，以合法的公司做掩護，實際從事圍標工程、地下錢莊、色情、賭場、販毒、走私等非法行業，嚴重影響國人投資意願。其情形如下：

1. 圍標工程及向建商或工地敲詐恐嚇：政府各項重大建設陸續開工，由於工程經費龐大，往往為黑道人物所覬覦，不惜以暴力手段積極介入，並自組公司圍標工程，藉以逼退合法廠商或伺機向廠商、工地進行勒索。
2. 以地下錢莊牟取暴力：地下錢莊為非法行業，業者為確保本利收回，因此與幫派或不良分子組成之討債公司相勾結，借貸人發生償還債務問題時，便以暴力手段扣押借貸人財物或擄人勒索，嚴重破壞治安。
3. 從事色情、賭場、販毒及走私；包秀包檔，控制演藝界及演藝人員；經營、操縱各大規模有表演節目之西餐廳、酒店、舞廳及KTV等場所。由其成員擔任該公司之服務生或泊車人員，名義上為員工，實則定期收取保護費等。

三　台灣地區各幫派組織活動之方式

　　台灣地區各幫派組織由於性質與活動範疇不一，且其主要犯罪焦點活動亦有差異，僅就過去台灣幫派組織之主要活動資料，加以整理分述如下[11]：

（一）四海幫（台北市）

　　開設賭場、包檔包秀、圍標、討債、經營期貨公司、電影公司。

（二）松聯幫（台北市）

　　開設賭場、敲詐勒索特種營業場所、經營地下錢莊。

（三）芳明館（台北市）

　　開設賭場及色情餐廳、敲詐勒索特種營業（尤其是妓女戶）。

（四）北聯幫（台北市）

　　開設賭場、暴力討債、勒索建築工地、賭場保鑣。

（五）三環幫（台北市）

　　開設賭場、勒索特種營業、討債。

（六）咖吶幫（台北市）

　　勸募廟宇香火錢、向果菜商勒索保護費。

（七）三光幫（新竹市）

　　勒索規費、開設賭場、暴力討債。

11　係由周文勇於民國83年彙整民國74年台北市政府警察局各幫派專案報告及警備總部所撰之一清專案報告而成。

（八）風飛沙幫（新竹市）

販毒、勒索商家、開設賭場、暴力討債。

（九）光復聯盟（新竹市）

殺人搶劫、恐嚇勒索、販賣麻醉藥品、充任保鑣、討債、經營色情行業、開設賭場。

（十）祥龍幫（中壢市）

開設賭場、討債、介入中央及地方選舉、組扒竊集團、向色情行業及攤販勒索保護費。

（十一）十五神虎幫（台中市）

賭博、經營色情、勒索、討債。

（十二）十七軍刀幫（台中縣）

勒索果菜批發市場規費、開設賭場、討債、充任殺手。

（十三）七賢幫（高雄市）

開設賭場、勒索特種營業。

（十四）西北幫（高雄市）

勒索商家、保鑣、經營遊覽車業、討債。

另外，較具規模之幫派亦對各堂口之活動加以分工，以竹聯幫為例，各堂口之主要活動如表9-2[12]。

---

12 同註10。

表 9-2　竹聯幫各堂口活動概要

忠	孝	仁	愛	信	義	和	平	天	地	至	尊	萬	古	長	青
1東區 2台中 3岡山	東區	東區	1中永和 2南部 3縱貫線	中壢	1員林 2嘉義	東區	1新店 2景美 3木柵 4中山區	1景美 2中山區	1中山區 2高雄	中山區			中山區		粵菜館
1賭場 2排秀	1賭場 2排秀	1排秀 保護費 2討債 3電影	賭場	保護費	茶葉批發	茶葉批發	保護費	1理髮廳 2餐廳	1保護費 2賭場 3排秀	1賓館 2賭場 3排秀	保護費	1討債 2武館 3建築 4海水浴場	1保護費 2餐廳		

資料來源：楊台興、游日正（民82，第170頁）。

三　台灣地區主要幫派組織活動之分析

　　除前述官方資料外，晚近亦發生諸多幫派組織犯罪之活動方式，根據筆者之整理，晚近較引人注目且值得關注之幫派組織犯罪活動範圍與方式包括：

（一）圍標工程

　　民國85年期間交通部承認，其十多項工程可能涉及遭不法組織集團綁標及不法貪瀆，包括：中正機場二期航站、第二高速公路拓寬計畫、北宜高速公路等。而最近峻國機構負責人陳○○與竹聯幫分子，綽號「二馬」的馮○○涉嫌圍標6年國建「西濱公路野柳隧道工程」及「東西向快速道路漢寶草屯線隧道工程」[13]，為幫派集團涉及圍標重大工程之注目案例。

13　自立晚報，民國85年11月12日。

（二）介入職棒賭博

　　法務部之資料顯示，從民國85年6月10日止至11月8日止，黑道介入職棒簽賭案件已累積至29件，被告之人數達58人。8月1日在台中發生象隊球員遭綁架案件，及11月1日龍隊洋將在台中住宿飯店接到須放水的電話，均為部分幫派分子涉嫌介入職棒賭博之案例[14]。

（三）與人蛇集團掛鉤，協助偷渡至台灣或美國等其他地區

　　警政工作概況報告指出，兩岸人蛇仲介偷渡，已呈現組織計畫型之接駁，而幫派分子居中勾結扮演重要角色。此外，華裔幫派集團亦涉及人蛇偷渡至美國之行動，並向每位偷渡客索取5,000美元之偷渡費用[15]。

（四）組織黑道治鄉網絡，謀取暴利

　　台北縣深坑鄉於民國85年11月爆發「黑道治鄉弊案」。鄉長、鄉鎮代表會主席或出身黑道與黑道勾結，並與警察人員建設課員等形成黑白共生結構，介入壟斷廢土工程索賄、辦理公共工程或回扣[16]，形成黑道治鄉危害網路，獲取暴利。此類黑道、白道共生之結構，對地方政府、政治、經濟與社會之危害既深且廣，非強有力之司法與政治改造決心，並無法根治解決[17]。

（五）入侵校園，吸收少年，從事非法活動[18]

　　國內幫派一反傳統於民國80餘年間積極染指校園，吸收少年入會，主要在於吸收少年入幫刑罰較輕、成本較低，且少年容易被利用、未考慮行為後果。

14　中時晚報，民國85年11月2日。
15　中國時報，民國81年7月3日；陳國霖，台灣是人蛇集團之大本營嗎？中國時報，民國83年6月27日。
16　聯合報，民國85年11月6日。
17　趙永茂，消弭黑白共生結構需從根部下手，中國時報，民國85年11月12日。
18　蔡德輝、楊士隆，幫派入侵校園問題與防治對策，文載於蔡德輝、楊士隆主編，青少年暴力行為：原因、類型與對策，中華民國犯罪學學會印行，民國89年7月。

第四節　防制幫派與組織犯罪之困境和挑戰

有關台灣地區檢肅流氓與幫派之工作，從民國44年迄今，政府曾多次執行掃黑行動，包括44年之「伏妖專案」、65年之「除四害專案」、69年之「捕鼠專案」、73年之「雷霆專案」、「清從專案」、73年11月12日之「一清專案」、79年起執行「迅雷專案」及85年之「治平專案」等，取締績效雖不差，但仍無法完全遏止流氓與幫派分子之持續發展、繼續危害社會治安。法務部及警政署之報告曾指出，防制組織（幫派）犯罪之困境與挑戰，至少包括[19]：

一　法制層面

（一）刑法對幫派組織犯罪活動缺乏制裁力量

刑法第154條之規定過於簡略，而先前檢肅流氓條例（已廢止）所檢肅者均係針對個人之流氓行為，對於以從事販毒、洗錢、恐怖活動及走私等犯罪為宗旨之幫派組織犯罪集團缺乏制裁力量。

（二）治安機關蒐證認定不易

依先前檢肅流氓條例規定，流氓之認定，需有具體流氓行為，而依該條例施行細則之規定，且需具不特定性、侵害性及慣常性，由於幫派犯罪活動多具隱密性，蒐證不易，以致成效不理想。

（三）治安機關蒐證法律依據欠缺完備

依先前檢肅流氓條例之規定，流氓之認定，需由各治安機關提出具體事證，但具體事證如何取得卻未明定，是以各治安機關多循被害人之方向，去蒐集指證筆錄，一旦被害人畏懼遭取報復，不敢指證（國人多有息

---

[19] 同註10，第20～22頁；馬英九，掃黑與除暴工作的再出發，中國國民黨中央常務委員會專題報告，民國85年4月24日，第19～22頁。

事寧人、花錢消災心理），執行人員即束手無策。

（四）未訂定防止黑道參選條款

　　公職人員選舉罷免法或先前檢肅流氓條例中均未訂有防止黑道參選條款，許多黑道幫派分子經由參與選舉方式，擠進民意機構以期漂白，並進而染指公共工程與各行業，獲取暴利，嚴重影響社會治安。

二　執行層面

（一）檢肅幕後操縱指使者不易

　　部分流氓幫派、黑社會老大，常隱身幕後操縱，縱有從事流氓行為者，亦指使手下嘍囉代為頂罪，難予以蒐證檢肅，未能有效根除其惡勢力。而執法單位在績效壓力下，僅能就「霸占地盤」「白吃白喝」欺壓善良百姓等較易提報之案件著手，「避難就易」，不願耗費心力，進一步就幕後之幫派操縱者進行調查，蒐證提報。

（二）黑道漂白民代掣肘

　　幫派分子為分享政治利益，或逃避治安單位之檢肅，常與地方派系串聯掛鉤，以黑道力量為政治人物助選或為暴利之工具；民代則為其關說阻撓檢肅工作，使得幫派分子在民代保護傘下，勢力逐漸延伸至各行各業。近年幫派分子更以暴力介入選舉或藉由選舉不法活動，或組織公司行號，以合法掩護非法，或挾民意代表身分假預算審查及施政質詢之名「監督」各級政府機關，使執法人員在執行檢肅工作上心存顧忌，並受到阻礙。

（三）感訓期間過短，嚇阻效果有限

　　流氓感訓處分期間依規定為1年至3年，但實務上多執行1年半左右，即由感訓執行機關聲請法院免予繼續執行，期間稍嫌短暫，實難以發揮警惕、嚇阻功效。

第五節　防制幫派與組織犯罪之對策

　　台灣地區組織犯罪活動已由傳統之收取保護費、包娼包賭等活動惡化至假藉經營各類企業從事非法活動，參與重大工程圍標，並透過選舉以期漂白並獲取暴利。因此，抗制組織犯罪非僅止於警察及刑事司法之單方面所能奏效，必須從健全法制、落實刑事司法執行效能，並動員社會大眾提升防制組織犯罪之意識及勇於參與檢舉等多方努力，始能展現預期之具體成效，茲謹就相關對策分述如下：

一　完備立法防制組織犯罪活動

　　我國防制幫派活動之法律，目前僅止於刑法第154條，然而過於簡略，對於防制組織犯罪而言其功能大受限制[20]，法務部有鑑於此乃參酌各國立法例，而擬訂出「組織犯罪防制條例」草案之特別法，草案自民國85年9月下旬送入立法院，幾經朝野立委針對其定義、刑罰等內容加以討論，其中部分爭議性之條文，無法迅速獲得共識予以通過，直至11月21日正值前桃園縣長劉邦友等9人遭血腥屠殺，國內黑道勢力最為猖獗之際，朝野立委以空前之默契快馬加鞭於11月22日三讀通過這項法案，目的乃在以立法行動來支持政府掃黑及掃蕩組織犯罪之活動。

　　組織犯罪防制條例之立法重點，乃針對當前黑幫組織化、企業化發展，惡行侵害社會治安、經濟活動，甚至利用參政機會「漂白」。而研擬有關此項法案之內容包括：

　　（一）犯罪組織之定義，指3人以上，以實施強暴、脅迫、詐術、恐嚇為手段或最重本刑逾5年有期徒刑之刑之罪，所組成具有持續性或牟利性之有結構性組織。

　　前項有結構性組織，指非為立即實施犯罪而隨意組成，不以具有名

20　麥留芳曾指出應付個體犯罪的措施，未必亦可以有效地應用到集團犯罪，參閱其著個體與集團犯罪，巨流圖書公司，民國80年7月。

稱、規約、儀式、固定處所、成員持續參與或分工明確為必要（組織犯罪防制條例，107年1月3日修訂）。

（二）組織犯罪的罰則：發起、主持、操縱或指揮犯罪組織者，處3年以上10年以下有期徒刑，得併科新臺幣1億元以下罰金；參與者，處6月以上5年以下有期徒刑，得併科新臺幣1,000萬元以下罰金。但參與情節輕微者，得減輕或免除其刑。具公務員或經選舉產生之公務人員之身分，犯前項之罪者，加重其刑至二分之一。

犯第1項之罪者，應於刑之執行前，令入勞動場所，強制工作，其期間為3年。

（三）公務員或公職人員參加犯罪組織者，以強暴方式吸收未滿18歲少年加入犯罪組織者，應加重其刑至二分之一。

（四）禁止黑道參選條款規定：犯本條例之罪，經判處有期徒刑以上之刑確定者，不得登記為公職人員候選人。

（五）祕密證人保護條款規定：檢舉人之身分資料應予以保密。

（六）其他有關沒收犯罪組織成員之財產、監聽、臥底偵查、線民之運用、鼓勵解散自新免除其刑等，亦予以訂定。

黑道及組織犯罪對於社會治安之危害甚鉅，法務部持續對組織犯罪防制條例修訂，並獲立法院朝野立委支持三讀通過，更可彰顯政府對防制黑道幫派犯罪組織有很大之助益。除通過洗錢防制法外，復通過此條例，除應持續檢討其效能，適時再予修正，俾使防制組織犯罪之立法制更臻於完備。

■ 刑事司法單位應落實嚴格執法，防制組織犯罪活動

有關抗制組織犯罪活動，除有上述立法美意之外，徒法不足以自行，尚須徹底執行，如檢肅部門（警察、調查局、憲兵）傾盡全力掃蕩幫派組織犯罪，法院採行嚴格量刑，並於執行感訓期間，嚴予落實矯正處遇，始能達到整體防制之效果。

在警察方面，應持續掃黑，執行專案，加強檢肅幕後幫派首腦，不

予黑幫喘息之機會；在法院方面，應對幫派分子從重量刑，不輕予寬貸；在犯罪矯正方面，對重大幫派分子與首腦應予隔離，並且不應輕予假釋或免除感訓處分，在交付保護管束或返回自由社會期間，更應嚴以監控及輔導，避免其重回組織，再度危害社會。

三 強化國際刑事司法機構互助，共同打擊組織犯罪

隨著交通、資訊發達，目前組織（幫派）犯罪之活動已無國界之分，不僅可能在海外遙控國內從事非法活動，方可能在台灣地區犯罪後即行潛逃至國外或大陸地區，造成治安維護的死角。故有必要積極參與國際組織，強化國際間刑事司法互助，共同打擊犯罪[21]。此外，在外交現實下，目前由法務部及內政部警政署共同主導之「海外掃黑」工作，亦應持續進行。其主要係透過駐外單位，將先前「治平專案」期間潛逃到國外的黑幫分子護照註銷，或由與我友好國家治安單位將這些幫派分子旅行簽證取消或予以逮捕，再由警方及調查局派員押解返台之行動。這些做法有助於防制組織犯罪活動之擴大。

四 強化媒體與輿論之監督

除司法機關之追訴犯罪外，運用媒體與輿論道德性監督之力量，適時揭發組織犯罪之不法行徑，及獲取暴利情形，使一般民眾認清其真面目，而使彼等不法意圖及惡行無法得逞，進而知所收斂。例如，台灣地區媒體晚近對幫派組織之犯罪活動大肆報導，亦對部分幫派領導人及幫派經營之企業形象造成重大打擊，間接影響其永續經營[22]。

---

[21] George T. Felken, A Challenge to the International Fight Against World Wide Criminal Activity，社會變遷與警察工作國際學術研討會，中央警官學校主辦，民國82年8月3日至8月5日。

[22] 馬英九，掃黑與除暴工作的再出發，中國國民黨中央常務委員會專題報告，民國85年4月24日，第33頁。

五　動員社區鄰里組織，戮力抗制幫派活動

美國學者貝克曾言「犯罪團體獲勝之唯一要件，乃促使社會正義人士不出來參與犯罪防治工作」。幫派犯罪活動經常具暴力本質，一般民眾至感恐懼，經常寧願花錢消災，而不願站出來與其爭鬥，而此提供了幫派更多犯罪活動之機會。因此，抗制幫派犯罪活動應與反毒宣導一樣，動員社區鄰里組織、學校之力量，彙整社會大眾力量，一起推行「三不運動」，即不畏懼組織犯罪、不利用組織犯罪，及不協助組織犯罪[23]，對幫派犯罪構成壓力，使其知難而退，不致坐大。

六　加強組織犯罪之研究

控制組織犯罪活動之一個重要前提要件，定必須深入了解其組織成因與本質，進而提出可行之防制對策。然令人遺憾的是，由於學術研究之不足，目前吾人對台灣地區幫派現況之了解仍甚為有限，大多從報章雜誌或從官方之資料獲得部分訊息。為此，筆者認為政府有必要多支持、贊助台灣本土組織（幫派）犯罪研究，俾以提出更多具體周延可行之建議，供政府防制組織犯罪活動之參考。

第六節　結　論

台灣地區組織犯罪之非法活動在近年來已擴展至各領域，並且明顯的提升了層級，由傳統之包娼包賭、敲詐勒贖收取保護費等活動走向經營黑道企業，乃至於與地方派系勾結，以暴力介入選舉，或直接參與選舉藉由選舉之手段，躋身政壇，企圖為其斂財行為提供更多掩護。最近媒體大幅報導部分民意機構之腐化及黑道之鄉之說法，似乎台灣地區黑道組織已

23　許福生，從嚴格刑事政策觀點論組織犯罪抗制對策，文載於中央警察大學行政警察學系85年學術研討會論文集，民國85年6月6日。

逐漸插足行政與立法事務，此等負面之發展令人不禁想起黑手黨至為猖獗之義大利，黑手黨在極盛時期不僅占領議會與鄉鎮市長，同時非法承攬了西西里島70%的公共工程，並且控制全世界近三分之一毒品市場，而黑手黨成員中，至少有32人成為億萬富翁，遍及建築、服裝、運輸、食品、不動產及金融等行業[24]。故一旦幫派組織完全成功轉型，以合法掩護非法之同時，欲完全予以掃蕩剷除，將更形艱難。筆者認為，因應目前台灣地區幫派之朝向「組織化」、「企業化」、「合法化」，但暴力本質不變之發展，防制組織犯罪刑事特別法之制定，刑事司法部門之徹底執行動員社區鄰里組織，並運用媒體與輿論力量對組織犯罪活動予以反制，乃為防止其蔓延與繼續惡化不可或缺之策略。

---

[24]　自由時報，民國85年10月26日。

第十章　財產性犯罪

　　財產性犯罪（Property Crime）一向為世界各國主要之犯罪類型，也是各國在抗制犯罪上最棘手的問題之一。財產性犯罪之所以猖獗，主要乃因社會瀰漫功利主義，強調追求財富為衡量一個人成就之最重要指標。而問題的關鍵是，並不是每一個人皆可透過勤奮努力，達到成功的目標。合法競爭的管道有限，部分人士在汲汲於追求財富之動機驅使下，極可能以非法之手段，竊取他人既有財物，遂其欲望[1]。

　　財產性犯罪在法律上一般係指觸犯刑法第二十九章竊盜罪、第三十一章侵占罪、第三十二章詐欺背信及重利罪、第三十四章贓物罪而言，但在犯罪學研究上，財產性犯罪之範疇甚廣，本章特就竊盜犯罪、白領經濟犯罪及詐欺犯罪三部分探討之。

第一節　竊盜犯罪

　　竊盜犯罪係財產性犯罪中最常見之犯罪類型。以民國110年為例，台灣地區計發生竊盜案件35,067件，占所有刑案之14.4%，其被害人數38,633人，占全般刑案被害人數之19.21%[2]，加上其高犯罪黑數，故亟待研擬妥適對策因應。

一　竊盜犯罪之類型

　　竊盜犯罪之類型可粗略區分為一般竊盜、汽車竊盜二大類，惟依行竊方式尚可區分為扒竊（包括：跟蹤扒竊、上下車行竊等八大類）、內竊

1　Steven F. Messner and Richard Rosenfeld, Crime and the American Dream, Second Edition. Belmont, CA: Wadsworth.
2　警政統計年報，民國111年版。

（包括：同屋行竊、親屬竊盜、監守自盜、傭役或侍者行竊四大類）、侵入竊盜（包括：毀越侵入竊盜及非毀越侵入竊盜二大類）、大搬家、竊盜保險櫃、車輛竊盜等。其中以車輛竊盜及非毀越侵入竊盜，如：順手牽羊、乘人不備、伺機竊取或闖空門等，所占比例較高。

此外，竊盜犯罪在犯罪學研究上，亦可區分為不具犯罪認同感之偶發犯罪者（Occasional Criminals），及具犯罪專精化之職業竊盜（Professional Thefts）二大類型[3]，分述如下：

（一）偶發犯罪者

偶發性犯罪者基本上不具犯罪認同感，其偷竊行為多是自然反應，行為不具技巧，且未經妥善計畫。每年數以百萬計之案件，許多係由此類業餘之偶發犯所為之，包括許多在學階段青少年之偷竊行為及成人社會之順手牽羊（Shoplifters）、逃稅詐騙等。偶發犯罪者並非職業竊盜，換句話說，其並不以犯罪為生活之方式，且不以集團之做案型態呈現，而其分布亦不分社會階層，當犯罪之機會或情境出現時，此類偶發之財產性犯罪即可能發生。

（二）職業竊盜

職業竊盜，相對地以行竊為主要收入來源，做案時講究智慧與技巧，對竊盜行業具認同感，引以為榮。茲進一步引述筆者蒐集文獻及從事竊盜犯罪研究之心得[4]，以介紹職業竊盜及其集團之風貌。

3　Larrg J. Siegel, Criminology, Fourth Edition. St. MN: West, 1998, pp. 330-332.
4　楊士隆，竊盜犯罪：竊盜犯與犯罪預防之研究，五南圖書出版公司，民國86年4月；楊士隆，犯罪心理學，五南圖書出版公司，民國93年4月。

二 職業竊盜及其集團之行業

（一）職業竊盜及其集團之特性

1. 職業竊盜以犯罪（行竊）為職業。
2. 竊盜犯在行竊時除被害者之疏忽外，多經細密之規劃。
3. 竊盜犯智商高、善於利用、操縱人。
4. 竊盜及其集團具有共通之黑話，以便獲取認同。
5. 竊盜犯經常收買或賄賂執法人員，以逃避偵查。
6. 竊盜犯除犯罪機會呈現或臨時起意之外，通常亦與其他同伴聚集在適當之地點，商議交換情報。
7. 竊盜犯對於受害者並不同情。
8. 竊盜犯對同夥誠實、有義氣，絕不告密。
9. 竊盜犯行竊時大多能保持冷靜、沉著，泰山崩於前而面不改色。
10. 強調高超之行竊技術，並迅速奪取鉅額金錢。
11. 竊盜犯與其他行業相同，獲得成員之認可。
12. 竊盜犯普遍認為世界欠缺公平，反社會傾向甚濃。
13. 竊盜犯不能擁有正常之家庭生活，集團成員與組織即為其家庭。
14. 竊盜犯禁止使用金融卡，以避免為執法人員偵破。
15. 竊盜犯不能公開的參與社交活動，必須隱姓埋名。

（二）目標物選擇

　　職業竊盜及其集團在選擇犯罪標的物上是相當挑剔的，為順利行竊，常對目標環境之各項特徵予以觀察、考量，包括：物理環境特色、住民之社會人口特徵與行為型態、警察之勤務（巡邏、查察狀況）等，同時亦透過彼此之訊息交換及個人之知識與研判[5]。分述如下：（詳圖10-1）

---

[5] Ralph B. Taylor and Stephen Gottfredson, Environmental Design, Crime, and Prevention: An Examination of Community Dynamics, In Community and Crime, edited by Albert J. Reiss, Jr. and Michael Tonry. The University of Chicago Press, 1986.

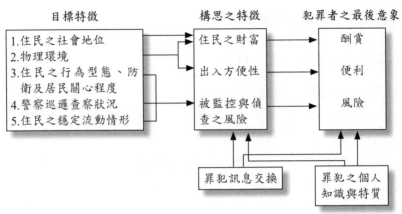

資料來源：Taylor and Gottfredson (1986: 396).

圖 10-1 竊盜犯選擇犯罪地域之考慮因素及發展過程

1.物理環境特色

倘地域之環境特色顯得非常富裕、奢靡或可通暢無阻的進出，缺乏防衛空間之設計或管制，或者具有物理環境頹廢、空屋雜陳、垃圾亂倒、廢棄之汽機車林立、街道坑坑洞洞，缺乏管理等特色，則極易吸引竊盜犯之入侵。

2.住民之人口特色及行為型態

倘住民具有良好之社經地位，其自然具有吸引力，而成為犯罪之首要目標。此外，倘住民流動性高，則極易影響其是否願意協助治安之意願，而易成為歹徒選擇做案之良好標的。最後，倘住民缺乏對公共事務之關心，經常抱持冷漠之態度，則易吸引潛在犯罪人之注意，甚至啟動其做案之動機。

3.警察之巡邏、查察狀況

強化警察對社區之巡邏、查察情形，對於社區治安之維護亦有相當貢獻。倘社區缺乏警察之關心，潛在犯罪者極易認為該社區是被遺棄、沒有防衛的，則其被逮捕之風險顯然降低許多，故可能提升竊盜犯做案之動機與意願。

4.犯罪人彼此間之訊息交換

除了前述之區域特徵外，犯罪人彼此間可能交換犯罪相關訊息，如：了解犯罪之困難度、可能遭遇之反抗等，俾選擇合適之犯罪標的，順利達成犯罪之目的。

5.犯罪人個人之知識與特質

犯罪者個人之專業知識與特質亦可能影響其對區域標的物之選擇。例如，職業竊盜者對於犯罪區域之選擇相對挑剔，諸如：偷竊之對象、周遭環境之防禦情形、逃跑路線的選擇等各項考慮均趨於慎密。這些特質將影響犯罪區域之選擇。

這些目標區域之特徵，促使許多竊盜犯進一步構思、評估犯罪可能之酬賞（Rewards）、便利性（Convenience）、容易到手與否及被偵測逮捕之風險（Risks），而對未來的犯罪活動做最後之研判與規劃。

（三）江湖規矩與黑話

在竊盜集團裡，遵循江湖規矩是最起碼的條件，為獲取同夥認同與支持之第一步。相反地，破壞江湖規矩者將淪為犯罪人社會結構之最底層，備受輕視與責難。根據犯罪學學者Sutherland之研究，竊盜及其集團之江湖規矩大致包括[6]：

1.竊盜犯必須互相協助，即使彼此不和或存有敵意

基本上，職業竊盜不管其是否與其他竊盜犯或集團存有嫌隙，當其他竊盜犯或集團面臨執法人員監控或逮捕之危險時，其會以直接或間接的透過第三者知會之，此種情形並非罕見，天天都可能發生。職業竊盜不願其他同夥或集團因此而被執法人員瓦解，並認為假使其這麼做，對彼此都有好處，因為任何竊盜在工作時，皆可能面臨是項危險之情境。

2.竊盜犯須與在獄中之夥伴分享所得

倘竊盜集團成員因案入獄，職業竊盜仍應輪流將部分所得寄給難友充

---

6   Edwin Sutherland, The Professional Thief. Chicago: University of Chicago Press, 1937.

當禮物。此項做法除有助於維繫感情外，亦反映出其集團生死與共，富貴同享之價值觀。

3.竊盜犯須與其他同夥交換有關利潤高、適合做案之地點與警察活動之情報

假使竊盜犯發現不良之做案地點，其大多會彼此相互勸告，以避免被逮捕。當然，假使竊盜犯發現利潤高、非常適合做案之地點，其亦會彼此交換情報，甚至提供寶貴之資訊，如適合做案之時間、注意隔壁之老婦或巡邏警網等，以避免被逮捕之噩運。

4.竊盜犯絕不告密、出賣朋友

竊盜犯，尤其是職業竊盜絕不出賣朋友、彼此告密，即使彼此不和或互相打擊。蓋倘告密對彼此皆沒有好處，將使集團陷於崩潰、瓦解之危險境界，而該竊盜犯亦淪為此行之社會地位最底層，備受輕視。假如，其中一名有密告行為，竊盜集團即可能散發其消息，導致同道同聲譴責，不願接受他，而無立足之地。

5.非法所得須平等的與竊盜集團夥伴同享

竊盜犯獲取之所得必須與集團夥伴同享，以建立生死、命運與共之感情，強化組織之凝聚力。

6.竊盜犯不對其同夥欺詐

基本上，欺詐手段之行使，就竊盜犯而言，僅對於潛在獵物（受害者），而同夥間絕不允許。蓋倘使將促使竊盜集團之社會秩序，帶來巨大之破壞，危及成員之感情及組織之凝聚力，更易為警方所分化、偵破，產生無窮之禍患。

7.竊盜犯絕不妨礙其他同夥之竊盜行為或因不當之行動致其同夥陷於被逮捕危險之境界

行竊時，可能遇到麻煩為來自業餘竊盜犯之好奇，或因其他極少數竊盜犯之疏忽、注意及其行為，而致引起屋主或執法人員逮捕之危險性，因此，以職業竊盜之工作準則而言，其絕不妨害同夥之行竊行為，當發現其

同夥正進行工作時，其將迅速離開。

8.竊盜犯彼此相互信任

竊盜犯彼此必須相互信任，不可存疑，否則不僅無法建立深厚之革命情感，同時危及集團之生存。事實上，彼此相互信任之結果，可進一步交換犯罪與被執法人員偵查訊息，有利於安全的獲取巨大利潤。

至於竊盜與收贓集團之黑話，綜合文獻[7]及筆者之研究，發現有如下之江湖術語存在：

1.窩（歐）裡雞：扒手之總稱。

2.跑輪子：在車上的扒手。

3.跑大輪：在火車上行竊。

4.雞老闆：扒竊集團之首領。

5.凱子或點子：行竊之對象。

6.藍頭：鈔票。

7.跑小輪：在公車上行竊。

8.跑檯子：在銀行裡行竊，又稱高買。

9.金鋼：真的。

10.老四：扒手對刑警之稱呼。

11.眩的：假的。

12.插頭：西裝褲兩邊之口袋。

13.後門：後褲口袋。

14.推車：在扒竊行動中，前後左右製造擁擠的人，其任務為掩護雞老闆下手。

15.抓雞：偷機車。

16.殺肉場：進行贓車解體之集團場所。

17.穿衣：將收購來之報廢車或中古車牌照、引擎號碼，進行移植到偷來的車子車體上，即「借屍還魂」。

7　參見中國時報，民國84年7月18日；時報周刊第981期，民國85年12月15日至21日。

18.做習頭：即偷車的意思。

19.傢司頭：指偷來的車子。

20.做×天：指偷來的車子有幾部的意思，例如做了5天工，表示交了5部
贓車。

21.××支：贓車的數量。

（四）犯罪勾結

為成功的獲取大量財物並轉化成鉅額錢款，職業竊盜及其集團必須進行某種程度之犯罪勾結，以達成其目標。根據學者Abadinsky引自"Sutherland"及1967年"The President's Commission on Law Enforcement and Administration of Justice"之見解，缺乏買收贓物市場及對執法人員之賄賂，職業竊盜是無法大展身手或存在的[8]。茲分述如下：

1.竊盜買收贓物市場

銷贓之重要性在1795年學者Patrick Colquhoun之著作中曾提及：「在考量各種不同偷竊者、強盜及詐欺犯特性時，毫無疑問地，收買贓物者是當中最具邪惡者，如果缺乏他們的協助購買偷來或詐欺來的贓物，竊盜犯則必須放棄其交易」[9]。國內柯義民在對台灣地區112名汽車竊盜犯進行問卷調查後發現，大部分之被竊汽車都進了銷贓管道（占93.8%），足見買收贓物市場在竊盜上扮演重要之角色[10]。

根據學者Steffensmeir之研究，買收贓物市場之維持須具有下列條件[11]：

(1)現金交易。

(2)具有做好買賣之知識，俾以創造賺錢之機會。

---

[8]　Howard Abadinsky, The Criminal Elite-Professional and Organized Crime. Connecticut: Greenwood Press, 1983.

[9]　Marilyn Walsh, The Fence Westport. Conn: Greenwood Press, 1977.

[10]　柯義民，汽車竊盜及偵防之實證研究，中央警官學校警政研究所碩士論文，民國82年6月。

[11]　Darrell Steffensmeir, The Fence: In the Shadow of Two Worlds. Totowa, N. J.: Rowman and Littlefield, 1986.

(3)與提供贓物者維持長期之密切關係。

(4)具有良好之管道與買主接觸，確保價錢與安全。

(5)與執法人員共謀。

至於買賣贓物之行情，大約是批發價之三至五成，例如：20,000元價值之電視，銷贓之價錢約為3,000元至5,000元，錄影機銷贓之價錢大約為5,000元至7,000元，紅蟳（半紅）大約為100,000元，勞力士錶約為40,000元，金鍊子為一錢900元。

2.賄賂執法人員

賄賂執法人員之行動，經常在買收贓物者或竊盜集團中發生。蓋此可避免為執法人員逮捕、起訴之風險，並可乘機擴大交易，使市場更趨於熱絡，賺取鉅額利潤。賄賂之手法除典型之金錢賄賂，協助執法人員修理貴重物品外，有時並充當執法人員之線民，協助破案。惟值得一提的是，在實務上買收贓物者比職業竊盜更願意與執法人員合作，以保持其優良形象，並遂其特定目的。

楊士隆訪視台北監獄時，一名竊盜累犯曾有以下之陳述：「以少報多，減少損失。花錢消災，誰都願意。去從事賄賂的贓物犯賄賂之方式，包括平時多聯繫、飯局酒局，增進情誼，甚至略施小惠。養兵千日用在一時。到出事時，警察定會代為奔走，找人事、找關係，盡可能將案情壓到最小、最輕的程度。」另一名竊盜累犯則指出：「買收贓物者賄賂執法人員並非人人可為，有關係、勢力的人方可與警方攀上交情。一般而言，買收贓物者利用三大節日送禮，特殊事情則另有議價空間，一般都需有可靠的中間人代為保證，方能達成協調。還是一句老話，少數人才可能辦得到。」

三 竊盜犯罪之成因

竊盜犯罪之成因相當複雜，諸如個人、家庭、學校、社會及機會情境

因素等均為文獻述及，扼要敘述如後[12]：

（一）個人因素

竊盜犯罪之個人因素可從其心理、人格特性及價值觀等探討之。例如竊盜累犯多以自我為中心，超我發展不良，且缺乏羞恥心，且國內外之研究相繼指出，職業竊盜在犯罪時均是相當理性的，常進行成本效益分析。蘇哲蘭（Sutherland）對一位從事二十多年竊盜生涯之竊盜犯Chic Conwell進行訪問，指出竊盜犯具有獨特之價值觀，反社會傾向濃，且不同情受害者[13]，此項個人價值觀特質為犯罪之重要決定因素。

（二）家庭因素

形成竊盜犯罪之成因亦可追溯及家庭因素，包括：破碎家庭、父母之非行、管教態度不當、親子關係惡劣等。例如，司法行政部於民國53年進行竊盜犯調查即發現，竊盜犯之婚姻關係較不正常、住所不定、破碎家庭、父母管教方式不合理[14]。張平吾在台灣地區竊盜初犯與累犯受刑人社會相關因素之比較研究碩士論文中，亦發現竊盜累犯較有貧困、不滿意家庭生活、破碎家庭情形，且與父母之溝通產生困難[15]；陳福榮之少年竊盜犯家庭、學校、社會環境因素及其預防對策之研究，亦發現少年竊盜犯逃家之比例比正常少年還頻繁，且不喜歡家庭生活，父母感情欠佳，破碎家庭所占比例亦較高，顯現其家庭生活適應困難情形[16]。

---

12 參閱楊士隆，竊盜犯罪：竊盜犯與犯罪預防之研究，五南圖書出版公司，民國86年4月，第89～106頁。

13 同註6。

14 司法行政部犯罪問題研究中心編印，竊盜犯問題之研究，民國53年。

15 張平吾著，台灣地區竊盜初犯與累犯社會相關因素之比較研究，中央警官學校碩士論文，民國74年6月。

16 陳福榮著，少年竊盜犯家庭、學校、社會環境因素及其預防對策之研究，中央警官學校警政研究所碩士論文，民國71年6月。

（三）學校因素

研究指出竊盜累犯在學校生活上較不適應，與其他同學大多相處不來，同時竊盜累犯在學期間之作弊、欺騙、恐嚇、打架與偷竊等行為，均顯著偏多；顯見竊盜累犯在學生時代較常有嚴重的偏差行為，長大後惡性也較重[17]。研究另指出，竊盜犯在學期間有較多之逃學經驗，不喜歡學校生活[18]。

（四）社會因素

影響竊盜犯罪發生之社會層面因素甚多，綜合文獻約有下列六點：

1.社會經濟繁榮，財富增加，社會物欲氾濫，生活奢侈

根據蔡德輝教授之研究，我國自民國67年起，竊盜犯罪突然增加，與社會物欲氾濫及生活奢侈有關，且財產性犯罪逐漸轉向於須用智力、知識及身分地位之經濟及詐欺犯罪，竊盜慣犯、累犯的比率亦逐年增加，職業竊盜也增加，在質的方面有惡化現象，所侵害的財物也日趨高級為其特性[19]。

2.貧富差距擴大，財產分配不均

根據李湧清及蔣基萍最近對1971年至1990年間我國經濟因素與犯罪率之時間序列分析，當基尼指數愈大（貧富差距之重要指標）時，台灣地區之總體犯罪率亦愈高[20]。換句話說，統計資料顯示台灣地區國民所得分配不均之現象，導致民眾相對剝奪感（Relative Deprivation）擴大[21]，影響及我國整體之犯罪活動，而財產性犯罪首當其衝。

---

17 同註15。
18 同註16。
19 蔡德輝著，當前竊盜犯罪原因及其防治對策之研究，行政院研考會，民國70年9月。
20 李湧清、蔣基萍，犯罪與經濟：一個宏觀的時間序列分析，警政學報第24期，中央警官學校警政研究所出版，民國83年6月。
21 參閱Blau Judith and Peter Blau, "The Cost of Inequality: Metropolitan Structure and Violent Crime," American Sociological Review, 147: 114-129, 1982。

3.人際關係疏離

　　根據蔡文輝氏對台北市社區人際關係及竊盜問題加以研究，發現被都市吸引的外鄉人，無法在都市中找到傳統的生活方式，造成人際關係間的疏離感，加以都市社會物質的誘惑，甚易鋌而走險，淪為竊盜[22]。

4.社會解組

　　社會道德與法律約束力倘式微，人心趨向奢靡腐化，加上個人行為以個人利益為考量，提供使竊盜犯良好的犯罪機會與時機[23]。換句話說，社會之解組，人口流動性加大，異質性升高，極易促使竊盜犯罪升高。

5.高失業率

　　在失業率高之經濟、社會條件下，極易促使失業者在面臨生活困境下，鋌而走險，包括從事原始之竊盜行為。高金桂之研究曾指出，竊盜犯罪發生率與失業率存有高度正相關[24]。此外，法務部之研究曾指出，竊盜次數愈多者，初犯年齡愈早者，犯罪前失業之比率愈高。犯罪前失業者大約占27.45%，顯示失業與犯罪存有密切關係[25]。

6.不良社會交往

　　不良之社會交往，亦對竊盜犯之走向犯罪生涯造成影響。莊耀嘉與古明文調查3,789名竊盜犯指出，竊盜犯約有12%曾參加過不良幫派，且竊盜次數愈多者，初犯年齡愈早者，朋友有偷竊行為者亦愈多，顯示「近朱者赤，近墨者黑」的差別接觸效果[26]。

7.情境因素

　　除前述因素外，情境（Situation）因素亦為竊盜從事行竊活動之重要決定要因。例如，楊士隆於民國84年底對台灣台北監獄20名竊盜累犯進

22　蔡文輝著，台北市社區人際關係與竊盜之研究，吳尊賢文教基金會委託研究論文，民國71年。
23　同註1。
24　高金桂著，台灣地區竊盜犯罪之分析及其偵防措施之研究，中央警官學校警政研究所碩士論文，民國68年6月。
25　莊耀嘉、古明文，竊盜累犯之研究，法務通訊雜誌社，民國72年9月。
26　同前註。

行訪談即發現，竊盜犯之犯罪決意常因犯罪機會之呈現（Presented）[27]，換句話說，竊盜行為主要係因合適標的物之出現，在缺乏防護之下而發生。相類似的，英國劍橋大學學者Trevor Bennett及Richard Wright於1982年間，對英國監獄及觀護部門之竊盜犯309名進行訪談亦發現，竊盜犯罪之決意除犯罪機會之提供下，其大多在不同之犯罪情境下做出決定，而實際行竊行為大多依目標物是否妥適的選定而定[28]。

四 竊盜犯罪之防治對策

如同前述，竊盜犯罪之發生有其複雜之個人、家庭、學校、社會、情境、因素，故其防治措施必須是全方位的（Multi-dimensional），除傳統之肅清社會病源策略（Root Cause Approach），從加強教育與道德重整外，晚近研究指出竊盜犯罪涉及人性貪婪之心理，故其犯罪防治應強化嚇阻（Deterrence）並兼採情境犯罪預防策略（Situational Crime Prevention）始能展現防治功效[29]，分述如下：

（一）強化嚇阻效能

係指強化刑罰之力量，包括貫徹刑罰之迅速性（Swiftness or Celerity）、確定性（Certainty）與嚴屬性（Seriousness）[30]，加強對竊盜犯之制裁。其具體措施，如：竊盜慣犯入勞動場所強制工作、加重竊盜慣犯刑度不輕易予假釋等規定均是。

（二）採行情境犯罪預防策略

「情境犯罪預防」，係指對某些獨特之犯罪類型（尤其是竊盜犯

---

27 同註12，第123頁。
28 Trevor Bennet and Richard Wright, Burglars on Burglary: Prevention and the Offender. Aldershot, England: Gower, 1984.
29 同註12。
30 Gibbs, J. Crime, Punishment and Deterrence. New York: Elsevier 1975.

罪），以一種較有系統、常設的方法對犯罪環境加以設計、管理[31]，俾以增加犯罪者犯罪之困難與風險、減少酬賞之降低犯罪機會預防措施（Opportunity-reducing Measures）[32]。其措施包括：目標物強化（Target Hardening）、防衛空間設計（Defensible Space）、社區犯罪預防（Community Crime Prevention）策略，如：鄰里守望相助（Neighborhood Watch）、民眾參與巡邏（Citizen Patrol）及其他疏導或轉移犯罪人遠離被害人之策略等[33]。目前，隨著學理與實務之發展，情境犯罪預防進而拓展成十六項技術。其具體內容包括[34]：

1.增加犯罪之困難

(1)目標物強化；(2)通道控制；(3)轉移潛在犯罪人；(4)控制犯罪促進物。

2.提升犯罪之風險

(1)出入口檢查；(2)正式監控；(3)職員監控；(4)自然監控。

3.降低犯罪之酬賞

(1)目標物移置；(2)財物之辨識；(3)降低誘導物；(4)拒絕利益。

4.促使產生犯罪之罪惡感或羞恥感

(1)設立規則；(2)強化道德譴責；(3)控制犯罪抑止因子；(4)促使遵守規定。

---

[31] 楊士隆，運用環境設計預防犯罪之探討，警學叢刊第25卷第4期，中央警官學校印行，民國84年。

[32] Ronold Clarke, "Situational Crime Prevention: Theory and Practice," British Journal of Criminology 20: 136-147, 1980.

[33] Ronald Clarke, "Guest Editor's Introduction to the Special Issue on Situational Prevention," in Journal of Security Administration, 11: 4-7, 1988.

[34] Ronald Clarke, Situational Crime Prevention: Successful Case Studies. New York: Herrow and Heston, 1992；楊士隆，情境犯罪預防之技術與範例，警學叢刊第25卷第1期，中央警官學校印行，民國83年。楊士隆、何明洲，竊盜犯罪防治：理論與實務，五南圖書出版公司，民國93年。

第二節　白領經濟犯罪

　　白領經濟犯罪為財產性犯罪中較具「身分」與「地位」之犯罪型態，其涉及之犯罪客體甚廣，犯罪事實甚為模糊，且不易為受害者所輕易查覺，但因其係以「狡猾奸詐之手段（經常是高智力之犯罪），濫用自由經濟結構賴以為存之誠實信用原則，並利用民商法、經濟法與財稅法令之漏洞而對國民經濟所危害之不法圖利行為」，且造成個人財產法益與社會經濟秩序之嚴重侵害[35]，故本節特蒐錄文獻予以探討。

一　白領經濟犯罪之現況

　　根據法務部調查局（民111）之統計，在其民國105年偵辦之經濟犯罪案件中，涉案之件數869件，人數為2,763名，其涉案之標的金額高達新臺幣4,323億。其中犯罪之類型（以人數區分），以違反公司法占第一位（928名），詐欺罪第二位（576名），違反銀行法第三位（432名），違反證券交易法第四位（253名），違反稅捐稽徵法第五位（148名）。就涉案標的金額部分觀之，違反營業秘密法占第一位（211,878,396,089元），違反銀行法占第二位（173,803,200,251元），違反證券交易法占第三位（13,301,461,092元），其中詐欺罪涉案金額亦高達近80億元[36]。顯示經濟犯罪造成之財產損失至為嚴重，亟待正視。

二　白領經濟犯罪之意涵

　　「白領犯罪」一詞係由美國犯罪學家蘇哲蘭（Sutherland, E.）於1939年在美國社會學年會中以會長身分發表演說時，首次採用。其將白領犯罪定義為「富有及有權者利用其在工商業界的地位為個人利益進行的違法活

---

[35] 林東茂，經濟犯罪之研究，著者自版，民國76年，修訂二版。
[36] 法務部調查局民國110年經濟犯罪防制工作年報，法務部調查局。

動[37]」。

　　由於蘇氏之定義侷限於高階層和受人尊敬者，在職業活動中之違法行為，而引起爭議。

　　美國前司法部檢察官H. Edelhertz即指出，白領犯罪的定義不應僅侷限於與職業有關的犯罪；而且白領犯罪者也不應該只包括社會上層人士。Edelhertz將白領犯罪定義為「為了避免財物的損失或支出，或是為了獲得企業或個人的利益，以非肉體性的方式（Nonphysical Means），以及以隱匿或欺騙手段所實施的違法行為[38]」。根據此定義，任何透過詐騙手段所實施的財產性犯罪，都可以被認為是白領犯罪。

　　根據孟維德之綜合文獻[39]，基於白領犯罪定義之爭議所造成的困擾，美國「白領犯罪國家研究中心」（National White Collar Crime Center）於1996年6月召集了全美對白領犯罪問題有研究的學者和專家，舉辦了一場有關白領犯罪定義的研討會，並在會中擬定了共識性的白領犯罪定義：「由個人或機構所從事之有計畫的詐騙性違法或非倫理行為，通常是社會上層或受人尊敬之人為了個人或機構利益，在合法的職業活動過程中違反信託責任或公眾信託的行為。」

　　此定義在兩個重要的層面上，比Sutherland的定義來得寬廣。第一，白領犯罪不再限定為高層人士的行為。不過，此定義仍舊強調犯罪者居於受人尊敬地位的要件；居高層及有權地位之人所從事的犯罪，仍是白領犯罪問題的核心；第二，雖然與職業相關的犯罪仍是該定義的核心，其他相關的犯罪，諸如逃漏稅（如發生在職業脈絡之外的逃漏稅），現在也包含在此定義中。此定義雖不及Sutherland原始定義般的簡潔與直接，不過，由於此定義所具有的彈性以及寬容度較大，因而獲得犯罪學家的廣泛支持。

---

[37] 參閱E. H. Sutherland, "White-Collar Criminality," American Sociological Review, 5: 1, 1939。

[38] H. Edelhertz, The Nature, Impact and Prosecution of White Collar Crime. Washington, DC: National Institute for Law Enforcement and Criminal Justice, 1970，引自孟維德，白領犯罪之本質與意涵，中央警察大學學報第35期，民國88年9月，第418頁。

[39] 同前註，孟維德，第424頁。

三　白領經濟犯罪之特性

　　白領經濟犯罪與其他傳統犯罪有顯著差異，其主要之特性包括以下各項[40]：

（一）複雜性

　　經濟犯罪所違犯之法令甚廣，包括：刑法、刑事特別法、民法、商法、財稅法及其他有關之經濟法規。違犯方式多為以合法活動掩飾非法及濫用誠信原則，故犯罪學學者將重大經濟犯罪形容為：「具有多樣性構成要件組合的複雜性犯罪」。

（二）抽象性

　　經濟犯罪所侵害之法益除個人財產法益外，尚有「超個人之財產法益」及「非物質法益」或社會法益，因而具有不明顯之不法表徵，常誤以為僅係民事糾紛，故對侵害範圍及損害程度，亦難具體舉證。

（三）不可透視性

　　經濟犯罪為一種智力犯罪，致事實較為模糊，不易為被害人或第三人察覺。犯罪被害人常已被害而不自知，其乃因經濟犯罪常涉及複雜之專業知識與法律關係使然。

（四）被害人眾多

　　經濟犯罪之行為客體非但是個人，尚有社會整體（如逃漏稅）或社會中的某些群體（如公司股票之全體持有者）。此種特徵，在公害犯罪及有關販賣商品之價格品質之詐欺犯罪中，尤為常見。

---

[40] 引自黃朝義，論經濟犯罪的刑事法問題，文載於刑事政策與犯罪研究論文集，法務部犯罪研究中心編印，民國87年5月，第140～142頁，其係綜合林山田著之「經濟犯罪與經濟刑法」，民國76年5月，第37頁以下；林山田，「經濟犯罪的特性及其防治」，今日財經，民國75年，第293期，第9頁以下及袁坤祥著，「經濟犯罪之研究」，民國70年，第22頁以下。

（五）損害性及危險性

此可分為物質方面及非物質方面。在物質方面，經濟犯罪雖具有不可透視性，但被害金額龐大之事例亦屢有所聞。例如，法國之經濟犯罪者，雖僅占全國有罪判決者總數之1.7%，但被害金額卻高達全部犯罪被害金額90%。

在非物質方面，由於經濟犯罪之發生多係犯罪人濫用經濟交易之信任關係，導致社會上人與人間信用程度降低，對經濟發展不利。某類犯罪如仿冒等會引起被害之國家對我國採取報復措施，抵制我國產品，對我國內部影響極大。有些經濟犯罪亦有可能對人體生命健康有嚴重之傷害影響。非物質損害及危險性，亦具傳染性（經濟犯的傳染或促發作用）及併發性（經濟犯的蔓延或迂迴作用）兩種不良副作用，故對整體經濟具嚴重影響。

（六）低「非價領悟」（社會罪惡薄弱反應性）

「非價領悟」係指對於一不法行為，認其違背正義而應加以譴責之領會程度。因經濟犯罪是一種智力犯罪，外觀上往往予人僅係商人經營失敗造成之債權債務問題，社會大眾自然容易忽視此具複雜性與抽象性犯罪行為之危險與損害。與前述之不可透視性有關，且一般人對經濟罪犯抱有仰慕與佩服的心情，多視為「聰明的企業家」，甚至存有模仿意圖。即使是知識分子，亦未必認為這些犯罪是可罰的，故「非價領悟」較一般暴力犯罪低。

（七）被害人薄弱反應性

不少經濟犯罪之被害者多不願求助於刑事追訴機關，原因為：1.被害人認為對被告刑事追訴必須浪費時間、歷經奔走於警察局、法院之間，又不能為其追回受損錢財；2.由於了解經濟犯罪之複雜性與抽象性，對刑事追訴機關缺乏信心；3.有被害人認為以刑事追訴對付經濟犯罪太過嚴厲，宜使用較溫和之手段；4.被害人畏懼在財物上損失後，若提告訴，經由報

導將成為大眾嘲笑對象。

（八）特殊性

多數經濟犯罪乃利用合法與正當之經濟活動，從事於犯罪行為。從美國1979年至1981年以IGBE贗品貴重金屬經營法及日本豐田商社經營法之事例可窺見，此等商法欲以合法之經濟活動為掩飾，遂行其向市民詐欺斂財之伎倆。

（九）隱匿性（犯罪黑數高）

「犯罪黑數」（又稱犯罪未知數）係指實際發生而未經發覺，或雖經發覺但未偵破而受審判處罰之犯罪數。即所有不在犯罪統計上出現的犯罪數。犯罪人運用職業活動上之便利及豐富之知識，以其優越之身分地位為掩護，其行為又極為巧妙，不易被發現。

（十）追訴困難

經濟犯大多受過較高教育，多無犯罪前科，亦有相當之社會經濟政治等地位，犯罪前均經詳密之計畫，即使事跡敗露，亦可控制大眾傳播工具，封鎖消息，更動員關係阻止刑事追訴工作之進行。主管行政機關或刑事司法機關一旦發現經濟違法行為，因為顧及整體經濟利益與安定，往往不敢下定決心依法處置或追訴。且刑事追訴人員多只受法律專業訓練，欠缺追訴經濟犯罪所必須之專業知識，故追訴經濟犯罪困難重重。

（十一）以組織體型態犯罪

經濟犯罪藉諸企業之業務活動來實施者為數頗多。根據德國聯邦統計，重大經濟犯罪約有四分之三係隱藏於個人企業或公司之下實施。此類經濟之組織犯罪，多半因組織集團在國際上彼此支援而得逞，故其規模亦隨之擴大。

（十二）與政治風氣具有密切關係

經濟犯罪是一種智力犯罪，在政風良好之國家，經濟犯僅能濫用其雄厚經濟力從事犯罪；在政風敗壞之國家，經濟犯則可濫用政治力獲得公務員之違法庇護。

（十三）行為人缺乏罪惡感

經濟犯罪行為人對本身之違法行為缺乏不法意識，且常合理化其行為，認為其行為乃營利與競爭之必要或不得已的手段，故缺乏罪惡感。

（十四）與行為人職業活動有關

經濟犯罪雖非必然與職業活動有關，但大多皆利用職務上之便利所為。

（十五）無國界之犯罪

經濟本來具有極強烈跨國境之性格，故經濟犯罪每每跨國境而發生。例如：國際金融犯罪、關稅犯罪、違反歐洲共同市場關係之案件等即是。

（十六）轉嫁性

工商企業以營利為目的，自經濟犯罪所受現實被害面觀察，個人直接受害者常居少數，間接轉嫁社會大眾則占多數。上游廠商因所屬從事人員之侵占行為蒙受損失，因而增加成本，為保持平衡勢必提高銷售價格，轉嫁損害於下游廠商，下游廠商再轉嫁於消費者。

四　白領經濟犯罪之影響與損害

根據林山田及林東茂之見解，其白領經濟犯罪所造成之損害與危險性是相當巨大的，包括物質方面與非物質兩方面。在物質方面，不少學者認為經濟犯罪所造成物質上的損害，超過所有其他犯罪所造成傷害的總和；

而在非物質方面其損害性則更大，包括：經濟道德的墮落、破壞經濟社會賴以為存的誠實信用原則及彼此相互的信任，造成經濟活動中相互的不信任等，甚至干擾生活的安寧秩序，進而危及整體社會結構的安全[41]。此外，根據孟維德之彙整文獻，其損害之層面則包括以下數項[42]：

（一）直接經濟損害

　　整體白領犯罪所造成的直接經濟損失是非常驚人的，而傳統犯罪所造成者相形之下便顯得較輕微。由於目前國內缺乏白領犯罪直接經濟損害方面的估計和研究，所以我們舉國外學者研究的例子說明。Conklin曾估計，白領犯罪（即詐欺消費者、不法競爭，及其他詐騙活動等）所造成的經濟損失，約為傳統財產性犯罪（即強盜、竊盜，及汽車竊盜等）的十倍。近年來，有關白領犯罪損害的估計比之前Conklin的估計又高出了許多。Moran、Parella與Dakake等人的研究指出，以美國非常小的一州羅德島為例（Rhode Island），白領犯罪每年所造成的損失就將近高達25,000萬美元。另外，Cullen、Maakestad與Cavender等人更指出，在從事操縱價格的許多企業中，往往單獨一家企業所造成的損失就高達數千萬美元；國防契約超額索價所造成的損失，約高達數億美元；民國80年代所發生的重大支票詐欺案，損失約為100億美元；因工作場所有毒物質導致員工疾病所需花費的醫療費用，已累積高達數百億美元；違反公平交易行為每年所造成的損失，約為2,500億美元等。Levi的研究也顯示，美國有關信用卡詐欺行為所造成的損失，每年就高達數十億美元；另以平均值來分析，每件強盜重罪案件的損失約為數百美元，而平均每件白領犯罪重罪案件的損失則高達數十萬美元。Benekos與Hagan根據美國「統一犯罪報告」（UCR）的資料分析發現，1985年全美約6,000次銀行搶劫事件所涉及的金額約為4,600萬美元，而同時期一家金融機構（世紀儲貸銀行，Centennial Savings and Loan）因涉及詐欺而倒閉，其所損失的金額就高達

---

[41] 林山田、林東茂，犯罪學，三民書局，民國79年9月，第377～381頁。
[42] 孟維德，白領犯罪成因及防制策略之研究，中央警察大學出版社，民國88年8月，第80～87頁。

18,500萬美元；他們更進一步指出，美國在1980年代所發生的儲貸銀行重大詐欺事件，其損失超過街頭財產性犯罪20年的損失總合。Levi曾對美國逃漏稅行為做過研究，他發現該行為所造成的損失約占美國國民總生產毛額（GNP）的4%至30%，總金額高達數千億美元。有關白領犯罪損害的統計數據還有很多，其嚴重性普遍比傳統犯罪來得嚴重。

（二）間接經濟損害

　　白領犯罪除了造成直接經濟損害外，還包括許多間接損害，雖然這些間接損害非常不易被準確的測量，但它們仍舊是非常重大的。諸如：較高的稅率、商品與服務額外增加的成本，以及較高的保險費率等，都可算是白領犯罪所造成的間接損害。此外，投資在犯罪預防與加強保護措施上的資源，也應屬於其中的範圍。

　　此外，白領犯罪還會造成一些殘餘的經濟損害。在傳統街頭犯罪案件中，有些商店可能因為位於高犯罪率的地區而使生意受損，就是一個殘餘經濟損害的例子。而在白領犯罪的案件中，因受到內線交易及其他不法操縱的影響，而使投資者喪失投資信心，導致股票跌價或債券利率提升等，便是殘餘經濟損害的另一個例子。投資信心衰退所造成的長期負面後果，至今雖無法確認，但絕對是相當可怕的。由於白領犯罪可能會侵蝕社會成員彼此間的信賴，這也會導致經濟交易成本的增加。

（三）肉體傷害

　　儘管犯罪的「肉體傷害」（受傷或死亡）經常與傳統的掠奪性犯罪聯想在一起，但白領犯罪所造成的肉體傷害的確是存在的，其嚴重性甚至超過傳統暴力犯罪所造成的傷害。白領犯罪所造成的肉體傷害，包括了：環境汙染所導致的受傷與死亡、不安全工作場所所導致的受傷與死亡，以及不安全商品所導致的受傷與死亡等。即使是被認為與經濟有關的犯罪（如詐欺），也可能會造成實質的肉體傷害。譬如在第三世界國家進行救援活動之機構（可能是政府或非政府的機構）所從事的詐欺行為，便可能導致

許多人因營養不良而死亡。而那些主張白領犯罪應有較廣泛定義的學者，甚至將抽菸所導致的傷害，都包括在白領犯罪所造成的肉體傷害範圍中。在另一方面，我們如果把政府犯罪也包括在考量中的話，那麼某些犯罪政府因採取軍事行動而導致的肉體傷害，絕對是更為驚人的。

（四）其他損害

有關白領犯罪其他形式的損害及後果在測量上更具困難，但這些損害卻是非常真實的，被害者的心理創傷便是其中之一。而犯罪所造成的社會性損害，通常是最難以測量的一種損害；傳統犯罪所造成的團體間敵意與衝突的增強，便是此種損害之一。許多研究白領犯罪的學者指出，長期觀之，白領犯罪所造成最嚴重的損害，就是它所造成的疏離感、不信任感及對社會主要機構信心的腐蝕等。白領犯罪猖獗，司法體系如無法有效對其回應，這對司法體系的道德正當性（Moral Legitimacy）可說是一大損害。

五　白領經濟犯罪之防治

白領經濟犯罪之形成，經常是基於經濟之需求或困境，無論是為維持既有權力、聲望或經濟優勢之需求，或因商業經營陷入困境，急需敗部復活，皆有可能促使白領階層從事犯罪行為。再者，因：1.白領犯罪極易合理化：許多白領犯罪認為其行為並非係真正的犯罪，甚至認為許多人皆有類似之行為（如逃漏稅），因而無須有罪惡感，此無形中鼓勵了犯罪；2.法令制度之缺陷：法令制度過於陳舊、繁瑣、不明確，甚至矛盾，且未即時修訂，致不肖人員有機可乘。因此欲有效預防與遏止，下列之做法有其必要性：

（一）修改欠缺完備且不合時宜之法令

法令之不完備或不合乎時宜，經常無法有效規範非法行為，甚至造成犯罪之機會，故應對各類法令詳加檢討修訂，以防止曲解，杜絕非法。

（二）嚴格執法，並鼓勵遵守規定

例如對於不合乎環保廢氣排放標準規定之公司廠商加強行政處罰。相反地，倘合乎規定者可考慮予以減稅，以鼓勵遵守規定。

（三）對於嚴重違反刑法相關法規之白領犯罪加重刑罰

白領犯罪之危害性甚高，惟其在接受刑罰處分上一般較傳統街角型犯罪為輕；為遏止其發生，應依罪責程度，加重刑罰，甚至酌採監禁刑罰，以減少投機心理。

（四）加強政府與民間監督，並運用大眾傳播媒體輿論力量制裁不法行為

由於大眾傳播媒體之報導對於非法企業之聲譽具有強大殺傷力，且對違法之個人、家庭構成巨大威脅，故在政府（如公平交易委員會）與民間（如消費者文教基金會）之管理監督下，適時透過媒體揭發不法行為，有助於遏止非法情事發生。

第三節　詐欺犯罪

近年來台灣地區各類詐騙事件頻傳，對民眾之財產安全構成巨大危害，尤其隨著科技與網路之發展，更使各類詐欺犯罪推陳出新，不易防備。根據內政部警政署之統計，民國109年發生高達23,054起詐欺案件；國立中正大學犯罪研究中心105年進行之全國被害調查[43]亦發現，104年間，在1,715位受訪民眾當中，曾經遭受詐欺犯罪侵害的比率為5.6%；若以全國總戶數8,468,978戶加以換算，則在104年，全國總約有47萬個家庭曾經遭受詐欺，亟待正視。本章蒐錄新近文獻，臚列常見詐欺犯罪型態，並研擬防制對策供參考。

---

[43] 楊士隆，全國治安滿意度暨被害經驗調查，國立中正大學犯罪研究中心，民國105年。

一　詐欺犯罪之意涵

刑法第339條規定普通詐欺犯罪係指意圖為自己或第三人不法之所有，以詐術使人將本人或第三人之物交付者，或以前項方法得財產上不法之利益或使第三人得之者。刑法第341條另規定意圖為自己或第三人不法之所有，乘未滿18歲人之知慮淺薄，或乘人精神障礙、心智缺陷而致其辨識能力顯有不足或其他相關之情形，使之將本人或第三人之物交付者，成立準詐欺罪。

二　詐欺犯罪之型態

隨著時代的變遷與科技的進步，詐騙犯罪人為了取得受害者的信任，亦逐漸發展出各式各樣的詐騙手法。對於這類推陳出新的詐騙方式，我們更需要提高警覺並認識各類常見詐騙手法，以避免自己受害。警政署彙整近年來常見的詐騙手法[44]：

（一）假投資詐騙

歹徒於網路（FB、IG、YouTube等）刊登投資資訊廣告，常以掌握平台漏洞、後台程式或擁有先進分析程式等話術，並以保證獲利、獲利豐厚且穩賺不賠作為宣傳。當受害人匯款進不知名、不認識的人頭帳戶後，便以各種理由（洗碼量不足、保證金、IP異常等），拖延被害人將帳面上獲利的金額領出，甚至是直接凍結帳號、失去聯繫。

（二）假網拍詐騙

歹徒於網路及社群平台張貼販售各類商品貼文，其中商品常遠低於市面價格，或以聳動的廣告詞來吸引受害者上當。當受害者購買並付款後，

44　警政署，常見詐騙手法及防範方法，內政部警政署165全民防騙網，https://165.npa.gov.tw/#/article/cheat/262，民國111年7月26日。

往往未能收到廣告中的商品，抑或是收到仿冒品，更甚者完全沒收到商品並直接與對方失去聯繫。此外，亦有盜用帳號從事假網拍的手法，此為民眾FB、IG帳號密碼遭駭客取得後，以該帳號張貼網拍訊息，不知情好友遂以為係該臉書帳號使用者販賣商品而受騙。

（三）解除分期付款詐騙

歹徒侵入業者資料庫取得民眾的個人資料後，假冒網購客服人員或銀行人員誆稱被害人前次交易資料有誤，導致訂單（訂購）重複扣款（分期付款），並要求民眾依指示購買遊戲點數、操作ATM、網路銀行來解除錯誤設定。最終被害者在聽信歹徒的指示下，將自己的存款轉入歹徒帳戶。

（四）人頭帳戶詐騙

歹徒藉由撥打電話、發送簡訊或於社群平台張貼假求職或假借貸貼文，等待民眾有資金需求詢問時，即要求民眾於網站註冊資料以利申請貸款，並拍照上傳身分證及輸入帳戶資料，再謊稱需先繳部分貸款金額才能通過貸款。接續以繳交借款的保證金或手續費名義，要求民眾至超商輸入嫌疑人提供之代碼進行超商代碼繳費。之後便謊稱民眾網站帳號遭凍結，需至超商匯款解除帳號才能撥款，此時歹徒亦可能將贓款轉入民眾帳戶洗錢，再要求民眾提領交給業務專員。此外，歹徒亦可能謊稱協助包裝帳戶資料以利申請高額貸款，要求寄送個人銀行存摺與提款卡做財力證明審核。最終導致民眾帳戶淪為詐騙集團洗錢的工具，使民眾的帳戶後來遭通報為詐騙帳號。

（五）假冒公務員詐騙

首先，歹徒將假冒公用事業或健保局來電，告知民眾因身分證件遭盜用而申辦多支門號且電話費欠繳，或稱民眾盜刷健保卡詐領保險金等。緊接著再由自稱檢察官、警察等司法人員與被害人聯繫，表示目前因民眾涉

及刑案，案件偵辦中需遵守偵查不公開不得告訴任何人。並要求被害人因調查案件需要交付名下所有財產做清查、監管，同時可能要求被害人解除定存、保單、抵押房產、臨櫃匯款或網路轉帳等，致使被害人聽從詐騙集團指示交付金錢或提款卡、存摺、印章。

（六）假愛情交友詐騙

歹徒盜用網路上的帥哥、美女照片，並透過FB、IG、交友軟體等管道進行隨機搭訕，自稱戰地軍（醫）官、駐外工程師等成功人士每日向被害人噓寒問暖。在被害人陷入迷惘與投入感情後，宣稱要送包裹、禮物、積蓄給被害人，並佯稱運送需要付運費或包裹卡在機場、港口需儘快支付關稅、手續費、保證金等理由，讓被害人信以為真前往匯款。收到匯款後則人間蒸發，再也無法與其取得聯繫。

（七）猜猜我是誰詐騙

歹徒假冒親友來電，告知變更聯絡之電話號碼，並要民眾辨認其聲音為某某親友，過程中裝熟或要求民眾更換通訊錄的電話號碼。在取得民眾的信任後便表示有急需向民眾借錢。

（八）海外打工詐騙

我國近來出現透過社群媒體以「高薪」、「免工作經驗」、「無須具備英文能力」、「工作輕鬆」等不實優渥待遇誘騙民眾前往國外工作。當民眾受騙至國外後便遭到扣押護照、限制行動，且工作內容多為從事電信詐欺且環境惡劣。若民眾不願配合，便會要求民眾賠償高額金錢，甚至可能遭到恐嚇、凌虐、性侵等惡劣行為。

■三　詐欺犯罪之特徵

上述新興詐欺犯罪模式具有以下之共同特徵（http://www.phpb.gov.tw/mk/html/c-c4-c7.htm）：

（一）詐騙規模擴大、組織集團化、分工細密、詐騙時地無設限。

（二）向遊民或信用破產者收買個人身分證件，並於金融機構開設人頭帳戶。

（三）透過網路或各項不法管道蒐購民眾之個人資料作為聯絡之用。

（四）以冒名律師、會計師或知名人士做見證。

（五）以大眾傳播媒體為媒介工具，搭配簡訊、報紙分類廣告、信函、電話Call-in、Call-out、網路等方式通知民眾。

（六）以手機、網路、傳單、郵寄或其他大眾傳播媒體為媒介工具。

（七）以退稅、中獎，獲得其他財物、利益為由要求被害人透過網路或提款機轉帳匯款。

（八）被害人未曾與該詐欺集團人員見面。

（九）被害人匯款後皆未獲得應得的獎金或財物。

（十）加害人於收到贓款後，大多重複以各種理由或藉口要求被害人再繼續匯款、失去聯絡或恐嚇、騷擾被害者。

（十一）透過各種不法管道進行洗錢。

（十二）與時事結合，以中獎、獲得利益為由要求民眾轉帳匯款，例如SARS盛行、即通知民眾領補償金；繳稅時節就通知民眾退稅，令民眾不疑有他。

（十三）要求以自動提款機（ATM）轉帳，目前ATM只有查詢、提款、轉帳等功能，並無退款功能。

四 詐欺犯罪之防制

詐欺犯罪涉及加害者之理性抉擇與計畫性犯案，而其發生更與被害者之貪念與疏忽密切相關。因此，防制詐欺犯罪必須加強對詐欺犯罪之法律懲罰（Legal Punishment）與嚇阻作為，同時做好被害預防與宣導措施（Lab, 1992），始能舒緩前項犯罪問題。分述如下[45]：

---

[45] Lab, Steven P., Crime Prevention: Approaches, Practices and Evaluations, Second Edition. Anderson Publishing Co., 1992.

（一）加強自我保護

　　雖然詐騙手法不斷地推陳出新，且逐漸有專業化、集團化的趨勢，但追根究底無論詐騙手法如何變化，仍不外乎利用民眾經驗不足、輕率、慌張的心理，以及貪小便宜的心態。若面對這類詐騙時能保持冷靜積極查證，或是避免與陌生人有過多的不必要接觸、慎選聲譽優良的商家購物，拒絕購買明顯不符合市場價格的商品與保證獲利的投資，則可保護自己免於受騙上當。對於詐騙最好的預防便是抱持「天下沒有白吃的午餐，不慌張、勇於尋求幫忙」，不過度擔心但也不掉以輕心的觀念。警政署提供兩項防詐應變口訣[46]：

1.一聽、二掛、三查證

　　民眾在接到不明來電時，可以先聽清楚電話想要表達的內容，並注意是否有關鍵字如「分期付款」、「購買遊戲點數」、「操作ATM」、「資料被冒用」等常見的詐騙字眼。若非認識或可靠的電話，立即掛掉電話，以避免歹徒進一步操控情緒。最後儘快撥打165反詐騙專線查證，並將聽到的電話內容告知165專線人員。

2.三要、七不

　　近年來求職與借貸詐騙層出不窮，甚至有些民眾被騙賣至國外。民眾於求職或是借貸時，應抱持著要存疑、要確定、要陪同；不繳錢、不購買、不辦卡、不簽約、不離身、不飲用、不非法工作。對於求職或是借貸皆須透過合法管道進行，避免因高薪、工作輕鬆等聳動不實的廣告而輕率地將自己的資料證件交給詐騙集團，甚至是簽署不合理的契約。

（二）法律懲罰與執法嚇阻作為

　　目前刑法規定普通詐欺犯罪處5年以下有期徒刑，拘役或科或併科50萬元以下罰金，但刑罰仍難與詐欺犯之非法暴利所得相稱，而整體詐欺犯罪

---

46 警政署，常見詐騙手法及防範方法，內政部警政署165全民防騙網，https://165.npa.gov.tw/#/article/cheat/262，民國111年7月26日。

之平均刑度並不高，更反映出前項事實。在監獄服刑期間，詐欺犯多數表現良好，以期早日獲得假釋，故應對詐欺犯加強考核，不輕予假釋，強化懲罰與嚇阻作為，善用「嚇阻理論」的三項特性，刑罰迅速性、確定性及嚴屬性來對抗跨國境電信詐欺犯罪，避免其再次詐欺。

　　其次，電信詐欺犯罪主要利用資通訊匯流的漏洞，將非法電信機房及基地轉移到各國，利用當地國民為人頭，向當地電信公司申請企業公司用戶，以及縝密組織分工，對兩岸民眾進行各種態樣詐騙，犯嫌多數為高中學歷以下且不具專業通訊知識，而能架設機房的技術都是來自第二類電信業者（系統商）通過Skype或微信等教導裝設與使用[47]。因此，不管是詐騙電話機房或是篡改發話號碼，主要仰賴詐騙產業中的通訊技術專家，以及不肖二類電信業者以合法掩護非法之作為，未來應加強打擊這些協助詐騙的不法二類電信業者。

（三）政府與民間強化預防宣導與監督管理[48]

1.強化標的物——增加犯罪阻力

(1)謹慎提供個人資料予各種場所：所有詐騙起因於歹徒掌握個人基本資料，所以應加強宣導，民眾應養成不隨便留個人資料給別人。

(2)校園及相關單位加強宣導詐騙案例：詐欺犯罪被害者不乏高知識分子，惟大多涉世未深、容易相信他人，倘能利用各種方法加強宣傳詐騙案例，則能強化潛在被害者之預防。

(3)教導民眾不幸被詐騙，冷靜查證：不幸將金錢匯出後，可向親友諮詢查證，倘不願意讓親友知曉，可撥打165反詐騙專線，由專業的警察人員協助辨認是否為詐騙事件。

---

47 楊士隆、陳順和，海峽兩岸電信詐騙機房防制對策之研究，文發表於第24屆中國犯罪學學會年會，民國104年。
48 楊士隆、鄭凱寶，大專院校校園詐欺犯罪問題與防制，海峽兩岸高校安全管理論壇，中國香港，民國101年。

2.增加監控機制──增加犯罪風險

(1)電信業者

從嚴審查申請：由於犯罪者常利用人頭帳戶加以取得詐騙金額，故金融單位在核發帳戶時，應加強審核，例如：建立徵信機制，確實審核申請人姓名、居住地址等資料是否屬實。對外包電信工程人員從嚴把關，以防不肖業者與詐騙集團勾結，盜轉接民眾電話。

(2)金融機構

①從嚴審查申請：由於犯罪者常利用人頭電話（手機）聯繫、行騙，故電信相關單位核發號碼時，應加強審核，例如：建立徵信機制，確實審核申請人姓名、居住地址等資料是否屬實。

②訓練員工：應訓練員工使其具備辨識詐騙手段，及時通知警察人員阻止被害者交付金錢的管道，並進而讓警方接手偵破詐騙集團，對於績優員工設立獎金鼓勵表揚。

(3)警察機關

①加強宣導：利用各項勤務，將新的防詐騙訊息傳達至轄區每位民眾，強化潛在被害者的防衛知能。

②加強巡守聯繫：加強巡視ATM與相關金融機構，並與電信、金融業者取得密切聯繫，聯合防止被害者被詐騙。

(4)學校校安單位

①加強宣導：利用各種機會將新的防詐騙訊息傳達至轄區每位校園成員，強化潛在被害者的防衛知能。

②加強巡守聯繫：加強巡視校園ATM，並與電信、金融業者及警察取得密切聯繫，聯合防止被害者被詐騙。

綜合言之，詐欺犯多屬理性罪犯，目前對詐欺犯罪之懲罰似嫌過輕（普通詐欺罪處5年以下有期徒刑、拘役或科或併科50萬元以下罰金）。

民國107年6月13日修法，只要犯《刑法》的「加重詐欺罪」，包括冒用政府機關或公務員名義行騙者、有三人以上共犯，或是以電視網路等傳播工具對公眾散布犯案等三種情形，不論是在國內或國外犯罪，都可處1年以上7年以下有期徒刑，得併科100萬元罰金。目前刑度稍有加重，但

是否能有效嚇阻犯罪，仍待後續觀察。強化對當前詐欺犯之懲罰與嚇阻作為，同時政府與民間加強犯罪預防宣導措施，始有助於舒緩詐欺犯罪之發生。

第十一章　無被害者犯罪

　　無被害者犯罪，如：賭博、賣淫、酗酒、藥物濫用等，近年在犯罪學研究上亦受到相當程度之重視，主要乃因此類犯罪型態雖無明顯法益之侵害，但卻存有極大之非法交易市場，甚至使得行為人本身陷入泥淖，無法自持，而衍生其他犯罪型態，故本章為文加以探討。

第一節　無被害者犯罪之意涵

　　基本上無被害者犯罪迄今未有一致性之定義，茲臚列權威學者之見解供參考。

一　E. Schur之定義

　　E. Schur在《無被害者犯罪》（*Crimes Without Victims*）一書中指出，墮胎、同性戀及藥物濫用等三項社會偏差行為係屬無被害者犯罪，為人所樂於交易，因法律之禁止無法提供這些服務，而入罪[1]。

二　H. Bedau之定義

　　若且唯若某種行為，為刑罰法律所禁止並具有可責性，且涉入成人間相互同意進行財貨及服務上的交易，而他們自認未為該行為所侵害，因此不願向有關單位報告其涉及該行為，則該行為即稱之無被害人犯罪[2]。

---

[1] Edwin Schur, Crimes Without Victims: Servent Behavior and Public Policy. Englewood Cliffs, N. J.: Prentice Hall, 1965.

[2] Hugo Adam Bedau, "Are There Really Crimes Without Victims," in Edwin M. Schur and H. Adam Bedau, Victimless Crimes. Englewood Cliffs. N. J.: Prentice Hall, 1974, pp. 66-76. 引自高金桂著，無被害者犯罪之研究與抗制，載於許春金等著，犯罪學，中央警官學校犯罪防治系印行，民國75年3月，第471頁。

許福生則從犯罪學與刑法之觀點，對無被害者犯罪加以定義，其指出從犯罪學的角度而言，無被害人犯罪係指：「因當事人相互間的合意縱使是屬於犯罪或偏差行為，當事人均不會對此等行為向執法機關投訴」。至於若從刑法的觀點而言，則認為無被害人犯罪，乃指犯罪行為不會造成法益侵害（包含：個人、社會、國家法益）或法益危險；換言之，乃指無明顯法益保護的犯罪而言[3]。

第二節　無被害者犯罪之類型

無被害者犯罪之型態並不侷限於單一類型，其因學者見解之不同，而有迥異之界定。許福生彙整文獻，將無被害者犯罪區分以下類型[4]：

一　Edwin M. Schur之分類

Schur首先將墮胎、同性戀及藥物濫用等三種社會偏差行為，列為無被害人犯罪。之後，無被害人犯罪概念逐漸擴大。

二　Norval Morris之分類

犯罪學家兼法學家Morris，則將酗酒、藥物濫用、遊手好閒（Loiters）、遊蕩（Vagrants）、娼妓、賭博，列為無被害人犯罪（Crime without Victims）；而將墮胎視為缺乏被害人（Lack Victims）之犯罪。

三　Geage B. Void之分類

Void則將（一）酗酒及其相關犯罪行為；（二）遊蕩（Vagrants）或

---

3 許福生，無被害人犯罪與除罪化之探討，中央警察大學學報第34期，民國88年9月，第306頁。

4 同前註，第306～307頁。

行乞；（三）賭博；（四）娼妓或賣淫以外成年人間兩情相願的性犯罪行為；（五）藥物濫用；（六）非行少年身分犯（Status Offenses）如：宵禁、逃學或私奔等，列為無被害人犯罪（Victimless Crime）。

四　森下忠氏之分類

日本刑事政策學家森下忠，則將無被害人犯罪分為：（一）關於性行為方面，如：近親相姦、反自然性交、同性戀、通姦、納妾、賣淫等；（二）關於生命身體方面，如：自殺、自殺未遂、自傷行為，以及墮胎等；（三）關於社會風俗方面，如：賭博、公然猥褻、散布猥褻文書、酗酒等；（四）藥物濫用方面等四種類型為討論的對象。

五　許福生之分類

許福生則認為無被害人犯罪包含：（一）關於性行為方面，如：近親相姦、反自然性交、同性戀、通姦、納妾、賣淫等；（二）關於生命身體方面，如：自殺、自殺未遂、自傷行為，以及墮胎等；（三）關於社會風俗方面，如：賭博、公然猥褻、散布猥褻文書、酗酒、遊手好閒、遊蕩等；（四）藥物濫用方面；（五）非行少年身分犯方面，如：宵禁、逃學或私奔等五種類型[5]。

第三節　無被害者犯罪之特性

無被害者犯罪與有被害者之犯罪基本上係有差異的，作者蒐錄文獻發現無被害犯罪，具有以下特性：

5　同前註，第307頁。

一 根據學者Clinard及Quinney認為

（一）每個刑法通常包含某些特定社會階層之道德理念。有些犯罪（如：娼妓、酗酒、同性戀、藥物濫用）觸犯了特定社會階層，而構成犯罪。由於這類犯罪常涉及自願參與者，故沒有被害人，對當權特異分子而言，很容易加以除罪化。

（二）大多數犯罪人並不將其行為視為犯罪，他們並沒有明確的犯罪生涯，但由於不斷與執法或司法機構之接觸，其自我概念顯得含糊。

（三）此種犯罪通常有特定次文化支持，犯罪人之間交往密切。

（四）在此類犯罪中，有些是合法社會所需要的，且大多與合法行為型態相一致。

（五）不同的社會對此種犯罪之反應，強度不一致；此等犯罪只有少部分會受到逮捕，刑罰也只對少數犯罪較為嚴厲（如毒品）[6]。

二 根據學者Hugo Adam Bedau指出[7]

（一）無被害者犯罪具有合意參與的特徵

蘇爾認為墮胎、同性戀及藥物濫用等犯罪中，關係人在共同合意下從事違法的財貨或服務的交易。由於「合意」要素的存在，已排除了被害者存在的可能性。但事實上，一個人同意從事某種行為，並不能確定他就不會因其同意，而不會受到該行為之傷害，最明顯的例子是墮胎。在墮胎行為中（如在懷孕的晚期），事實上已傷害到未出生的胎兒，雖然它可能沒有痛苦，但卻也是一個被害人，若我們認為墮胎是一種無被害者的犯罪，則便承認胎兒並無權利受到保護。因此，共同合意參與並不排除參與者會受到傷害的可能性，對被害性（Victimzation）的決定力較低，但對執法

6　Marshall B. Clinard and Richard Quinney, Criminal Behavior Systems. New York: Holt, Rinehart, and Winston, 1973, pp. 15-20. 引自高金桂，民國75年，第464頁。

7　同註2，高金桂，第470～471頁。

可能性（Enforceability）的決定力卻較高。這也就是何以這類犯罪，執法可能性較低的緣故。

（二）缺乏控訴的參與者

史柯尼克認為，無被害者犯罪是指未被報案的犯罪。莫里斯及霍金斯（Morris and Hawkins, 1970）亦認為無被害者犯罪，是指沒有控訴的被害人（Absence of Complainant-Participant）向司法訴求保護的犯罪案件。一般來說，無被害者犯罪（如娼妓）較有可能具此種特性，但並非所有不提控訴之被害人都沒有受到侵害，而且有些犯罪（如強姦）之被害人基於某些理由，不願報案。故吾人不能稱所有未報案的犯罪案件，皆為無被害者犯罪。但由於無被害者犯罪的此一特性，使得犯罪黑數特別高，且造成執法上的困難。

（三）無被害的自我判斷

派克之無被害者犯罪的定義，是指「不會使任何人感覺到自己受到傷害且不會使他向有關單位報案之犯罪」，但在此種犯罪狀況或情境中，一個人「對自身處境的感覺」（What he feels about himself）及「事實的真相」（What is true about this state）是有所差別的，而且一個人「感覺未受害」（Feeling Unharmed）與客觀認定（如法律及執法單位判斷）之「事實上未受傷害」（Being Unharmed）亦未見一致。因此，此一定義未具周延性，不能據以認定無被害者犯罪。

（四）無被害者犯罪具有交易的本質

蘇爾曾提出，墮胎及其他無被害者犯罪涉及「社會所不容許但卻廣泛需要之財貨或服務之自願交易」。這一個特徵較適用於娼妓及賭博犯罪，但卻不見得適用於其他前面所述之無被害者的犯罪，因未涉及人際關係的犯罪行為，就不適用於此定義。且就墮胎而言（設被害人為胎兒），犯罪行為人（墮胎者及被墮胎者）與被害人，並不具有交易行為。而在此一定

義下，許多身分性的犯罪（Statutory Crimes）特別是少年犯罪，將被排除於外。

第四節　無被害者犯罪：藥物濫用、賭博、賣淫

無被害者犯罪之型態，如同前述涵蓋甚廣，包括：賣淫、賭博、墮胎、藥物濫用、少年身分犯等，限於篇幅，茲僅就藥物濫用、賭博及賣淫行為扼要介紹。

一　藥物濫用

（一）藥物濫用之定義

根據1994年「精神疾病診斷與統計手冊」第四版之規定，藥物濫用（Substance Abuse）係屬物質使用違常（Substance Use disorder）之內容，其診斷標準為[8]：

1.物質濫用

(1)某種使用成癮物質的不良適應模式，導致臨床上明確的障礙和困擾，在12個月期間呈現一項以上下列現象：

①角色職責（Role Obligations）：由於重複使用成癮物質，以致無法擔負工作、學校或家庭中主要的角色職責。

②身體危險（Physically Hazardous）：由於重複使用成癮物質，以致置身於可能導致身體危險的處境。

③法律問題（Legal Problems）：重複發生與成癮物質使用有關的法律問題。

④社交與人際問題（Social and Interpersonal Problems）：不顧成癮

8　American Psychiatric Association, Diagnostic and Statistical Manual of Mental Disorders, Fourth Edition. Washington, D.C.: American Psychiatric Association, 1994.

物質對社交與人際問題持續或重複產生影響，仍然使用成癮物質。

(2)症狀尚未符合該類成癮物質依賴的診斷要件。

2.物質依賴（Substance Dependence）

某種使用成癮物質的不良適應模式，導致臨床上明確的障礙和困擾，在12個月期間呈現三項以上下列現象：

(1)耐受性（Tolerance）其定義如下列任一項：

①需要顯著增加成癮物質的用量，以達到期望的效果。

②持續相同的用量及使用方式，但藥效明顯下降。

(2)戒斷症狀（Withdrawal）其定義如下列任一項：

①出現該成癮物質具特徵性的戒斷症狀。

②持續使用相同（或相近）的物質，以解除或避免戒斷症狀。

(3)該成癮物質經常被大量使用或過長時間使用，超過原先的使用企圖。

（二）藥物濫用之現況

藥物濫用存在於世界各國，國內對藥物濫用分類可參照毒品危害防制條例，藥物濫用主要類型大致如下[9]：

1.嗎啡

嗎啡（Morphine）為鴉片的主要生物鹼。1806年由德國化學家Serturner首先自鴉片中抽提出來，也是第一種純化的生物鹼，有鎮痛及催眠作用。嗎啡最主要的功效在於其優異的止痛作用，但不會影響其他的感官功能（如觸覺），通常皮下注射1至2分鐘後（口服30分鐘至1小時內），便開始產生快樂感。其毒性較為溫和，但長期使用仍會產生耐藥性、依賴性及戒斷症狀，副作用很多，如：呼吸抑制、噁心、嘔吐、眩暈、精神恍惚等，部分病人會產生譫妄、失去方位感、運動不協調、失去

---

[9]　引自呂淑妤，我國藥物濫用問題探討，文載於刑事政策與犯罪研究論文集（一），法務部犯罪研究中心編印，民國87年5月，第284～286頁。

性慾或性能力等現象。

2.海洛因

海洛因（Heroin）為嗎啡之醋酸基衍生物，1874年由德國化學家首先合成，1898年德國Bayer藥廠即開始大量生產製造，並以Heroin之名銷售。其鎮痛功效為嗎啡之四至八倍，毒性為嗎啡之十倍，大部分國家均已禁止製造進口及醫療使用。目前大都以靜脈注射方式濫用，長期使用會產生強烈的耐藥性、依賴性及戒斷症狀。大量攝取會導致呼吸困難、昏睡致死。

3.安非他命

安非他命（Amphetamine）於1887年首先由Edeleano合成（甲基安非他命於1919年被合成）。其主要的藥理功效包括：警覺作用、欣快作用及食慾抑制作用。我國於民國60年將其列為禁藥，79年列為麻醉藥品管理，安非他命經吸入、口服或注射進入體內後，在血中濃度的半衰期平均為20（10～30）小時。安非他命自體內消失所需時間遠比欣快效應持續時間為長，以致有些濫用者一天之內注射高達10次之多。另外，濫用安非他命具有耐藥性及非它不可的強烈精神依賴性。安非他命之急性中毒表徵包括：無法入眠、話多頭痛、出汗、高燒、血壓上升、頻脈、散瞳、口渴、食欲減退等；慢性中毒症狀包括：中毒性精神障害（幻覺、妄想等）。

4.大麻

大麻（Marijuana）是印度大麻（Cannabis sativa）類之植物，大麻植物之全部，其抽出物、衍生物統稱為大麻，通常吸食者利用其葉、花或其他部分切碎，製成捲菸，故稱大麻菸。其中含THC（Tetrahydrocannabinol）主要之成分。此類物質有心理依賴性，也有耐藥性，其症狀特徵為：(1)急性症狀包括：陶醉感、飄飄欲仙的意識狀態、無方向感、對時間及空間的感覺也常扭曲、無法正確的判斷、脫離現實、無企圖心、對一切事物皆置身事外、產生所謂的「動機缺乏症」、妄想及疑心，因而導致的行為障礙；(2)對身體生理之影響有頻脈、發汗、雙目結膜紅腫、步行不穩、眼球震盪。在女性使用者中，月經週期之障礙也會發生。此外，長期使用，肺功能也會受到傷害，氣管之切片有上皮細胞之

變性。雖然大麻不會引起精神分裂病，但如果精神分裂病人吸大麻，則會使精神病症加劇。如果懷孕之婦女吸用大麻，其嬰兒會體重下降，而其神經系統之活動可能有變化。

5.K他命

K他命（Ketamine）近年亦甚為流行，Ketamine屬於中樞神經抑制劑，俗稱Special K或K，與PCP（Phencycline）同屬芳基環己胺類結構，為非巴比妥鹽類，俗稱愷他命，目前為毒品危害防制條例列管為三級毒品。K他命原是用於人或動物麻醉之一種速效、全身性麻醉劑，常用於診斷或不需肌肉鬆弛之手術，尤其適合用於短時間之小手術或全身麻醉時誘導之用。然而於1970年代在美國西岸開始濫用，早期使用均為MDMA混合使用，惟近年來逐漸單獨使用。K他命可以口服、鼻吸、煙吸與注射方式施用，施用後會產生幻覺、興奮感、意識混亂、與現實解離或是有所謂靈異旅行的經驗。較常見之副作用為心搏過速、血壓上升、震顫、肌肉緊張而呈強直性、陣攣性運動等。部分病人在恢復期會出現不愉快的夢、意識模糊、幻覺、無理行為及譫妄等現象。長期使用會產生耐藥性與心理依賴性，不易戒除[10]。

6.MDMA

MDMA（Methylenedioxymethamphetamine）為亞甲雙氧甲基安非他命之簡稱。MDMA為一種中樞神經興奮劑，俗稱忘我、亞當、狂喜或快樂丸；其藥理作用及結構與安非他命相似，在歐洲有濫用的情形。MDMA一般濫用方式為口服，使用者的行為特徵有多話、喋喋不休、食慾降低、情緒及活動力亢進、產生幻覺及狂喜等。其對身體傷害為興奮中樞神經並具迷幻作用，其他症狀尚有食慾不振、牙關緊閉、噁心、肌肉痛、運動失調、流汗、心悸、疲倦及失眠。MADA引起之毒性包括：體溫過高、血管疾病、心律不整；致命的毒性包括：橫紋肌溶解、散布性靜脈凝集及急性腎衰竭。另外，中毒時易發生體溫過高（可高達43°C），

---

[10] 李志恒，藥物濫用之防制、危害、戒治，行政院衛生署管制藥品管理局。

甚至引發併發症，導致死亡。長期使用會產生心理依賴，造成強迫性使用，引致抑鬱及精神錯亂，亦時有惶恐不安感甚至自殺傾向；也會造成神經系統損傷，產生情緒不穩、憂鬱、視幻覺、失眠、記憶減退、妄想等症狀；而且因自我控制能力減弱及產生幻覺，易發生意外傷害。

7.FM2

FM2是Flunitrazepam 2毫克的縮寫，有些錠劑上打印「FM2」字樣及「十」圖案，俗稱「十字架」或「約會強暴丸」。Flunitrazepam在分類上屬於影響精神藥品（Psychotropic Substance），是一種中樞神經抑制劑，誘導睡眠迅速，醫療上用來治療失眠症。FM2一般濫用方式為口服，使用者的行為特徵有步履蹣跚、心神恍惚、注意力不集中及記憶力減退等。具心理及生理依賴性，過量使用會引起嗜睡、神智恍惚及昏迷現象，並造成反射能力下降、運動失調、頭痛、噁心、焦躁不安、性能力降低、思想及記憶發生問題、精神紊亂、抑鬱等情況。急性中毒時會因中樞神經極度抑制，而產生呼吸抑制、血壓驟降、脈搏減緩、意識不清及肝腎功能受損，終至昏迷而死。此種安眠鎮定劑是意外或非意外過量用藥事件中最常見者，不論劑量多寡，都可能對駕駛或操作複雜機器等技能造成不良影響。戒斷症候包括：焦慮、失眠、發抖、妄想、顫語，亦可能致死。

8.LSD（搖腳丸）

LSD屬於中樞神經迷幻劑，為麥角黴菌生物製劑，學名為麥角二乙胺，俗稱搖腳丸、加州陽光、白色閃光及方糖等，目前為毒品危害防制條例列管為二級毒品，為無嗅、稍帶苦味之白色結晶體。可以作成錠劑、丸劑、膠狀、溶於飲料，或注射劑之用，使用後30至90分鐘內會發生效果，瞳孔放大，體溫、心跳及血壓上升，使用者會有震顫、欣快感、判斷力混淆、脫離現實、錯覺及幻覺等感受，嚴重者會有焦慮、恐慌、精神分裂、自殘及自殺等暴行。施用過量，會導致腦部及周邊循環血管攣縮、身體抽搐、昏迷，甚至死亡，目前臨床上禁止使用[11]。

---

[11] 同前註。

9.GHB

　　GHB屬於中樞神經抑制劑，英文全名為Gamma-hydroxybutyrate，中文譯為迦瑪－烴基丁酸，自然存在哺乳動物組織之短鏈脂肪酸衍生物。俗稱液體搖頭丸、液體快樂丸、笑氣。目前為毒品危害防制條例列管為二級毒品。GHB具有欣快感與幻覺作用，常被濫用者與其他藥物合併使用，尤其是酒精，以增加效果，然而服用後15分鐘內即產生昏睡、暈眩、噁心、暫時性記憶喪失、血壓心搏減緩、痙攣、呼吸抑制等現象，高劑量會讓人睡覺，最後昏迷或死亡，因為其個別純度和強度不同，很容易造成過量，可能很快失去意識昏迷及死亡，與酒精併用更危險。1999年美國聯邦緝毒局（DEA）宣布GHB、K他命與FM2並稱為三大「強姦藥」[12]。

10.神奇蘑菇

　　神奇的蘑菇（Magic Mushroom）即是指迷幻性菇菌類（Hallucino-genic Mushroom），其特色即是食用後會有類似迷幻藥作用的菇類植物。事實上人類使用迷幻性菇類的歷史，相當久遠。近數十年來（1958），科學家才從其中分離出其主要的作用成分為西洛西賓（Psilocybin）成分，目前為毒品危害防制條例列管為二級毒品。從1958年起，迷幻性菇菌類自美國西岸開始被濫用，流傳到澳洲、英國、歐洲大陸、日本等國家，台灣最近幾年也開始有人使用。神奇蘑菇可以直接生吃或混入食物調味或泡入茶中飲用，氣味與食用蘑菇類似。食用20分鐘後，會有肌肉鬆弛、心跳過速、瞳孔放大、口乾、噁心感及迷幻作用，藥性持續6小時。大量食用會有嚴重幻覺、精神失常、陷入惡幻旅行——會驚慌、焦慮與恐懼。然而，目前並沒有證據顯示會產生生理上成癮之副作用[13]。

11.新興影響精神物質

　　新興影響精神物質（New Psychoactive Substance, NPS）根據聯合國毒品與犯罪問題辦公室（UNODC），係指「一種新興麻醉或影響精神之藥物，其不受1961年麻醉藥品單一公約或1971年精神藥物公約管制，但與

12　同前註。
13　同前註。

列管之物質對比下，已呈現威脅公眾健康的物質[14]。」歐盟亦提供相似之定義，係指「一種新的麻醉劑或精神藥物，無論是純形式還是在製劑中，不受聯合國毒品公約的管制，但可能對民眾健康造成威脅或與公約所列物質所造成威脅相當的新麻醉品或精神藥物的純品或製品[15]」。其另類市場名稱包括合法興奮劑、草本興奮劑、研究用化學品、實驗室試劑、植物營養劑、食物／膳食補充、狡詐師或設計師藥物／策劃藥、醫療用藥、合成毒品或俱樂部藥物等。

聯合國毒品與犯罪問題辦公室在2023年EWA[16]中，列舉了當前國際上危害形勢最為嚴峻的16類新興影響精神物質：全球所有地區的139個國家和地區報告EWA一種或多種NPS。迄今至2022年12月31日止，全世界已報告了1,182種物質。UNODC將其區分為以下各類：合成大麻素（Synthetic Cannabinoids）、氨基茚滿類（Aminomidanes）、色胺類（Tryptamines）、苯二氮卓類（Benzodiazepines）、合成凱西酮類（Synthetic Cathinones）、苯環利定類（Phencyclidine-type Substances）、苯乙胺類物質（Phenylethylamines）、呱嗪類物質（Piperazines）、植物源類物質（Plant Based Substance）、芬太尼類似物（Fentanyl Analogues）、先驅化學物（Precursor Chemical）、苯甲嗎担（Phenmetrazines）、Nitazenes、Lysergamides、Phenidates、其他新興影響精神（Others Substances）。

新興影響精神物質之毒性與危害性甚大，全球均受其影響。Hugo López-Pelayo等（2021）指出，在歐洲所有毒品相關死亡案例（Drug Related Death），2016年11.7%和2017年18.1%涉及至少一項新興毒品NPS的死亡，而在15歲至64歲的居民中，每百萬人有2.7人至4.9人死亡。2016年至2017年間有顯著增加，特別是涉及新型苯二氮卓類藥物（Novel Benzodiazepines）、新型阿片類藥物（Novel Opioids）和合成大麻素（Synthetic Cannabinoids）的死亡。在英國，2021年毒品相關死亡案例高

---

[14] https://www.unodc.org/LSS/Page/NPS.

[15] https://www.emcdda.europa.eu/topics/nps_en.

[16] https://www.unodc.org/LSS/SubstanceGroup/GroupsDashboard?testType=NPS.

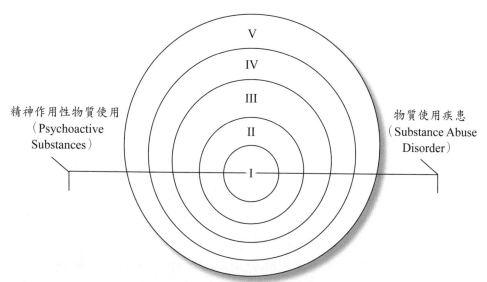

註解：I～V各為生物因素、心理發展、人際環境（家庭及同儕）、社區及社會等因素。
資料來源：Muisner, Philips P., Understanding and Treating Adolescent Substance Abuse. Sage Publications, 1994, p. 41.

圖 11-1　生物心理社會模型

達258人，達到歷史上之新高，台灣依據法務部法醫研究所統計，新興毒品相關致死案例，2020年全年合計143件，2021年死亡案例為85件，2022年死亡案例為52件。

（三）藥物濫用之成因

學者Muisner所著《*Understanding and Treating Adolescent Substance Abuse*》一書，採用科際整合之生物心理社會模型（Biopsychosocial Model）來詮釋藥物濫用的問題（詳圖11-1），提供了重要之參考[17]。此模型包含了五個可能的因素層次──生物因素、心理發展變項、人際決定因素（家庭功能因素及同儕關係因素），社區變項及社會變項。基本上，這些因素層次是交互影響，而在此模型中，有毒作用劑（Toxic Agent）

---

[17] Muisner, Philips P., Understanding and Treating Adolescent Abuse. Sage Pablications, 1994, p. 41.

（Psychoactive Substances）貫穿了這五個因素層次，因此最後顯現出來物質濫用異常（Substances Abuse Disorder），即表現在所有的因素層次上。在此模型中較強調三個主要因素：心理發展、家庭功能及同儕關係，此三因素在藥物濫用的臨床了解上是相當有用的。其中心理發展是中心因素，會不斷地與其他兩個因素互動。茲分別敘述如下[18]：

1.生物因素

我們的身體本身即為化學的本質，有很大的傾向會去濫用某些特定的化學物質。化學的不平衡及特定的化學物質對心情、意識及行為有很大及持久的影響。如果忽略了這些事實，而想獲得持久的痊癒似乎是不太可能的事。物質濫用異常的生物因素主要包括：

(1)神經學因素：可分成兩部分來討論，第一部分 —— 神經化學傳遞過程。在腦中，神經訊息的傳遞是一種電化學的過程，而Psychoactive Substances進入腦中會打擾此過程。至於化學物質打擾的性質及範圍會受一些因素的影響，包括用藥者本身的神經化學構造，所使用的藥物種類及藥物使用的量及頻率等。第二部分 —— 在腦中藥物使用的控制中心。有人認為物質濫用，是由大腦皮層或控制記憶及認知等功能的大腦部分來負責，然而，吸毒成癮其實是與下視丘或掌管呼吸及飢餓等基本需求的大腦部分有關。

(2)特異體質的生理因素（Idiosyncratic Physiological Factors）：一些人較容易有物質濫用的問題，因為他們本身的心理功能不佳。比方說，心境異常或罹精神分裂症等，會導致生理上對於藥物的需求，藉由自我用藥而使得生理及心理皆獲得抒解，產生心理—生物之增強。

2.心理發展

除前述生物因素外，心理發展因素亦為物質濫用之重要因素。例

---

18 陳娟瑜、楊士隆、陳為堅，物質濫用之社會問題，文載於臺灣社會問題，民國99年，第二版。

如，處於叛逆期身心發展之青少年，即容易受藥物濫用的影響。法務部之
「青少年濫用藥物問題之研究」發現，少年用藥原因以好奇模仿居首；朋
友引誘次之；喜好使用後之感覺居第三；逃避挫折感居第四[19]。可見，心
理發展層面的因素為青少年藥物濫用行為的重要決定因素。

　　此外，研究綜合文獻亦指出藥物濫用者具有以下特性：情緒不穩定，
無法經驗情緒的層次，常做出冷漠或過度反應的情緒表現；無縝密的思考
與判斷力，產生不成熟及僵化的防衛和適應行為；悲觀，有自卑缺陷，
社會適應性極差；面對挫折或壓力時，常有退化補償行為[20]。因此，行為
人心理發展相關因素，在物質濫用行為上扮演重要之角色，不可言喻。

3.人際環境、家庭功能及同儕關係因素

　　行為人的人際環境——家庭與同儕——會提供情緒及相關氣氛，促進
行為人的發展改變。相關研究大致指出，藥物濫用與父母、兄弟姊妹之濫
用藥物經驗成正比。來自貧窮、破碎家庭的行為人，由於缺乏父母關愛或
受到更多的輕視，其濫用藥物的動機與機會也較大。另外，親子關係不良
與父母管教態度不當亦為行為人藥物濫用的重要因素。

　　在同儕關係方面，行為人（尤其是青少年）的同儕關係，可說是青
少年的第二個家庭。第二個促進行為人發展改變的環境，和其藥物濫用
有關的同儕關係因素可分成兩類：(1)同儕危機（排斥、背叛及幻滅的危
機）；(2)功能不良的同儕團體（有藥物濫用習慣的同儕團體）。事實
上，朋友在協助藥物使用者，獲取成癮藥物上扮演著極為重要的角色；藥
物使用者常從其友伴中獲知使用毒品的方法。高金桂的研究指出，藥物同
輩團體在少年藥物濫用行為中扮演著吃重的角色，例如他們：(1)提供初
次所使用的藥物；(2)提供藥物來源給新的用藥者；(3)提供使用藥物之方
法；(4)使初次使用藥物者對藥物產生心理上的期待，提高藥物的效果。

---

[19] 法務部，青少年濫用藥物問題之研究，法務部犯罪問題研究中心，民國71年。
[20] 管制藥品管理局委託研究報告。楊士隆、曾淑萍、李宗憲、譚子文，藥物濫用者人格特質之
　　研究，藥物濫用與犯罪防治國際研討會，國立中正大學、國立成功大學主辦，民國99年。

4.社區因素

社區是一個立即的社會環境,包括:學校、教堂、社區組織、地方政府機構、警察單位及刑事司法系統等。這些系統在行為人的整個發展期間,支持著他們的家庭與同儕。社區是行為人藥物濫用的一個因素,和是否成功的提供初級、次級及三級預防有關係。在初級預防方面,包括一些組織的活動,目的在於防止行為人藥物使用的問題及促進健康的生活型態。次級預防和計畫有關,這些計畫是設計來防制藥物濫用者,早期階段的介入。至於三級預防,它是一種特殊的努力,目的是為了幫助有物質濫用異常的行為人及家庭獲得痊癒,可透過發起AA(Alcoholics Anonymous)、NA(Narcotics Anonymous)和FA(Family Anonymous)集會,及建立個人、家庭與團體治療的方便服務等方面來努力。

5.社會因素

社會是包圍所有以上所提因素的較大的社會環境。在藥物濫用的生物心理社會模型中,社會被描繪成:(1)政府及其對藥物濫用的公共政策;(2)媒體及其與藥物有關的態度及價值的溝通。

在政府政策方面,較受爭議的部分是其處罰導向的觀點,較強調其供給面——國際性的禁止與強制的社會控制。對於問題的需求面——教育、預防及處遇——則較少著墨。在媒體訊息方面,大眾媒體與娛樂界共同形成一個資訊綜合企業,在溝通態度與價值方面是強大的力量,透過對青少年反覆灌輸價值與態度,媒體想法及影像的傳遞更為有力,因為青少年時期正是形成及內化道德及價值系統的時期。媒體有關藥物的訊息,能夠影響行為人有關藥物使用的態度及價值。

根據Muisner之詮釋,藥物濫用可用一比喻來表現[21]。成長中的行為人就像是果園中的蘋果樹,正處於要開花結果的時期。火就像是有毒的藥物一般,是小樹的掠奪者。火的起源,不管是火柴或是熱摩擦或其他,是不易清楚界定的。這棵樹如何反抗或屈服於火苗,部分反映出其整體的可燃

---

21 同註17。

性（類比於行為人的內在心靈結構）。樹本身木材的內生體質（類比於成癮的生物因素），與火的旺盛與否有關。而在蘋果樹旁的樹群（似行為人的家庭及同儕等人際環境），會使火持續燃燒，就如家庭與同儕會使行為人繼續其藥物的使用一般。果園內外更大的環境因子——氣候及天氣狀況，能促使或阻止樹的燃燒，就如社區及社會因素可使人繼續或防止其藥物的使用。

（四）藥物濫用與犯罪之關聯性

濫用藥物之結果除可能影響身心健康外，亦可能因此衍發偏差與犯罪行為。惟在學理上藥物濫用與犯罪行為之關係卻仍然不甚清楚，尤其在因果關係上更存有迥異之看法。

後續之研究為釐清毒品使用和犯罪行為之因果關聯，曾提出三大解釋模式，分別為心理藥物模式（The Psychopharmacological Model）、經濟動機模式（Economic Motivation Model）、組織系統模式（The Systemic Model）[22]。

1.心理藥物模式

心理藥物模式係指因毒品之藥理學上作用，而從事犯罪行為，如因吸毒失去理智而殺人。心理藥物模式於解釋毒品與犯罪之關係，並未獲得完全之確認。因為，毒品的化學作用不一定會讓人呈現興奮；有些反而會讓人覺得安詳、幸福感。相關研究指出，毒品如：巴比妥酸鹽類毒品（Barbiturates）和鎮定劑、精神安定劑（Tranquilizers）之使用，可以顯著預測個體之攻擊行為[23][24]。Miczek等人之實驗發現，因海洛因或大麻之化學作用和酒精相反，所以當個體在施用海洛因或大麻時，其攻擊行為反

---

22 顧以謙，毒品使用與犯罪行為關聯性研究——以P.E.S模式分析為例，國立中正大學犯罪防治研究所博士論文，民國105年。

23 Miczek, Klaus A., J. F. DeBold, M. Haney, J. Tidey, J. Vivian, and E. M. Weerts. Alcohol, Drugs of Abuse, Aggression, and Violence. In Understanding and Preventing Violence, edited by Albert J. Reiss and Jeffrey A. Roth. Vol. 3. Washington. D. C.: National Academy Press, p. 1994.

24 Parker, Robert N. and Kathleen Auerhahn, "Alcohol, Drugs, and Violence," Annual Review of Sociology, 24: 291-311, 1998.

而會被暫時抑制住[25]。此外，PCP（Phencyclidine）和LSD（Lysergic Acid Diethylamide）等幻覺劑、古柯鹼皆無證據支持，導致個體攻擊行為之發生[26][27][28]。至於安非他命的部分，Behavior等人指出因為長期使用安非他命和精神疾病有關係，容易導致妄想性思考、恐慌等情緒，因此和衝動性暴力犯罪，有顯著之關聯性[29]。

2.經濟動機模式

　　由於使用海洛因之戒斷症狀十分嚴重且痛苦，包括：噁心、眩暈、焦慮、搔癢、失眠、厭食、腹瀉發冷、腹痛、肌肉疼痛等。所以，許多重度海洛因成癮者為了儘速解決戒斷症狀，容易不擇手段去取得毒品。因此，經濟動機模式受到海洛因成癮，常引發犯罪之啟發，認為成癮與否是重要的關鍵。相關研究也指出，在成癮後之犯罪行為會顯著地比成癮前之犯罪行為嚴重。雖然海洛因之使用並不會觸發犯行，但海洛因成癮卻是加速犯罪性之關鍵因子[30][31]。然而，經濟動機模式並不適合於解釋所有施用毒品者犯罪之原因，要視個體之前是否曾有過嚴重犯罪紀錄。如果個體於成癮前便具有嚴重犯行紀錄，則經濟因素便無法解釋成癮者進一步從事之犯罪行為，即使該行為明顯是較顯著之掠奪性犯罪[32]。事實上，當除去毒品交易犯罪後，大多數的毒品使用者並不會進一步從事犯罪行為[33][34]。

---

[25]　同註2。

[26]　Behavior, P. U. C. V., Roth, J. A., Reiss, A. J., Council, N. R., Education, D. B. S. S, & Education, C. B. S. S. Understanding and Preventing Violence: National Academies Press, 1993.

[27]　同註2。

[28]　Atkinson et al., 1998 A1, N. E., & Nolen-Hoeksema, S., 2014. Atkinson and Hilgard's Introduction to Psychology: Cengage Learning.

[29]　同註3。

[30]　Nurco, David N., Thomas E. Hanlon, Timothy W. Kinlock, and Karen R. Duszynski. Differential Criminal Patterns of Narcotic Addicts Over an Addiction Career. Criminology 26 (August): 407-423, 1988.

[31]　Chaiken, J. M., & Chaiken, M. R. Drugs and Predatory Crime. Crime and Justice: 13, 203-239, 1990.

[32]　Nurco, David N., A Long-term Program of Research on Drug Use and Crime. In Substance Use & Misuse 33 (July): 1817-1837, 1998.

[33]　同註10。

[34]　Hunt, Dana E. Drugs and Consensual Crime: Drug Dealing and Prostitution. In Drugs and Crime, edited by Michael Tonry and James Q. Wilson. Vol. 13 of Crime and Justice: A Review of Research. Chicago: University of Chicago Press, 1990.

3.組織系統模式

　　組織系統模式指出，毒品交易市場的負面互動歷程會導致許多毒品相關犯罪之產生。White認為此模式可以解釋，大多數毒品使用所衍生之暴力犯罪行為[35]。在紐約1988年的一項調查中，四分之三的毒品相關謀殺是具有組織系統性的，而非隨機性的發生；其中最主要的便是塊狀古柯鹼（Crack），而粉末古柯鹼（Powder）次之。此外，在組織系統性模式之中，可以發現毒品販賣者不但可能是暴力犯罪加害人，也是暴力犯罪被害人。在動機上，Goldstein指出在組織系統模式下，犯罪者從事暴力事件的動機來源有三方面：維護或擴張毒品的來源及產量、維持或擴張幫派的毒品交易範圍、顧全幫派的顏面。然而，有些學者卻不認為暴力犯罪的增加和幫派販毒有關係，其指出許多幫派根本不販毒，也不施用毒品[36]。目前，也沒有發現和毒品相關的活動會增加幫派從事暴力的行為[37]。也有學者指出，幫派分子和非幫派分子販毒的流行率，並無顯著差異[38]。統合有關組織系統模式之研究可發現，幫派於毒品市場操控行為和犯罪行為之關係是混合的（Mixed）成果，並非單一的因果關係。

　　根據學者懷特[39]及顏氏[40]之說明，藥物濫用與犯罪之關係，學說上約有四種不同的觀點（詳圖11-2）。

[35] White, H. R., & German, D. M. Dynamics of the Drug-Crime Relationship. Criminal Justice, 1(15), 1-218, 2000.

[36] Goldstein, Paul J. The Relationship Between Drugs and Violence in the United States of America. World Drug Report: United Nations International Drug Control Program. Oxford: Oxford University Press, 1997.

[37] Levine, Felice J., and Katherine J. Rosich. Social Causes of Violence: Crafting Ascience Agenda. Washington, D. C.: American Sociological Associaion, 1996.

[38] Waldorf, Dan. Misadventures in the Drug Trade. Substance Use & Misuse, 33 (July): 1957-1991, 1998.

[39] White H. R. The Drug Use-delinquency Connection in Adolescence. In R. Weisheit (ed.), Drugs, Crime and the Criminal Justice System. Cincinnati, OH: Anderson Publishing Co., 1990.

[40] Yen, Sherman, Juvenile Delinquency and Substance Abuse in the United States. Social and Psychological Factors in Juvenile Delinquency: An International Conference between Republic of China and United States of American. Sponsored by Department of Psychology. National Taiwan University, and National Science Council, 1988.

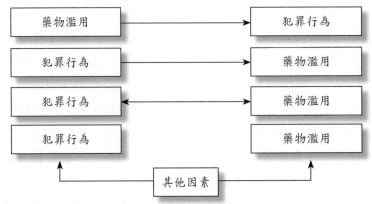

資料來源：White, 1990.

圖 11-2　藥物濫用與犯罪行為之關係

1.藥物濫用導致犯罪行為

　　許多藥物本身常易刺激中樞神經，導致幻想，甚至激起犯罪之勇氣與膽量，或造成神智不清之狀態，而引發攻擊性之犯罪行為。同時，濫用藥物者為了支應日益龐大之購藥費用，避免戒斷症狀之痛苦，很可能以非法之手段（如：偷竊、詐欺等），從事犯罪行為。此外，Goldstein並提出藥物濫用導致暴力犯罪之三因素，分別為精神藥物病理、經濟因素與犯罪副文化[41]。Bolesa與Miottoa之研究進一步發現，藥物濫用者於戒斷後，致使其更加發怒、焦慮，產生暴力行為[42]；而Neale、Bloor與Weir研究發現，500名藥物濫用者中約有五分之一在過去3個月內有攻擊行為[43]；澳洲犯罪學研究所（Australinan Institute of Criminology）所出版之文章中提及，約三分之一遭逮捕者自陳報告其犯罪行為源自於毒品[44]。為了確保非法藥物

---

[41] Goldstein, P. J., Bellucci, P. A., Spunt, B. J. and Miller, T. Frequency of Cocaine Use and Violence: A Comparison Between Men and Women. The Epidemiology of Cocaine Use and Abuse, National Institute on Drug Abuse published, 1991.

[42] Bolesa, S. M. and Miotto, K. Substance Abuse and Violence: A Review of the Literature. Aggression and Violent Behavior, 8, 2003, pp. 155-174.

[43] Neale, J., Bloor, Mi. and Weir, C. Problem Drug Users and Assault. International Journal of Drug Policy, 16, 2005. pp. 393-402.

[44] 參閱Australian Institute of Criminology, 2008. Drug Use Monitoring in Australia: 2007 Annual

之來源，甚至可能與藥物次文化團體為伍，久而久之，吸毒者很可能提升
至販毒之活動，轉售藥物圖利，增加犯罪行為之次數與嚴重性[45]。而台灣
近期研究中，蔡鴻文以接受戒治之藥物濫用者為樣本進行實證研究，發現
藥物濫用會引發暴力犯罪與財產犯罪[46]；林安倫以毒品犯、受戒治人與一
般犯為樣本，發現超過五成之藥物濫用者於施用藥物後會發生犯罪行為，
並更易觸犯暴力犯罪與財產犯罪[47]；廖建堯之研究也支持此一論點，發現
藥物濫用與犯罪行為存在關聯性，更易觸犯竊盜犯罪與毒品販賣犯罪[48]。

2.犯罪行為導致藥物濫用

　　部分學者認為，雖然濫用藥物很可能引發偏差或犯罪行為，然而部分
濫用藥物之行為，卻在偏差與犯罪行為開始後才發生。隆巴度對美國芝加
哥地區500名麻醉藥品成癮者之犯罪歷程加以調查，發現有74.6%之樣本
在未進入販售非法藥物前，即已發生其他犯罪行為[49]。蘇東平醫師於1981
年間對212名青少年濫用藥物之個案進行研究，發現有三分之二在使用藥
物之前即曾犯過罪[50]。Auld等人則認為1980年代中的社會經濟因素致使產
生犯罪，因而有管道可以連結至藥物濫用[51]。Burr於南倫敦地區犯罪次文
化研究中即發現，相當程度的次文化已有犯罪網絡之存在，因此導致海洛
因施用者與衍生性犯罪的增加[52]。因此，若處於環境情境因素的社會解組

Report on Drug Use Among Police Detainees. Retrieved April 22, 2009, from: http://www.aic.gov.
au/publications/rpp/93/。

45　林銘鍌、萬維堯，藥物濫用與青少年犯罪問題，自行發表，民國67年。

46　蔡鴻文，台灣地區毒品犯罪實證分析研究，中央警察大學犯罪防治所碩士論文，民國91年。

47　林安倫，施用毒品與犯罪行為關聯性之研究，中央警察大學犯罪防治所碩士論文，民國97年。

48　廖建堯，毒品與犯罪相關性研究——以臺灣雲林監獄為例，國立中正大學犯罪防治所碩士論
　　文，民國99年。

49　Lombardo, Robert M. Narcotics Use and the Career Criminal. Police Chief, June, 1980, pp. 28-31.

50　蘇東平，台灣青少年之藥物濫用，臨床醫學第5卷第4期，民國79年，第299～305頁；第6卷
　　第5期，第412～420頁。

51　Auld, J., Dorn, N. and South, N., 1986, "Irregular Work, Irregular Pleasures: Heroin in the 1980s."
　　In Toby Seddon, 2000. Explaining the Drug-Crime Link: Theoretical, Policy and Research Issues.
　　Journal of Social Policy, 29, 1, pp. 95-107.

52　Burr, A. Chasing the Dragon: Heroin Misuse, Deliquency and Crime in the Context of South London
　　Culture. British Journal of Criminology, 27, 4, 1987, pp. 33-57.

區域中,則更易獲得毒品、技巧與施用藥物之資金來源[53]。因此,此派學者認為藥物濫用之結果導致犯罪之說法並不完全正確,因為許多犯罪行為在濫用、販售藥物之前即已發生。

3.濫用藥物與犯罪行為交互影響

前述兩種濫用藥物與犯罪行為關聯之說法互異。另一派學者指出,其間之關係可能是交互的(Reciprocal)。Seddon指出藥物濫用與犯罪之關聯性,需要考量到各種特殊因素間的交互作用,並無法直接說明藥物濫用導致犯罪[54]。不僅犯罪行為活動可能導致濫用藥物,這些濫用藥物行為可能進一步促使行為人走向偏差與犯罪行為型態。例如:杭特之研究發現,賣淫者可能因工作關係而濫用藥物,而藥物濫用者在使用藥物前亦從事各類偏差(如:性濫交)與犯罪行為[55]。

4.濫用藥物與犯罪行為之關聯係不存在的,其同時由其他因素所促成

最後一派學者指出,濫用藥物與犯罪行為係由第三者(其他因素)所促成,彼此間並未具因果關係;易言之,兩者可能由共通或不同之因素所解釋。例如:艾利特及哈金葛對1,725名11歲至17歲少年研究指出,藥物濫用與犯罪行為無論是個別進行或集體發生,都與許多社會心理因素相關(例如:同儕),此二項行為具有共通之原因結果[56];學者曼恩之研究亦指出,酩酊少年犯與一般少年犯罪者在飲酒行為與心態上並無太大差別,二者表現之偏差行為,大致具有相同之因果過程。

綜合言之,藥物濫用與犯罪行為之關係至為複雜,一派認為濫用藥物導致犯罪行為;一派則持相反之看法;另一派則認為兩者之關係是交互影響的。最近之研究復指出,濫用藥物與偏差行為可能由其他共通

---

[53] 劉勤章,毒品與犯罪關聯性之探討,中央警察大學學報第39期,民國91年,第277～290頁。

[54] Seddon, T. Explaining the Drug-Crime Link: Theoretical, Policy and Research Issues. Journal of Social Policy, 29, 1, 2000, pp. 95-107.

[55] Hunt, Dana E. Drugs and Consensual Crime: Drug Dealing and Prostitution. In Drugs and Crime, edited by Michael Tonry and James Q. Wilson. Vol. 13 of Crime and justice: A Review of Research. Chicago: University of Chicago Press, 1990.

[56] Elliott, Delbert S., David Huizinga, and Suzanne S. Ageton. Explaining Delinquency and Drug Use. Beverly Hills. CA: Sage, 1985.

或不同之因素所促成，其並未具明確之因果關係。作者認為這些複雜關係之認定與嗑藥犯罪歷程之個別差異有關，端賴個別情況與情境而定，並無法做單一之因果論斷，惟濫用藥物與犯罪行為間具有密切之相關（Relationship），已為大部分之研究所證實[57][58]。

（五）藥物濫用之防治

　　藥物濫用由於甚為風行甚至達到氾濫程度，故亟待正視。而整體而言，其防治工作可說係一艱辛的工作，須賴整合政府與民間機構，致力於社區反毒教育、學前及小學教育及國高中之輔導工作，對高用藥危險群加強預防與積極的介入，並長期輔導[59]。此外，對於藥物成癮者更應加強矯治，與社會支持，致力減少其復發（Relapse Prevention），並使其傷害降至最低。

　　最後，綜合比較先進國毒品防制政策及具體作為，發現各國反毒之發展趨勢，可供參考如下[60]：

1.以「減輕危害」（Harm Reduction）為反毒策略之最高指導原則：毒品問題肆虐多年後，世界各國對此開始進行省思，逐漸以「減輕危害」為訂定反毒策略之最高指導原則。其出發點在於正視毒品氾濫成為重大社會問題之事實，透過處罰與勒戒機制之協助，儘量降低因毒品問題造成之傷害與社會成本，確保毒品施用者能儘快回歸到正常社會，並透過長期的實證研究與宣導，建立社會大眾對此問題的共識，以積極正面的態度視吸毒者為慢性病患，解決毒品問題。

2.增加反毒戰略縱深，向上游發展：在新興毒品中，「毒」與「藥」常

---

57 張學鶚、蔡德輝、楊士隆、任全鈞，防治少年吸毒工作方法之研究，內政部社會司委託，民國85年。

58 彭惠慈，男性施用毒品與暴力犯罪之相關性研究，國立中正大學犯罪防治所碩士論文，民國99年。

59 陳正宗，藥物濫用防治對策，文載於刑事政策與犯罪研究論文集（一），法務部犯罪研究中心編印，民國87年5月，第274～276頁。陳正宗，藥物濫用防治對策，文載於刑事政策與犯罪研究論文集，法務部犯罪研究中心編印，民國87年5月，第274～276頁。

60 行政院研究發展考核委員會，毒品防制政策整體規劃報告，民國94年10月。
楊士隆，毒品防制政策整體規劃報告，行政院發展考核委員會託研究報告書，民國97年。

為一體之兩面，Drugs在英文中即兼具「毒」與「藥」之雙重意涵。而我國因慣以「毒」形容遭濫用之「藥」，二者涇渭分明，反使國人常忽略了二者密不可分之關係。近年各國政府為有效解決毒品問題，已逐步將防制之觸角延伸至上游之藥品，乃至於製造原料。由源頭防堵「藥」轉型為「毒」之可能性，結合毒品查緝、醫藥衛生與經貿部門，建立緊密的監控及管制機制，杜絕毒品滋生之根源。

3. 開始注重供給與需求面間之關係，尋求更細緻化之論述：近年研究結果顯示，毒品之供給與需求並非個別獨立之問題。其間之變化與消長，涉及複雜之因素，必須同時考量。近年各國之反毒政策，已開始在毒品供需關係間，尋求更為細緻化之論述與操作，藉由毒品問題整體圖像之建立與監控，精確地掌握毒品供需關係，機動調整反毒策略與執行，同步致力於供給與需求量的抑制，尋求更高的整體績效。

4. 由獨重緝毒，轉向注重拒毒與戒毒：多年經驗證實，大規模的緝毒行動，僅能在應付短期內毒品供給的降低，在需求量不變的情況下，將迫使毒犯尋求其他毒品來源，形成供需循環的市場原理。近年以美國為首之西方國家，已開始調整反毒資源配置，致力於研究獎助與鼓勵發展多元化拒毒與戒毒計畫方案，試圖由提高需求面的資源投入比例。

5. 尋求國際合作，提升反毒整體績效：毒品問題是國際問題，必須要靠密切頻繁的國際合作，從源頭防堵毒品問題坐大，絕非閉門造車或單打獨鬥能夠成功。近年歐盟在這方面的著力最深，已逐漸在各成員國間建立起聯合防毒網絡，填補國與國間之漏洞，其成效亦最為顯著。

6. 設置專責機構，並強化跨機關密切合作：各國多規劃設置專責機構或提升層級，以統一、指揮各部門之反毒工作，如美國在白宮下設「國家毒品管制政策辦公室」，日本在內閣府設置「藥物濫用對策推進本部」，中國大陸由國務院設「國家禁毒委員會」，英國由內政部設「藥物濫用委員會」，荷蘭由衛生福利及運動部主導毒品政策等，即為各國朝向設置專責組織改變，或提升層級方向努力的實證。

賭博

另一較常見之無被害者犯罪類型為賭博行為。根據非正式之估計，人類一生中參與某種程度之賭博機率幾乎達100%，而許多人甚至遠走允許賭博之國家如：韓國、美國、澳洲各國參與賭博，輕者純為娛樂，嚴重者成為病態賭博行為，衍生不少家庭與社會問題。

（一）賭博之意涵

基本上，賭博是一種遊戲，而其中遊戲參與者財物的輸贏主要取決於偶然之結果，而非基於事前之預知[61]。

美國內華達州則將賭博定義為：任何一種為了贏得金錢、不動產、支票、有價債券或其他有價物品，而以撲克牌、骰子、任何機械或非機械裝置、電機、電子設備或機器，所進行的比賽[62]。

至於我國刑法第266條之普通賭博罪係指「在公共場所或公眾得出入之場所賭博財物者，但以供人暫時娛樂之物為賭者，不在此限。」

（二）賭博之類型

依據Brown等人之介紹，賭博之運作型態包括：數字賭博（Numbers）、賭場型態賭博（Casinostyle Gambling）、彩券（Lotteries）及賽馬押注（Parimutuel Betting）等四類[63]。

除前述國外流行之賭博型態外，賭博在台灣地區更以各種形式出現，除傳統之賭博如：麻將、四色牌、天九、骰子、撲克牌之梭哈及賽鴿賭博外，晚近彩券、電動玩具賭博、證券交易哈達賭博、職棒賭博等亦受許多民眾青睞。

---

61 林山田，刑法各論罪，台大法學院圖書部，民國84年9月。
62 曾紫玉，賭博性娛樂事業的發展趨勢及其影響之探討，中國文化大學觀光業學研究所碩士論文，民國83年6月。
63 Stephen E. Brown, Einn-Aage Esbensen and Gilbert Geis, Criminology: Explain Crime and Its Context. Cincinnati, OH: Anderson, 1996.

以中央警察大學孫義雄等之研究為例，新近賭博實況如後[64]：

1.彩券賭博

彩券賭博主要係透過政府或有公信力之機構主辦，以搖出之數字號碼對獎，獲取獎金之賭博，例如香港之六合彩或美國之強力球彩券屬之。此項賭博之特色在於透過政府之介入監督，確保遊戲之公平性，以吸引眾人之參與。

2.電動玩具賭博

電動玩具賭博多由業者以多層次傳銷手法，用散落方式將賭博電動玩具寄放於各店面、撞球場、卡拉OK或夜市路邊等，供民眾參與賭博。

其機種甚多，包括：小Bar機種、巨無霸大機種、吃角子老虎、金撲克水果盤滿天星、跑馬、拉把、21點、輪盤、賓果、比大小、十八仔、大型瑪利等均在市場中受到歡迎。但近年在爆發官商勾結案後，政府強力取締，盛況已大不如前。

3.職業棒球賭博

在職棒賭博方面，由於每年近三百場之比賽，幾乎天天比賽，故近年已成為台灣賭徒之新寵。除傳統之分數比外，立即樂之賭博方式使每場賭局更臻於熱絡。其係在比賽中隨時下注插入賭博，項目包括一個失誤、安打、全壘打或三振、四壞球等均可下注，其特色在於毋庸等待比賽完畢後始能拿到賭金，而可享受立即之快感。

除前述外圍球迷之職棒簽賭者下注外，近年檢調方面並發現部分黑金勢力，利用暴力脅迫球員或斥資收買球員放水，幕後操控賭局，賺取暴利。

4.證券交易哈達賭博

空中交易俗稱哈達，一般由於莊家與賭客對賭上市股票之漲跌，或加權股價指數隔日之漲跌進行賭博。其係以買空賣空之方式（買賣股票未進入交易所撮合成交）行空中交易，對賭方式則多為當日沖銷，屬短線操

---

64 孫義雄主編，台灣地區賭博犯罪現況研究，中央警察大學出版社印行，民國85年5月。

作，輸贏極大。但因此項空中交易賭博行為，屬體制外之證券交易違法活動，缺乏法律保障，故常衍生財物糾紛。

其他賭博形式，因限於篇幅，不克詳細陳述。但值得一提的是，這些活動因涉及暴利，故在幕後均有看不見的黑手撐腰，甚至政商與黑幫聯手涉足操控，均分利益。

（三）賭博之成因

個人從事賭博之因素往往是生理、心理與社會環境互動之結果，而非單一之因素。根據學者Walker綜合賭博成因文獻後指出，賭博行為從鉅視至微觀層面之相關因素如下[65]：

1.文化

文化（Culture）對賭博機會的影響可區分為三方面：不同歷史文化背景呈現不同類型與範圍之賭博；不同文化的態度與風俗鼓勵或禁止賭博之發展型態；法律的制定與文化規劃決定了同類賭博型態是否須受處罰。例如，在白人尚未殖民前，澳洲原住民是不會賭博，因為當時並無賭博。此外，新型態賭博的引進與立法，對賭博人口的增加亦有推波助瀾的作用。文化的態度面向也是很重要的，例如，宗教信仰的差異對賭博程度的不同，也有相當的關聯。而文化鼓勵賭博更是賭博助長之因素，例如在澳洲不賭博被視為一種「古板」（Wowser）的代表。因此，歷史和文化因素被視為影響一個人是否賭博的重要因素。

2.參考團體

參考團體（Reference Groups）是指個人對一團體之認同程度，而不論此人是否為此團體的一員。參考團體對個人賭博的態度影響很大，在傳統上，男性必須負責家計，是家中經濟的主要來源，也因此賭博被視為一種賺錢養家的方法。而男性參考團體也因此多為鼓勵賭博而非女性參考團體。

---

[65] Michael B. Walker, The Psychology of Gambling. New York: Pergamon Press, 1992, pp. 123-128.

　　工作團體可能是另一影響賭博與否的重要參考團體。工作團體提供賭博之社會壓力，同時在此類工作團體中可能提供了賭博的休閒環境。許多文化和階層因素透過參考團體間接影響個人賭博行為。例如，在透過商業的接觸中，中產階級較可能購買股票，而勞工階級較可能對運動比賽下注。

3.社會學習

　　社會學習（Social Learning）係指透過觀察和仿同的過程，而學習賭博行為。即使是最簡單、直接的賭博也需要學習。例如，初賭者對吃角子老虎之機器賭博除須學習操作外，亦須了解其遊戲規則。社會學習主要發生於參考團體內，而家庭則是訓練賭博最重要的參考團體。例如，小孩子通常是在觀察父母賭博的快感後面學習賭博。另外，父母也常常透過詢問小孩子的意見而使小孩子參與賭博，如要求小孩子填數字，或是叫小孩子拿錢及找尋彩券等。此外，在許多西方媒體中，充斥許多賭博的廣告，並教導觀眾賭博有多刺激，及某人贏得鉅額錢款等。因此，社會學習似乎是影響個人是否賭博及鼓勵賭博的一個重要因素。

4.人格

　　學者Zuckerman曾提出傾向於感官刺激（Sensation Seeking）之人格（Personality）傾向者，較易從事冒險刺激之活動（含賭博）；亦有學者指出賭徒在人格特質上傾向於追求權力、成就與獲得肯定。但值得注意的是，是否其為賭博之素質因素，或賭博行為容易受情境與機會之影響，仍待進一步研究。

5.危機和壓力

　　賭博就像其他活動一樣，可以提供抒解壓力的出口。生命中呈現的危機不應被視為是促使個人賭博的因素，而可能是增加賭博強度，例如親人之死亡或婚姻生活不和諧等，賭博滿足了個人許多的需求，使個人轉移壓力源並提供逃避社會責任。因此，危機與壓力（Crises and Stress）具有賭博之催化作用。

6.休閒時間

一般而言，單身、年輕以及失業者往往較易涉及賭博行為，但學者亦指出，當已開發國家提升至科技化時代時，人們的閒暇時間（Leisure Time）將增加，而參與賭博的人也會增加。此外許多研究也顯示，在退休的人口中，賭博的人數也不少，賭博行為似乎與一個人是否有閒暇密切相關。

7.社會酬賞

賭博並不會單獨的發生。當然，若個人從家中下注賭馬或選擇吃角子老虎，那有可能不與他人接觸。但除此種情形，賭博者周遭通常有一群同好者，而在頻繁的接觸下發展出友誼與賭博之社群，進一步獲得認可與掌聲，此種酬賞對賭博者而言，是一種正向的回饋，而持續其賭博行為。

8.認知

認知（Cognition）觀點係指賭博者對於賭博所抱持之信念，包括：對賭博本質的信念、賭博時的策略及對賭博結果的解釋等。

（四）賭博行為之預防

在賭博之人口中，賭博者由於嚴重干擾個人與職業生涯，同時易造成嚴重家庭與社會問題，因此亟待介入，以減少其負面衝擊。

根據Towen與Speyerer之綜合文獻，病態賭博行為由於涉及之層面甚廣，因此在預防上並未有萬靈丹，必須對賭博者之個人、家庭、職業、休閒與財務管理等一併介入，始能獲致較佳之效果。扼要敘述如下[66]：

1.加強休閒教育與輔導

一般民眾常因個人之認知或在友人之邀約下，而有意或無意間參與賭博活動，忽略了其他健康休閒，進而沉溺於賭博。因此，在家庭、學校與社會教育上，應致力於休閒教育之宣導與實施，使民眾能有健康之休閒與

---

[66] Darren Towen and Jerri B. Speyerer, "Compulsive Gambling and the Criminal Offender: A Treatment and Supervision Approach," Federal Probation, Vol. 50, No. 3. September, 1994, pp. 36-39.

活動，伴其一生。

2.強化理財與生涯輔導

對於病態賭博者而言，其最後之結果經常是債務高築，而呈現財務危機。而相當諷刺的是，其為了贏回失去的，反而輸掉更多。因此，政府應加強一般民眾之理財與生涯輔導，以確保其不致陷於家破人亡、萬劫不復之境地。

3.加強對病態賭博犯罪者之監督，防止再犯

對於因病態賭博而犯罪者，首先應對其下班時間進行密集觀護監督，以確保不致再犯。同時應與賭徒之家人、雇主等密切聯繫，以了解其工作、生活情形，進行透過諮詢與監督等，減少病態賭博行為之復發（Relapse）。

三 賣淫

賣淫雖為社會罪惡（Social Evil），但亦係屬無被害者犯罪之典型類型。

目前各國針對賣淫及性交易行為，並未予以嚴格處罰（我國係由社會秩序維護法管制），甚至有走向除罪化之趨勢[67]。但其衍生之各項社會問題如：人口販賣、遭各種形式之剝削或融入犯罪副文化等，均值得正視。

（一）賣淫之意涵

賣淫（Prostitution），依據學者Winick和Kinsie之見解，係指給予非婚姻關係之性接觸管道，其係由婦女、恩客及（或）其雇主相互協議而建立[68]；McCaghy和Capron則另指出，無論賣淫以何種形式出現，所有之賣淫行為具有以下三項共通之要素[69]：

---

[67] 張碧琴譯，各國娼妓管理政策之比較，民國88年。
[68] Charles Winick and Paul M. Kinsie, The Lively Commerce: Prostitution in the United States. Chicago: Quadrangle Books, p. 3.
[69] Charles H. McCaghy and Timothy A. Capron, Deviant Behavior: Crime Conflict and Interest

1.該行為本身對於購買者而言，具有性之特殊意義

此包括性交易行為與單純之從事色情行業婦女走向嫖妓者。

2.經濟上之交易

一般在進行性服務之前，涉及金錢及其他具有經濟價值之交易。

3.情感之冷漠

性交易本身係屬商業化之行為表現，無論購買者與賣方認識與否，其不具情感之深切互動。

沈美貞則認為娼妓（賣淫者）具以下特點：1.以肉體供他人為性交之用；2.性交行為係有償的，性交行為並非因雙方情投意合或基於婚姻關係，或為享樂等其他無償之目的，而係為取得財產上之利益；3.雜交：性交對象是不特定人或特定的多數人[70]。

（二）賣淫行為之地域分布與經營型態

賣淫常以各種型態出現於不同地域，依據研究文獻之記載，主要之經營型態如下[71]：

1.綠燈戶

綠燈戶（Brothels），一般泛指當地政府所許可設立之妓女戶（Cathouse），我國則稱之「公娼」。其主要係由娼妓在公娼館內（由鴇母—— Madam經營）與前來之恩客進行性交易，並有公訂之交易時間與金額。綠燈戶所聚集之特定區域又稱之為「紅燈區」（Red Light Districts），在美國內達華州境內許多郡（Clark及Washoe郡除外）即有許多「雞場」（Chicken Ranch）存在，並且經常門庭若市。

2.應召站

賣淫者並不居住在應召站（Call House or Escort Service）內，而係由

Groups, Third Edition. New York: Macmillan, 1994, p. 437.
70　沈美貞，台灣被害娼妓與娼妓政策，前衛出版社，民國79年5月。
71　同註25，前揭文，第438～443頁。

鴇母（Madam）負責聯絡恩客，前往指定之地點，如：飯店、賓館或汽車旅館等（亦可由顧客自行選定）。

3.理容院、護膚中心

色情賣淫亦可潛藏在理容院、護膚中心等進行，俗稱「馬殺雞店」（Massage Parlor）。一般係由馬殺雞女郎（Massage Girl）透過按摩、護膚、油壓、指壓等方式，對前來消費之恩客進行性挑逗與刺激，遂而進行性交易。基本上，類似此色情活動極具商業色彩，不僅效率高、服務周到，同時其花招百出，以吸引更多樣之顧客上門。

4.酒吧

酒吧（Bar）亦為媒介色情交易之場所。許多酒吧常僱用女服務生以促進消費，除了推銷酒類供客人飲用消遣外，部分酒吧並媒介色情，甚至暗藏春色，經營色情提供給那些醉翁之意不在酒的顧客。

5.街頭拉客

一般在軍營、主要貨運集散地及其他大規模營造工地之附近，常見此種濃妝豔抹之街頭拉客者（Street Walkers，俗稱流鶯或站壁）搭訕，此種型態係最古老的賣淫雛形。一般而言，其處於尊嚴階梯之最底層，為了生計，下海是不得已的選擇。

（三）從事色情（賣淫）之相關動機因素

從事賣淫行為背後，往往存在許多特殊因素，甚至可能與特定族群、社經地位（階級）、年齡等有關。茲引述黃淑玲之研究，扼要說明如下[72]：

1.未成年少女進入色情特種行業之動機（因素）

(1)被父母販賣至妓女戶：部分少女因父母積欠鉅額賭債或家庭急需，而遭販賣，其中以原住民族群中的泰雅族少女為最常受害。

---

72 黃淑玲，台灣特種行業婦女：受害者？行動者？偏差者？台灣社會研究季刊第22期，民國85年，第124～139頁。

(2)為了支持家庭或者想追求高收入而自願加入：部分少女在家人以「孝道」之勸說下，同意被賣；而部分則因貪圖逸樂，認為色情行業錢多好賺而進入。

(3)蹺家時，被熟人脅迫或陌生人綁架而墜入風塵：部分少女被熟人、陌生人以及集團組織，以綁架、暴力脅迫、詐欺拐騙，或為了還債亦或為「愛」犧牲等情形下，開始賣淫。

(4)蹺家時，經由報紙廣告、自己找上門、友人引薦或在男友言語推波等因素下，無意間闖入特種行業：部分少女蹺家時，因無錢花用，或因好奇，貪圖賺大錢，進入特種行業；或在朋友之慫恿、煽動下而步入賣淫生活。

2.成年婦女進入色情特種行業之動機

(1)一時經濟急需：例如因家庭變故，而重擔加身，在走投無路之下，一時急需而進入色情行業。

(2)追求富裕生活及輕鬆刺激的工作：部分婦女因愛慕虛榮，貪圖物慾享樂，在社會笑貧不笑娼的偏差價值下，淪為拜金女郎。

(3)發洩痛苦與憤怒：部分婦女因遭凌虐、強暴或惡意遺棄，在其身心遭受傷害後，以自我否認與自我作賤方式（如從娼），發洩內心的痛苦與憤怒，在象徵意義上，對男性施展報復。

（四）賣淫行為之預防與控制

賣淫行為存在於每一社會的各個角落，且無法完全消除。事實上，目前各國亦基於刑罰無法有效抑制娼妓之體認，而將賣淫行為除罪化（不罰），轉而致力於減少「妓業」對社會公共秩序之干擾，並降低對娼妓各種形式的剝削[73]。

賣淫行為本身雖然無嚴苛刑罰之適用，但吾人仍有必要深入探討其行為背後，所蘊含之文化結構不均衡因素。例如，黃淑玲之研究指出，台灣

---

[73] 同註22，前揭文。

「男性顧客則以走酒家玩女人為正道且必須的應酬、社交、休閒及娛樂活動，台灣法令特意區分『賣笑』與『賣淫』的色情行業，深化此種父權社會之陋習。大量合法的賣笑色情行業提供男性所喜好的非法性交易伴侶，有別於廉價、冷漠、機械式的合法公娼」[74]。另外，黃淑玲之研究復另發現，許多未成年少女因結構性因素，如：階級、父權意識等，而被迫賣淫，或在蹺家時被綁架脅迫或誘使而從娼。因此，如何預防其發生，除端賴完善縝密之法律保護外（如西德致力於避免娼妓被剝削），整體社會文化、道德信念與價值體系更需重整，始有預防與控制之可能。

第五節　無被害者犯罪之除罪化問題

近年來，無被害者犯罪除罪化問題屢被學術與司法實務人員提及，其發展背景如何？又，對部分無被害者犯罪除罪化之理由為何？適用範疇（對象），包含哪些罪名？本節援引文獻摘要說明。

一　無被害者犯罪除罪化之學理依據與時代背景

（一）時代背景

無被害者犯罪除罪化思潮非憑空而來，其主要係植基於以下時代背景[75]：

1.國民法律意識之變化

由於時代與社會環境的快速變遷，國民之價值觀、道德觀與法律意識亦呈現多元化，遂導致犯罪之質量以及刑事制裁之限制有所變動。因而，社會文化變遷，除了可能影響到刑法的基本理論之外，更可能具體影響到

---

[74] 同註28，前揭文，第141～142頁。

[75] 引自甘添貴，「犯罪除罪化與刑事政策」，載於罪與刑——林山田教授六十歲生日祝賀論文集，五南圖書出版公司，民國87年10月；另參閱許福生，前揭文，第298～303頁。

「法益觀念」的變遷。有些法益在舊社會裡被認為是重要的，然而在社會觀念的變化之下，可能發生動搖，其中最受各國刑法改革所注意者，當為性自由與性犯罪及墮胎罪等之修正。

2.自由刑之執行產生弊端

自由刑之執行本質上存在著諸多缺失，諸如監獄本質仍是一種「強迫教育」，在受刑人反抗心理下，難收教育之成效；將受刑人拘禁於監獄中，迫使其斷絕與家庭及社會之關係，造成社會化工作難以進行；自由刑之執行，無異將受刑人烙印，出獄後變為前科犯，為社會所排斥與貶抑；目前監獄人滿為患，且過分強調安全措施，不但使得監獄不具教化功能，且易感染惡習，而造成諸多監獄化負面作用；強化監獄教化功能，須有充分人力物力，在目前政府有限資源下，很難達到理想狀況[76]。而國內自由刑中，6個月以下之短期自由刑比率偏高，衍生許多弊端，另監獄人滿為患，為抒減擁擠，學者研究建議應檢討現行刑罰規定，必要時進行犯罪除罪化，使摒除於刑罰之適用，減少監獄負擔[77]，亦成為除罪化運動之重要時代背景因素。

3.刑事司法體系抗制犯罪成本過高，執法能力面臨侷限

就經濟層面而言，任何的資源均是有限的。很清楚地，對任何一位犯罪者發動正常刑事司法程序，須投入相當大人力與物力，且所投入人力物力不見得能有效地防制犯罪。因此基於成本效率的考量，對於一些無被害人犯罪或輕微犯罪，為了確保刑事司法機關（如：警察、檢察官、法官、刑事矯治機構等）執行能力，盡可能避開正常刑事司法程序，而改採另外抗制對策，例如：進行非犯罪化、非刑罰化、非機構化或擴大轉向處分等措施。

這些措施不但可防止刑罰不當肥大症，亦可確保執法機關之執法能力。蓋因社會的急速變遷，造成犯罪激增且複雜化、多樣化，儘管刑事司法人員及設備不斷擴充，仍無法有效防止犯罪。為了有足夠能力對抗重大

---

[76] 林山田，刑罰學，商務印書館，民國64年。
[77] 楊士隆，監獄受刑人擁擠問題之實證研究，行政院國家科學委員會，民國84年4月。

犯罪，不得不對一些無被害人犯罪或較輕微犯罪採取除罪化運動或非機構化措施。例如：我國於民國76年廢除票據刑罰、83年修改刑法放寬假釋條件、84年及86年修改刑事訴訟法，擴大簡易程序之適用範圍，且86年之修訂，引進部分「認罪協商」精神等，以減輕各級法院法官負擔，俾能集中精力處理較為重大繁雜之刑事案件，即為最明顯例子。

4.學說思想之倡導

1960年代標籤理論（Labelling Theory），倡導不干涉主義盛行，認為少年愈早進入刑事司法體系，其將來停留在刑事司法體系之時間愈長。因此主張將不必列為犯罪加以刑罰處理者，儘量予以除罪化，以獲得較正面效果，避免其因受刑事司法機構之標籤，而行為惡化，此對於除罪化運動之發展有著深遠之影響。另外，在歐美刑法學界，部分學者大力倡導無被害者犯罪如：賭博、色情、藥物濫用等應予除罪化，亦使得除罪化本身獲得正名，例如：學者Hart、Morris、Hawkins、Schur及Bedau等人之大力主張，無被害者犯罪（或非道德性之犯罪）不能成為犯罪本身而強行干預，不無顯著影響。

（二）除罪化基本理念

除罪化主要係基於刑法謙抑或法益保護思想而來[78]。前者乃刑法應基於謙讓抑制之本旨，在必要及合理之最小限度範圍內，始予以適用之法思想。此項思想，係將刑法作為保護個人生活利益之最後手段，又稱為刑法之最後手段性或補充性。又，因其蘊含有刑罰動用愈少愈好之思想在內，故又稱之為刑罰經濟之思想。

學者邊沁（Jeremy Bentham）曾指出，法之目的在於增進社會公共之全體利益，故其目標即在排除有害於社會公共之行為。惟因刑罰本身亦屬於惡害，倘自功利觀點視之，為肯定刑罰，應於可能排除較刑罰更大之惡害時，始能加以使用。因此，第一，在無應防止之惡害或無害於公共之全

---

[78] 甘添貴，前揭文，第623頁。

體利益時，不得使用；第二，縱令科處刑罰，而無助於防止惡害時，亦不得使用；第三，使用刑罰所產生之惡害，反較由犯罪所生之惡害為大時，亦不得使用；第四，依其他手段得防止不法時，亦不得使用。此外，學者派克（Packer）亦認為，為對行為科處刑罰，須具備以下六個要件：第一，該行為，自大多數人之立場視之，對於社會之威脅極為顯著，且為社會所無法容忍者；第二，該行為，科以刑罰，得與刑罰之目的相合致者；第三，該行為，加以抑制，係非禁止社會所期望之行為者；第四，該行為，係得依公平及無差別地執行而予以處理者；第五，該行為，依刑事手續加以取締，不致造成手續上質或量過度之負擔者；第六，該行為，在處理上，除刑罰外，並無其他適當之方法存在者。因此，基於刑法之謙抑思想，誠如邊沁及派克之所言，倘處罰該不法行為，無助於防止惡害或反較由犯罪所生之惡害為大，或處罰該不法行為時，無法公平及無差別地執行或顯然將造成刑事手續之質或量之過度負擔或為防止該不法行為，尚有其他之社會統制手段存在者，則仍無發動刑法之必要[79]。

　　至於法益保護思想，一般而言，判斷一個行為是否有處罰必要，應先視其對法益有否造成侵害或危險以為決定，並作為認定犯罪之最外圍或最大限。在已對於法益造成侵害或危險之前提下，再視其侵害法益之行為態樣，有否違反社會倫理。倘亦違反社會倫理時，即可肯定該行為具有處罰之必要性。換言之，作為刑法對象的犯罪本質，基本上應包含有侵害、危險態樣的法益侵害或法益危險說，同時亦須考量一定法義務的違反。因而，若一犯罪行為，並不會造成任何法益侵害或法益危險時，亦即無明顯的法益保護存在的話，立法上宜將其除罪化[80]。

二　無被害者犯罪除罪化之理由

　　如同前述無被害者犯罪除罪化運動有其學理與時代背景，但倡議者

---

[79]　甘添貴，前揭文，第624～625頁。
[80]　許福生，前揭文，第298頁。

Kadish另進一步指出，倘對無被害者犯罪除罪化，其將產生以下結果[81]：

（一）由於對無被害者犯罪執法之不易，會導致執法上的自由選擇性及隨意性（Selective and Arbitrary）。

（二）由於偵查上的困難，易使警察人員執行偏差。

（三）會產生偏差的次文化（Deviant Subculture，如藥物次文化）。

（四）由於事實上許多該類違法行為之存在，但未被破獲及懲罰，成為公開事實，產生許多人對法律之不敬與不信。

（五）這類偏差行為並未產生實際上的傷害。

（六）會導致執法人員貪汙或利用職權勒索，如對同性戀者之勒索。

（七）它與社會之輿論意見相違反。

因此，Schur及Bedau等人乃認為，無被害者犯罪應予以除罪化者，其主張的理由可歸納如下[82]：

（一）無被害者犯罪之參與者係在共同同意的情況下發生，無被害人之存在，亦無人感覺自己被害而願提出控訴，自無加以罪責及刑責之必要。

（二）基於自由主義之觀點，個人對本身之身體、意志、思考有完全的自主權，其自覺未受害，法律無權加以干涉。

（三）無被害者犯罪無提出控訴之受難參與者，犯罪黑數高，偵查不易，欲加以罪刑，徒增執法及司法之繁重負擔。

（四）由於無被害者犯罪之偵查不易，使得執法人員可能採用不正當方法從事犯罪偵查（如竊聽、誘餌之使用）。

（五）無被害者犯罪之執法，可能會導致次級的犯罪（Secondary Crime即非該被禁止之行為本身以外者），產生不必要之新的犯罪人（即被加以犯罪之標籤）；此外，由於其執行之隨意化及多元化，再加以無被害者犯罪本身之特徵；可能會導致貪汙

---

[81] 引自高金桂，民國75年，第472頁。

[82] 同註2，Edwin M. Schur and Hugo Adam Bedau, op. cit., pp. 55-56. 引自高金桂，民國75年，第473～474頁。

腐化的不良結果，損及刑事司法清譽。

三　無被害者犯罪除罪化之適用範圍

目前國內何種犯罪應考慮予以除罪化，學者間有不同見解，茲參酌較具共識者，擬定我國無被害者犯罪除罪化之主要適用範疇如下[83]：

（一）賭博罪

我國刑法第266條第1項規定，在公共場所或公眾得出入之場所賭博財物者，成立普通賭博罪。但以供人暫時娛樂之物為賭者，不在此限。

賭博行為，依甘添貴教授之見解，在本質上，本係個人任意處分其財物之行為，原非罪惡；且人類好賭，乃出自天性，無法加以禁絕。故賭博行為，不分中外，自古以來，既已存在於人類社會中，從未聞有完全禁絕之成功先例。因此，對於賭博行為，與其禁而不絕，減低法律威信，倒不如另闢蹊徑，善加疏導，使入於正途。例如：證券交易、彩票兌換、賽馬、競輪或賽車等。而且政府機關每基於財政或經濟之理由，允許在法律範圍內，從事賭博行為，如以前之愛國獎券、刮刮樂以及各地方政府正擬發行之彩券等。倘賭博行為，確為極大罪惡，理該全面嚴懲遏止，豈可基於財政或經濟之理由，而由政府機關帶頭誘發國民之僥倖心，造成「只許州官放火，不許百姓點燈」之不合理現象。因此，普通賭博罪，似亦可考慮予以除罪化[84]。

（二）通姦罪

刑法第239條規定，有配偶而與人通姦者，成立通姦罪。而通姦行為乃指和姦，亦即雙方同意為姦淫行為，不包括猥褻行為在內。刑法將通姦罪規定於妨害婚姻及家庭罪中，雖旨在維護婚姻生活之和諧及健全之家庭

---

[83] 請參閱甘添貴，前揭文及許福生，前揭文。
[84] 甘添貴，前揭文，第630頁。

制度，其最終目的則在保護社會之善良風俗。惟依甘添貴教授之見解，依憲法第7條規定，人民無分男女，在法律上一律平等；且依現代價值觀念，男女皆有其性自主權，亦即均有性與不性之自由。有配偶之一方與人通姦者，固使他方產生精神上極大之痛苦，但通姦行為在本質上既屬和姦，並未侵害何方之性自由；且所謂名譽，乃社會上一般人對某人之人格所做之評價。通姦行為雖在世俗上認其為不名譽之行為，但對於未為通姦之他方配偶，其人格評價並無何影響。因此，通姦行為，對於未為通姦之他方配偶，並無侵害其性自由或妨害名譽之情形存在[85]。許福生另指出，現行各國通姦罪立法趨勢，已是朝向除罪化發展，其理由不外下列數端：1.通姦乃私人醜行，惟當敦厚風俗及教育以防弊之，科以刑罰無何實益；2.通姦在民法上構成離婚原因，配偶一方因他方之違反貞操義務而感情破裂，依法可訴請離婚，並要求損害賠償，自屬解決糾紛之適當途徑，且以此為足，實無令通姦者再負擔刑罰之必要；3.通姦有各種不同原因，有許多複雜情況，罰不勝罰；4.對於因通姦而造成虐待、遺棄，甚至傷人、殺人等後果，可依照有關規定處罰。因此，目前我國通姦罪之處罰規定，既無具體侵害法益存在；況且，通姦理由不一，罰不勝罰，若有因通姦而造成其他犯行，即可依照有關規定處罰即可。縱使通姦行為與社會之倫理秩序有違，然仍可依相關民事法規處理，實無再令其成立犯罪之必要，故應可以考慮除罪化[86]。目前台灣在司法院大法官會議釋字第791號解釋中，宣告刑法第239條通姦罪違憲。立法院會於2021年5月31日三讀修正通過，刪除刑法第239條及刑事訴訟法第239條但書規定，現已不透過刑法來處理通姦行為。

---

85 甘添貴，前揭文，第628頁。
86 許福生，前揭文，第315頁。

第四篇

犯罪防治

第十二章　刑事司法體系與犯罪防治

在犯罪問題及其控制之對策研究中，刑事司法體系（Criminal Justice System）扮演著極為重要之角色，故在晚近犯罪學之研究領域中，對於刑事司法部門如警察、法院與犯罪矯正機構等之運作，及其對犯罪與犯罪人之影響多闢專章予以討論。目前有關刑事司法體系之概念，由於各部門有不同之管轄與機構目標，且人員之教育訓練與價值觀不同，故造成刑事司法行政之不一致、分歧與各行其事[1]，故刑事司法可否統稱為「體系」面臨爭議，為方便介紹，本章以體系（System）之形式界定探討。

第一節　刑事司法體系之目標

刑事司法體系為滿足民眾維護社會治安之需求，故多蘊含多重目標，並落實至刑事司法實務中。依據學者Pursley之見解，刑事司法體系有所謂主要目標（Primary Goal）及次級目標（Secondary Goal）。前者主要為保護社會民眾安全，後者著重於社會秩序之維護。在此二目標下，可再行區分為以下六項次目標[2]：

一、預防犯罪。

二、逮捕罪犯，壓制犯罪。

三、檢視預防及鎮壓犯罪措施之合法性。

四、決定犯罪嫌疑者之罪行。

五、對罪犯適當之處理。

六、犯罪矯治。

---

[1] Gerald D. Robin, Introduction to Criminal Justice System. New York: Harper and Row, 1980.

[2] Robert D. Pursley, Introduction to Criminal Justice. New York: Macmillan, 1994, pp. 6-7.

此外，刑事司法之目標亦有如下之區分[3]：

一 應報

刑事司法目標之一為：滿足民眾要求犯罪人罪有應得之需求。其不僅強調犯罪人在道德上應受責難，同時亦認為不守法者應予適當之懲罰。換句話說，犯罪人之罪有應得及罪罰之成比率（相稱）為基本訴求。應報（以牙還牙）為被害人對犯罪人之一種自然的回應，雖然應報（Retribution）並不必然可達成嚇阻犯罪或維繫良好社會秩序的目標，然而支持者卻認為懲處犯罪人，並給予一定之苦難是必須的，因為它滿足道德上之訴求[4]。

二 嚇阻

刑事司法之另一目標為：嚇阻犯罪。許多人在採行犯罪行為前，經常必須對行為之結果做估算，假如犯罪之利益大於被逮捕、懲罰之危險性，行為人極可能冒險一試，故須加以嚇阻。而嚇阻之作用即在於影響（嚇阻）這種對犯罪風險的認知，而使得潛在犯罪人認為其風險性高，並且很可能是不值得的。一般而言，嚇阻可區分為一般嚇阻（General Deterrence）及特別嚇阻（Specific Deterrence）二大類，前者係指「威嚇之效果影響非犯罪人成為犯罪人而言」[5]換句話說，一般嚇阻乃欲使一般人了解犯罪行為將被懲罰，進而影響潛在之犯罪抉擇；特別嚇阻則乃指藉著對犯罪人之懲罰，使其懼怕，進而影響其未來可能衍發之犯罪行為。雖然，嚇阻之效果迄今仍然備受爭議（例如可能只有暫時的效果，甚至因犯罪類型而異）。然而，倡議者卻深信倘能在下列三項要素配合下，嚇阻仍

[3] Stephen E. Brown, Finn-Aage Esbenson and Gilbert Geis, Criminology: Explaining Crime and Its Context. Cincinnati, OH, Anderson, 1996, pp. 45-49.

[4] Hugo A. Bedau, "Retribution and the Theory of Punishment," Journal of Philosophy, 75: 601-620, 1978.

[5] Ernest Van Den Haag, "Could Successful Rehabilitation Reduce the Crime Rate?" Journal of Criminal Law and Criminology, 73(3): 1022-1035, 1982.

將產生一定之效果。即刑罰迅速性（Swiftness）（指犯罪與刑罰回應時間應縮短）；確定性（Certainty）（指觸法者將受到應有的懲罰）；嚴厲性（Severity）（指科刑嚴厲）[6]。

三 隔離

　　刑事司法之另一目標為：隔離（Incapacitation）犯罪。隔離大體上係指藉著監禁（如自由刑）之使用，將犯罪人與社會隔離[7]。支持者認為隔離政策之採行，有助於減少犯罪者再度犯罪的機會。事實上，隔離之手段甚為民眾所歡迎。所謂眼不見為淨（Out of sight, out of mind），一般民眾大多不願意與犯罪人住在一起，而情願將其隔離至看不到且較安全的監獄內。此項隔離政策一度在民國80年代的美國獲取巨大回響。許多研究紛紛指出，將具高度再犯危險性之人予以監禁，有助於確保社會安寧秩序之功效[8]。雖然如此，隔離政策之採行卻也引起爭議，尤其隔離可能面臨兩項挑戰。例如，可能將犯罪者視為不會犯罪者；亦可能將不至於犯罪者預測為犯罪者[9]。假如預測之技術不周延或有所偏差，前述隔離之效果將大打折扣。儘管如此，倡議者仍認以較科學的方法辨識犯罪危險性高之人（如具心理病態人格之犯罪人，或犯罪學者Wolfgang指稱之慢性常習犯罪人），並予隔離乃減少犯罪發生之重要關鍵。

四 矯治

　　刑事司法之最後一目標為：矯治（Rehabilitation）犯罪人，蓋犯罪之

---

[6]　參見Charles W. Thomas, Corrections in American: Problems of the Past and the Present. Sage Publications, Inc., 1987, p. 42。

[7]　Alfred Blumstein, "Selective Incapacitation as a Means of Crime Control," American Behavioral Scientist, 27(1): 87-108, 1983.

[8]　Brain Forst, "Selective Incapacitation: An Idea Whose Time Has Come," Federal Probation, 47(3): 19-23, 1983.

[9]　John Blackmore and J. Welsh, "Selective Incapacitation: Sentencing According to Risk," Crime and Delinquency, 29: 504-528, 1983.

衍生與犯罪者之受到不良個人、家庭、學校、社會之負面影響密切相關，故應運用恰適之處遇方法，改善犯罪者心理缺陷，強化其適應社會能力，減少其再犯。

我國監獄行刑法第1條之處遇方針「徒刑、拘役之執行，以使受刑人改悔向上，適於社會生活為目的」，即明白地揭示矯治之目標。故在犯罪人執行刑罰期間，犯罪矯正機構運用各項教育、教誨措施，並開發事業之矯治輔導技術，如認知行為療法、內觀法等，以期協助受刑人改悔向上。惟令人遺憾的是，部分受刑人累再犯之屢次發生，卻也為教化矯治成效帶來莫大挑戰。然提供教化矯治為一國文明程度之試金石，故儘管面臨諸多評判與責難，其仍為刑事司法最重要目標之一。

第二節　刑事司法體系之流程及構成要素

一　流程

刑事司法體系基本上係一遞歸式之體系（Recursive System），其流程由先前之事件（或運作）對後面事例（運作）產生影響。例如，犯罪事件發生後，被害人、警察或一般民眾即可能察覺，而予以當場檢舉、告發或逮捕，司法警察人員及檢察官，即可能據此進行偵查，進而由檢察官提起公訴，進入法院審理之階段。最後，法院則依罪證而將犯罪嫌疑人定罪科刑，並移送適當刑罰執行場所執行（詳圖12-1）。此外，刑事司法並具有反輸回饋（Feedback）之特性。例如，倘使犯罪矯正之成效不彰，即可能影響整體之犯罪率，並連帶牽涉其他司法部門，如：警察、法院之運作。此外，警方執法之鬆嚴，檢察官是否屬行起訴，法院量刑之輕重等，皆關係整體犯罪之數量。因此，刑事司法體系為一複雜且各部門發生互動、交互影響之實體。

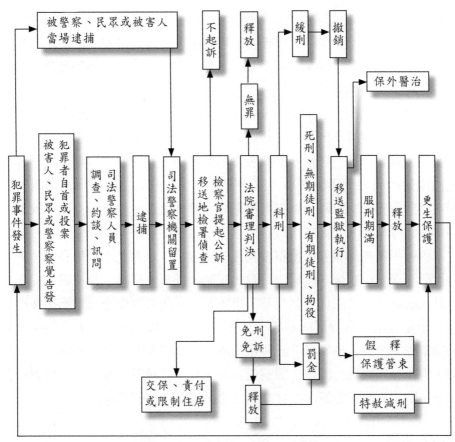

圖 12-1 刑事司法程序流程簡圖

二 構成要素

（一）警察

　　刑事司法體系首先之構成要素為警察。尤其罪犯透過警方執法人員之逮捕行動，而逐步進入刑事司法流程，可見警察在刑事司法體系中扮演著守門員之角色，具有強大之自由裁量權，以決定是否進行刑事司法之初步程序。值得注意的是，現代警察之任務除犯罪之鎮壓、逮捕、預防外，

亦包括失去財物之收回及民眾各種行為之指導與管理等[10]。我國警察法第2條規定，警察之任務為依法維持公共秩序，保護社會安全，防止一切危害，促進人民福利。足見，政府及民眾對警察有著深厚的各類期許，警察之責任相形乃更為吃重。

警察之各項任務，須由專業化之警察組織體系以進行業務之推展。目前，內政部警政署承內政部部長之命，執行全國警察行政事務，並統一指揮全國機關執行警察任務。警政署之所屬機關包括：台灣警察專科學校、入出境管理局、刑事警察局、航空警察局、國道公路警察局、鐵路警察局、台灣保安警察總隊、保安警察第一至第六總隊、港務警察局、國家公園警察大隊、台北、高雄市政府警察局及各縣市警察局等。

警察局為推動與執行警察業務之主要機構，以台北市警局為例，除設有行政、保安、訓練、後勤、戶政、民防、外事等科室，及祕書、保防、會計、統計、公共關係、督察及人事等室，民防管制中心、勤務指揮中心外，所屬包括：各分局、刑警、保安、交通三個大隊、少年警察隊及女子警察隊等單位。分局以下設有派出所，並劃分為若干之警勤區。一般而言，警察分局除執行既定之警察任務外，其工作重點大致包括：維護社會治安，防止青少年犯罪，改善交通秩序，加強為民服務等。

（二）法院

本部分所稱之法院指檢察機關及司法審判之機關。

1.檢察機關

為防衛國家安全，維護社會秩序，政府設有檢察機關專司偵查犯罪，提起公訴，代表國家行使刑事訴訟權[11]。根據我國法院組織法，檢察官依法實施偵查、提起公訴、實行公訴、協助自訴、擔當自訴、指揮刑事裁判之執行，並執行其他法令所定之職務[12]。因此，與警察雷同，檢察官

---

[10] 梅可望編著，警察學原理，中央警官學校印行，民國76年12月再版。

[11] 管歐，法院組織法論，三民書局，民國77年12月。

[12] 法院組織法，民國78年12月22日。

之業務權責皆重，為檢肅犯罪，伸張正義之關鍵。

　　目前，我國各級法院及分院均互置有檢察署，各置檢察官若干人。相對於法院獨立行使職權，法務部則為各級檢察署之直屬上級單位，負責各項檢察業務之指揮與監督。

2.法院

　　當罪犯由檢察官依法提起公訴後，即進入法院之審理階段。根據法院組織法，我國法院可區分為地方法院、高等法院、最高法院三級，各有所司，司法院則為法院之行政監督機關。

(1)地方法院

地方法院之管轄為：

①民事、刑事第一審通常、簡易訴訟案件。

②不服簡易庭判決、裁定、上訴或抗告案件。

③少年事件。

④家事事件。

⑤交通案件。

⑥民事強制執行事件。

⑦財務案件。

⑧非訟事件。

⑨勞資爭議事件。

⑩選舉罷免事件。

⑪違反社會秩序維護法案件。

⑫其他法律規定訴訟案件。

　　目前我台澎金馬地區，計有台北、新北、士林、桃園、新竹、苗栗、台中、南投、彰化、雲林、嘉義、台南、高雄、橋頭、屏東、台東、花蓮、宜蘭、基隆、澎湖、金門、連江等地方法院。各地方法院並分設簡易庭42所。

(2)高等法院及其分院

高等法院及其分院之管轄為：

①不服地方法院及其分院通常訴訟程序第一審判決而上訴之民事、刑事、選舉罷免訴訟案件。

②不服地方法院及其分院通常訴訟程序裁定而抗告之案件。

③審理內亂、外患及妨害國交之刑事第一審訴訟案件。

④其他法律規定之訴訟事件。

目前台灣地區有高等法院一所，台中、台南、高雄、花蓮各有高等法院分院。福建地區有高等法院金門分院，分別管轄台灣及金馬地區上訴、抗告案件。

(3)最高法院

最高法院為法律審，上訴於最高法院之案件，非以原判決違背法令為理由，不得為之。最高法院不自行認定事實，故以書面審理為原則，言詞審理為例外。

最高法院審理案件，關於法令上之見解，認有變更判例之必要時，應分別經由院長、庭長、法官組成之民事庭會議、刑事庭會議或民、刑事庭總會議議決後，報請司法院備查。

最高法院審判案件，以法官五人行之，並以兼庭長之法官為審判長。裁判評議時，以審判長為主席，並以過半數之意見決定之。評議程序均不公開。

最高法院管轄案件如下：

①不服高等法院及其分院第二審判決而上訴之民事、刑事訴訟案件。

②不服高等法院及其分院第一審判而上訴之刑事訴訟案件。

③不服高等法院及其分院裁定而抗告之案件。

④不服地方法院及其分院第二審裁判而飛躍上訴或抗告之民事簡易訴訟事件。

⑤非常上訴案件。

⑥其他法律規定之訴訟案件。

（三）犯罪矯正

犯罪矯正係執行刑罰之機構，為刑事司法體系中最後之環節，其運作之良窳，不僅關係刑罰之有效執行，同時亦與整體社會治安之維護密切相關。依據我國監獄行刑法第1條之規定，「徒刑、拘役之執行，以使受刑人改悔向上，適於社會生活為目的」，此揭示犯罪矯正之目標為積極地運用各類教育、教誨方法，以期受刑人改悔向上，復歸社會不再犯罪。

目前我國法務部所屬犯罪矯正機構，依性質可區分為六類，即監獄、戒治所、看守所、少年輔育院（少年矯正學校）、少年觀護所及技能訓練所[13]。監獄負責執行刑事判決確定之受刑人，並依據「監獄行刑法」的規定，運用矯正方法，改正受刑人犯罪傾向，變化其氣質，授與謀生技能，協助其改悔向上，重新適應社會生活。我國監獄可區分成普通監（如台北監獄，收容刑期1年以上，10年未滿之受刑人）、女犯監（如桃園、台灣台中、高雄女子監獄之收容女性受刑人）、病犯監（如台灣彰化監獄之收容肺病受刑人）、毒品犯監（如台灣雲林監獄、台灣屏東監獄之收容施用菸毒之初犯受刑人、台灣嘉義、宜蘭監獄之收容施用安非他命受刑人）、累犯監（如台灣高雄監獄之收容累犯）、隔離犯監（如台灣綠島監獄）、外役監（如台灣明德、自強外役監獄）。

戒治所收容犯毒品危害防制條例第10條之罪，經檢察官聲請法院裁定強制戒治之受戒治人，目前暫與監獄合署辦公。

少年輔育院係依法執行少年感化教育之場所（已改制為少年矯正學校），其目的在矯正少年不良習性，使其悔過自新，授與生活智能，俾能自謀生計，並按其實際需要，實施國小、國中、高中補習教育，使其有繼續求學之機會。

目前計有桃園少年輔育院專收男性犯罪少年，台灣彰化少年輔育院則兼收女性犯罪少年。新竹誠正中學專收管訓處分少年，高雄明陽中學則專收刑事案件犯罪少年。

技能訓練所執行強制工作及感訓處分之場所，其目的在於訓練受處分

---

[13]　參考法務部所屬矯正機關組織編制及獄政改革報告書，法務部印行，民國85年5月。

人謀生技能及養成勤勞習慣，使其具備就業能力，適於社會生活，目前我國有台灣泰源、東成、岩灣等處技能訓練所。

看守所隸屬於高等法院檢察署，為羈押刑事被告之處所，其目的為防止被告脫逃，保全證據，協助發現真實，便利偵查之審判工作之進行。

少年觀護所以協助調查依法收容少年之品性、經歷、身心狀況、教育程度、家庭情形、社會環境及其他必要之事項，供少年法庭審理之參考，兼以矯正少年身心，使其適於社會生活為目的[14]。

前述犯罪矯正機構（廣義）並運用各項制度，如：調查分類、分監管理、戒護管理、教化、作業、累進處遇、縮短刑期、與眷屬同住、外出制度及假釋等制度，以協助受刑人改悔向上，由於機構性犯罪矯正（Institution-Based Corrections）範疇，但面臨監獄化及惡習感染等問題，故在犯罪矯正領域中，晚近特別社區性之犯罪矯正（Community-Based Corrections），以降低成本、減少監獄化之負面影響，滿足部分案主之需求減少再犯[15]，其重要措施包括：社會性監督方案（Supervision Programs）（如社區服務、保護管束）、居留方案（Residential Programs）（如中途之家、藥物成癮戒治團體）及中間型懲罰方案（Intermediate Punishment Programs）如：密集觀護監督（IPS）、家庭監禁（Home Confinement）、電子監控（Electronic Monitoring）等。希冀經由前述努力，以促使受刑人改悔向上，適於社會生活。

第三節　刑事司法過程之模式

前述章節提及刑事司法之目標，但在達成這些任務之刑事司法過程中卻存有兩個互相競爭與對立之模式，即學者Herbert Packer所述之犯罪控制

---

[14] 林茂榮、楊士隆，監獄學——犯罪矯正原理與實務（修訂版），五南圖書出版公司，民國88年7月；黃徵男，犯罪矯治現況與未來發展，當前犯罪防治問題與對策研討會，中正大學犯罪防治研究所主辦，民國88年10月29日。

[15] 蔡德輝、鄧煌發，社區性犯罪矯正之趨勢，文載於楊士隆、林健陽主編，犯罪矯治問題與對策（修訂版），五南圖書出版公司，民國90年11月。

模式（Crime Control Model）及適法程序模式（Due Process Model）（詳圖12-2），分述如下[16]：

一　犯罪控制模式

　　根據Packer之見解，刑事司法體系最重要之任務與功能為保護社會大眾並壓制犯罪行為；個人權益之維護則是次要的。此犯罪控制模式並認為，倘刑事司法執行人員未能將犯罪行為做適切控制，則將使社會秩序崩盤，而影響個人之自由。為確保社會秩序之維護，刑事司法行政必須強調「效能」（Efficiency），亦即增加逮捕、起訴、審判之速度，以及將犯罪人定罪之能力，進而達成嚇阻犯罪之目的。而相對地，犯罪嫌疑人之人權則較不重視，蓋社會集體之安全利益大於個人之利益。

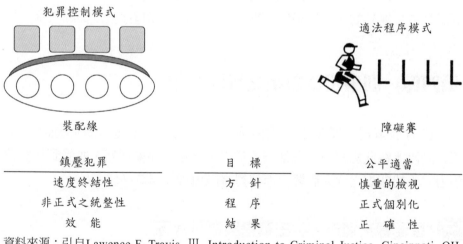

犯罪控制模式		適法程序模式
裝配線		障礙賽
鎮壓犯罪	目　標	公平適當
速度終結性	方　針	慎重的檢視
非正式之統整性	程　序	正式個別化
效　能	結　果	正確性

資料來源：引自Lawence F. Travis, III, Introduction to Criminal Justice. Cincinnati, OH, Anderson, 1990, p. 13。

圖 12-2　刑事司法過程之兩大模式

---

[16] Herbert Packer, The Limits of the Criminal Sanction. California: Stanford University Press, 1968.

在此一犯罪控制模式中，基本上假定犯罪嫌疑人有罪，故須窮盡一切力量證明其罪行，必要時可犧牲部分程序正義，只要能真實發現其犯罪即可。在此犯罪控制之體系中，案件多被類似「裝配線」（Assembly Line）之處理，犯罪嫌疑者之權益明顯受到壓抑。

二 適法程序模式

對於適法程序之倡議者而言，個人權益之保障與社會治安之維護同等重要，否則終將淪為濫權之國度，無法提供民眾自由與安全之保障。在犯罪控制模式中，個案被機械式之裝配線處理，毫無保障；相對地，在適法程序模式中則特別強調在偵查、逮捕、起訴、審判過程中，應給予被告充分之程序上保護，避免受到濫權與不當之處理。

換句話說，對於犯罪嫌疑人之追訴，其設下許多障礙（限制）（例如假設被告是無辜的），以確保、訴訟合乎正當法律程序，以保障人權。

第四節 刑事司法體系之實際運作

探討刑事司法體系之各項機構、目標後，其次進入實際運作（加工）階段，在此過程中除各執法人員之依法定程序處理外，並受到無數政治力、人情關說之介入影響，而使得實際處理充滿許多變數[17]。

一 裝配線之運作、自由裁量與漏斗效應

在刑事司法體系之運作中，從表面觀之，其類似產品之裝配過程（Assembly-Line Operation），即犯罪發生後遭舉發，進而進行犯罪偵查、起訴、審判，最後執行刑罰。然而值得注意的是，在處理罪犯之過程

---

[17] Robert D. Pursley, Introduction to Criminal Justice, Sixth Edition. New York: Macmillan, 1994, p. 17; Larry J. Siegel, Criminology, Sixth Edition. St. ML: West, 1998.

中，執法人員因具有高度自由裁量（DB Cretron），倘運用不當，再加上許多外力之干擾，將使得案件之審理充滿許多變數。

　　刑事司法人員行使自由裁量權之情形如表12-1，而在實務上最後只有部分（較少數）之案件到達法院審判或量刑入監執行之階段。尤其在各部門執法人員之裁量下，案件經過篩檢，最後以漏斗型之方式，將部分案件留住，而其他則可能因證據不足或案件負荷過重等因素而被排除之。刑事司法之漏斗效應（Funnel Effect）詳如圖12-3。

表 12-1 刑事司法執法人員行使自由裁量權一覽表

執法人員	必須決定是否或如何進行？
警　　察	執行特殊法令 犯罪偵查 逮捕罪犯
檢察官	犯罪偵查、逮捕、起訴
法　　官	羈押權、免刑、免訴、科刑、刑度
監獄官員	指定服刑地點 給予獎賞、懲罰 決定假釋日期（撤銷假釋）
觀護人	指定保護管束人應遵循事項 建議撤銷保護管束

資料來源：擷取自Todd R. Clear and George F. Cole, American Corrections. Brooks Cole
　　　　　Publishing Company, 1986, p. 53。

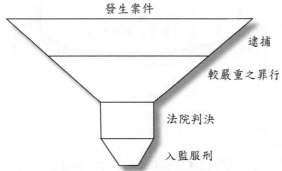

資料來源：The President's Commission on Law Enforcement and Administration of Justice,
　　　　　Task Force Report: Science and Technology. Washington D. C: U. S. Government
　　　　　Printing Office, 1967, p. 61.

圖 12-3 刑事司法漏斗效應

二 結婚蛋糕運作模式

前述傳統之刑事司法運作類似裝配線（或一貫作業，Assembly Line）形式，罪犯依既定（標準）之程序而被處理。然而，學者Walker等人卻認為這些過程是表面的，事實上，司法體系係一個相當主觀之政治實體，部分犯罪個案受到特別重視與處理，而大部分之案件卻受到相等之忽視[18]。根據Walker之見解，刑事司法之運作可區分成四層蛋糕（Four-layer Cake）形式（詳圖12-4）。

隸屬第一層蛋糕之人數甚少，但卻都是赫赫有名，有權或有爭議性之個案，例如：國內陳文成命案、劉邦友血案、彭婉如遭殺害案，以及白曉燕之命案、蘇建和等非常上訴案等。這些案件不僅受到媒體之諸多關注，同時整個刑事司法資源大量投入，訴訟程序及受害者之保護較周延。

第二層蛋糕之案件多屬強盜、搶奪、強姦及其他殺人之傳統重罪個案，其多數受到法律迅速與嚴厲之制裁。

資料來源：Samuel Walker, Sense and Nonsense About Crime. Belmont, Calif: Wadsworth Publishers, 1985, pp. 22-35.

圖12-4 刑事司法之蛋糕層運作

---

[18] Samuel Walker, Sense and Nonsense About Crime. Belmont, Calif: Wadsworth Publishers, 1985.

　　隸屬第三層蛋糕之個案，其罪行較不嚴重，對社會之傷害亦較小，法官多以較短之自由刑或緩刑處理之。

　　第四層蛋糕之個案則為每日數百萬計之非行，包括行為不檢、酒醉、打架等，其多由簡易法庭或由警察人員依社會秩序維護法相關處罰規定處理。

　　相類似的，學者Hart指出，刑事司法對有權勢者及貧苦無依者有二條不同之傳送帶（Transmission Belts）[19]。貧窮、無權勢者傳送帶之運作相當的順暢，並且在極短的時間即可能將犯罪嫌疑犯傳送到監獄；另一有權勢、富有者之傳送帶的傳送速度則顯得較為緩慢，即使傳送，其最後之停泊點亦較舒適（如外役監）。雖然此項比方略帶情緒性，卻也生動地描繪出世界各國刑事司法實務之部分事實。美國學者瑞爾蒙即指出，以相同的偏差或犯罪行為為例，貧窮者較中上階級容易受到警方逮捕，假如被逮捕，其較可能受到檢察官起訴，假如被起訴，其較可能受到法院定罪，假如被法院判決，其罪行則較容易受到刑期較長（嚴厲）之判決[20]。故弱勢團體多認為世界是欠缺公平的，而權勢階層則較無此感受，如圖12-5。

資料來源：John Hagan, Modern Criminology: Crime, Criminal Behavior, and Its Control. New York: McGraw-Hill, p. 230.

圖 12-5

---

[19] Philip A. Hart, "Swindling and Knavery, Inc.," Playboy, August, 1972, p. 158.

[20] Jeffrey H. Reiman, The Rick Get Richer and The Poor Get Prison, 2nd. New York: Macmillan Publishing Company, 1984.

第五節　刑事司法體系與犯罪抗制

　　刑事司法體系為抗制犯罪之最重要機制，在民眾之要求下，各部門無不傾盡全力，做好維護社會治安之工作。因此，在警察部分，諸如強化犯罪偵防效能、檢肅非法槍械、流氓、防制少年犯罪、社區警察之推展、維護婦幼安全等措施均紛紛出爐，以回應民意之需求。而法務部方面，則配合刑事政策之轉趨強硬，制定相關法律，如組織犯罪防治法、防制洗錢法等，加強起訴與嚴懲罪犯。在犯罪矯正機構方面，除改善機構設施，加強各項教育教誨措施外，並致力於人性化、透明化管理，擴展外出制度，俾促受刑人改悔向上，適於社會生活。

　　前述刑事司法機構之作為，冀望達成刑事司法中維持社會治安，保護民眾安全之目標。然值得注意的是，各刑事司法部門由於缺乏管轄之統整性，復基於本位主義，因此在實際運作中常各行其事，呈現混亂與緊張局面，例如法務部為疏減監獄受刑人擁擠問題，於民國83年間將假釋門檻降低，由執行二分之一得假釋，改為執行三分之一即可假釋，大量釋出犯罪人，無視於警察部門與民眾之抗議。此外，各刑事司法部門本身在達成目標上，亦面臨諸多問題與挑戰，例如在警察方面，諸如：偵防裝備、風紀、員警工作壓力、升遷、教育、勤務、民代關說、國際合作打擊犯罪等，均待解決。在法院方面，如何強化檢察官追訴犯罪功能，提升定罪率，使法官審判臻於公正、公平、客觀，減輕處理個案壓力，避免關說，為當前面臨之巨大挑戰。

　　在犯罪矯正方面，諸如：人滿為患、教化不足、區隔不當、管理欠透明、設施及醫師不敷使用、戒護勤務欠落實、戒護人力嚴重不足等，均使犯罪矯正目標之達成充滿變數[21]。

　　其次，檢視歷年我國司法及警政預算之支出，我們發現雖然其持續增加，由民國60年之每位國民平均支出141元，提升至87年之4,739.9元，但犯罪並未疏緩，其中有二項問題亟待釐清。首先，是否刑事司法體系缺

21　獄政改革報告書，法務部，民國85年5月。

乏效能或工作方向不對？其抑或犯罪問題涉及層面過廣，非單一刑事司法體系所能解決。就前項而言，學者曾指出「公設刑事司法系統之膨脹並無法有效降低犯罪率」[22]；但亦有人認為建立有效率、廉能之刑事司法體系（如日本、新加坡），相當有助於治安之維護工作。筆者則認為，刑事司法體系為處理犯罪問題之最重要機制，必須具備基本的廉能與效率，並講求工作方法，例如：警察之強化鑑識舉證設備、社區警察策略等、法院之合議審判、犯罪矯正機構、敦親睦鄰工作之推動、專業處遇技術（如認知行為療法、藝術治療）之引進等，均為達成刑事司法目標之重要努力方向。但值得注意的是，有關刑事司法體系組織、人員待遇、設備等應予充分考量，但亦非漫無限制。例如，台灣屬海島地形，走私、販毒活動猖獗，故應強化海上警察之巡察功能，提升海上警察間打擊犯罪之能力；但相對地，負責群眾運動安全維護之保安警察則有必要縮編。此外，就犯罪矯正機構而言，硬體設備已相當完善，但較缺乏專業處遇之援用，亟待在人員教育訓練及教化各方面加強。

　　有關犯罪控制問題，是否可由刑事司法體系充分的解決，其答案是否定的。學者紛紛指出，侷限於刑事司法體系之興革，對於犯罪問題之疏緩是相當有限的，必須從強化整體社會控制（Social Control）機制，如：家庭、學校、社區功能，減少社會結構中經濟、社會、政治之不公平現象，始能維繫一個秩序良好、守法、有規範之社會。

---

[22] 許春金，台灣地區各類型犯罪率變遷及國際比較，犯罪問題的因應：社會與科技層面之探討研討會，行政院國家科學委員會主辦，民國86年5月。

第十三章　犯罪預防

　　犯罪與貧窮、環境汙染、疾病等問題相同，直接影響及民眾之生活品質。犯罪之發生不僅對民眾之生命、自由、財產構成嚴重威脅、加深對犯罪之恐懼感，倘在缺乏因應對策下，更將危及整體社會安全。近年來，相關統計資料一再顯示，每年刑事司法部門在抗制犯罪上之花費無法計數。例如受刑人在監獄服刑之費用，經常比學生就讀大學之費用還高。此外，警政部門之各項打擊犯罪花費如「車輛定位系統」或「指紋比對系統」等均數以億計，足見犯罪發生的成本實在高得驚人。無疑的，犯罪必須加以預防，以避免各項負面效應之產生。

第一節　犯罪預防之意涵

　　由於相關之理論模式及在實務上之應用仍在發展當中，故明確地對「犯罪之預防」下一定義並不容易。雖然，犯罪預防此一名詞曾被運用至任何控制犯罪行為之努力。根據作者彙整之文獻，學者專家對於犯罪預防之定義仍有部分出入，茲分別介紹如下：

（一）Martin

　　犯罪預防係指對於個人健康人格成長及適應有貢獻之預防服務，及對可能促使犯罪發生環境改善的各項活動（努力）[1]。

（二）Whisenand

　　犯罪預防係指減少或降低犯罪之欲望或機會[2]。

---

[1]　引自 J. R. Stratton and R. M. Terrg (Eds.), Prevention of Delinquency. New York: MacMillan, 1968, p. 325。

[2]　P. M. Whisenand, Crime Prevention. Boston: Holbrook, 1977.

（三）O'Block

犯罪預防係指所有致力於預防及減少犯罪行為之較具組織性活動[3]。

（四）Naudé

犯罪預防係指那些可預防、控制及減少犯罪之所有活動。這些活動不僅可能著重於個人情況之改善，同時亦涵蓋其社會與物理環境之整頓，並可能在呈現犯罪行為之前或後進行之[4]。

（五）National Crime Prevention Institute

犯罪預防係指直接控制犯罪行為之方法，以排除或降低犯罪之機會，達成犯罪風險控制之實務[5]。

（六）Steven Lab

犯罪預防係指減少實際犯罪概念及／或犯罪恐懼感之任何行動措施。這些措施並不侷限於刑事司法體系之各項控制犯罪努力，並且包括其他政府與民間組織之預防活動[6]。

除前述外國學者提供之定義外，國內學者僅有少數嘗試對犯罪預防作一界定：

筆者認為犯罪預防是一種治本性的工作，包括廣泛之各種活動，即消除與犯罪有關之因素，增進刑事司法發覺犯罪，了解犯罪現象，判斷犯罪原因及健全犯罪人之社會環境能力，並進一步減少促進犯罪之情況。因此，凡屬直接、間接可以促進犯罪預防之措施，諸如：政治、社會、經濟

3　Robert L. O'Block, Security and Crime Prevention. St. Louis: The C. V. Mosby Company, 1981, p. 5.
4　C. M. B. Naudé, "The Field of Crime Prevention," in Criminology: Study Guide 1 for KRM205-E (Crime Prevention). University of South Africa, 1985, p. 5.
5　National Crime Prevention Institute, The Practice of Crime Prevention Louisville, K. Y.: NCPI, Press, 1978, p. 2.
6　Steven P. Lab, Crime Prevention: Approaches, Practice and Evaluations, Second Edition. Anderson Publishing Co., 1992, p. 10.

制度之改革、法令之修正、社會福利，以及人力運用等均可稱為犯罪預防工作；然較直接具體之措施，諸如：提高刑事追訴能力，設立少年犯罪預防之專責機構，社會環境的改善等亦屬犯罪預防工作[7]。

鄧煌發老師則指出，犯罪預防之定義可區分為廣義及狹義兩種，分述如下[8]：

（一）廣義的定義

廣義的犯罪預防，其目的在於消除促成犯罪的原因，使社會不再發生犯罪行為，此乃是一種積極且涵蓋治標及治本之預防犯罪措施，涉及改善政治、經濟、社會、教育、司法等方面措施，再確立傳統倫理道德，提升人民生活水準，釐清價值觀念，實施良善的社會福利制度，制定具體可行且符合時代潮流的社會規範，乃至於建立跨國性犯罪資訊流通與合作打擊犯罪管道，均屬此範疇。

（二）狹義的定義

狹義的犯罪預防屬消極的措施，亦是一般人所稱的治標措施，係針對進入刑事司法體系之犯罪人，進行直接之預防、控制，以期改善其各項促成犯罪的負因，並期能達到嚇阻犯罪的功能，進而達到減少犯罪的目的。

綜合前述國內外學者專家之意見，作者認為犯罪預防係指預防、控制、排除、減少犯罪行為發生，及降低犯罪恐懼感之較具組織性的措施，其活動範疇涵蓋在犯罪發生前後之個人、家庭、學校、社會、政治、經濟、物理環境、法律等之改善，及刑事司法體系之各項預防及控制犯罪活動，而此有賴政府與民間相關組織、人士努力始能達成目標。

---

[7]　蔡德輝，犯罪預防之定義，文載於犯罪學辭典，中央警官學校印行，民國72年8月，第48～49頁。

[8]　鄧煌發，犯罪預防概論，劉爾久編著，犯罪預防，臺灣警察專科學校印行，民國81年，第2頁。

第二節　犯罪預防之重要性

前面已述及犯罪預防之定義，然而為何犯罪預防如此重要，根據筆者之見解，由犯罪發生衍發之各項成本（代價）分析，可充分了解犯罪預防工作之重要性。犯罪之成本大致包括：

一、犯罪之代價：如面臨監禁之痛苦、事業中斷、家庭破碎分離、名譽受損等。

二、被害者之傷害成本：如生理、心理之傷害、財物損失、事業之中斷、反社會心理之形成、對犯罪之高度恐懼感等。

三、政府抗制犯罪之鉅額花費：以美國為例，近年打擊犯罪之花費高達800億美元（約2兆800億臺幣）。最近另通過在未來五年增加280億美元（約7,200億臺幣）之打擊犯罪星戰計畫——布雷迪法案。我國83年度政府抗制犯罪之預算亦達865億（警政部門441億、法務部檢、調、監所、司法保護約159億、司法院及各級法院則有265億），此尚不包括教育部及衛生署防制少年犯罪及毒品之鉅額花費。

四、民眾抗制犯罪之潛在成本：如被害保險之增加、保全人員（私人警衛）之聘僱、家庭住宅安全之強化，如：裝設防盜警鈴、進出管制電眼等、自我保護措施之額外花費，如外出攜帶電警棒、瓦斯噴霧器等。另外，因犯罪恐懼感增加，而減少外出之自由喪失等則難以估算。

五、經濟、社會發展之危機：以許多開發中國家為例，治安之惡化常造成經濟與社會發展之重大阻礙，而影響國家之生存及對外競爭能力。

由前述之分析獲知，犯罪之成本（代價）至為高昂，難以計數。因此，犯罪防治對策著重於「預防」層面乃日形重要。

第三節　犯罪預防之任務（目標）

根據鄧煌發之見解，犯罪預防主要目的在於消除促進犯罪之相關因

素，有效發覺潛伏之犯罪，並採行必要之防範措施，從而抑制犯罪之發生，增進社會安寧與和諧。因為它是一種「防患於未然」的事前處置作為，因此須歷經一連串有計畫、有組織的運作之後方能奏效，其目標（任務）如下[9]：

一　降低社會成本，以符合經濟效益原則

犯罪案件一旦發生，直接受害或蒙受損失的就是被害人，耗損社會的運作效率；此類刑事案件進入司法體系，警察機關必須派遣龐大警力協助檢察官執行犯罪偵查任務，待犯罪證據蒐集齊全，進入法院由法官審理再為適當之判決，然後犯罪人就必須進入犯罪矯治機關服刑，接受再教育，以為再適應社會生活之準備，犯罪人出獄後，社會保護單位還必須施予各方面之協助，最後才有少數的犯罪人能夠成功地復歸社會。這段期間，不僅是犯罪人本身，與他有關係的人，尤其是其親屬，必須飽受長期的心理壓力煎熬，也無心從事正常的生產工作，這一連串的實質損失，已極難加以評估，若再加上犯罪行為所產生的附帶損失，諸如危害人類共營生活的互信互賴，動搖人類遵守社會規範的動機，造成人心惶惶的被害恐懼感，甚至導致社會解組，這些損失層面之深廣，實無法估算。但若能採取有組織、積極性之作為，有效防制不幸案件之發生，則上述龐大的損失可避免，直接節省社會資源之浪費。

二　展現守望相助功能，促進社會團結

大量且嚴重之犯罪會導致社會的解組，已如上述，但預防犯罪卻會促使社會更團結、更祥和。促成犯罪的原因很多，無法用單一因素或理論或學科加以解釋，而必須整合各領域的學者專家齊聚一堂以擬有效對策，對策一經提出，則必須仰賴社會一些團體組織的支援與協助，方能有效拓展至社會每個階層與角落，在這連續性的作為中，已經把學術界與實務界、

9　鄧煌發，犯罪預防，中央警官學校印行，民國84年，第8～10頁。

官方組織與民間社團、命運與共的一群人湊合在一起，共同為相同之目標——預防犯罪而努力，強化了社會的凝聚力。

三 教導民眾防範犯罪技巧，消弭其被害恐懼感

古諺有云：「凡事豫（預）則立，不豫則廢。」媒體有關犯罪案件過量的陳述，可能會造成民眾的恐懼，徒增犯罪被害恐懼感，然而透過大眾傳播媒體加強灌輸民眾防範犯罪常識，使社會大眾知所防範，並具備抗禦外來侵犯之能力，則為扭轉負面影響之重要關鍵。

四 發揮示警效果，使民眾知所防範

現代人中有不少人終日汲汲營營於追求名利專業上，很少留意周遭發生的一些事情，而自絕於大環境的社會脈動之外，一旦不幸淪為被害人，徒呼「怨天尤人」之感嘆，將於事無補。犯罪預防就是透過了解犯罪現象，釐訂出有效之防制對策，呼籲社會大眾提高警覺，共同防衛本身及社會之安全。從揭示之警惕案件，得到啟示產生自覺，避免淪入被害之悲悽下場，所以犯罪預防之目標之一為有效發揮示警之效果。

綜合言之，犯罪預防工作之重要性毋庸置疑，然而令人遺憾的是，迄今犯罪預防的工作仍有意無意的被忽視，其被談論最多，但卻也是做得最少之工作，而此項忽略對於犯罪預防之發展有著負面之影響。鑑於，犯罪發生後之成本（代價）高昂，因此筆者認為無論政府或民間組織、人士均應全力投入此項防範犯罪、避免被害之工作，減少犯罪之衝擊，達成詳和社會之目標。

第四節 犯罪預防之模式

一 技術取向之犯罪預防模式

此項分類係由學者Peter Lejins在1960年代末葉，描述各類犯罪預防活動時，依採行之技術（Techniques）而提出。根據Lejins之分類，犯罪預防活動可區分為懲罰、矯治改善及機械預防模式，分述如下（詳表13-1）[10]：

（一）懲罰預防模式

懲罰（Punitive）預防模式，如以死刑、隔離等威嚇懲罰手段達成減少及預防犯罪之目標。

（二）矯治改善預防模式

矯治改善（Corrective）預防模式，如改善、矯正促使個人從事犯罪行為之不良個人、家庭、學校、社會、經濟情況。

表13-1 技術導向之犯罪預防模式

「懲罰」預防模式	「改善」預防模式	「機械」預防模式
─嚇阻 ─隔離 ─死刑	─個人情況改善 ─家庭情況改善 ─學校情況改善 ─社會情況改善 ─經濟情況改善	─目標物強化 ─出入口管制

資料來源：由作者參考Peter Lejins, "The Field of Prevention," in Amos, W. and Wellford, C. (Eds.), Delinquency Prevention: Theory and Practice, Englewood Cliffs, New Jersey: Prentice-Hall, 1967, pp. 1-12之內容彙整而成。

---

[10] P. Lejins, "The Field of Prevention," in Amos, W. and Wellford, C. (Eds.), Delinquency Prevention: Theory and Practice. Englewood Cliffs, New Jersey: Prentice Hall, 1967, pp. 1-12.

（三）機械預防模式

機械（Mechanic）預防模式，如以各項障礙物之架設或目標物之強化等手段，使犯罪更不易得手均屬之。

值得注意的是，Peter Lejins此項基於技術之分類持續為學界與實務界採用，直至1870年代初期犯罪學者Jeffery及建築師Newman之《經由環境設計預防犯罪》（*Crime Prevention Through Environmental Design*）、《防衛空間》（*Defensible Space*）二書出版後始被取代[11]。此二學者強調犯罪之空間分布及犯罪之啟動因素，也因此預防活動轉向以目標為導向（Target-based）之分類。其中，以學者Brantingham及Faust之分類，最具代表性[12]。

■二 目標導向之公共衛生犯罪預防模式

此項以目標為導向之犯罪預防模式係由學者Brantingham及Faust藉公共衛生疾病預防模式（Public Health Model of Disease Prevention），說明犯罪預防活動之分類所提出。根據公共衛生疾病預防之觀點，第一層次之預防（Primary Prevention）係指避免疾病或問題發生之預防工作，此包括：注意環境衛生、汙水處理、滅絕蚊蠅、疫苗接種、營養教育及身體之定期檢查等。第二層次之預防（Secondary Prevention）係指鑑定出哪些人有較易發生疾病之可能，然後介入這些個案，並採取預防措施，避免更進一步陷入更嚴重之疾病；此包括對貧民區居民實施X光檢查或其他身體檢查，以期早日發現病患症狀，並予治療。第三層次之預防（Tertiary Prevention），係指採行必要之措施，對已患病嚴重之病患予以治療，以避免其死亡或病情進一步惡化而言。此項公共衛生疾病預防模式在犯罪防

---

[11] C. R. Jeffery, Crime Prevention Through Environment Design. Beverly Hills, CA: Sage (Idn Edition), 1977; Oscar Newman, Defensible Space: Crime Prevention through Urban Design. New York: Macmillan Publishing Company, 1972.

[12] P. L. Brantingham and F. L. Faust, "A Conceptual Model of Crime Prevention," Crime and Delinquency, 22: 284-298, 1976.

治工作應用如下[13]：

（一）第一層次犯罪預防

第一層次犯罪預防著重於鑑定出提供犯罪機會，以及促使犯罪發生之物理與社會環境因素，並予規劃、設計與改善，以減少犯罪之發生。隸屬於第一層次犯罪預防之活動包括環境設計、鄰里守望相助、一般嚇阻、公共教育、私人警衛等。環境設計包括：採行適當之建築設計，以使犯罪更加之困難，易於民眾監控，並增加安全感。當然，諸如燈光之改善與鑰匙之改進、通道之控制、財產之堅固化與註記等，亦屬環境設計之範疇。鄰里守望相助及市（區）民參與巡邏，則有助於民眾對鄰里安全之掌握，增加潛在犯罪者之監控。一般嚇阻則包括警察之巡邏及加重刑罰，以使潛在之犯罪者不致犯罪，公共教育則極易影響民眾對犯罪之認知，因此，教育與訓練內涵，有助於預防犯罪。至於私人警察可補充正式司法機構之預防犯罪功能，對維護社會治安具有相當之貢獻，亦屬第一層次之犯罪預防。這些及其他預防措施大致而言，有助於抑制犯罪之發生，降低犯罪率，以及對犯罪之恐懼感。

（二）第二層次之犯罪預防

第二層次之犯罪預防活動係指對潛在犯罪人予以早日辨識，並在其從事非法活動前予以干預。隸屬此一層次之範疇包括個人問題行為之早期識別與預測、高犯罪區域之分析，鎖定並予干預、少年轉向運動之採行，以減少少年進入刑事司法體系、學校之早期發現潛在問題學生，並予輔導等。

（三）第三層次之犯罪預防

第三層次之犯罪預防，係指對真正之罪犯予以干預，進行矯治與輔導，以避免其再犯。刑事司法體系之逮捕、起訴、監禁、矯治處遇等皆屬此一層次之範疇（詳圖13-1）。

---

[13] 同註6。

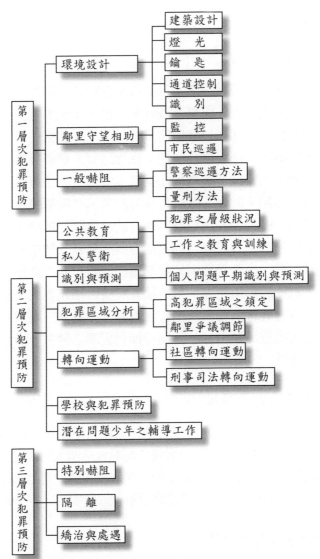

資料來源：Steven P. Lab, Crime Prevention: Approaches, Practices and Evaluations, Second Edition, Anderson Publishing Co., 1992, p. 12，係由其參考Brantingham and Faust（1976）發表於Crime and Delinquency之「A conceptual model of crime prevention」彙整而成。

圖13-1　目標導向之公共衛生犯罪預防模式

綜合言之，上述三層次之預防對於防治犯罪具有關鍵性之影響。首先透過環境設計，減少犯罪之聚合；其次，對可能產生偏差與犯罪之虞犯予以早日預測、鑑定與干預，預防進一步行為惡化。最後，則對已發生犯罪行為之犯罪人加強輔導、矯治，避免其再犯。

三　犯罪過程犯罪預防模式

根據學者Brantingham之見解，犯罪預防活動亦可透過對犯罪發生過程之了解而進行。基本上，犯罪活動可區分為下列三階段：（一）犯罪決意階段；（二）犯罪搜索階段；（三）實際犯罪行為階段（詳表13-2）。每一階段皆有干預之契機並可能產生犯罪預防效果[14]。

犯罪決意階段係指個人或團體決定從事犯罪而言，此項決意可能係理性、故意或在非理性、情緒化之狀態中決定[15]。犯罪搜索階段係指在特定之時間、地點鎖定潛在之被害者，以進行犯罪活動。此項搜索時間很可能極短，亦可能很長，端賴犯罪之各項情況條件而定[16]。實際犯罪行為階

表13-2　犯罪過程犯罪預防模式

犯罪決意階段之預防	犯罪搜尋階段之預防	實際犯罪行為階段之預防
1.法律之制定 2.社會預防活動 3.教育	1.鄰里守望相助 2.財產註記 3.市民參與巡邏 4.環境規劃與建議	1.目標物強化 2.電子監控警報裝置

資料來源：係由作者參考Patricia L. Brantingham, Crime Prevention: The North American Expe- rience, in "The Geographic of Crime," Edited by David J. Evans and David T. Herbert, Routledge, 1989, pp. 331-360之內容彙整而成。

---

[14] Patricia L. Brantingham, "Crime Prevention: The North American experience," in "The Geographic of Crime," Edited by David J. Evans and David T. Herbert, Published by Routledge, 1989.

[15] P. J. Brantingham and P. L. Brantingham, "A Theoretical Model of Crime Site Selection," in Crime, Law and Sanctions. Beverly Hills: Sage, 1978.

[16] R. Taylor and D. S. Gottfredson, "Environmental Desigh, Crime and Prevention: An Examination of Community Dynamics," in Reiss, A. J. and M. Tonry (Eds.), Community and Crime. Chicago: University of Chicago Press, 1986; D. B. Cornish and R. V. G. Clarke, The Reasoning Criminal: Rational Choice Perspectives on Offending. New York: Springer-Verlag, 1986.

段係指一旦犯罪之標的鎖定後，實地從事犯罪行為，以獲取目標。一般而言，在此一犯罪行為階段，其花費之時間甚短，可能在幾秒鐘或幾分鐘內即完成。因此依據前述犯罪過程階段，即可針對各階段特性，而予以干預。進一步敘述如下：

（一）犯罪決意階段之預防

許多措施可應用於犯罪決意階段之預防，包括立法以嚇阻犯罪、採行各類社會預防方案以減少犯罪之形成、運用教育宣導以促使民眾了解犯罪之危害等。

1.立法

即透過法案之增修訂，以強化嚇阻效果。美國最近通過布雷迪法案（The Brady Bill），以期減少犯罪之發生即為一例。我國組織犯罪防制條例之訂定，亦為嚇阻流氓與幫派集團等暴力事件發生之立法具體作為。

2.社會預防方案

許多具有犯罪學學理背景之社會預防方案，對於減少犯罪滋生具有相當貢獻，例如美國1930年代之芝加哥區域方案（Chicago Area Project）建立22個社區鄰里中心，協調地方組織，運用地方資源，舉辦各項社區與康樂活動，改善社區住宅與頹廢區域等，對於治安之改善令人印象深刻。而1970年代中葉魁北克、蒙特婁之西島YMCA方案，為離校少年舉辦許多活動如「生活技巧訓練、騎乘摩托車的課程」，亦甚矚目。

3.教育

另一嘗試改變犯罪動機之方案為透過教育宣導，以減少犯罪之啟動。例如透過大眾傳播媒體，希望民眾「酒醉不開車」、「向毒品說不」等皆屬此範疇。

（二）犯罪搜索階段之預防

一旦犯罪之決意確立時，潛在犯罪者即可能進一步的搜索、鎖定目標

（被害者）以從事其犯罪行為。一般而言，此階段之預防大多為警察及社區團體所主辦之各項犯罪預防方案。

1.鄰里守望相助

基本上，鄰里守望相助（Neighborhood Watch）係指將社區鄰里之居民組織成委員會，再透過該委員會來說服、動員居民充任社區鄰里之安全守護員（Watcher），保持警戒，凡遇有非法情事或可疑分子出入，即向警方報案，以強化治安之維護。

2.財產註記及告示

例如，將家中較具價值之財物予以烙記，並在窗戶貼上財物皆印有標籤（烙記）之告示，降低歹徒之做案目標選定。

3.環境建築之規劃

透過環境及社區建築物妥善規劃、設計亦可降低犯罪目標之搜索行動。諸如頹廢社區環境之整頓[17]、環境之妥善規劃及增加領域感、自然監控並降低犯罪機會之防衛空間（Defensible Space）設計等[18]，均有助於犯罪人改變犯罪目標之搜尋，減少犯罪活動。

（三）實際犯罪行為階段之預防

當前述之決意及搜索目標階段完成後，潛在犯罪者即可能在最迅速之時間內實地的進行、完成其犯罪活動，此一階段之預防方法以目標物強化（Target Hardening）為主。基本上，目標物強化係指標的物（財產）之堅固化與安全化，以使犯罪目標更不容易達成。諸如裝設防盜警鈴、電眼、鋁鋼製鐵門、柵欄、嶄新之鑰匙等均為強化財產安全，避免被竊取、破壞之重要措施。而為避免個人（尤其是婦女、老弱者）遭受傷害（如強暴），隨身攜帶之瓦斯噴霧器、電擊棒、警報器等亦屬防止犯罪行為之個人保護措施。

---

[17] N. G. Skogan, Disorder and Decline, 1990.
[18] 同註11。

　　總之，根據犯罪者從事犯罪不同階段與過程，亦可研擬妥適之預防、干預對策加以因應。惟根據學者Brantingham之見解，在此犯罪預防模式分類中，以犯罪搜索階段所進行之犯罪預防措施最具效能，而降低犯罪之發生[19]。

四　Podolefsky之犯罪預防策略分類

　　此項預防模式分類係由學者Podolefsky所提出。其係從預防及控制二層面提出社會問題策略（Social Problem Approach）及被害預防策略（Victimization Prevention Approach）之分類。前者著重於社會及經濟情況之改善，以減少犯罪之滋生；後者藉著增加犯罪之風險，使犯罪更加的困難而降低被害之機會（詳圖13-2）。茲分述如下[20]：

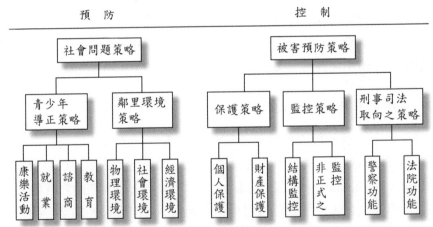

資料來源：Aaron Podolefsky, Case Studies in Community Crime Prevention, Charles C. Thomas Publisher, 1983, p. 28.

圖13-2　Podolefsky之犯罪預防策略之分類

---

[19]　同註14。

[20]　Aaron Podolefsky, Case Studies in Community Crime Prevention, Charles C. Thomas Publisher, 1983, p. 28.

（一）社會問題策略

社會問題策略包括：青少年導正策略（Positive Youth-Oriented Approach）及鄰里環境策略（Neighborhood Environmental Approach）二種範疇。前者係指透過各類方案及活動之進行如康樂活動、就業、教育及諮商等，以妥善轉移少年之犯罪與非行活動，並強化其遵循社會規範；後者係指改善可能影響民眾從事偏差行為之物理環境、社會、經濟不良等負因，以減少犯罪之發生。

（二）被害預防策略

被害預防策略包括：1.保護行為策略（Protective Behavior Approach），此含個人人身及財產之各項防護措施，以使犯罪更不易達成，諸如：各類電擊棒、瓦斯噴霧器、警報器等均屬個人之人身工具。而家庭出入之電子控制、監視、財產註記等則屬財產之保護行動；2.監控（Surveillance）之策略則涵蓋，結構監控（Structure Surveillance）及非結構監控（Unstructure Surveillance）二部分。前者略指透過正式組織之監控如巡邏，以達成預防犯罪之目標；後者則以透過非正式之監控如鄰里守望相助或各類告示，以阻止、預防犯罪之發生；3.刑事司法取向之策略（Criminal Justice Oriented Approach），即透過社區團體之力量，以督促警察、法院檢察官加強追訴犯罪，或由社區團體擔負起部分警察之功能，以迫使犯罪者無所遁形。

五　意識型態犯罪預防模式

依據處理犯罪問題之三種意識型態──保守派、自由派、激進派亦可衍生出保守派預防模式（The Conservative Prevention Model）、自由派預防模式（The Liberal Prevention Model）及激進派預防模式（The Radical Prevention Model）。分述如下[21]：

---

[21] 許春金，犯罪學，中央警官學校，民國80年4月修訂新版。

（一）保守派預防模式

　　鑑於犯罪者侵害了現有社會秩序的穩定，因此，保守派學者認為應強調打擊犯罪，尤其是對傳統犯罪之加強追訴和懲罰。他們較強調威嚇主義、隔離主義、應報主義及依賴刑事司法體系對犯罪者施予明確、迅速、嚴厲的處罰。也因此，保守派希望維持更有效而強大之刑事執法力量，如警察人數及職權之擴張，法院之提高定罪率及大量興建監獄等。為提升犯罪控制效能，他們常縮減嫌疑犯的正適處理程序（Due Process），以提高犯罪者被逮捕、定罪和懲罰的可能性。

（二）自由派預防模式

　　基本上，自由派學者雖亦注意到某些傳統犯罪型態之控制，然而他們卻認為這些犯罪型態係由於低下階層之貧窮、被壓迫和受歧視的結果。因此，其認為應強化教育、職業訓練、社會福利制度、增加工作機會、反對階級歧視、社會階層之改變等措施以降低犯罪率，而非僅止於鎮壓犯罪。

（三）激進派預防模式

　　激進派學者認為不同團體之犯罪率的差異，係由於刑事司法體系對不同團體的差別待遇和處理之結果，而不是由於犯罪行為的真正差異。因此，其認為犯罪是資本主義社會刑事司法體系選擇性地處理、記錄和引起傳播媒體注意的表面結果。傳統的犯罪者被認為是資本主義社會下的被害者，而非侵害社會的犯罪者。他們因此將政策主張的重心，由犯罪者轉移至促使人們犯罪的社會和經濟體系，並認為資本主義體制係犯罪問題之根源。此派認為唯有資本主義體制徹底改變，並走向沒有階級及資本家剝削之社會主義體制，始可預防犯罪發生。

六　Naudé之犯罪預防模式分類

　　根據學者Naudé之見解，犯罪預防模式依犯罪研究策略（Approach）

之不同，計可區分成生物心理模式（The Biopsychic Mode）、社會學模式（The Sociological Mode）、機械物理環境模式（The Mechanical and Physical Environment Model）、法律制裁懲罰模式（Legal Sanctions and Punishment as a Crime Prevention Model）四大類，分述如下[22]：

（一）生物心理模式

生物心理預防模式之論點著重於促成個體犯罪之內在病態因素，例如：生理缺陷、性染色體異常、荷爾蒙分泌異常、心智缺陷、人格異常、精神分裂等之防治。其犯罪預防措施大多在行為發生後，處遇措施可以是個人或團體導向的諮商輔導，並且可在機構內或機構外進行。惟此一犯罪預防模式因對象僅侷限於個人，未及於犯罪發生之大型環境，故所能發揮之功能有限，並且成本甚高且費時，故遭受許多學者抨擊。

（二）社會學模式

社會學預防模式較注重改善影響潛在犯罪者從事犯罪行為之社會環境，包括：貧窮、失業、家庭解組、父母管教態度失當、居住環境惡劣、娛樂設備不足、學校教育體系失當、種族衝突、社會體系欠缺公平等。這些社會環境負因會導致人格發展不良、社會化失當、價值、規範觀念無法內化、文化之衝突，進而促使犯罪之發生。

（三）機械物理環境模式

機械物理環境模式認為犯罪之發生端賴犯罪之機會而定，且強調大部分的犯罪集中於少數的特定地點範圍，以及可以預測的時間內[23]。因此，對高犯罪地域可以透過適當的都市環境設計、建築規劃加以預防，重要之措施包括物理環境及安全改善（含軟、硬體），以減少歹徒之侵害等。

---

[22] 同註4。
[23] 同註11，Jeffery。

（四）法律制裁懲處模式

法律制裁懲處模式係以18世紀犯罪古典學派之論點為其基礎，其認為犯罪人之所以決定犯罪係經過犯罪危險性之衡量，透過經濟效益評估，理性選擇所採取之行為。因此，其主張藉著刑罰之確定性（Certainty）與嚴厲性（Severity）之懲罰措施，來嚇阻潛在犯罪者，達成預防犯罪之目標。

七　克拉克之犯罪預防模式分類

美國羅格斯大學刑事司法研究所所長克拉克（Ronald Clarke）指出，在過去100年當中，包括肅清社會病源策略（Root Cause Approach）、嚇阻（Deterrence）及矯治處遇（Rehabilitative Treatment）等策略曾被應用於犯罪預防實務中，其指出這些策略經實務之長期考驗，並未具有令人滿意之效能。因此，另提出犯罪預防之另一可行方向——情境犯罪預防策略（Situational Crime Prevention Approach），以彌補前述傳統犯罪預防策略之窘態與缺陷[24]。據此，作者認為依克拉克教授之見解，犯罪預防模式應包括下列四類（詳圖13-3）：

（一）「肅清社會病源」犯罪預防模式

係指犯罪之產生受到許多不良社會因素如：成功機會不均等產生之緊張（Strain）、人際之疏離、貧富差距過大、犯罪次文化之影響、不良之媒體及社會風氣等之影響。因此，本模式強調應對這些社會病態加以糾正、改善，減少犯罪之發生。具體之做法包括：家庭功能之提升、學校教育之落實，呼籲道德重振、改善社會風氣及大眾傳播媒體之病態現象、提供就業機會與輔導、休閒活動之規劃等均屬之。一般而言，肅清社會病源犯罪預防模式倡議者之理想甚高，亦具學理支持；同時大致為政策執行者及民意代表所青睞。然而，卻因實務之許多難處及其他外在因素，而使得

---

[24] Ronald Clarke, "Situational Crime Prevention: Its Theoretical Basis and Practical Scope," in Tonry, M. and N. Morris (Eds.), Crime and Justice: An Annual Review of Research, Vol. 4, University of Chicago Press.

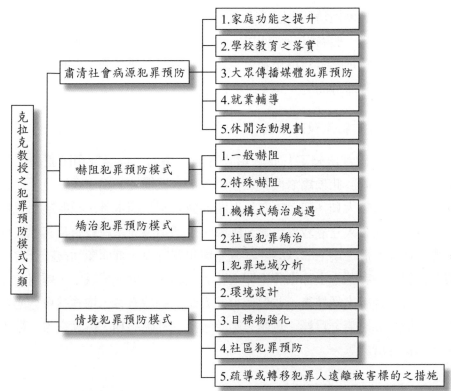

資料來源：由作者參考Ronald V. Clarke, "Situational Crime Prevention: Its Theoretical Basis and Practical Scope," in Tonry, M. and N. Morris (Eds.), Crime and Justice: An Annual Review of Research, Vol. 4, University of Chicago Press, 1983之作品彙整而成。

圖13-3 克拉克教授之犯罪預防模式分類

其成效大打折扣。例如，不良社會風氣及大眾傳播媒體之病態現象並不易消除，而家庭功能亦因工商時代之來臨而無法充分提升。儘管如此，此項預防策略在每次治安危機出現時，經常扮演督促之重要角色。

（二）「嚇阻」犯罪預防模式

係指採行各類威嚇手段，以預防犯罪之發生。一般而言，嚇阻模式可區分為一般嚇阻（General Deterrence）及特別嚇阻（Specific Deterrence）

二項。一般預防係指藉著懲罰威嚇效果，以使社會一般人知畏懼，避免犯罪；換句話說，一般嚇阻乃欲使民眾了解犯罪將被懲罰，進而影響及潛在之犯罪抉擇。特別嚇阻乃指藉著對犯罪人之懲罰，使其懼怕進而影響其未來可能衍生之犯罪行為[25]。

（三）「矯治」犯罪預防模式

係指藉著對判決確定有罪各類收容人之矯治，以達成預防犯罪之效果。基本上，屬於此項矯治模式之預防包括「機構性」矯治處遇及「社區性」矯治處遇二大類。前者係在具封閉性與強制結構本質之犯罪矯治機構中，對各類收容人透過教育、職業訓練、生活指導、宗教教誨及其他心理輔導、精神疾病之矯治，以改變其偏差與犯罪行為，進而順利復歸社會，避免再犯。後者基本上係指將犯罪人置於社區、家庭或機構中，運用社區資源及各類輔導處遇技術，並促使犯罪人參加各項方案，增強社會適應能力，達成犯罪矯治之目標。具體之範疇包括：社區服務、中途之家、觀護工作、監外就業等。

（四）「情境」犯罪預防模式

情境犯罪預防係指對某些犯罪類型，以一種較有系統、完善的方法對犯罪環境加以管理、設計或操作，以阻絕犯罪發生之預防策略。其著重於降低及排除潛在犯罪人犯罪之機會、增加犯罪之成本，使犯罪之目標不易達成[26]。它包括許多預防措施如：目標物強化（Target Hardening）（即，使較脆弱之犯罪可能標的物更加堅固、安全）、防衛空間（Defensible Space）之設計，如：鼓勵住宅居民拓展土地領域，將公共用地納入加以管理或增加建築物之自然監控、社區犯罪預防（Community Crime Prevention）（如社區鄰里守望相助，民眾參與巡邏等）及其他疏導或轉

---

25 林茂榮、楊士隆，監獄學：犯罪矯正原理與實務，五南圖書出版公司，民國88年7月。

26 同註24；Ronald Clarke, Guest Editor's Introduction to the Special Issue on Situational Prevention, in Journal of Security Administration, 11: 4-7, 1988.

移犯罪人遠離被害人之方法。

　　此項犯罪預防理念係源自於英國內政部研究發展部門之研究，其發展後來受到美國二位犯罪學家所提出的相關研究所影響，包括：紐曼（Newman）之「防衛空間」（Defensible Space）[27]以及傑佛利（Jeffery）之「經由環境設計以預防犯罪」（Crime Prevention Through Environmental Design, CPTED）[28]，此一預防犯罪理論的興起，對傳統的抗制犯罪策略缺乏效能，提供了另一社會治安的可行方向，亦在犯罪預防實務上做出了更大的貢獻。

　　根據理性選擇理論與日常活動理論之論點，Clarke[29]提出十二項情境犯罪預防技術，藉由增加犯罪困難與風險、降低犯罪酬賞的方式，以排除犯罪之機會[30]。之後，這些技術慢慢擴增為十六項技術，加入罪惡感及羞恥之考量[31]，另加入情境促發者角色[32]等向度，於近年提出情境犯罪預防策略之二十五項技術。這些技術可被涵蓋在五大原則之下，即Nick Tilley[33]（1997）所定義之「機制」（Mechanisms），包括：提升犯罪阻力、增加犯罪風險、減低犯罪酬賞、減少犯罪刺激、移除犯罪藉口等，希

[27] Newman, Oscar, Defensible Space, Crime Prevention Through Urban Design. New York: Macmillan, 1972.

[28] Jeffery, C. R., Crime Prevention Through Environmental Design. London: Sage Publications, Inc., 1977.

[29] Clarke, R. V. Situational Crime Prevention: Successful Case Studies. New York, NY: Harrow and Heston Publishers, 1992.

[30] 楊士隆，情境犯罪預防之技術與範例，警學叢刊第25卷第4期，中央警官學校印行，民國83年。

[31] Clarke, R. V., Situational Crime Prevention: Successful Case Studies, Second Edition. Guilderland, NY: Harrow and Heston Publishers, 1997.
Clarke, R. V. and Ross Homel, "A Revised Classification of Situational Crime Prevention Technique," in Crime Prevention and Crossroads, ad., Steven Lab, Cincinnati: Anderson: 4, 1997.

[32] Clarke, R., and Eck, J., Theory for Practice in Situational Crime Prevention. *Classifying Common Police Problems: A Routine Activity Approach*. Monsey, NY Criminal Justice Press, 2003.
Cornish, D. B. and R. V., "Opportunities, Precipitators Criminal Decisions: A Reply to Wortley's Critique of Situational Crime Prevention," in M. J. Smith and D. B. Cornish (Eds.), *Theory for Practice in Situational Crime Prevention: Crime Prevention Studies*, Vol. 16, pp. 41-96. Monsey, NY: Criminal Justice Press, 2003.

[33] Tilley, N., "Realism, Situational Rationality and Crime Prevention," In G. Newman R. V. Clarke, and S. G. Shoham (Eds.), *Rational Choice and Situational Crime Prevention*, pp. 95-114. Brookfield, VT: Ashgate Publishing Company, 1997.

冀透過這些情境犯罪預防策略，達到預防犯罪發生之效果。以下就情境犯罪預防之五大原則、二十五項技術，做一概要之介紹[34]（詳表13-3）。

（一）提升犯罪阻力

「提升犯罪阻力」的設計為情境犯罪預防最為基本之策略，其主要目的在於增加犯罪人在犯罪時所需投入之努力及阻礙，其具體技術包括：

1.強化標的物

係指財產之堅固化及安全化，以減少潛在犯罪人之入侵，增加犯罪之困難度，使得犯罪標的物不易得手。透過上鎖、遮蔽物、警鈴、柵欄、鋼製鐵窗、防彈安全玻璃或是其他強化物質等有形物質之設置，以提高目標物遭受破壞或竊取之障礙或困難度。

2.管制通道

如同古代之護城河、閘門等設計，係指針對特定場所進入之人員實施限制與監控，以禁止人們進入他們無權進入的場所，包括：辦公室、大樓、工廠或公寓等。具體的措施包括：出入之電視螢幕管制、身分證之識別、各種障礙物之架設等，以減少潛在犯罪人之侵害。

3.出入口檢查

此項措施之目的在於確保離開大樓、設施或其他場所等人員，沒有竊取任何物品或是已付清所有的費用。實際做法包括：下車繳回票根、離境時的邊境管制、商店物品的磁條措施等。

4.轉移潛在犯罪人

係指利用一些對環境及情境妥善操弄、控制與管理的設計，以分散、轉移潛在犯罪人之活動聚合犯罪機會；或將潛在犯罪人之行為導向至較能

---

[34] Fanno, C. M., "Situational Crime Prevention: Techniques for Reducing Bike Theft at Indiana University, Bloomington," Journal of Security Administration, 20(2), 1-14, 1997.

許春金，犯罪學，民國96年修訂五版，三民書局。

楊士隆、曾淑萍，暴力犯罪型態與防治對策，發表於「治安良策民眾安居」研討會，民國95年9月25日，財團法人向陽公益基金會、東吳大學法學院主辦。

被社會所接受的方向，比方說：提供公共廁所、塗鴉板或是公共垃圾桶
等。

5.控制犯罪促進物

係指對於易導致偏差或犯罪行為發生之促進物或是犯罪所使用之設備
及物品予以控制，以預防犯罪發生之相關措施。例如，嚴格控制青少年購
買噴漆、使用「強化啤酒瓶」或「強化玻璃杯」，以防止破碎之玻璃製品
被用來當做攻擊的武器等。

（二）增加犯罪風險

根據對犯罪人之訪談結果，Clarke及Eck[35]（2003）發現相較於犯罪被
逮捕之後果，犯罪人較為擔心被逮捕之風險。從犯罪人觀點來解釋，這是
可以理解的。因為被逮捕後，他們難以避免後續的處罰，但是在被逮捕
前，他們可以藉由小心謹慎的作為，以降低被逮捕之風險。這就是情境犯
罪預防策略為什麼特別重視增加犯罪之風險，而非試圖操弄處罰，以期收
預防犯罪效果之主要原因。具體之技術包括：

1.擴充監控

根據Cohen及Felson[36]（1979）所提出之「日常活動被害理論」，犯罪
之發生必須在時空上有三項因素之聚合。亦即，具有能力及犯罪傾向者、
合適之標的物、足以遏止犯罪發生之抑制者不在場。而擴充監控即是針對
第三個因素「足以遏止犯罪發生之抑制者」所設計，比方說要離家數天的
屋主應該暫時取消送報服務及告知鄰居何時會離家、何時回來，並請其幫
忙注意各項情況，或是夜間出門攜帶手機或結伴而行、成立鄰里守望相助
等，皆為擴充監控之具體方法。

2.增加自然監控

增加自然監控是「防衛空間」及「鄰里守望相助」的首要任務，其主

---

35 同註32。
36 Cohen, L. E. and M. Felson, " Social Change and Crime Rate Trends: A Routine Activity Approach,"
American Sociological Review, 44(4), 588-608, 1979.

要是藉由人與物的輔助措施，增加對潛在犯罪人之監控效果，減少其犯罪動機並進而嚇阻犯罪之發生。此項策略包括：修剪住家的樹叢、便利超商裝設透明落地窗及夜間燈火通明、加強街道照明、防衛空間的建築設計、警民連線、犯罪預防方案等設計，皆是仰賴民眾每天例行性活動所提供的自然監控，以增加犯罪人犯罪之風險。

3.減少匿名性

現今社會的發展及建築物的設計，使得人口具高度流動性，人們愈來愈常與陌生人共處一室，彼此互不認識，不僅阻礙人際社會關係之正常發展，也會減弱社會控制之約束，造成偏差或犯罪行為發生之可能性。因此，減少匿名性是一種有效的情境預防犯罪之技巧，具體的方法包括：要求學生穿制服以減低學生上下學之匿名情形、要求計程車司機在車上清楚地放置身分證件等。

4.職員協助監控

係指運用從事公共服務業之員工，除了本身的職責外，在其工作崗位上也扮演著監控的角色，以協助治安的維護。這些員工包括：商店的雇員、飯店的門房及服務生、公寓大樓的管理或保全人員、停車場的管理人員、車站的站務人員等。希冀藉由這些員工之協助，有效地監督潛在犯罪人之活動，以嚇阻犯罪之發生。

5.強化正式監控

正式監控是由警察、保全人員、商店的探員（Store Detectives）等所提供的監控。他們的主要角色在於對潛在的犯罪人產生一種嚇阻的威脅感，減少非法行為之發生。其他可以增強正式監控的具體方法包括：防盜警鈴、閉路電視（Closed Circuit Television, CCTV）、交通巡邏警衛、紅外線測速、測速照相等方法，增加預防犯罪之效果。

（三）減低犯罪酬賞

根據理性選擇理論的主張，犯罪人在犯罪之前會進行成本效益分析，總是希望在犯罪中獲得利益。利益可以是有形的、物質的利益，如金

錢、值錢的物品等；利益也可以是無形的酬賞，包括：性慾的抒解、陶
醉、興奮、復仇、同儕的尊重等。情境犯罪預防的其中一個原則，即為了
解特定犯罪的酬賞，並進而降低或移除酬賞，以預防犯罪之發生。具體之
技術包括：

1.目標物之隱匿

　　係指將可能誘導犯罪發生之人、物、設備等目標物以藏匿、移開或
做其他安置等方式，降低犯罪之誘惑，以減少犯罪之發生。例如，住戶會
將珠寶及有價值的物品藏起來或是拉下窗簾避免竊賊之窺探；有些人不在
公共場合穿金戴銀、避免將車子停在街道上過夜；不在車上放置貴重物品
等。另有一些較為不明顯的隱匿方法，比方說使用性別模糊的電話簿，以
避免女性遭受猥褻電話之騷擾；或是使用無標示的運鈔車，以降低運送過
程中遭劫之風險。

2.目標物之移置

　　係指將犯罪之可能目標物移開，以避免成為歹徒犯罪之目標，例如電
話卡的使用可減少攜帶大量現金在身上之需求，避免成為被竊的目標；公
車的不找零系統或是使用悠遊卡，可降低巴士被搶劫之風險。其他移置目
標物的方法包括：將營利所得現金交易改換成票據轉帳、商店櫃檯減少現
金存放，或是遊樂場以代幣替代現金等。

3.財物之辨識

　　係指透過財產的註記，增加財物的辨識，以降低財物的價值及銷
贓之機會。比方說，要求汽車登記並取得一個獨一無二的車輛識別號碼
（Vehicle Identification Number, VIF），將汽車中的音響加裝特殊的個人識別
號碼（Personal Identification Number, PIN）等，以降低汽車竊盜事件之發生。

4.搗亂市場

　　長久以來，犯罪學家及警察對逮捕竊賊的關注，遠遠高於對贓物市場
的了解及瓦解。然而，若能將贓物市場加以搗亂及瓦解，則竊盜常習犯及
運送大量菸酒等贓物的卡車會進而減少。搗亂贓物市場的方法需由警方根

據市場的性質而加以擬定，包括：對當鋪交易的系統性連線監督、取締非法流動攤販、檢視報紙的小廣告以檢查重複出現的販賣者等。

5.拒絕利益

係指透過目標物及相關設施的設計，移除犯罪人犯罪之動機、降低其在犯罪過程中的樂趣及利益。例如，將金屬製的路標改成木製品，以移除其被射擊時所產生的「鏜鏜」聲響；「假人警察」及路凸的設置，可以減少飆速的利益；裝設安全密碼式音響，除非竊賊知道密碼，否則無法使用的，藉此降低竊盜率；服飾店採用墨水標籤以防範順手牽羊事件之發生。另外，針對塗鴉的立即清理策略，可以拒絕犯罪人在公共場合展示其「作品」之樂趣。

（四）減少犯罪刺激

有學者針對監獄及酒吧做研究，發現擁擠、不舒服及粗魯的對待會激化暴力事件的發生。因此，情境犯罪預防不僅應該針對犯罪發生的機會，也應針對犯罪發生之情境發展策略，予以設計、操弄與管理，以減少犯罪之刺激。具體的策略包括：

1.減低挫折與壓力

當面對服務生粗魯的對待、有人插隊，或是火車誤點而無任何解釋時，任何人都會感到憤怒。有些時候，人們會因憤怒而變得暴力。這些情形是可以透過改善服務而避免衝突的發生。另外，擁擠及不舒服的情形也會造成憤怒的發生。太多噪音、被人推擠或無座位可坐等，這些在酒吧、夜店等場所常會出現的情形，經常是造成麻煩的導因之一。增加座位、悅耳的音樂及柔和的燈光等，是使這些場所降低壓力的方法。

2.避免爭執

係指透過設計與管理，避免可能造成爭執或衝突的情境，以降低暴力等犯罪發生之可能性。例如，在足球場中，將兩隊敵對的球迷分隔開來，並將雙方抵達及離開的時間予以規劃，以避免在等待時間的衝突事件發生。計程車的計費採取跳表制度，有一定規則之收費標準，以避免欺騙與

爭端，也是情境犯罪預防「避免爭執」策略的另一個實例。

3.減少情緒挑逗

係指降低引發犯罪發生之誘惑及情緒挑逗之策略。例如，在沒有護士或第三者的陪同下，男醫生不應逕自對女病患進行詳細的身體檢查，一方面保護醫生免於遭受錯誤之指控；另一方面則是降低醫生對病人性侵害或是產生不當行為之誘因。對於戀童前科犯，法令禁止其從事與孩童接觸的工作，不僅保護兒童，也幫助其控制其性慾。另外，建議民眾在公眾場合注意其錢財或是夜歸獨行婦女注意其安全等建議，皆是以降低犯罪誘因、減少情緒挑逗為考量，避免犯罪之發生。

4.減少同儕壓力

如同兒童及青少年，成人也會面臨同儕壓力。比如，資深員工會教導新手如何從雇主處得到好處，或是年輕人容易受到朋友的慫恿而飲酒過量。「減少同儕壓力」的具體做法，包括：父母會阻擋孩子與有負面影響的朋友交往、學校會將調皮搗蛋的麻煩分子分散到不同班級等。另外，目前台灣除了推動「指定駕駛」的觀念之外，對於開車的朋友，也不予以勸酒，此亦是減少同儕壓力之具體實踐。

5.避免模仿

雖然觀看暴力電影與暴力行為之關聯性仍有很多爭論，有證據顯示媒體對於特殊犯罪之報導，會引發犯罪之模仿。在美國，所有販賣的電視機必須裝設一種「V晶片」，使父母得以設定節目，以避免其孩童觀看暴力及色情等節目，以減少相關模仿行為之發生。另外一個例子是根據「破窗理論」，針對公園裡或社區裡遭受破壞的物品或是塗鴉，應採取立即修復之措施，以免傳達出「缺乏管理」之訊息，而引發更多的模仿與破壞行為。

（五）移除犯罪藉口

犯罪人常會對其行為做道德判斷，並會找藉口合理化及中立化其行為，以減輕其內心之罪咎感或羞恥感。有鑑於此，情境犯罪預防的第五個原則，即是透過一些策略及設計之採用，將規範清楚地界定與呈現、協助

人們遵守規範、激發人們的良心，以藉此移除偏差或犯罪行為之可能藉口，嚇阻偏差或犯罪行為之發生。具體的策略包括：

1.設立規則

　　係指各公共服務部門，包括：圖書館、醫院、公園以及各項娛樂活動設施、巴士、地下鐵、飯店、餐館等對其員工約立各項工作規範，不僅便於管理營運，同時也規範他們所服務的對象，並強化規定之執行，減少偏差或非法行為之發生。基本上，這些規定必須明確、減少模糊地帶，減少利誘潛在犯罪人（包括員工及被服務的對象）從事偏差或非法行為之機會，使得他們心服口服，而無法用中立化（合理化）技術如：「我只是借用一下」、「每一個人都這樣」等藉口來逃脫責任，並且使他們明瞭從事非法行為時將付出巨大的代價，無所僥倖。例如，台灣對於國家公園及山地管制區採取入山登記制度，根據國家安全法第7條規定：「違反第五條第二項未經申請許可無故入出管制區經通知離去而不從者，處六月以下有期徒刑、拘役或科或併科新臺幣一萬五千元以下罰金。」針對未依規定提出申請或入山後有不符規定之行為者，有相關之處罰措施，此即為「設立規則」之實例。

2.敬告規則

　　係指雇員、消費者及民眾所需遵守的工作契約、服務契約或管理規範，應予以正式公告。尤其是公共地區或設施的管理規範要公開地張貼，不僅可以預防民眾宣稱不知有規範之存在，也可明確指出應共同遵守的約定行為。比方說，特別是道路，使用了很多標誌以管理行車及停車之行為。研究結果顯示，使用「殘障專用」的警告標誌確實可有效降低殘障停車位的違法停放。其他許多的公共設施，包括：公園、圖書館、大學、大眾交通系統等，也張貼敬告等標示以規範廣泛的公眾行為。敬告標示的使用是執法的主要工具，並常常被當成是解決問題的方式。

3.激發良心

　　情境犯罪預防與一般的非正式社會控制在兩方面有很大的差異，第一，情境犯罪預防著重發生在個別且有限場所的特定犯罪型態；第二，情

境犯罪預防的目的是在潛在犯罪人要犯下特定犯罪的那一刻激發其良心，而不是讓他對違法行為的態度產生持續性的改變。「激發良心」的具體措施包括：於營業場所明顯處張貼「酒後不開車」警示標語；在路旁設置速限提醒板，不斷對駕駛人提供超速的警告；或者，商家在門口張貼「偷竊商品是違法的行徑」的警告標語，以提醒潛在犯罪人偷竊商品的違法性，使其動手偷竊前能三思。

4.協助遵守規則

係指協助人們遵守規則之設計與措施，以降低偏差或違法行為發生的可能性。比方說，興建公共廁所以避免人們隨地大小便、在公共場所放置垃圾桶以減少垃圾的隨意棄置、在營業場所設置提供「代客叫計程車」服務相關標示、改善圖書館借書的程序以減少等待的時間，並協助遵守借書的規定等具體做法。

5.管制藥物與酒精

酒精與藥物會促使犯罪之發生，因酒精與藥物會降低人們的抑制力、影響知覺與認知，使得犯罪人無法辨識是非對錯，而對其違法行為缺乏察覺。因此，有必要針對藥物及酒精進行管制。比方說，根據現行酒駕標準，被警察攔檢到酒駕，酒測值在0.25毫克以下者不罰，但酒測值在0.25毫克以上、因酒駕肇事致人受傷或致人重傷或死亡者，有罰款、扣車、吊扣或吊銷其駕駛執照等處罰，目的即在於限制酒精攝取量，以降低酒醉駕車行為及其他意外事件發生的可能性。

總之，犯罪預防模式依個人選擇基準（Criteria）之差異，而有不同之分類。然無論如何，對犯罪預防模式各種分類之介紹，有助於了解犯罪預防之範疇、努力之方向及具體做法。在當前犯罪預防工作逐漸受到政府與關心社會治安之民眾重視的同時，這些犯罪預防模式提供了引導之指南。

表 **13-3** 情境犯罪預防之二十五項技術

提升犯罪阻力	增加犯罪風險	降低犯罪酬賞	減少犯罪刺激	移除犯罪藉口
1.標的物之強化 (1)汽車防盜鎖 (2)加強門鎖	6.擴充監控 (1)結伴而行 (2)守望相助	11.目標物隱匿 (1)車上勿放置貴重物品 (2)使用無標示的運鈔車	16.減低挫折與壓力 (1)改善服務，避免衝突 (2)增加座位	21.設立規則 (1)飯店住宿規則 (2)國家公園及山地管制採入山登記制度
2.管制通道 (1)停車場之管制 (2)團體 (3)進門時有聲響	7.增加自然監控 (1)防衛空間 (2)街燈 (3)超商設立透明落地窗	12.目標物之移置 (1)商店櫃檯減少存放現金 (2)避免攜帶大量現金	17.避免爭執 (1)將敵對球迷分隔開來 (2)計程車採跳表制	22.敬告規則 (1)身障專用停車位 (2)張貼敬告標示
3.出入口檢查 (1)下車繳回票根 (2)商店物品的磁條措施	8.減少匿名性 (1)學生穿制服上下學 (2)計程車司機辨別證	13.財物之辨識 (1)車輛識別號碼 (2)個人識別號碼	18.減少情緒挑逗 (1)在公眾場合注意錢財 (2)夜歸婦女注意安全	23.激發良心 (1)張貼警告標語 (2)設置速限提醒板
4.轉移潛在犯罪人 (1)提供公用廁所 (2)公共垃圾桶	9.職員協助監控 (1)保全人員 (2)管理人員	14.搗亂市場 (1)取締非法流動攤販 (2)檢視報紙小廣告	19.減少同儕壓力 (1)指定駕駛 (2)阻擋孩子與有負面影響的朋友交往	24.協助遵守規則 (1)公廁管理 (2)改善圖書館之借書管理
5.控制犯罪促進物 (1)嚴格控制青少年購買噴漆 (2)強化玻璃杯	10.強化正式監控 (1)防盜警鈴 (2)閉路電視（CCTV） (3)測速照相	15.拒絕利益 (1)假人警察 (2)塗鴉立即清除 (3)墨水標籤	20.避免模仿 (1)V晶片 (2)立即修復遭破壞之物品或塗鴉	25.管制藥物與酒精 酒駕肇事，可能有罰鍰、扣車、吊扣、吊銷駕駛執照等處罰

資料來源：Ronald Clarke and Ross Homel, "A Revised Classification of Situation Crime Prevention Techniques," in Crime Prevention and Crossroads (Ed.), Steven Lab (Cincinnati: Anderson, 1997), p. 4.

第五節　犯罪預防之實例

　　犯罪預防在實務上雖非萬靈丹，但各國實務亦顯示重視犯罪預防工作者，往往可減少許多被害之機會。茲列舉部分成功之案例供參考（以部分情境預防為例）[37]。

一　目標物強化

　　目標物強化（Target Hardening），係指財產之堅固化與安全化，以減少歹徒之入侵，使得犯罪更加困難，犯罪標的物更不易得手。一般警鈴、鎖匙、柵欄、鋼製鐵窗、防彈安全玻璃等之設置，以增加歹徒入侵之物理障礙均屬之，許多個案證實採行此項措施有助於減少被害之機會。

案例（一）

　　學者Decker在美國紐約市對停車計時儀表遭偽幣（代幣）侵入之研究指出，在停車計時儀表上貼上違者將予從重罰款並監禁之警示標誌，並未能有效嚇阻前項破壞行為。相對地，在裝置改良型之鄧肯計時儀表（Duncan Meter）（含有投幣辨識器及可辨識錢幣之視窗）後，成功的降低約30%至80%之偽幣侵入情形。Decker指出「投幣辨識器」及「可辨識錢幣之視窗」兩者之效果雖無法清楚分辨，然由於警示標誌之效果有限，此項「可辨視錢幣之視窗」似僅能使意圖破壞者較容易被識破，但真正之嚇阻效果卻相當有限。蓋許多研究指出，刑罰之確定性（Certainty）比嚴厲性（Severity）較具嚇阻之效果。

案例（二）

　　英國學者Mayhew等曾對西德及英國引進汽車方向盤鎖（Steering

---

[37] 引自 Ronald V. Clarke (Eds.), Situational Crime Prevention. New York: Harrow and Heston, 1992, p. 13；楊士隆，情境犯罪預防之技術與範例，警學叢刊第25卷第1期，中央警官學校印行，民國83年9月，第91～105頁。

Colum Locks）在降低汽車竊盜上之效果進行評估。在英國1971年汽車方向盤鎖之引進配備於新車，新型汽車竊盜案件即有降低，但亦有部分汽車竊盜轉移至破舊、未有保護措施之汽車。在西德之研究則指出，1963年將汽車方向盤鎖引至各類汽車（含新、舊車）後，汽車竊盜案件降低了約60%。

案例（三）

　　Ekblom在1980年代對英國倫敦地區郵局遭致歹徒搶劫進行研究，發現在1982年以前，郵局櫃檯防止盜匪偷襲之屏風（Screens）由於容易被擊碎、破壞，故是類搶劫案件之比率有升高之趨勢。在郵政當局對前述之屏風加以改良、固定後，郵局之被搶劫比率因此降低約40%，且對郵局職員及顧客之搶劫亦呈現減少，Ekblom稱此為利益擴散（Diffusion of Benefits），其或許與盜匪獲取郵局之各項安全設施已有顯著改善有關。

案例（四）

　　學者Challinger指出，在1988年間，由於澳洲公共電話亭屢遭毀損及偷竊，電信局（屬民營單位）為免損失擴大，而對南澳（South Australia）及北部區域（Northern Territory）電話亭採行目標物強化措施，成功的降低了前述破壞、偷竊情形，由1988年間高達6,000件而減少至1,000件左右。其主要之措施包括：對投幣口加以設計，聽筒線及電話亭採不銹鋼式等及配合自然及正式監控之實施。

二　通道控制

　　通道（出入口）控制（Access Control）之觀念在古時已存在，格子吊閘（代替城門）、護城河等即為具體的實例。現代則因文明的演進而在類似措施上趨於電子化，具體之措施包括：出入之電話、電視螢幕管制、身分證之識別、各種障礙物之架設等，以減少歹徒之侵害。

案例（一）

學者Poyner及Webb之研究指出，在英國倫敦南部之國宅區域，由於安裝了玄關電話系統、柵欄、電子開關管制設備，因而成功的降低了該區域之財物毀損與竊盜情形。

案例（二）

學者Matthems指出，在1980年代初葉，倫敦北部由於娼妓活動至為猖獗，因此政府執法部門對娼妓及皮條客採行強力掃蕩措施，並且封閉了部分該紅燈娼寮區域之道路，以限制嫖妓之機會，結果促使該區不僅娼妓活動降至最低，同時其他諸如竊盜等案件亦相對的降低。目前，此娼妓區已轉換成一寧靜之住宅區域。

三 轉移潛在之犯罪

轉移潛在之犯罪（Deflecting Offenders）此項技術涉及對環境與情境妥善之操縱、控制與管理，以分散、轉移潛在犯罪人之活動聚合犯罪機會。

案例（一）

Bell及Burke之研究指出，在美國德州阿靈頓街之Cooper街道，每逢週末即有大批之青少年徘徊聚集進行週末漫遊活動（Cruising），而對該市交通、環保、治安等造成相當的困擾。在1988年間，為抒解此項問題，一個由警察、交通局、旅遊業、商家及青少年代表等組成之委員會成立，其認為強力之掃蕩並非良方，而建議在市區之一處大型停車場提供給青少年進行週末之狂熱活動，期間由警察進行管制並提供足夠之移動式洗手間，並在活動後隔天清晨進行大清掃活動。經同意試辦2個月後，效果良好，不僅交通獲得改善，破壞公物之情形亦減少，該停車場之預算並經市議會通過。

案例（二）

　　Poyner及Webb之研究指出，在英國之Birmingham市中心市場區由於竊盜甚為猖獗，因此造成商家及攤販不少損失。其原因除該市場區域因交通便利、人多極易吸引歹徒做案外，該市場區域燈光亮度不足，且市場攤位間之人行通道過窄（約2公尺）則為竊賊下手之主因。在將該市場區域之攤位人行通道加寬（由2公尺增至3公尺）後，攤位物品被竊盜案件在2年內降低了70%。

四　控制犯罪促進物

　　控制犯罪促進物（Controlling Facilitators）係指對易導致偏差與犯罪行為發生之促進物予以管制，以減少是類案件發生之相關預防措施，包括：槍枝、酒精、汽車之駕駛等。

案例（一）

　　學者Morse及Elliott之研究指出，由於酒醉駕車肇事率偏高，導致人民生命、財產之重大損失。因此，在美國某些法院對酒醉駕車之再犯者規定，其於駕駛車輛時，應受法院安置於車輛點火系統中自動呼吸偵測器（Breathanalyzers）之檢查通過，始能行駛。

案例（二）

　　學者Knutsson及Kuhlhorn發表於瑞典犯罪預防委員會（the Swedish National Council of Crime Prevention）之報告指出，1970年以前，瑞典以及首都斯德哥爾摩偽造支票詐欺（Check Forgeries）案件急速之增加，造成人民財產相當大之損失。在警方要求銀行對持票人進行身分驗證（Proof of Identification）後，是類支票詐欺案件於1971年以後，即減少了大約80～90%。

案例（三）

　　學者Clarke指出，一般之電話經常被歹徒用來從事諸如：偷竊、勒索、謊報火警、從事賣淫、口語性騷擾及其他非法活動，因此造成治安之死角。為對此回應，Clarke教授對美國紐澤西引進之打電話者識別系統（Caller-ID）進行評估後，指出此項可由收話者於接收電話前先行閱讀、辨識打進來之電話設備，有助於減少前項類似之情事發生，其在紐澤西試驗後發現成功的阻止了大約25%之猥褻、性騷擾電話。

五 出入口檢查

　　出入口檢查（Entry/Exit Screening）主要係藉著各項電子設備與專業人員對包括違禁品、各項物品及人物進行檢查，以偵測出人員之進出與物品之流通是否符合規定而言。

案例（一）

　　1960年代早期，美國各大學圖書館大多要求書籍借閱者必須在進門前將身上所攜帶之物品（如背帶、皮包、皮夾）置於門旁之儲藏架子，以避免行竊事件之發生。在1960年代以後，由於科技之進步，許多圖書館加裝了電子防盜設備，以偵測攜出（Check Out）之書籍，免除了前項之不便。根據學者Scherdin對威斯康辛大學1982年暑假採行之是項措施加以評估後指出，其有效的減少大約80%書籍被竊事件，而其他未貼有電子偵測標籤而非法攜出之視聽教材，亦因圖書館之是項措施而顯著降低。

案例（二）

　　各國大眾捷運系統之經營實例告訴我們，此項投資並未有太多的利潤，而經常須由政府補助始能持續經營。其中一項影響及捷運經營成本者為乘客之吃票、逃票（Fare Evasion）情形，包括：偽造幣、

過期票之使用、非法來回搭乘或根本未買票等，導致鉅額之損失。以美國紐約地下鐵為例，1990年間即有大約5～7%之乘客利用各種非法手段未付費搭乘地下鐵，致其至少損失8,000萬美元。為此，學者Deschamp等人在加拿大對溫哥華區域捷運系統（Vancouver Regional Transit System）乘客之吃票情形進行研究指出，溫哥華當局由於採行了下列之情境犯罪預防措施，因而有效的降低（嚇阻）20～60%之類似事件發生，包括：1.重新設計購票及投票之機器，使乘客容易辨識、購買及投擲足額之票款；2.對出入口之進出道路明確的標示，並加強管制以避免乘客利用空隙逃票；3.強化取締偽造票者，並重新設計乘票使其不易複製；4.在尖峰時間增加稽核人員；5.對月票之格式妥善設計，以俾在出入之短時間內進行稽查。

六　正式監控

基本上，正式監控（Formal Surveillance）係指運用警察、安全警衛、偵側器等，以對潛在犯罪人產生威脅，減少非法行為之發生。其可藉著許多電子設備如：警鈴、閉路（有線）電視（CCTV）、紅外線測速、照相等裝置而增加預防之效果。目前交通巡邏警衛之實務運用，即為此項正式監控技術之運用。

案例（一）

在稍早，英國內政部研究員Mayhew等對公共汽車公物屢遭破壞進行研究，指出車掌小姐對於預防破壞公物行為具有相當之貢獻。然而，隨著大眾運輸成本之增加，各國大多將具有非正式與正式控制功用之車掌小姐、服務員、警衛等職務加以裁撤。此項做法對於公共運輸之犯罪與破壞公物案件之增加顯然造成相當程度之影響。學者Van Andel最近指出，荷蘭政府為應付大眾運輸系統公物屢遭破壞及乘客逃避購買搭乘之情形，採行犯罪學者Jan Van Dijk之建議，於1984年暑假期間在公共汽車、電車及地下鐵僱用了大約1,200名年輕人（含

婦女及少數種族）以充任安全、諮詢及管制官員（Safety, Information and Control Officer）之重任。同時，亦將乘客上車之程序做改變，而必須由乘客主動出示票根給駕駛員始能上車。根據評估，這些措施已成功的攔截想搭免費霸王車之人士，且破壞公物案件亦相對地減少。Van Andel指出，就成本效益分析來看，這些措施有助於提升整體公共運輸服務品質，並且降低各項非法案件之發生。

案例（二）

學者Eck及Spelman之研究指出，由於警方在1985年4月間對美國維吉尼亞州造船廠附近之大型停車場屢次發生之汽車失竊案件，採行問題導向之警察策略（Problem-Oriented Policing）（與情境犯罪預防類似），因此有效地降低了類似事件之發生。Eck及Spelman指出，警方採行了傳統之攔截、便衣巡邏等策略，但卻以新穎之方式，對警方保存之資料、來自市民之消息及竊盜犯之特性加以分析，並就問題之本質、現有之資源研擬妥適之對策因應。對1985年4月以前39個月，及問題導向之警察干預方案施行16個月以後之時間系列評估（Time Series Analysis）顯示，汽車竊盜案件減少超過一半，減少損失至少超過20萬美元。

案例（三）

英國學者Poyner指出，由於警方在1983年底對位於Kent之Doner市中心停車場加強限制出入、加亮入口之燈光亮度及出口處置一辦公室增加監控，因此有效的降低該處停車場汽車遭破壞、毀損及偷竊事件達50%以上。此外，Poyner另指出，在英國Guildford地區之Surrey大學由於校警在1986年3月間在停車場等地安裝了閉路電視（CCTV），並由警衛加以操控，汽車相關竊盜案件由92件減少至此項措施後之31件。

七　職員監控

職員監控（Surveillance by Employees）係指運用從事公共服務業之員工，充任監控之角色，以協助治安之維護而言。這些員工包括：商店之雇員、飯店之服務生、停車管理員、住宅管理員、車掌小姐等。其立論基礎為借重這些職員之協助，可有效的監督潛在犯罪人的活動，對犯罪產生威嚇力。

案例

學者Poyner指出，在英國北部之Cleveland地區擔任公共運輸之巴士經常面臨公物遭破壞之情事（Vandalism）。尤其青少年學生經常在巴士上亂丟垃圾、嘔吐、亂塗亂畫，甚至將座椅、玻璃或其他巴士之設備破壞，造成巴士公司巨大之損失。為加以抗制，巴士當局乃於1985年11月間在其雙層巴士駕駛座前加裝車內閉路電視，以對車內之動向進行監控，在同年12月間，此項措施為電視媒體加以宣導、報導。1986年4月，巴士當局為減少學校學生之破壞，主動將巴士駛至附近學校藉機教育學生，並鼓勵學生愛護巴士及駕駛員。這些一連串措施使得破壞公物案件顯著的降低，公司亦因此節省了鉅額之修護費用。

八　自然監控

增加自然監控（Natural Surveillance）係「防衛空間」以及「鄰里守望相助」之首要任務。其主要係藉人與物之輔助措施，增加監控潛在犯罪人之效果，減少犯罪動機，達成嚇阻犯罪發生之目標。此項措施從傳統之修剪雜草叢生之地域，乃至於增加街燈之亮度均屬之。

案例（一）

學者Griswold指出，在1974年，美國國立司法部門（National Institute of Justice）贊助了一項「經由環境設計預防犯罪」（CPTED）

之計畫，並在奧瑞岡州波特蘭市之UAC商業區域試辦。此項方案之工作重點在1976年初期運用下列二技術：1.改善街燈亮度；2.安全調查建議（Security Survey）之施行，以改善該區域住宅竊盜案件猖獗情形。時間系列之評估顯示，此二項技術之結合有效的降低商業區住宅被竊案件之發生。

案例（二）

　　學者Pease指出，由於英國北部Kirkhokt地區國宅屢遭小偷侵入，造成財產之巨大損失。因此，該國內政部乃支助該區採行下列預防措施，以減少是類案件之發生，包括：1.試辦以五或六個家庭為組織單位進行監控之「Cocoon」（蠶繭）鄰里守望相助計畫；2.將現行之硬幣投擲付款之燃料供應方式改為傳統之帳單付款。評估研究顯示採行前項之措施以後，減少大約75%之小偷侵入案件，並且此項成就擴及其他未試辦之地區。

案例（三）

　　學者Hunter以及Jeffery對1970年迄今之經由環境設計以預防24小時便利商店（Convenience Store）（如7-Eleven）被搶劫之14個相關研究加以分析、整理後指出，對商店環境加以設計與管理可有效的降低被搶劫的機會。這些相關研究大多以現場調查、對搶劫犯與被害者之訪談，以及從事實驗（如將採行預防措施之便利商店被搶劫比率與未採行者相比較）等方法加以測試，研究結果顯示便利商店採行下列之預防措施，有助於嚇阻搶劫案之發生，包括：1.至少有二位以上之職員在夜晚上班；2.良好之現鈔管理措施，如限制大量持有現鈔、限制顧客使用千元大鈔等；3.減少隱匿之通道出入，如增加商店死角亮度、排除商店內之視野障礙等；4.警鈴、閉路電視監控等之裝置；5.增加商店外部視野強化監控力，減少視野障礙。

九　移置目標物

移置目標物（Target Removal）係指將犯罪之可能標的物移開，以避免成為歹徒做案之目標，例如：將營利所得現金交易改換成票據轉帳、商店櫃檯減少現金存放或遊樂場所以代幣替代現金。

案例

學者Chaiken等對紐約市於1968年間多次巴士遭遇搶劫之情形進行研究指出，由於巴士在1969年8月間再度引進之精準費系統（Exact Fare System），禁止現鈔之使用，直接的促使巴士之被搶劫率降低了90%，由每月之67件，降至施行後之每月7件。

十　財產之辨識

財產之辨識（Identifying Property）係指透過財產之註記（Operation Identification），增加財物之辨識，降低財物之價值及銷贓之機會。此項概念係由對牛之烙印，以確保財產歸屬而來。

案例（一）

學者Laycock指出，英國內政部為改善住宅竊盜情形，於南威爾斯地區三個地區贊助試行財產註記（包括在門口及窗口標示財產已為註記等），此項方案在經地方電視新聞媒體之廣泛宣傳下，有效地降低了竊盜之發生頻率，由前一年之128件，減至第二年之66件。

案例（二）

鑑於汽車之註記有助於降低其銷贓之機會，並追回贓車，美國聯邦立法當局於1984年制定機動車輛竊盜法律執行法案（The Motor Vehicle Theft Law Enforcement Act），規定機動車輛車身結構之主要部分皆應刻上汽車識別號碼（Vehicle Identification Number, VIN）。

其次，在澳大利亞，由於部分人士將汽車中之音響加裝特殊之個人識別號碼（Personal Identification Number, PIN）使用系統，因而有效地降低汽車被竊事件之發生。

十一　移開誘導物

移開誘導物（Removing Inducements）係指將可能誘導犯罪發生之人與物、設備移開或做其他安置，以期減少犯罪之發生。例如，嚴格之槍械管制，以期減少槍殺案件之發生；另在球場或其他具暴力性質比賽之場合不准販賣酒精類飲料，以減少攻擊事件之爆發或不要將貴重之物品置於汽車上等均屬之。

案例（一）

史丹福社會心理學者Zimbardo教授曾於1969年間，將一部未掛牌照之汽車置於加州治安較差之Bronx區，結果汽車於10分鐘之內即因棄置無人管理而遭行人破壞，並於24小時之內進一步被路人毀損。此項研究告訴我們，倘對類似犯罪誘導物不加以管理或修護，很可能促使事件更加的惡化，而到達無法收拾之局面。

案例（二）

學者Sloan-Howitt及George Kelling指出，美國紐約市地下鐵由於在過去長期受到乘客（尤其是年輕學生）亂塗亂畫加以破壞，因此造成地下鐵嚴重髒亂及公物損毀情形。雖然多年來警方強力執法干預，但破壞情形仍然相當嚴重。受到學者Wilson及Relling「破窗理論」（Broken Window Theory）之啟示，地鐵當局對青少年追求自我表現之心態深入探討後，指示已遭亂塗亂畫破壞之車箱禁止行駛，並須立即進行清理、改善，以避免事件更進一步惡化。經評估是項做法，已使地下鐵遭亂塗亂畫及破壞之案件顯著降低，維護了地下鐵之管理能力，清除了其不良形象，並降低了其他因是類案件而衍發之各項治安問題。

十二 設立規則

設立規則（Rule Setting）係指各公共服務部門包括：圖書館、醫院、公園以及各項康樂活動設施、巴士、地下鐵、飯店、餐館等對其員工約立各項工作規定（新增或修改原來之規定），以強化規定執行，減少偏差與非法行為之發生。這些工作上之規定，基本上必須使潛在之犯罪人（包括員工）口服心服，而無法使用中立化（合理化）技術如：「我只是借用一下」或「每一個人都這樣」而逃脫責任，並且使犯罪人明瞭從事非法行為時將付出巨大之代價，無所僥倖。

案例（一）

學者Shearing及Stenning對迪士尼樂園（Disney World）維護顧客旅遊秩序之研究指出，迪士尼樂園在妥善之管理規劃下，採行預防性、絕妙而精細、合作、非強制性共識（Consensual）秩序管理哲學，因此顧客在進入迪士尼樂園旅遊之後，其活動即受到各項清楚的警示、設備及工作人員之導引，並且自願的遵守各項規定，減少旅遊期間不必要之擁擠與不便。

案例（二）

陳家福指出，日本警方自1970年以後，因：1.強化取締交通違法行為；2.加強限制和標示；3.嚴格要求駕駛人之責任意識；4.大力宣傳並重視安全教育，因此交通事故肇事率在1980年期間普遍降低，車禍死亡人數降低4.7%，受傷人數亦降低67%。陳家福另以主成分因素分析我國台灣地區民國66年至75年間交通危害行為類型後指出，交通執法倘能加強取締；5.「因爭搶之駕駛行為」，如右轉未依規定、未保持安全間隔、左轉未依規定、未保持安全距離、橫越道路不慎、未依規定讓車、違規超車、酒醉駕車等；6.「因藐視法令之駕駛行為」，如違反特定的標誌、標線、搶越行人穿越道及肇事逃逸等，有助於改善日益惡化之交通秩序，降低肇事率。

第十四章　犯罪嚇阻

　　犯罪之增加與社會之動盪不安，往往使得執政當局司法與警政部門採行犯罪嚇阻性措施，以降低民眾之不滿。事實上，嚇阻性之犯罪抗制措施並非新穎，在20世紀前期犯罪實證主義學派興起前，即為刑罰之核心，而廣泛的為各國所採行。諸如：死刑、自由刑、保安處分，甚或鞭刑、笞刑等甚為普遍。惟隨著19世紀末葉，古典學派思潮衰退，至20世紀中葉其為實證犯罪學家所逐步揚棄，其始沉寂，但仍為刑罰之主要中心概念。根據犯罪學學者Siegel之撰述[1]，在1970年代中期，古典理論為基礎之犯罪嚇阻措施又有重新復甦的情形。此時許多調查研究都未能顯現出教化矯治的方案能成功減少犯罪，而犯罪率的持續升高使得社會大眾感到恐懼。在1970年代晚期，一些犯罪學家提出以下觀點，犯罪人是理性的動物，他們計畫犯罪，害怕懲罰並且應為其惡行接受處罰。其中，以1975年哈佛大學James Q. Wilson教授力主對犯罪人懲罰，最受矚目。其在《思考犯罪》（*Thinking About Crime*）一書中，猛烈抨擊實證主義與矯治哲學的觀點——犯罪是受到外在環境因素如貧窮的影響，可以採行相關的方案來改變。相反地，Wilson認為應採威嚇措施，以嚇阻潛在的犯罪人及監禁已知的犯罪人。Wilson提出以下著名的觀察：「邪惡的人是存在的。除了將他們與無辜者分開之外別無他法。而另外有些人，既非邪惡者，亦非無辜者，卻睜大眼睛假裝不知，汲汲計算他們的機會，看著我們對邪惡者的反應如何，以作為他們如何獲取利益的線索。」[2]

　　Wilson隱約地說，除非我們對犯罪反應強烈，否則等待犯罪的人認為犯罪是值得的。

　　植基於此，本章擬對相關犯罪嚇阻（Crime Deterrence）內涵與策略扼要探討，並介紹其在刑事司法措施上之應用，包括新近較受關注之長期監禁（如美國三振法案）、鞭刑等嚇阻性刑罰措施。

---

[1]　Larry J. Siegel, Criminology, Ninth Edition, Thomson and Wadworth, 2006, p. 99.

[2]　James Q. Wilson, Thinking About Crime. rev. ed., New York: Vintage Books, 1983, p. 128.

第一節 嚇阻之理論基礎──理性抉擇

基本上，嚇阻之理論基礎可溯至18世紀古典犯罪學學派學者貝加利亞（Beccaria）與邊沁（Bentham）之「理性抉擇」觀點。貝加利亞認為人類是自我為中心的動物，其行為動機主要是要獲取快樂和避免痛苦，因此要嚇阻犯罪即必須使懲罰與犯罪相稱，俾減少犯罪。而邊沁亦提出類似的觀點，例如，其認為人類行為之主要目的是要產生快樂和幸福，及避免痛苦與不幸。在此情況下人們對於各項特定行為（包括犯罪）均加以計算，以預期未來可能產生之痛苦與快樂結果[3]。二位學者之觀點受到許多社會思想家之支持，相信犯罪之決定係「理性抉擇」與「自由意志」行使之結果，在此情況下，歐美刑事思潮逐步受其影響。

依據理性選擇論之主張，一個人犯罪行為的發生，是其考量個人因素（如：金錢、報復、心理刺激與娛樂等需求），以及情境因素（目標物受到防護程度以及警察人員抵達的效率性）後，始決定是否冒風險從事犯罪行為。在選擇犯罪行為前，理性的犯罪人會評估其犯罪行為的風險、犯罪後懲罰的嚴重性，犯罪事件的潛在利益，以及是否能從犯罪中立即滿足其所需[4]。

至於，何種情況構成「犯罪性」（Criminality）之衍生，及促成犯罪行為（Crime）之發生呢？Siegel援引文獻，做如下之說明[5]：

一 犯罪性之構成

許多個人因素制約著人們選擇犯罪。在這些因素中，以經濟機會、學習與經驗以及犯罪技術的知識最為重要，分述如下[6]：

3　同註1，Siegel, p. 98。
4　同註1，Siegel, p. 100。
5　同註1，Siegel, p. 101-102。另參見引自賴擁連撰，理性抉擇理論與其犯罪防治對策之探討，警學叢刊第36卷第2期，民國94年9月，第192～208頁。
6　同前註，第101～102頁及賴擁連，第194～195頁。

（一）經濟的機會

經濟的機會（Economic Opportunity）係指當個人相信犯罪之所得巨大，成本甚低時，犯罪之可能性即大增。尤其當犯罪人知道某些人因為犯罪獲取相當不錯的利潤，更將激起其犯罪動機而效尤。這種觀念普遍的存在是由於犯罪是不需要成本的，這些小的、但是又有意義的輕微犯罪行為（如竊盜），事實上每年造成數百億之損失。而且這些小案件的犯罪行為一旦成功，將激起那些潛在犯罪人的惡性轉為實際的犯罪行為。但是，犯罪人也可能會因為下列原因而拒絕犯罪，如他們未來的犯罪所得可能會相對減少；或可以透過合法的機會賺取收入。在這樣的觀念下，理性選擇是一種個人對於傳統的轉向與機會的認知下所產生的結果。

（二）學習與經驗

學習與經驗（Learning and Experience）為犯罪性構成之重要因素，職業犯罪人多數學習到他們能力的界限，他們知道何時把握機會、何時應該小心，具經驗的犯罪人當其發現犯罪風險高於犯罪利潤時，他們可能會重新選擇。

（三）犯罪技術的知識

犯罪者擁有之犯罪知識與技術，亦決定其是否犯罪，並可逃避犯罪之偵查。例如一流的毒販必須學會儲存毒品於一些隱密的地方，如此才不需要隨時攜帶大量的貨品在身上，而遭查獲。而且在設立下游供應站之前，他一定會詳細評估此一銷售地區的警力情形。一般而言，毒品的販售據點會在一個區域的中心區，因為在此一中心處可以掌握全區動態，當警察有查緝行動時，可以隨時移轉陣地。

二　進行犯罪行為之考量因素

進行犯罪行為之考量因素（Structuring Crime），不僅犯罪人建構其

犯罪生涯,他們亦理性的選擇在適合的時間與地點從事犯罪行為以及選擇合適的犯罪標的物。依據理性選擇觀點,決定犯罪行為係針對犯罪型態、犯罪時間與地點,以及標的物等進行評估分析的結果,分述如下[7]:

(一) 犯罪型態的選擇

犯罪型態之選擇(Choosing the Type of Crime),依犯罪者之特性與需求而呈現差異。例如,倘犯罪者係學有專精者,如水電專長或曾於海軍陸戰隊服役具爆破專長,其犯罪型態極可能呈現差異。然有時犯罪行為之發生係行為人追求金錢之立即滿足,如部分吸毒者毒癮來時,即可能犯下偷竊、超商賣場搶劫等罪行,以獲取現金購買毒品解癮。

(二) 犯罪時間與地點的選擇

犯罪者在從事犯罪行為時,亦常對時間與地點加以評估。例如,部分銀行搶案發生於下午3點半至5、6點間,此時為銀行清點現鈔之時間,亦無客戶進行交易,故為部分搶犯認為合適之犯案時間。同樣地在國外,星期日上午為多數民眾上教堂之時間,此為竊盜犯認為合適之犯案時間。至於犯罪地點之考量,亦有差異。常業犯較常考量犯罪地點之財富吸引性及安全與防衛情形,及是否容易脫逃成功,至於地點遠近較無所謂;相對地,業餘犯則以鄰近地點犯案為主,如超商,亦較無武裝如槍械。

(三) 犯罪標的物的選擇

犯罪者多數了解目標物之弱點及防衛優勢,在評量以後選擇合適之標的物犯案。例如不少搶奪犯罪之發生係依賴易受侵害之客體而衍生,包括:老人、婦女、小孩等,均因其脆弱性而易遭受攻擊。當然,倘目標建築物保全防護措施嚴密,常年有人居住管理,並有警察人員經常性巡邏,且社區居民互動良好,則較不為竊盜犯所青睞。

7　同註1,第102~103頁及賴擁連,第196~197頁。

第二節　嚇阻之基本要素

倡議嚇阻主義者，認為人類是理性的，可自由意志的決定自己的行為。根據犯罪行為之遭逮捕風險與可能帶來之刑罰痛苦，一個人可理性的決意是否從事犯罪或放棄犯罪，成為善良之公民。為確保嚇阻效果，避免犯罪之發生，懲罰（刑罰）必須具備下列三要素：即刑罰之迅速性（Swiftness or Celerity）、確定性（Certainty）與嚴厲性（Seriousness）[8]。茲扼要說明如下：

一　刑罰之迅速性

迅速性係指犯罪與刑罰回應之時間應予縮短，使犯罪人犯罪後迅速、立即的接受刑罰制裁。

貝加利亞曾提及：「犯罪後懲罰倘能直接、立即的執行，其公正與有效率性將可直接提升……一個立即的懲罰是合乎實用原則的；因為在犯罪與懲罰間之間隔愈短，犯罪與懲罰兩者之相關將更強化與持續。」[9]

二　刑罰之確定性

確定性係指觸法者犯罪遭逮捕與懲罰之肯定機率。

犯罪者倘因犯罪卻由於執法人員之執行不力，而致其逍遙法外，或犯罪者本身具有良好之社經地位，利用各種關係與行賄手段，而未受法律之制裁，均將使刑罰之威嚇力大打折扣，甚至可能造成貧窮、無權勢者遭致不公平刑罰制裁之命運。因此，確保觸法者確實受到刑罰制裁，乃成為維持懲罰威嚇力之重要關鍵[10]。

8　J. Gibbs, Crime, Punishment and Deterrence. New York: Elsevier, 1975.
9　Cesare, Beccaria, "On Crimes and Punishment," pp. 11-24 in Sawyer F. Sylverster, ed. The Heritage of Modern Criminology. Cambridge, MA: Schenkman Publishing Company, 1792.
10　Jeffrey H., Reiman, The Rich Get Richer and The Poor Get Prison, 2nd. New York: Macmillan Publishing Company, 1984.

三 刑罰之嚴厲性

嚴厲性係指對於犯罪者應依據其犯罪行為之嚴重性給予足夠之刑罰，以確保刑罰威嚇效果。

對於嚇阻主義倡議者而言，懲罰必須與犯罪相稱。換句話說，犯罪除須依比例考量其對社會之危害性而給予恰當處罰外，同時必須給予足夠嚴厲之處罰，以反轉其因犯罪所得之快樂。假使懲罰過輕，則無法達成威嚇之效果；而懲罰倘過嚴，則製造出更多不公平的情況。懲罰之實施，不應因犯罪人之特徵與社會背景的不同，而給予不同之懲罰；犯罪行為愈嚴重，則應給予更嚴厲的懲罰。

綜合言之，倘刑罰具備迅速性、確定性與嚴厲性三要素，則民眾在理性考量從事犯罪行為時，將獲得「失去將比獲得更多」之訊息，而因此被嚇阻而不從事犯罪行為，倘此三項要件有所欠缺，刑罰之效果將大打折扣，甚至產生許多負面效應。

第三節　犯罪嚇阻之策略

懲罰威嚇並不必然只侷限於對犯罪人危害之回應，其亦可著重於未來犯罪之危險性，其理由不外乎許多人在進行犯罪行為前經常必須對行為之結果做估算。假如犯罪之利益大於被逮捕、懲罰之危險性，行為人極可能冒險一試。威嚇之作用即在於影響這種犯罪風險的認知，使得潛在的犯罪人認為犯罪之風險性高，並且很可能是不值得的。一般而言，嚇阻主義採行一般威嚇（General Deterrence）與特別威嚇（Special Deterrence）二項策略，以達成嚇阻效應。茲扼要敘述如下[11]：

---

11 Franklin E. Zimring, "Perspectives on Deterrence," NIMH Monograph Series on Crime and Delinquency Issues. Washington,. D. C: U. S. Government Printing Office, 1971; Zimring. F. and G. Hawkins, Deterrence: The Legal Threat in Crime. Chicago: University of Chicago Press, 1973. 另參閱林茂榮、楊士隆合著，監獄學：犯罪矯正原理與實務，五南圖書出版公司，民國95年3月修訂四版。

一 一般威嚇

一般威嚇係指對犯罪者之懲罰威嚇效果，影響及其他非犯罪人成為犯罪人。換言之，一般威嚇乃欲使一般民眾了解犯罪行為將被懲罰，進而影響潛在之犯罪抉擇與可能之犯罪活動。

根據刑罰學者Van Den Haag之見解，目前刑法以及刑事司法體系之目標即在於建立一威嚇體系（Threat System），以防止犯罪之發生[12]。例如，警方針對特定地域、犯行進行之大規模嚴厲掃蕩犯罪行動（Crackdowns），即可能產生一般威脅作用，減少犯罪之發生。學者Lawrence Sherman對美國警局採行十八項嚴厲之掃蕩犯罪行動進行檢視，亦發現這些作為在犯罪初期具有控制犯罪之嚇阻效果，雖然長期嚇阻效應仍待進一步評估[13]。無論如何，一般嚇阻利用各種資訊傳達了犯罪係不值得（Crime does not pay）之訊息，希望藉此減少潛在犯罪人之犯罪頻率，甚至避免犯罪之發生。

二 特別威嚇

特別威嚇係指對犯罪人之懲罰，使其懼怕，進而影響其未來可能衍生之犯罪行為。

根據學者James Q. Wilson之見解，特別嚇阻之懲罰對於那些屢次再犯者（如常習犯）有助於減少其犯罪之發生[14]，蓋對於這些係以犯罪為職業者，寬鬆之刑罰或矯治之措施往往對其缺乏效果，只有長期的予以監禁、隔離始能減少其危害。

倡議此項特別威嚇之學者，主要引用1972年美國賓州大學Wolfgang等教授之研究。Wolfgang等對1945年出生之9,945名青少年追蹤至18歲止，

---

[12] Haag, Van Den Ernest, "The Criminal Law as a Threat System," Journal of Criminal Law and Criminology, 73, 1982: 709-85.

[13] Lawrence, Sherman. "Police Crackdown," NIJ Reports, March/April, 1990, pp. 2-6.

[14] James Q., Wilson, Thinking About Crime. New York: Basic Books, 1975.

其研究發現占所有樣本數6%、累犯5次以上之所謂常習犯罪者（Chronic Offender），或稱核心犯罪者（Hardcore Criminal），卻觸犯51.9%之所有罪行[15]。因此建議應對此類犯罪予以辨識、掌握並長期隔離，以減少其進一步犯罪。美國聯邦政府於1994年9月通過之「暴力犯罪控制暨執法法案」（Violent Crime Control and Law Enforcement Act），即為嚇阻措施之具體呈現，此項「三振出局法案」（Three Strikes and You are Out Law）大致規定，觸犯聯邦暴力犯罪之人，在該案之前已觸犯兩個重大暴力犯罪或是觸犯一個暴力犯罪而另一個為毒品犯罪，則其將接受終身監禁不得假釋之判決[16]。

值得注意的是，雖然特別威嚇具有強大之犯罪嚇阻效果，並且符合大多數民眾之需要，然卻因涉及犯罪人權益至鉅，故倘在認定、辨識上有所疏失，將衍生許多副作用。

第四節　嚇阻主義之應用

從傳統之古典學派理論迄至今日，以理性抉擇為主軸之嚇阻主義，其對於刑事司法體系之每一層面均造成衝擊[17]，茲分述如下：

一　立法

在立法方面，許多案例均反映出嚇阻理論之思潮。例如，94年1月6日通過之刑法部分條文修正案，廢除連續犯及牽連犯條文，提高數罪併罰執行上限至30年，提高無期徒刑犯之假釋門檻，且規定性犯罪受刑人治療無效者不得假釋，即具有相當強烈之犯罪嚇阻色彩。日本於1991年訂頒

---

[15] Marvin, Wolfgang, Robert Figlo, and Thornsten Sellin, Delinquency in a Birth Cohort. Chicago: University of Chicago Press, 1972.

[16] 侯崇文，美國三振出局條款，文載於中華民國犯罪學會刊第4卷第3期，中華民國犯罪學學會印行，第9頁。

[17] 同註1，第112～123頁。

之「暴力幫派成員不當行為防止法」，亦規定經國家公安委員會認定為暴力幫派之成員，不得以暴力行為從事各項活動，限制其活動範疇。此項法案亦具有嚇阻特色，以確保民眾安全與福祉為目標[18]。此外，另以美國田納西州有關酒醉駕車之立法例為例，假使行為人在酒醉之情況下駕車遭起訴，該法律規定，其至少須被監禁於看守所48小時[19]；同樣地，在美國亦有許多州採行嚇阻策略通過嚴格之槍枝管制法案，以嚴厲之刑罰嚇阻槍枝犯罪案件。例如密西根之槍枝管制法規定，任何人因使用槍枝而犯罪者，即強制的增加2年刑期；麻州之槍枝管制法，則規定攜帶未經註冊之槍枝者，處以1年之強制監禁[20]。此外，新加坡刑法規定，對於造成人民身心重大傷害的罪嫌，包括：重傷害、搶劫、強暴及猥褻等罪，可處鞭刑；1966年另通過一個以維護市容為目的之「破壞法」（Vandalism Act），重罰塗鴉以及破壞公私財產的行為，包括鞭刑之使用；1985年復通過「攜械犯罪法」（Arms Offences Bill），對於持有槍械而犯罪者一律處以鞭刑[21]。這些立法主要希望達成嚇阻與控制犯罪之目標。

貳　警察

嚇阻主義在警察方面之實際應用範圍甚廣，包括各項掃蕩行動在內。例如，美國華盛頓特區曾在59個藥物交易市場部署超過100名至200名警察，運用封鎖道路、祕密警察喬裝毒品買賣主等技術，每天逮捕超過60名之罪犯，而掃蕩犯罪[22]。

此外，植基於學者Sherman及Berk在美國明尼亞波利警局所進行之家

---

18 陳進銘，日本暴力幫派成員不當行為防止法，刑事科學第34期，民國81年9月，第97～99頁。

19 參閱Tennessee Code Annotated, 1980. 55-10-403。

20 同註23，第149頁。

21 新加坡鞭刑之立法，引自陳新民撰，亂世用重典。談新加坡的鞭刑制度，國家政策論壇第1卷第5期，民國90年7月，第118～124頁。

22 Lawrence Sherman, Police Crackdown, NIJ Reports, March/April, 1990, p. 3.

庭暴力研究心得[23]，美國在其他大城市中，包括亞特蘭大、芝加哥、達拉斯、丹佛、底特律、紐約、邁阿密、舊金山及西雅圖等地，對於家庭暴力案件採取鼓勵逮捕施暴者的政策，深深影響全美傳統警察對家暴案件之不干涉政策。另外，1999年由美國達拉斯警察局所發動之追捕逃學與宵禁之實施，亦有助於降低幫派暴力犯罪。在維吉尼亞州雷奇蒙市（Richmond, Virginia）周遭的七個城鎮施行長達1個月之取締、清除罪犯行動後，發現整體犯罪率下降達92%，其威嚇的效果在取締活動結束後持續達6個月之久[24]。另一較受注目之改善治安計畫為1990年代紐約市警局採行之「零容忍」（Zero Tolerence）強力執法策略，其對破壞市容與秩序之行為予以干預，並且對特種行業加強管制臨檢，使得紐約市之治安煥然一新，普受各國好評[25]。

有鑑於治安之惡化，我國在民國92年3月由內政部警察署實施改善治安之「維安專案」提出「犯罪零成長」口號，具體措施包括偵破指標性重大案件及緝捕要犯，提高「見警率」10%、擴大運用警力等，雖然其效能受到部分質疑，但亦為警政犯罪嚇阻措施之具體展現。

三 法院

在法院量刑方面，以美國為例，隨著民眾犯罪恐懼感加大，對犯罪人抱持懲處態度升高，法院對犯罪人之科刑有走向定期刑（Determinate Sentencing）之趨勢。

---

[23] 在此項研究計畫中，警察人員隨機的被分派為下列三組，對家庭暴力施暴者分別採行給予勸告、仲裁，命令嫌疑犯離開8小時及正式逮捕等三種不同方式之處理。研究追蹤6個月後發現遭逮捕者之再犯率為10%，接受勸告者為19%，命令離開者24%，證實了正式逮捕之家庭暴力嚇阻效果。參見Lawrence Sherman and Richard Berk. "The Specific Deterrent Effects of Arrest for Domestic Assault," Americal Sociological Review, 49, 1984. pp. 261-272。

[24] Fritsch, Caeti and Taylor, "Gang, Suppression Through Saturation Patrol, Aggressive Curfew and Truancy Enforcement;" Michael Smith, "Police-Led Crackdowns and Cleanups: An Evaluation of a Crime Control Initiative in Richmond, Virginia," Crime and Delinquency, 47, 2001: 60-68.

[25] 參閱Andrew Karmen, Why Is New York City's Murder Rate Dropping So Sharply? New York: John Jay College Press, 1996。

根據學者Pursley之描述，定期刑之型態大致以下列三種形式出現，這些變化均係嚇阻理論思潮之呈現。

（一）推定量刑（Presumptive Sentence）：此項法律規定所有因特殊犯行而送至監獄執行者將獲得相類似的刑期，並且須服完全部刑期而無提早假釋或釋放。

（二）定期刑（Definite or Flat Sentence）：法官僅能就立法當局提供之量刑額度量刑，沒有太多自由裁量之空間。

（三）量刑指南（Sentencing Guidelines）：係由量刑委員會依據量刑各項因素，制定量刑基準供法官參考[26]。

目前美國有十七州，採用具諮詢建議之量刑指南供法官參考，而另十州法官則須依量刑指南從事量刑，並接受上級法院之評視。聯邦政府亦要求聯邦法官遵循量刑指南之規劃，以避免產生不公平刑罰[27]。

民國94年1月6日台灣地區刑法修正刪除刑法第56條「連續犯」規定，將現行連續犯罪論以一罪，僅加重其刑至二分之一的規定刪除，且將自首「應」減刑之規定，修正為「得」減輕其刑；從犯罪嚇阻之角度觀之，此為其具體呈現，但亦對法官之量刑提供了重要指導與參考。

四　犯罪矯正

嚇阻對矯治層面之影響主要包括對犯罪危險性較高之習慣犯予以長期監禁、隔離，並以較嚴屬之刑罰制度懲罰犯罪人。依據學者Greenwood之研究，其指出先前有搶劫紀錄、最近一次被逮捕之前兩年，有一半時間監禁紀錄、在16歲之前有犯罪紀錄、曾在少年感化機構接受感化教育、最近一次被逮捕之前的2年內有使用藥物情形、於少年階段有吸毒情形、入獄前兩年內就業之時間不到一半等個人指標，即屬犯罪高危險群（High-

---

[26] Pursley, Robert. D., Introduction To Criminal Justice. New York: Macmillan Publishing Company, 1994, pp. 609-612.

[27] Michael Tonry, Reconsidering Indeterminate and Structured Sentencing Series: Sentencing and Corrections: Issue For the 21st Century. Washington, DC: National Institute of Justice, 1999.

Level Offender），應予選擇性監禁（Selective Incapacitation）[28]，避免輕易予以假釋，此項強硬之政策影響犯罪矯正層面至為深遠。例如，民國94年1月6日我國鑑於犯罪人累再犯比率偏高，對治安維護造成影響，法務部提案對刑法加以修正，經立法院三讀通過對犯重罪者提高假釋門檻，延長在監獄矯正之時間等，則為犯罪嚇阻措施之具體展現。主要修訂內容包括：無期徒刑假釋門檻由現行15年提高到25年；有期徒刑維持上限20年，但數罪併罰的有期徒刑上限由20年提高到30年；取消針對性侵害犯者3年為治療期限的規定，倘再犯危險性經評估顯著未降低者，不得假釋。

　　前項重刑政策，已於95年7月1日起施行，蔡德輝、楊士隆[29]於96年接受法務部委託，針對前項刑法修正之重要內容進行研究檢視，在對700名受刑人與600名刑事司法人員進行問卷調查及對12名受刑人進行深度訪談後發現，重刑化刑事政策之嚇阻效能因人而異，即刑事司法人員與受刑人之感受不同。就受刑人而言，其最懼怕下列五項刑罰措施：（一）性侵害受刑人再犯危險性高，在監服刑時不得假釋；（二）取消連續犯、牽連犯及常業犯規定，改採一罪一罰；（三）連續三次犯下重大刑案，服刑期間完全不能假釋；（四）法律對於犯下重大刑案者仍可以判處死刑；（五）有期徒刑數罪併罰的上限由20年提高為30年。而此項研究發現，刑事司法體系之運作，包括刑事司法人員執法之迅速性、法院法官審判之公正性、假釋審查與獄政管理之鬆嚴等，為決定嚇阻效能與否之關鍵。

五　死刑之執行

　　最強烈之犯罪嚇阻策略屬死刑（Death Penalty）之執行，而有關死刑存廢議題因法務部前部長王清峰上任前表達她個人反對死刑立場，引發藝人白冰冰女士之高度不滿與抗議，再度成為媒體關注之焦點。為此，筆者針對此議題蒐集國內外相關統計與文獻，加以分析研議，提供研究建議供

---

[28] Greenwood, Peter W. and Alen Abtrahamse, Selective-Incapacitation. Calif: Rand, 1982, p. 65.

[29] 蔡德輝、楊士隆，重刑化刑事政策對於再犯威嚇效果之研究，法務部專題研究計畫，民國96年10月25日。

政府擬定政策之參考。分述如下：

（一）執行死刑之國際概況

根據國際特赦組織（Amnesty International）於2022年公布之全球死刑報告指出，2021年全球有18個國家執行了共579件死刑，較2020年的483件增加20%。已知執行死刑人數最多的國家，由高至低排列依序為：中國、伊朗、埃及、沙烏地阿拉伯及敘利亞。

國際特赦組織指出，2021年已知有579人遭執行死刑，其中有24名是女性（4%），分別如下：埃及（8）、伊朗（14）、沙烏地阿拉伯（1）和美國（1）。白俄羅斯、日本和阿拉伯聯合大公國在2021年恢復執行死刑。印度、卡達和台灣在2020年有執行死刑，不過在2021年皆沒有執行死刑的紀錄。伊朗在2021年處決了至少314人（2020年為246+人），這是自2017年以來的新高，反轉了伊朗數年以來逐步減少的趨勢。沙烏地阿拉伯的死刑執行數量大幅增加，從27件增至65件，增加幅度為140%。即使前述數據增加，事實上2021年的全球死刑執行數量是國際特赦組織自2010年以來進行追蹤的第二低點。此外，已知有執行死刑的國家數量已連續2年處於最低。2019年、2020年、2021年以來的死刑執行數量分別是657件、483件、579件。

2021年，獅子山共和國國會在7月時全體無異議投票通過全面廢除死刑的法案。哈薩克則是在12月通過法案全面廢除死刑，法案於2022年生效。巴布亞紐幾內亞針對死刑舉行全國性的諮詢會議，並於2022年1月通過廢死法案，目前尚待生效。馬來西亞政府宣布將於2022年第三季提出死刑的改革法案。

2021年的年底，全球有超過三分之二的國家已經透過立法或在實務上廢除死刑，有108國（超過全球半數國家以上）已經全面廢除死刑，144國在法律或實務上廢除死刑，而仍有55國保留死刑。國際特赦組織記錄到19國針對死刑判決頒布減刑和特赦：孟加拉、波札那、剛果民主共和國、蓋亞那、印度、印尼、伊朗、馬來西亞、緬甸、巴基斯坦、獅子山共

和國、南蘇丹、台灣、泰國、千里達及托巴哥、阿拉伯聯合大公國、美國、尚比亞、辛巴威。國際特赦組織記錄到4國共7起死刑免罪案例：巴林（1）、肯亞（1）、美國（2）、尚比亞（3）。國際特赦組織指出全球有56國做出共2,052件死刑判決，較前一年度增加了39%。2020年有54國至少做出1,477件死刑判決。

2020年沒有死刑判決，但2021年有新的死刑判決出現的國家包括：衣索比亞、蓋亞那、馬爾地夫、阿曼、坦尚尼亞、烏干達。2020年有死刑判決，而2021年沒有的國家包括：巴林、葛摩、寮國、尼日。

國際特赦組織指出，截至2021年底，全球已知至少有28,670人被判死刑。以下這9個國家的死刑人數占已知總數的82%：伊拉克（8,000+）、巴基斯坦（3,800+）、奈及利亞（3,036+）、美國（2,382）、孟加拉（1,800+）、馬來西亞（1,359）、越南（1,200+）、阿爾及利亞（1,000+）、斯里蘭卡（1,000+）。

（二）死刑執行相關調查與研究

在台灣，許多團體針對贊成與廢除死刑相關議題進行調查研究。

1.死刑意向調查

歷年民調維持在近80%左右的受訪民眾反對廢除死刑。奇摩YAHOO之新聞資訊於97年3月6日至7日間對10,981名網友進行調查，贊成死刑者達9,429人次，占85.9%，認為死刑可嚇阻犯罪者占86.7%。但當被問及是否贊成以「終身監禁，不得假釋」來取代死刑時，42.6%受訪者回答贊成，57.4%仍不贊成。國立中正大學犯罪研究中心於105年1月25日至2月2日間對台灣地區19縣市1,723名20歲以上之民眾進行電話調查顯示，非常贊成廢除死刑者降低至1.7%，堅決反對廢除死刑者則提升至54.1%，但如有配套措施下願意贊成廢除死刑的民眾也跌破五成，降低至29.2%。上述結果均較該中心103年調查更趨向反對廢除死刑，顯示隨著受訪者感覺治安的惡化趨向，民眾意向更趨向重刑重罰。國立中正大學犯罪研究中心及犯罪防治系於民國112年1月13日至16日，再次對全台1,806位家

戶民眾進行電訪調查，研究發現，62.1%的民眾完全不同意廢除死刑，與前期（110年）調查（45.9%）相較有大幅成長之趨勢。「基本上不贊成廢除死刑，但如有配套措施願意考慮」，比前期（110年）有降低情形（34.4%→25.7%）。將兩者相加，有87.8%民眾目前反對廢除死刑，但不排除未來如具備相關配套方案民意會有所變化。另外，針對目前尚有40多名死刑犯待執行的情況，有42.7%的受訪民眾表示可以改執行終身監禁不得假釋措施（97年調查結果51.3%），不過認為必須依法執行死刑的民眾比例亦有52.0%（97年調查結果為43.8%）。此一結果與該中心97年調查結果相反，原本較多贊成改執行終身監禁不得假釋的措施，現在變成大部分民眾希望政府必須依法執行死刑，此一民意的轉變值得相關司法機關重視。

2.死刑嚇阻效能調查

　　執行死刑之嚇阻效能如何，一直為民眾與政策擬定者關注之焦點。根據2007年3月奇摩YAHOO之前述調查，網友認為死刑可嚇阻犯罪者占86.7%，但美國犯罪學學會相關社團之調查卻發現，僅12%之犯罪學家認為死刑具嚇阻效能，84%不認為死刑具嚇阻謀殺罪之效能。國內行政院研考會於1992年委託許春金教授進行之「死刑存廢之探討」研究發現，死刑執行無短期與長期嚇阻效能。另2007年6月法務部委託國立中正大學犯罪研究中心蔡德輝、楊士隆教授進行之「重刑化刑事政策對再犯嚇阻效果之研究」，對全台594名受刑人之調查顯示，有408名（68.7%）認為法律對於犯下重大刑案者仍有可以判處死刑之規定具嚇阻犯罪效能；對517名刑事司法人員（警察、司法官、觀護人、矯正人員）之調查則發現有374名（74.4%）認為死刑之規定具嚇阻再犯效能。

（三）死刑執行與廢除之政策推動情形

　　目前國內對於執行與廢除死刑之政策，各方意見仍呈現嚴重歧異。廢除死刑推動聯盟指出2007年12月18日聯合國已通過「全球暫停死刑執行」的決議，建議立法著手全面廢除死刑。但國內部分被害者家屬與民眾則仍

強烈表達反對之立場。

　　替代死刑推動聯盟則提出以下的具體訴求：

1.請地方法院、高等法院對於審理中的死刑案件，以最嚴謹的態度通過證據法則認定事實，並盡可能不判決死刑。

2.請最高法院以最嚴格的標準，審查審理中之死刑案件，並盡可能發回更審。

3.全面檢討並修改「審核死刑案件執行實施要點」，法務部長應在毫無疑義的情況下，方可核准死刑案件的執行。

4.在死刑全面廢除前，請總統要求法務部研議如何落實赦免權，以替代死刑的執行。

5.請行政院整合各部會建構完整的犯罪被害人保護制及照顧制度。

6.請政府儘速提出替代死刑之具體配套措施及落實時間表。

　　法務部因應情勢之發展，曾提出以下策進作為：

1.檢、警人員應落實執法態度，重大刑案應迅速破案、迅速偵結，以積極行動展現維護治安之決心，袪除民眾之疑慮。

2.持續推廣、宣導被害人補償制度，期以彌平被害人之部分損害。

3.已將死刑政策中英版均張貼於法務部網站上，希冀中外人士均能了解廢除死刑為民主先進國家之主流，並為國際間之共識。

4.於94年1月12日修正「審核死刑案件執行實施要點」，將被告等人就死刑案件聲請司法院大法官解釋，程序仍在進行中者，增列為審核之事由，以保障人權。

　　法務部鑑於我國人民於犯罪行為採應報主義之觀念仍然盛行，現階段係以相對死刑取代絕對死刑，以減少有關死刑之立法作為政策目標，並輔以各替代死刑之配套措施，期以階段化方式達成全面廢止死刑之理想。

　　另法務部前部長王清峰上任前表達她個人反對死刑立場，其建議未來死刑可以用終身監禁或工作來替代，但廢不廢死刑，將尊重民眾多數人的決定。其進一步表示，國際潮流是廢除死刑，我們台灣要不要自外於潮流？不過，其指出廢除死刑是其個人理念，並不表示可以不執行死刑，國

家的法律必須要去執行，如果認為法律不好，就應該去修改法律。

（四）綜合結論

　　參酌國際動向、相關研究暨個人心得，針對死刑存廢議題提出以下見解：

　1.強化司法警政效能，加強社會治安維護，減少民眾疑慮

　　當民眾對治安維護愈不滿、缺乏信心，且被害恐懼增加時，愈覺需死刑之存在以維護社會治安，因此政府應展現維護社會治安之積極作為，以化解民眾不安。

　2.加強犯罪偵查品質，提升刑事鑑識能力，減少濫權追訴與誤判

　　死刑被告一旦遭死刑執行確定，將無可彌補與挽回，因此現階段應加強第一線執法人員（檢警調憲）犯罪偵查品質，並挹注資源提升執法人員刑事鑑識能力，以減少誤判造成之社會劇烈動盪。

　3.死刑執行應審慎，僅適用於最嚴重且無法平復民眾公憤之犯罪

　　目前死刑存廢爭議不斷，廢除死刑雖受國際重視，但學者廖福特（2000）指出，嚴格衡量，廢除死刑僅能說是「目前進行中之國際共識」。目前有部分國家地區在廢除死刑或不執行死刑後醞釀另行回復死刑，現階段為降低衝突與爭議，建議法院對於死刑案件宜以最慎重、嚴謹之態度審理，盡可能不判決死刑，但對於社會重大犯罪案件、引起民眾公憤無法平息者，則仍秉持公議，依現行法律規定做最適切之判決；法務部則應尊重法官之判決，對於死刑案件之執行須予以嚴密審核，在衡酌國際廢除死刑動向、加害者、被害者與民眾間做出最審慎適切之決定。但非目前現況有死刑之刑罰，皆不去核准執行，否則請修法推動廢止死刑。

　4.強化獄政管理與矯正工作

　　目前政府已逐步減少死刑之立法，但相關配套措施仍付諸闕如，倘以無期徒刑取代之，則相對之犯罪矯正機構軟硬體並未到位，倘朝以無期徒刑逐漸取代死刑之政策做法邁進，獄政之大幅興革與強化長刑期受刑人之

安全管理與矯治工作將刻不容緩。

　　5.加強修復式正義措施，減少民眾之痛楚

　　死刑之廢除運動及死刑之不執行，引發許多民眾及被害者家屬之激烈反應，為減少民眾之反彈，應秉持修復式司法（Restorative Justice）精神，加強對被害者之精神及物質補償，並尋求加害者獲被害者家屬之諒解。例如目前政府「犯罪被害補償金」之死亡補償最高金額不得逾100萬元，似嫌過少，可酌於調高並加強對一般民眾之宣導。而受刑人服刑期間或值假釋時倘能致力於各項修補措施，尋求被害者之原諒，並實質對社區民眾做出貢獻，將有助於減少復歸於社會之困難。

第五節　犯罪嚇阻之檢視

　　犯罪嚇阻係植基於理性抉擇觀點，而採行之鎮壓犯罪策略。隨著社會之急速變遷與犯罪機會增加，犯罪之持續湧現，使得民眾要求懲處犯罪之呼聲不斷升高，而犯罪嚇阻措施乃對犯罪回應之強硬作為，以回復社會秩序，保障民眾安全為目標。其施行具有滿足民眾應報思想之功能，因而有其時代意涵。據此，犯罪嚇阻措施在一連串之治安惡化事件推波助瀾下，其以各種型態出現，包括一般嚇阻與特殊嚇阻措施，在刑事司法體系（警政、法院與犯罪矯正）中部分之應用與展現。諸如：強勢之警政作為（Aggressive Policing）、三振法案、假釋門檻之提高，甚或鞭刑、公開槍決等殘忍刑罰無法一一列舉。很顯然地，這些犯罪嚇阻措施似走向強硬之刑事政策作為。然而，前項政策是否為處理嚴重犯罪問題之有效方法，而可達成減少犯罪，降低刑事司法成本之目標？諸多學者之評判，並不樂觀。強硬之犯罪嚇阻策略仍面臨以下各項質疑，包括：不符罪責相稱（Punishment Must Fit the Crime）原則仍無法有效降低整體犯罪率、犯罪矯正機構營運成本增加、戒護高危險群難度增加、充斥懲罰氣息、欠缺人

道考量等[30]。

　　無論如何，筆者認為適度之犯罪嚇阻刑罰措施仍是必要的，但應避免過當與殘酷刑罰之實施。有關防治犯罪應避免陷入刑罰萬能之迷思，而隨時倡議動用各項犯罪嚇阻作為。加拿大之學者Bonta曾指出，合適之處遇（Appropriate Treatment），而非重刑（Severe Penalty），為防止犯罪人再犯之關鍵[31]。此外，非正式社會控制機制之強化，包括家庭、學校、社區組織功能之發揮等，均為預防犯罪之重要面向，不容忽略，犯罪嚇阻作為犯罪防治重要之一環，但非唯一選項。

30　參見許福生，變動時期的刑事政策，中央警察大學印行，民國92年9月初版，第213～218頁。

31　參見楊士隆，受刑人累（再）犯問題與紓緩對策，當前犯罪防治問題與對策研討會論文，民國88年。

第十五章　犯罪矯正

　　犯罪矯正（Corrections）傳統稱之為獄政，係刑事司法體系中最後且不可或缺之環節，其主要之任務為刑罰之執行，以促使受刑人改悔向上，適於社會生活為目的。犯罪矯正之範疇甚廣，除傳統機構性處遇（Institution Treatment）外，晚近並發展出社區性犯罪矯正（Community-Based Corrections），以協助受刑人成功的復歸社會。本章將綜合介紹其內容，以供參考。

第一節　犯罪矯正之哲學基礎

　　在犯罪者之矯正上，常因抱持理念之差異，而使得矯正工作呈現截然不同之風貌。根據學者Bartollas之看法，懲罰模式（Punishment Model）、矯治模式（Rehabilitation Model）及正義模式（Justice Model）為犯罪矯正之三大主流哲學，這些模式各有其關切之焦點，並且經常是固守己見、毫不讓步[1]。大體上，在犯罪矯正思潮的極左端屬不定期刑及假釋委員會範疇之矯治模式，強調經由各類矯治方案的推展，以促使犯罪人早日獲得更生重建。在犯罪矯正思潮之中央部分屬正義模式，此套哲學揚棄不定期刑或假釋委員會之採用，但接受受刑人自願的參與各類矯治方案。最後犯罪矯正思潮之極右端則屬懲罰模式，其特色為倡議廣泛使用監禁策略以懲罰違法者，此套具壓抑性（Repressiveness）的模式完全揚棄矯治理念。值得注意的是，此三種犯罪矯正哲學恰似搖擺的鐘錘（Swing Pendulum），隨著思潮之更迭而可能相互變動更換[2]。例如，美國犯罪矯正即反映出此類思潮，其政策之採行經常以民眾之態度為依歸，我國則仍以儒家人道式的矯正思想為指導原則，但晚近受到治安惡化影響，矯正有趨於嚴格之趨向。

1　C. Bartollas, Correctional Treatment: Theory and Practice. Prentice-Hall Inc., 1985.
2　林茂榮、楊士隆，監獄學：犯罪矯正原理與實務，五南圖書出版公司，民國88年7月。

第二節 犯罪矯正機構之現況

目前法務部所屬監、院、所、校共計有50所，其機構名稱、收容對象，分類詳如表15-1[3]：

表15-1 矯正機關之收容類別

矯正機關類別	機關名稱	收容對象
監獄（29所）	台灣台北、桃園、桃園女子、八德外役、新竹、台中、台中女子、彰化、雲林、雲林第二、嘉義、台南、台南第二、高雄、高雄第二、高雄女子、屏東、台東、花蓮、宜蘭、基隆、澎湖、綠島、泰源、東成、武陵、明德外役、自強外役、金門等29所監獄	經刑事判決確定之受刑人
戒治所（4所）	台灣新店、台中、高雄、台東等4所戒治所	經檢察官聲請法院裁定強制戒治之受戒治人
少年矯正學校（4所）	敦品中學、誠正中學、勵志中學、明陽中學	經少年法庭判處感化教育之犯罪少年及獲判處徒刑之犯罪少年
看守所（12所）	台灣基隆、台北、新竹、苗栗、台中、南投、彰化、嘉義、台南、屏東、花蓮、台東等12所	刑事被告、受觀察勒戒人
少年觀護所（5所）	台灣台北、台中、嘉義、台南、高雄	依法收容之少年刑事被告及保護少年

前述分類，除涉及相關法令外，亦屬「分監管理」之內容，主要係依據調查分類之結果，將受刑人按其特性，分別監禁於各專業或安全等級之

---

3 法務部矯正署。

矯正機構，施以適當之處遇與管理，以提升矯治成效，並確保機構安全為目標。

第三節　犯罪矯正機構之業務內容

我國犯罪矯正機構（以監獄為例）之業務主要包括：調查分類、教化輔導、作業、戒護管理、衛生保健及總務工作，茲說明工作內容如後：

一　調查分類

調查分類制度為現代行刑重要措施之一，其要旨乃是對於新入監之受刑人運用科學之方法，就其個性、身心狀況、境遇、經歷、教育程度及其他本身關係事項，加以調查，依據醫學、心理學、教育學及社會學等加以判斷，作為受刑人實施個別處遇之依據。

調查分類之內容包括：

（一）受刑人入監指導事項。

（二）直接、間接調查。

（三）受刑人身心狀況之測驗。

（四）處遇之研擬、複查及建議。

（五）受刑人出監後之調查、聯繫與更生保護。

二　教化輔導

教化為行刑首要工作，以仁愛關懷之態度，對受刑人重新加以教育及訓練，務期化莠為良，臻於刑期無刑之目的，以教誨教育為主，文康活動為補，其內容包括：

（一）教誨、教育事項。

（二）累進處遇之審查及假釋之建議，呈報及交付保護管束事項。

（三）康樂活動及體能訓練。

（四）集會之指導及分區管理事項。

（五）洽請有關機關、團體或人士協助推進教育及演講事項。

（六）新聞書刊閱讀、管理及監內刊物編印。

　　除前述之教誨、教育、宗教教誨及康樂活動等方案外，矯正部門亦開發、引介各項心理治療處遇技術，以期有效的改變犯罪人錯誤之行為，達成犯罪矯正之目標。較常應用之矯治技術包括：心理劇（Psychodrama）、行為療法（Behavior Therapy）、溝通分析法（Transactional Analysis）、現實療法（Reality Therapy）、內觀法（Naikan Therapy）、認知行為療法（Cognitive Behavior Therapy）、藝術療法（Art Therapy）等[4]。

三　作業

　　監獄設勞動科目與工場或農作場所，督促受刑人從事訓練或生產，以養成勤勞習慣，學得謀生技能，俾受刑人出監後能自食其力。作業所包含之內容如下：

（一）作業指導及受刑人技能訓練。

（二）作業種類之選擇及作業計畫訂定。

（三）受刑人作業之配置及調動事項。

四　戒護管理

　　戒護管理，係指戒備保護與管理，以維持監獄秩序與安全，使受刑人保持善行獲得規律生活，其內容包括：

（一）人性化管理。

（二）受刑人之戒護及監獄之戒備。

（三）管理員之訓練及勤務分配。

（四）受刑人之行為狀況考察。

4　同註2。

（五）搜檢工作。

（六）受刑人賞罰之執行。

（七）受刑人解送及脫逃者追捕事項。

五　衛生保健

監獄衛生保健，以維護受刑人身心健康為目的，並經常實施衛生教育，教導其遵守公共及個人衛生，養成良好生活習慣。衛生保健之內容包括：

（一）環境衛生。

（二）健康檢查。

（三）傳染病預防。

（四）疾病治療。

六　總務工作

總務工作之內容包括：

（一）文件之收發、撰擬及保存。

（二）經費出納、建築修繕。

（三）受刑人福利之籌劃、督導。

（四）為民服務。

（五）敦親睦鄰。

第四節　犯罪矯正業務現況

黃俊棠（2021）〈在犯罪矯正業務現況與展望〉一文中指出[5]，矯正是刑事司法體系最後一道防線，肩負實現司法公義與關懷及矯正教化之重

---

[5] 摘錄自黃俊棠，犯罪矯正業務現況與展望，文載於林茂榮、楊士隆著，監獄學，五南圖書出版公司，民國110年，第447～480頁。

要使命，在處遇目標上，兼具「監禁、沉澱、蛻變、復歸」等四項功能，除消極拘束收容人身體自由，以維公平正義之「監禁」功能外，更使收容人因身心「沉澱」傾聽良知，復藉由各項處遇措施、技能訓練改變其認知行為，進而「蛻變」重獲新生，順利「復歸」社會。隨著監獄行刑法及羈押法修正施行，矯正體系邁入新紀元，矯正署秉持「信心、希望、真愛、幸福」四大核心理念，以「現代化刑事政策」、「人本化教誨教育」、「科技化收容環境」及「專業化矯正處遇」四大策略目標，致力於推動各項矯正政策及興革措施，從中尋求精進與創新之道，期回應社會各界對於犯罪矯正專業的重視與期待，展現矯正革新之成果。摘述如下：

一 重要矯正施政措施

（一）矯正法規修訂施行，人權保障更周延

矯正法規為矯正人員依法行政之基礎，為明確矯正機關與收容人間之權利義務，提升人權保障，經參酌聯合國在監人處遇最低標準規則（曼德拉規則）、聯合國保護所有遭受任何形式拘留或監禁的人的原則等國際公約，以及日本關於刑事設施及被收容人等之處遇法、德國聯邦監獄行刑法等外國立法例，配合司法院釋字意旨，廣納各界建議，研修羈押法及監獄行刑法，並分別於108年12月10日及同年月17日經立法院三讀通過，109年1月15日經總統公布，同年7月15日施行，為上開法律自民國35年制定以來之最大幅度修正。修正後之監獄行刑法共計17章156條，羈押法共計14章117條及其32項授權子法，除使矯正制度更加完備與透明外，更與國際立法趨勢接軌，符合現代刑事矯治政策。

（二）結合教育資源，挹注少年矯正機關

為精進少年輔導及特殊教育工作，矯正署110年度持續向教育部國民及學前教育署（下稱國教署）專案增核輔導教師5名、特殊教育教師5名，以及特教助理員1名，俾強化少年個別化輔導及教育事宜；另申請12名專

業輔導人員（心理師、社工師）配置於少年矯正學校及其分校，專責輔導學生及改善其問題行為。

（三）完善攜子入監處遇，保障兒童最佳利益

基於刑止於一身及實踐兒童權利公約之精神，矯正機關對於攜子入監收容人及其子女，提供生活照顧、醫療照護、育兒設施、親職與幼兒教育課程、家庭支持等處遇措施，矯正署自106年11月起，結合中國信託反毒教育基金會合作辦理「強化攜子入監處遇措施方案」，逐步改善保育室設施設備，完備親職或育兒教具教材及書籍，強化親職教育與幼兒發展專業處遇及課程講座之品質，並延聘保育人員提供育兒照護示範，建置戶外遊樂設施，營造友善育兒環境；108年起，除延聘全時保育人員外，同年4月起更於桃園、台中及高雄3所女子監獄，將2歲以上受攜幼兒日間送托幼兒園，接受與一般兒童無異的受教機會，指導生活常規及提供各項身心發展之學習，課後再回矯正機關由其母親照護，俾利回歸家庭之銜接，並展現政府對兒童照護的重視。

（四）重視高齡受刑人處遇措施，提供全方位照護

高齡犯罪人口增加與長刑期受刑人自然老化，致矯正機關受刑人年齡結構亦呈現逐漸高齡化之趨勢。高齡受刑人因生理機能退化、罹慢性病或重大疾病、較為孤獨與沮喪憂慮，生活適應異於一般收容人。矯正機關對於高齡受刑人給予較佳之收容環境，除在硬體設施設置無障礙空間、扶手等，並提供完善之舍房與老弱工場，降低意外發生風險；於醫療照護上，加強對於慢性病者之照顧，開設健保門診，照護其身心健康；於教化輔導面向，辦理懇親、家屬座談、推廣健康操，並視其個別宗教信仰提供宗教輔導，使其心靈有所寄託；在更生轉介安置輔導面向，針對出監後有就養與就醫需求者，連結社政單位、更生保護、民間慈善團體與醫療機構等，進行轉介與安置，提供全方位之照護。

（五）結合勞政機關，強化就業轉介

為精進就業轉介服務，即時提供出矯正機關後之就業協助，矯正署與勞動部勞動力發展署共同研商收容人就業協助相關事項，由各機關結合勞動力發展署、各縣市勞工局（處）、臺灣更生保護會，辦理技能訓練及就業輔導轉銜工作，並每月轉介即將出獄收容人至各地就業服務機構，結合勞動部一案到底就業服務，以提供更生人後續就業諮詢、轉介就業及職業訓練等服務，自106年7月起，更配合勞動部訂定之「更生受保護人就業服務流程圖」推動就業轉介服務，強化與公立就業服務機構之合作機制。

（六）強化外役受刑人遴選機制，遴選作業客觀公平

為增進外役監受刑人遴選作業之公開、透明及公平，自104年第一次遴選作業起，外役監受刑人之評比改採量化積分制，並由矯正署組成遴選小組，遴選審議決定應經出席委員二分之一以上同意行之。復為精進遴選作業之客觀及公平，自107年第三次外役監遴選作業起，外役監遴選委員之書面資料刪除受刑人呼號及姓名欄位，以去識別化方式進行審議。108年6月26日邀集所屬外役（分）監及各矯正機關召開「研商受刑人參加外役監遴選審查基準表會議」，通盤檢視並修正現行審查表之評分基準，期能增加審查基準表積分之客觀性，前開修正之評分基準自108年第三次外役監遴選作業起適用，使遴選作業更臻完備。

（七）毒品及酒駕處遇專業化，共同建構社會安全網

1.推動系統性酒駕處遇計畫，精進專業知能

鑑於酒駕收容人數攀升，矯正署經參考世界衛生組織（WHO）歐洲區署對於矯正機關收容人酒精問題之建議方案，規劃三級預防處遇架構，於107年3月函頒「法務部矯正署酒駕收容人處遇實施計畫」，採用國際認可之專業量表篩選收容人安排適性處遇，對於有酒精問題者實施二、三級處遇。二級處遇含括醫療衛教、生命教育、法治教育、性別平等與暴力行為預防、家庭支持等認知輔導課程；三級處遇則著重於病識感、動機增

強、自我效能提升等團體治療，並連結社區資源，安排轉介及追蹤關懷服務，期協助酒癮者改變生活方式，修正不當飲酒及酒後駕車行為。為提升處遇成效，對參與處遇者實施前後測分析，並每年舉辦研討會，提供醫學、公衛、心理各界與矯正機關交流平台，持續精進專業知能。

2.精進科學實證毒品犯處遇，強化復歸轉銜

　　為貫徹以實證研究為導向之處遇策略，矯正署參酌美國藥物濫用研究所（NIDA）之「刑事司法系統十三項藥癮治療原則」及專家學者諮詢意見，檢視毒品犯累再犯關鍵因子，於106年12月5日函頒「科學實證之毒品犯處遇模式計畫」，訂定包含成癮概念及戒癮策略等七大面向整合性處遇課程，配合個案管理制度之推行，以個案為中心，針對特殊需求之藥癮個案提供個別或團體輔導治療等進階處遇。為強化社會復歸轉銜機制，並與衛政、社政、勞政單位形成四方連結，結合勞動部「新世代反毒就業服務計畫」、衛生福利部「成人藥癮者家庭支持服務作業指引」及毒品危害防制中心追蹤輔導機制，共同協助藥癮者復歸社會及銜接社區戒癮服務，期達成終身離毒的一個終極目標。

　　依行政院107年11月21日核定修正之「新世代反毒策略行動綱領」，矯正署除推動上開計畫，以實務會議、處遇觀摩會、研討會等方式，持續精進處遇模式、發展分區督導制度外，為突破圍牆內外處遇不連續之困境，108年度起，運用毒品防制基金進用46名個案管理師，協助推動毒品犯處遇、個案管理及社會復歸轉銜等業務，以提升整體處遇效能，矯正署亦督導各機關經由個案研討、課程檢討、處遇觀摩及復歸轉銜共識會議等方式，邀請勞政、社政、衛政、更保及民間戒癮機構，經由建立交流平台，強化與後端社會資源之連結，將處遇自機關內延伸至社區，提供更具系統性、延續性及整合性的處遇方案。109年計辦理專業個案研討160場次、機關內整合之個案研討55場次、機關內外連結個案研討122場次，共辦理337場次。另出監之施用毒品犯約11,000人，依個別需求轉介相關單位之情形分別為轉介勞政1,561人（14%）、衛政3,851人（35%）、社政1,822人（16%）。

　　110年起，推動「強化毒品犯個別處遇及復歸轉銜實施計畫」，朝向全面篩選、適性處遇及建立復歸轉銜聯繫平台為目標，規劃復歸轉銜處遇服務方案，以利社區提前入監所提供銜接服務，精進毒品收容人處遇。

二　持續推動中之重點業務

（一）推動外部視察制度，管教措施公開透明

　　新修正施行之監獄行刑法及羈押法，參考日本及德國相關制度，增訂外部視察制度，並訂定監獄及看守所外部視察小組實施辦法，各矯正機關聘請具備法律、醫學、公共衛生、心理、犯罪防治或人權領域背景之專家學者，組成外部視察小組，針對獄政管理及收容人處遇提出建議，達成行刑透明化之目標。監獄及看守所外部視察小組實施辦法並於111年11月8日修訂，增訂委員續聘次數、每屆改聘委員人數比例之限制及外部視察小組委員皆須自外部視察專家學者人才庫等規範。為增加視察小組委員之多元性，案經各人權團體、學校、律師公會、諮商心理師公會及醫療院所等機關推薦適任名單後，矯正署建立委員人才資料庫，供各矯正機關參考，109年12月3日已完成254位委員聘任程序且正式運作，並於110年2月初完成「109年第四季外部視察成果報告」，對外公開於矯正署網站，供民眾檢閱了解外部視察成果。

（二）少年輔育院改制，健全學生權益

　　為提升司法兒少之保護，矯正署研訂「少年輔育院改制矯正學校計畫」，以分階段為目標，推動桃園與彰化少年輔育院改制為矯正學校。上開計畫經行政院於108年7月3日函復核定，同年月31日揭牌成立誠正中學桃園及彰化分校，並由教育部國民及學前教育署協請相關學籍合作學校，進用合格之專任代理教師81名（含輔導及特教教師），由專屬教師、專業輔導與特殊教育師資，提供完善教學、輔導與特教服務。

　　108學年度起，除將進修部之學制轉換為技術型高中為主之學制外，

亦將原每週24節課增加至高中標準課程之35節，與全國學校同步實施新課綱，確保兒少不論於矯正學校或一般學校享有相同之教育內容，俾保障受感化教育學生受教權益。矯正署將依行政院核定之計畫內容，賡續推動後續矯正學校改制作業，並於110年7月成立獨立之矯正學校，完善司法兒少之保護。

（三）周延調查分類制度，推動受刑人個別處遇

依監獄行刑法第11條規定，監獄就新入監受刑人透過跨科室入監調查及需求評估，按其個別情形訂定「個別處遇計畫」，以使監獄之輔導教育、作業、家庭支持、心理處遇、社會資源連結等處遇資源分配至所需受刑人，另結合心理、社工人力及醫事人員提供專業處遇（例如性侵犯處遇、家暴犯處遇等），並透過每2年定期複查及出監調查之制度，評估處遇執行情形及後續社會資源（勞政、衛政、社政、更生保護會或民間機構等）之銜接，以協助受刑人順利復歸。

為提升處遇成效，矯正署將進一步結合心理、社工人員之專業，擇定示範機關試辦「專業輔導人力於個別處遇工作模式」，如高齡、身心障礙、具自殺風險等收容人之評估、進階心理處遇及社會資源評估連結等措施，促進受刑人在監適應，強化復歸社會之資源連結轉介效能。

（四）擴大推動自主監外作業，協助漸進復歸社會

為使收容人在有條件的支持下，逐步從事謀生工作、接軌未來職場及協助適應社會生活，矯正署於106年6月起推動受刑人自主監外作業，讓表現良好且即將假釋或期滿之受刑人，於白天外出工作，晚上返監，漸進式復歸社會與就業職能訓練。自開辦以來，在矯正機關及雇用廠商共同合作下，執行成效良好，深獲社會各界肯定，其中106年核准281名受刑人外出作業，107年核准579名，108年核准866名，109年核准1,881名，共計核准3,607名受刑人外出作業，出工人數逐年成長，且有出監受刑人留用原廠商並升任公司主管階級之情形。未來將持續擴展監外作業規模，讓即將出

獄之受刑人，均有機會在適當監控下，在外從事自主作業，俾利及早適應職場生活，順利更生復歸。

（五）科學實證為基礎，建構性侵犯專業處遇

為建構以科學實證為基礎之性侵犯處遇與評估模式，矯正署自106年9月起推動「指定矯正機關性侵犯處遇與成效研究計畫」，責成10所性侵專監就治療模式、處遇方案及風險評估等面向進行探究，經學者專家審查與修正後，108年4月12日辦理「矯正機關性侵犯處遇及成效自行研究成果發表會」，邀請性侵處遇專監及相關業務人員共同參與，藉由實務與學術界交流合作，就性侵犯治療模式、處遇方案及風險評估等面向發表研究成果，作為日後精進該類受刑人處遇規劃之參考。發表會中部分機關提出頗具發展性、創見性之議題（如本土化之再犯預測工具與處遇模式），爰請各專監延續既有之成果，持續精進發展，建構以科學實證為基礎之性侵犯處遇模式，提升處遇成效。

（六）辦理實證成效評估，毒品處遇模式更為精進

為評估科學實證毒品犯處遇成效，滾動式檢討研提策進作為，矯正署規劃辦理3年期（109年至111年）研究計畫，委託國立中正大學犯罪研究中心執行評估，研究發現出獄的施用毒品犯，於監內完成此專業處遇課程比率，以每年5%至10%左右的幅度逐年成長，比率在民國107年時僅有3.7%、108年為9.4%、109年為14.3%，提升至110年的37.4%。研究資料指出，針對施用毒品受刑人107年至110年，近4年實際出獄的4萬3,577人中（追蹤至111年3月底止），區分為二族群，一是接受專業處遇的6,577人，以及僅接受宣講處遇的3萬7,000人做出比較。統計發現，專業處遇的6,577人，再犯人數為685人，再犯率為10.4%；僅接受宣講處遇者，再犯人數為9,121人，再犯率為22.5%，顯示專業處遇的涵蓋率有穩定成長趨勢，而且專業科學實證處遇對施用毒品者具有相當成效（111年9月13日雅虎新聞報導，https://tw.news.yahoo.com）。

（七）推動一人一床方案，改善居住品質

矯正機關囿於現有硬體設施限制，雖長期處於超額收容之窘境，矯正署仍研提「矯正機關收容人居住品質提升方案」，積極推展「一人一床」方案，本於務實可行及兼顧戒護安全下，分階段執行，期藉由提供收容人合宜睡眠設施，提升居住品質，彰顯人道處遇精神。本案採分年度逐步增設，各機關致力於在現有居住空間內，設置合理之床位數，並利用採購客製化床舖、修改舍房空間配置等方式，提升床位可增設數；至未超額收容或空間足夠且屬低度管理機關，則列為優先完成「一人一床」設置目標。床位分配順序以老弱疾病、女性或少年等收容人為優先配置對象。

本方案自105年推動起迄109年底，合計有4萬7,107個床位供收容人使用，床位配置率達80.71%，已有23所機關（占矯正機關總數約45%）達成「一人一床」設置目標，未來將配合「監所新（擴）建計畫」進度，將舍房床位設置納入工程設計，賡續朝收容人「一人一床」設置目標努力。

（八）建置智慧監控系統，銜接智慧監獄計畫

為補強矯正機關戒護安全相關硬體設施及設備，並妥適運用科技設備輔助戒護勤務，矯正署於105年起分別向行政院國家科學技術發展基金管理會及科技部爭取預算，陸續推動「矯正機關智慧監控系統建置及影像資料庫分析應用計畫」及「矯正機關智慧監控系統建置計畫」三期計畫，除於矯正署建置影像資料庫雛型、遠端監控及指揮中心外，截至109年底已完成台北監獄等11所機關之智慧監控系統建置，使機關能運用該系統輔助值勤同仁判斷事發狀況，減輕工作壓力及減少戒護疏漏，強化安全防護機制。

為運用科技設備輔助矯正業務，矯正署於107年研提智慧監獄上位計畫，除向科技部申請建置經費外，並於108年積極進行試辦規劃，109年11月底於嘉義看守所，結合各項人工智能科技應用，建置「智慧安全監控系統」、「智慧辨識系統」及「智慧購物平台系統」，期將科技技術創新應用於矯正機關之管理，並運用其所蒐集之資料，作為收容人購物、看診掛

號等申請之管控，取代過往繁瑣且重複的行政作業，將有限人力發揮更大效用；另運用行為分析以及科技辨識技術，強化戒護效能及監控品質，縮短警力反應時間，減輕執勤壓力。109年辦理成果將作為後續精進參考，並持續爭取預算推展至全國各矯正機關。

第五節　機構性犯罪矯正工作之困境與挑戰[6]

在犯罪矯正工作上，雖經許多矯正職員默默耕耘努力，但仍然面臨收容人爆滿、戒護與教化人力不足、部分收容人難以教化等，以致使犯罪矯正之成效受限，分述如下：

一　長刑期受刑人增加，管理面臨挑戰

根據法務部統計（112），111年底在監受刑人為4萬9,720人，其中應執行有期徒刑10年以上者有1萬5,818人（占31.8%），無期徒刑者有1,039人（占2.1%），合計在監長刑期受刑人有1萬6,857人，占全體受刑人之三成四，意即在監受刑人中約有三分之一為長刑期者。因長刑期受刑人在戒護管理與處遇上皆需妥善規劃，龐大人數將構成監獄管理的巨大壓力。

二　教化人員不足

監院所收容人爆滿，不但使管理愈增困難，並嚴重影響教化實施。以技能訓練而言，各年度各監獄、少年矯正學校，受訓人員未達全部收容人數的10%，委實偏低。此外，各監獄教誨師與收容人比例約為1：178，教誨師人數太少，使教化工作流於形式。

6　楊士隆、林健陽，犯罪矯治：問題與對象，五南圖書出版公司，民國90年11月。

三　戒護人力嚴重不足

以各年底管理人員總數與收容人之比率而言，每一管理員平均須負責戒護人犯13人，遠超出美國1人戒護4人，英國、德國1人戒護3人，澳洲1人戒護2人，日本1人戒護5人之比率，較之行政院核定的1人戒護10人的標準也超出三成。

四　區隔仍欠允當，分監管理未能落實

在監受刑人中犯毒品危害防治條例及麻藥罪名者達全部受刑人之五成以上。故監獄中，多數是毒品犯與麻藥犯，而毒品犯專業監（台灣嘉義、屏東、宜蘭、澎湖監獄等）卻仍不足。此外，因實務上之難處，「分監管理」亦未能落實，亟待改善。

五　部分犯罪人反社會傾向濃，常藉機腐蝕教化成效

許多特殊受刑人如：幫派分子、重大暴力犯（如：強姦、殺人、強盜、擄人勒贖犯）、常業竊盜犯、毒品累犯等，反社會傾向濃，常利用人性之弱點，找機會設計、操縱、陷害少數不肖基層管教人員，進而與其掛鉤，乘機脫逃，嚴重腐蝕教化與矯治之成效。

第六節　機構性犯罪矯正之趨勢

機構性犯罪矯正常被批評學好不足，變壞有餘，但就確保刑罰執行之公平性而言，保留機構性處遇給犯罪情節較為嚴重，且屬常業犯者有其必要性。

參酌客觀的事實與條件，機構性犯罪矯治動向如下[7]：

---

[7] 引自林健陽，機構性犯罪矯治之趨勢，文載於楊士隆、林健陽主編，犯罪矯治：問題與對策，五南圖書出版公司，民國90年11月，第323～327頁。

一 監獄性監禁有其必要性

　　監獄擁擠是不可避免的趨勢，監禁的對象的確須要重新檢討。基於監獄有限空間及收容人數，將來監獄的功能逐漸偏向消極性，只監禁對社會危險性最大的受刑人，即以有限的空間來監禁那些該監禁的人，以減少擁擠。根據犯罪學家沃夫幹（Wolfgang, Marvin）1972年在費城的研究發現，在10,000名的少年中有5次以上犯罪前科者占研究對象的6.3%，而他們總共涉及全案件之52%，即有一半以上的案件是由少數人所犯下的；另美國研究犯罪的藍德公司（Rand Corporation）資深研究員彼德席拉（Petersilia, J.），曾用自陳的調查方式訪問在監的49名武裝搶劫犯，這些惡性犯承認在過去20年內總共犯案15,000多次。因此，她呼籲對這些前科累累的重刑犯能及早鑑定、及早監禁，整個社會的亂源會減少，故將來監獄所扮演的角色逐漸趨向選擇性地將這些重刑累犯予以消極地長期監禁，以保障社會安全。

二 假釋有繼續存在之需要

　　美國犯罪學者在公正處罰的矯治理念中提倡廢除假釋制度，目前美國聯邦司法系統及部分州司法系統已開始實施。然而，不同的國度、社會、司法背景下，廢除假釋對我們並不適合。我們如深入探討美國的司法現況，不難了解他們的確有一套非常完整的社區性處遇制度，犯罪人要進監獄不是那麼容易，目前美國的監獄大約有近百萬受刑人，而社區性緩刑處遇就超過三倍之多，甚至加州有70%的重刑犯予以緩刑。這些重刑犯在監服刑的平均時間大約是22個月，即不到2年，也就是非不得已絕對不送入監獄。因為，社區性處遇可以安置中短刑期的受刑人，甚至包含較不具惡性的長刑期受刑人。因此，凡入監者均是非常頑劣幾乎是前科累累、無藥可救的累犯。假釋對這些受刑人而言，似乎起不了作用，因為他們很快又要入監。相對地，我們目前沒有一套完整的社區性處遇制度，無法有效安置中短期自由刑的受刑人。根據法務部的統計資料顯示，台灣地區執行自

由刑之人數，2年未滿之受刑人占有期徒刑人數之八成多，可見我們入監的對象乃以中短期刑之受刑人居多，假釋對這些人的確有相當大的鼓勵與幫助，同時每年因假釋出監者有6,000多名，對目前抒解擁擠的監獄確有助益。

三　機構性（監獄）各項矯治處遇工作逐漸採自願參與方式

按照監獄行刑的理念，要使受刑人適應社會生活，各項處遇措施的提供是必然的，惟受刑人參與各項學習活動，如果是出於個人的興趣與意願，其效果會更加顯著。強迫式參與處遇活動如：教育、職業訓練、輔導活動等，不僅事倍功半，且監獄的人力、財力、物力、時間均難以應付，尤其大型擁擠的監獄更不切實際。或許正如犯罪學者所提，處遇活動有助於受刑人在監的適應，對出監再犯的影響有限。因此，在現行有限的監獄資源條件下，要充分發揮矯治的效果，監獄積極鼓勵受刑人參與固然重要，但受刑人是否有意願來主動配合是相當重要的關鍵。

四　矯治處遇技術多元化之運用

有關矯治之效益常面臨爭議，然多數之行為科學家仍持樂觀的態度，認為適當之處遇與治療對受刑人之行為與個性有正面之影響。因此各國陸續發展許多處遇技術與方法，提供矯治機構來選擇運用，其中諸如：對初犯非暴力受刑人施以半軍事化訓練之震撼監禁（Shock Incarceration），協助受刑人分析自己行為，解決日常生活問題之創造性治療法（Creative Therapy），或教導受刑人以較合乎邏輯、客觀、理性之思考方式。妥善處理人際衝突，避免再犯之認知處遇法（Cognitive Approach of Offender Therapy）等。此外，目前國內較熟悉之行為療法、現實療法、心理劇、內觀法、交替分析法及團體治療法等，亦為國外矯治機構所採行。任何處遇措施如能善加運用，的確能發揮矯治效果，惟在選擇處遇技術與方法上，須先考量其特殊背景、環境因素及人力資源等層

面，尤其是專家的指導，技術人員之正確操作及機構配合之意願，常是決定其成效的關鍵。目前，國內矯治機構在處遇技術之選擇及人員之訓練，均無統籌之規劃，的確有待開發。

五　實施分區性管理制度，提高矯治處遇效果

　　較理想有效的矯治環境是小型的監獄，通常以500人為最適當，但這在幅員廣大的美國已是相當困難，何況在地窄人稠的台灣，找地蓋監獄不是那麼容易。如以台灣目前收容受刑人39,843名對照每500名蓋一所監獄，可想像台灣監獄大概與統一便利商店一樣多。在客觀環境的限制下，這種理念是行不通的，因此，筆者提出分區管理制度是目前大型擁擠的監獄要實施有效管理及處遇的最好方法。雖然，我們有教區制度，但距離理想的分區管理相去甚遠，很難應付將來大型監獄的趨勢與管理。

　　所謂分區管理制度，乃是將監獄分成幾個半自治性的區域，透過分區管理使監獄組織重新組合。各個區域建立相互溝通的管道，這種分層負責的管理方式能促進監獄高層官員直接接觸到受刑人，這種組織結構的理念是藉著分區管理負責人與監獄最高階層的密切接觸，可提供受刑人最佳的處遇。這種管理型態乃是將監獄的決策權分散，以促使最了解受刑人的管教人員能參與監獄決策。首先，典獄長須願意充分授權，否則分區管理難以推展。誠然，一個5、6,000人的大監獄，典獄長在管理上的確相當辛苦，但如果按分區管理的方式，將監獄分成五個區域，典獄長充分授權給各區的負責人去管理，典獄長只要監督五個區域負責人，那將有事半功倍的效果。

　　分區管理是按照受刑人的性質、多寡，職員的編制及處遇設備等因素做功能性的分區，其分配是依據受刑人在戒護安全及處遇計畫需求為主。分區管理的組織型態是每個區域為一個自我獨立運作的單位，活動區域包含：舍房、工廠、教室、運動區及職員辦公室，每個區域人員自行負責該區受刑人的生活起居，人員配備按分區大小包含：一名外區負責人、數名教誨師、個案輔導員及戒護管理人員，這種管理型態的優點在於：

（一）同一區域的受刑人監禁在同區的舍房內，以防止不同區域受刑人相互之串連。

（二）適才適用讓管教人員有充分的權限執行任務，並解決該區受刑人的問題。

（三）分區負責人能有效監督該區各項活動的實施，每天可以從職員及受刑人直接得到回饋，他擁有熱線電話，必要時可與受刑人接觸。

（四）分區職員的辦公室就設在各區域內，不設在行政大樓，可就近監督並增加與受刑人接觸的機會。

（五）分區管理可增加舍房服勤人數達二倍之多。

美國矯正協會曾經運用這套分區管理制度，幫忙整頓芝加哥最大且失控的幫派監獄Stateville，並且協助這個聲名狼籍的監獄從混亂達到平靜。

第七節　社區處遇（社區犯罪矯正）

前述機構性處遇為當前自由刑之重心，其具有應報、嚇阻、隔離與矯治之多重功能。晚近由於刑罰觀念之轉變，刑罰之執行從消極之監禁演進到積極之矯治。從單純之應報與嚇阻演進到注重罪犯之再社會化過程（Resocialization Process）。因此，「社區處遇」或稱「社區犯罪矯正」（Community-based Corrections）在刑罰之執行上，日益扮演著重要之角色，本節將扼要介紹其內涵與實施[8]。

一　社區處遇之理論基礎

犯罪人之刑罰與處遇理論，迄今仍未獲得一致定論，惟影響社區處遇發展之犯罪學或刑事政策相關的理論，主要可以下列數項為代表：

---

[8] 參閱蔡德輝、楊士隆，犯罪矯正新趨勢：社區處遇制度之可行性研究，法學叢刊第179期，法學叢刊雜誌社，民國88年10月，第40～55頁。

（一）標籤理論

Lemert與Becker所創之標籤理論（Labelling Theory）對於社區處遇之促成，居功厥偉。此派論者認為偏差行為可分為初級偏差行為（Primary Deviance）及次級偏差行為（Secondary Deviance）[9]。初級偏差行為，乃指任何直接違反社會規範之行為。此種偏差行為甚為輕微，對行為者之影響不大，不會導致行為者社會自我（Social Self）觀念之重大修正。反之，如社會對他們偶爾犯錯的初級偏差行為，給予嚴重之非難並貼上不良的標籤，就易導致另一階段更嚴重的偏差行為（次級偏差行為）。因此，標籤理論學者強調，除應避免任意為個體加上不良標籤外，亦應避免隨意讓犯罪人太早進入刑事司法體系，以免其再犯嚴重之犯罪行為或成為成年犯。

基本上，標籤理論認為一個人之初犯偏差行為並不一定會成為罪犯，而是社會與司法制度所加諸於他的。一個人一旦被標籤為罪犯後，犯罪機會較多，也較容易再犯罪，而不易脫離罪惡的纏累。一個人被貼上標籤之後，其自我控制力會較低。這是轉向社區方案設立之精神所在，係透過社區處遇方案，防止犯罪人陷入司法系統而被標籤化，只要不被標籤化，以後恢復正常的可能性則較高。

（二）激進不介入理論

激進不介入理論（Radical Nonintervention Theory），著重對犯罪人儘量減少機構性處遇，以免陷入司法系統而有不良影響；鼓勵「轉向」觀念，將犯罪人送往較少威脅性的社區處遇。

此理論建議的處遇方法有：諮商、觀護制度、社區處遇方案等推廣。研究指出，諮商效果相當宏大。此理論認為，社會應以平常心、友善態度對待有問題的犯罪人，協助他們解決人生發展過程中所呈現的問題。儘量在家庭、社區層次中就把輕微的犯罪人問題處理妥當；以家庭諮商、

---

[9] Lemert, E. M., Secondary Deviance and Role Conception, Farrel, R. A. and Swigert, V. L.: Social Deviance, 1975.

觀護或社區處遇制度，避免將犯罪人送入刑事司法體系中，不使個體被標籤化[10]。

（三）差別接觸理論

蘇哲蘭（E. H. Sutherland）的差別接觸理論（Differential Association Theory）強調，犯罪行為是學習而來。如果人們在生活過程中與較多的犯罪人接觸，則易學到犯罪行為之動機、內驅力、合理化以及犯罪之技巧，而陷入犯罪[11]；尤以入監收容之初犯、觸犯輕微罪行者的學習效果最佳。因此，差別接觸理論強調，社區處遇可避免微罪者受其他犯罪人之感染。

二　社區處遇之型態

美國學者Clear與Cole曾依據對犯罪人控制的鬆嚴程度，將社區處遇之型態分成三類[12]：由傳統觀護部門所職掌之監督方案（Supervision Program）；代替監禁，並具處遇取向之居住方案（Residential Program）；及由傳統矯正部門所監督、指揮、協助人犯早日重返社會之釋放方案（Release Program）[13]。此外，觀護處遇、更生保護處遇與新近發展的社區監督與控制方案，均為盛行之社區處遇模式（詳表15-2），分述如下。

（一）監督方案

1.社區服務

社區服務（Community Service）係指法院要求犯罪人在社區從事一定時數之工作與服務，俾以對被害人、社區做一具體補償。工作範疇大致包括：蒐集垃圾、清理街道、修理公共設施、照顧幼兒、醫院醫療協助

---

[10] 趙庸生，社會處遇理念及其施行，文載於第一屆中美防制犯罪研究會論文集，第276～284頁，東海大學、中央警官學校、美國沙加緬渡大學合辦，民國77年。

[11] E. H. Sutherland and Cressey, D., Principles of Criminology. Phildelphia: J. B. Lippincott, 1970.

[12] T. R. Clear and Cole, G. F. American Corrections. NY: Brooks/Cole, 1986.

[13] 同註12。

等，各國社區服務之施行略有差異。除了可對被害家屬、社會加以補償外，尚可培養社會責任感，發展工作技術與興趣，充分運用時間，並增加人際接觸[14]。

表15-2　社區處遇類型之歸類

歸　類 社區處遇各類型	法官判決	犯罪矯正 機構之處置	觀護監督
社區服務（勞動服務）	○		○
罰金	○		○
震撼觀護	○		
居住方案	○		
監外就業		○	
返家探視		○	
社區矯治中心（中途之家）	○	○	
與眷屬同住		○	
緩刑	○		
假釋後付保護管束		○	○
密集觀護監督			○
在家監禁	○		○
電子監控	○		○

2.易服社會勞動

　　我國於98年9月1日起施行之易服社會勞動制度，對於6月以下有期徒刑或拘役之宣告者及罰金易服勞役者，以提供社會勞動代替執行刑，讓輕罪者得以維持既有工作與生活，提供無償的社會服務，同時減少因服刑所衍生的其他社會問題。

　　根據法務部公布之地方檢察署易服社會勞動案件收結情形，106年易服社會勞動終結案件之罪名以公共危險罪最多。從罪名別觀察，以公共危險罪8,907件（占66.7%）最多，侵占詐欺背信及重利罪984件（占7.4%）

---

[14] A. T. Harland, One Hundred Years of Restitution: An International Review and Prospectus for Research. Victimology, 8(1-2), 1983.

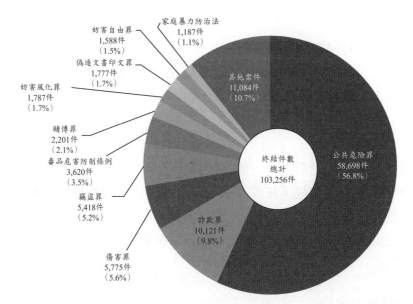

妨害自由罪
1,588件
（1.5%）

家庭暴力防治法
1,187件
（1.1%）

偽造文書印文罪
1,777件
（1.7%）

妨害風化罪
1,787件
（1.7%）

賭博罪
2,201件
（2.1%）

毒品危害防制條例
3,620件
（3.5%）

竊盜罪
5,418件
（5.2%）

傷害罪
5,775件
（5.6%）

其他案件
11,084件
（10.7%）

終結件數
總計
103,256件

公共危險罪
58,698件
（56.8%）

詐欺罪
10,121件
（9.8%）

圖15-1 地方檢察署易服社會勞動終結案件罪名結構（98年9月至105年6月）

次之，違反毒品危害防制條例、竊盜罪及賭博罪分別占3.8%、3.7%及1.8%[15]。

社會勞動之服務項目包含：清潔整理、居家照護、弱勢關懷、淨山淨灘、環境保護、生態巡守、社區巡守、農林漁牧業勞動、社會服務、文書處理、交通安全，以及其他各種無酬且符合公共利益之勞動或服務[16]。

98年9月至105年6月社會勞動人總計提供4,717,262人次服務，其服務項目主要為環境保護及清潔整理4,140,591人次，其次為社會服務195,720人次，弱勢服務及居家照護121,230人次，另外亦有文書處理、交通安全及其他服務活動[17]。

---

[15] 法務部統計年報，民國106年。

[16] 宜蘭地方法院檢察署社會勞動專區，社會勞動簡介，http://www.ilc moj.gov.tw/ct.asp?xItem=1 64094&CtNode=261818&mp=025。

[17] 陳富美，易服社會勞動制度施行概況，臺灣高等法院檢察署統計室，第1～4頁，http://www. rjsd.moj.gov.tw/rjsdweb/common/WebListFile.ashx?list_id=1451。

3.震撼觀護

將犯罪人移送監獄一段時間（最高可至90天或130天不一），讓其體驗監禁之苦，以收嚇阻警惕之效。震撼觀護（Shock Probation）方案可適用於那些尚未放棄攻擊行為之犯罪人，而不侷限於初犯[18]。

（二）居住方案

居住方案係指受刑人（一般不超過10名至25名）被安置於一中、低度安全管理層級之機構，接受專業人員之處遇，俾以增進問題解決之能力，以便順利復歸社會。此項方案認為專業的處遇，如諮商輔導、藥物成癮戒治及就業訓練等，對於某些犯罪人具有相當重要的處遇功能，特別是少年犯[19]。

（三）釋放方案

社區犯罪矯正亦適用機構性矯正機構內之犯罪人，Duffee指出，社區犯罪矯正嘗試各種早日釋放方案，減少監禁，俾使犯罪人早日適應，復歸社會[20]。

1.監外就業

監外就業（Work Release）是開放性社區處遇之一種，乃是令已執行一定刑期之受刑人或輕微性犯罪者，於白天暫離機構，重返自由社會從事與一般勞動者相同的工作，而須於夜間或週末返回機構之計畫。

監外就業計畫除可減輕納稅者之負擔、保持社會建設生產力之外，亦能降低受刑人將來復歸社會時適應之困難，使受刑人於釋放之後立即從事工作，穩固財源以便照顧家庭，維持良好的家庭與社會關係。但若監督人員的不適當，或社區居民的排斥與拒絕，就可能使計畫成效不彰。

---

[18] H. E. Allen and Simonsen, C. E., Correctionsin American. Fifth Macmillan, 1989.

[19] 同註12。

[20] Duffee, D. E., "The Frequency and Classification of Needs of Offenders in Community Settings," Journal of Criminal Justice, 13: 243-2138, 1985.

2.返家探視

為促使受刑人早日適應社會，維繫家庭繫帶，在監獄行狀良好之受刑人有返家探視之權益。根據外役監條例及受刑人返家探視辦法之規定，受刑人在監執行期間行狀良好，無違規紀錄，申請返家探視前二個月期作業成績每月均達法定最高額80%以上者，可於例假日或紀念日獲取返家探視之機會。另外，受刑人遇有祖父母、父母、配偶之父母、配偶或子女或兄弟姊妹喪亡時，得許於例假日或紀念日返家探視。

3.中途之家或社區矯治中心

中途之家（社區矯治中心）（Community Correction Center）係指設置於社區之犯罪矯正機構。其特點在於以社區為基礎，設置於鄰近社區內，運用社會資源協助少年犯或即將出獄的受刑人與社區建立新的社會關係，使其逐漸適應自由的社會，成為社區中富有建設性的成員。

4.與眷屬同住

係指受刑人在合乎法律規定之條件下，得准與配偶或直系血親在指定之住所及期間內同住之制度。受刑人由於入獄服刑，家庭之聯繫及與配偶之關係因而斷絕，為鼓勵受刑人悔改向上及維繫正常之親情，在我國設有與眷同住制度，允許刑期即將期滿或表現優良之受刑人得與眷屬（如父母、兄姐及妻兒等）同住之權利。根據學者之看法，與眷屬同住制有助於強化家庭繫帶、緩和監獄同性戀問題、疏減管理者與受刑人之緊張狀態，及減少受刑人與社會之隔離[21]。

（四）觀護處遇

將附帶條件釋放之犯罪人，在社會予以監管，以求其適應社會生活改過遷善之觀護制度，亦屬社區處遇之一種。觀護處遇之發展乃是為了救濟短期自由刑之弊，其優點包括：較監獄提供更趨個別化之處遇或諮商輔導、較監獄經濟、允許犯罪人有更多處理其問題之機會、避免犯罪人受監

21　同註17。

獄負文化之影響，以及避免影響受刑人之名譽與家庭生活等。觀護處遇之採用，顯示已摒棄以往傳統對抗犯罪之懲罰、威嚇、報復及壓制觀念，而走向犯罪防治及犯罪更生保護之傾向。

（五）社區監督與控制方案

當社區性犯罪矯正於1970年代之美國急速擴張的同時，監獄人口之持續上升，卻直接或間接的引導社區性犯罪矯正走向另一嶄新境界。學術社群將這些趨勢稱之為保護與懲罰兼顧，中庸制裁措施（Intermediate Punishment）。在電子科技風險管理系統（Risk Management Systems）之應用下，發展出密集觀護監督（Intensive Probation Supervision）、在家監禁（Home Confinement）及電子監控（Electronic Monitoring）等方案[22]。

保護與懲罰兼顧之社區處遇措施，係介於觀護處遇（寬鬆）與監禁（嚴屬）之變通方式。因該制裁較觀護制度嚴苛，卻遠較長期監禁經濟，故已逐漸引起美國司法決策者之青睞。根據McCarthy之定義：「保護與懲罰兼顧之社區處遇措施係指犯罪人刑罰之延續（Continuum），而介乎監禁與觀護之間的懲處措施」，此措施除對社會提供更大之保安力量外，亦提供犯罪人更多之協助[23]。

1.密集式觀護監禁

密集式觀護監禁（Intensive Probation Supervision）制度簡稱IPS，係指對受觀護處分人或假釋出獄人進行緊密之監控，以確保這些人不再犯罪。實務上，密集觀護監督亦可以作為受刑人釋放之條件，密集觀護監督方案的界限相當廣泛，從一個月二次至天天密集約談都有[24]。此方案通常要求觸法者償付被害人損害賠償，或者保持一正常工作，呈送尿液或酒精

---

[22]　B. R. McCarthy, Intermediate Punishments: Intensive Supervision, Horne Confinement and Electronic Surveillance. CA: Willow Tree, 1987, pp.169-179.

[23]　同註19。

[24]　S. C. Baird, Intensive Supervision in Probation. Washington D. C.: National Institute of Corrections, Mirneo, 1984.

檢查，並繳納接受觀護處分之費用[25]；密集觀護監督方案至少滿足了二個長久以來互為排斥的目標，亦即減少監獄人口（預算），同時對觸法者予以懲罰，而不輕易的赦免其罪行[26]。

2.在家監禁與電子監控

「在家監禁」（Home Confinement）意指觸法者被限制在家中活動，不准外出，除非前往工作或參與某些有限度的活動，始可暫離家庭或居住地點。「電子監控」（Electronic Monitoring）又名「電子監禁」，是一種遙感監控（Telemetry）的方案，其主要目的係結合宵禁（Curfews）與在家監禁，以追蹤、確認犯罪人之順從程度。

三　社區處遇之優點及限制

社區處遇為犯罪人矯正方式之一；倡議者指出，社區處遇具有良好之理論基礎，在減少再犯機會與滿足案主的需求上有卓越的貢獻。同時，成本較為低廉，也可減少機構處遇監獄化之負面效果。因為犯罪人仍然與社會保持接觸，與家庭維持聯繫，不致喪失工作或教育機會，亦無損其地位及尊嚴，故對其悔悟助益甚鉅。此制度無非是以社會矯正之方式，希冀犯罪人能有更多守法之機會，並減少與犯罪社會接觸之機會。

（一）美國學者Regoli與Hewitt曾提出五點社區處遇之優點

1.較監獄提供更趨個別化之處遇諮商輔導。

2.允許犯罪人更多處理其問題之機會。

3.避免犯罪人受監獄負面效果之影響，如：受刑人之被害、感染更嚴重之犯罪、喪失自尊、無法照顧家庭等。

4.並未比監禁處遇產生更多之再犯效果。

---

[25] J. Petersilia, Georgia's Intensive Probation: Will the Model Work Elsewhere? In McCarthy, B. R. (Ed.), Intermediate Punishment: Intensive Supervision, Home Confinement and Electronic Surveillance. CA: Willow Tree, 1987.

[26] 同註22。

5.遠較監禁經濟[27]。

（二）Hahn則認為社區處遇之優點

1.促使社區民眾了解他們在犯罪人再社會化過程中扮演重要的角色。

2.在犯罪人復歸過程中促其認清犯罪之動機，並加強其學習適應之信心與責任。

3.犯罪人接受社區處遇，可減少機構處遇造成強迫遵從的情形。

4.可給予犯罪人更多的自新機會。

5.促其參與社區發展及其他志願服務工作，而獲得更大的自我實現。

6.促其學習體驗現實的社會生活及扮演多種不同的角色。

7.社區處遇可使犯罪人脫離昔日「醫療的矯治型態」，而進一步與輔導人員發生積極的互動影響。

8.使矯治人員突破傳統刑罰之瓶頸，扮演另一種新的角色，以提供更多的輔導服務。

9.犯罪人的人權在社區處遇中獲得更大的維護與尊重[28]。

雖然社區處遇具有上述優點，卻仍然有其限制存在。一般而言，社區處遇具有下列缺點：

1.社區處遇極可能被濫用，致無法公平實現社會正義。

2.社區處遇相關活動之連續性較差，對犯罪人心理影響也只是暫時性的。

3.強迫參與方案，案主不能真正享受社區處遇方案的利益，缺乏參與動機、動力。

4.社區處遇之預算，並未如想像中的便宜，倘認真規劃執行，其成本亦是相當可觀。

5.為一種潛移默化工作，較難見到具體成效。

---

[27] R. Regoli and J. D. Hewitt, Criminal Justice. NJ: Prentice Hall, 1996, p. 654. 引自蔡德輝、鄧煌發撰，社區犯罪矯正處遇之發展與未來趨勢，文載於楊士隆、林健陽主編，犯罪矯治、問題與對策，五南圖書出版公司，民國86年7月。

[28] Fox, V., Introduction To Criminology. NJ: Prentice-Hall, 1976.

6.多數社區處遇方案仍有機構式性質,犯罪人與其原有家庭、社區隔離,以後會產生適應不良狀況。

基此,社區處遇方案成功與否,端視犯罪人數是否減少及累犯人數是否減少而定。在某些社區方案中,犯罪率顯著降低,危機調適雖有立竿見影之效;但並非每個社區方案實施結果都能如此樂觀,多數轉向方案在接受評估後,並未明顯地表示犯罪人數因此類方案的成立,而顯著地減少,導致功利主義者開始懷疑社區方案之存在價值。在成本效益分析後,許多人對轉向方案信心動搖,認為它並未達到預期復健效果。故少年事件處理,才又轉回處罰。

四 我國實施社區處遇之建議

(一)設立社區矯治中心作為社區處遇之處所

社區矯治中心係社區犯罪處遇機構之一,具有短期監禁、處遇、收容及釋放前服務之特色,其適用對象甚廣,包括:即將出獄之受刑人、服短期刑者及未受審判而參與審前轉向之犯罪嫌疑人,及一些接受社區觀護處分之犯罪人等。社區矯治中心無論在美國抑或英國(稱寄宿所)均獲得諸多肯定。一般而言,社區犯罪矯治中心對於即將重返社會之受刑人,至少具有以下兩個功能:

1.找尋工作。

2.安排居住及維繫家庭繫帶。

我國可考慮由法務部統籌,設立社區矯治中心,其任務是經由一個具規模的機構使社區處遇得以落實。即在法務部明定相關設立與實施辦法之後,使司法實務系統與社區矯治中心加強合作,將社區處遇之精神發揮極致。

而社區矯治中心自身亦必須有相當完善之規劃,使每一個受到幫助之人都能達成自己所期待的目標,並為自己的行為負責;此外,社區矯治中心應提供生活技能的訓練、工作準備、藥物濫用教育和各項個人或團體諮

商服務。

　　當然，此社區矯治中心必須依法成立，工作人員必須接受各項專業訓練，並具備此方面相關之專業知能。此外，社區矯治中心並應鼓勵工作人員參加各種訓練課程，藉以提供在政策制定、工作程序與工作技巧上之協助。

（二）拓展機構內之社區處遇

　　機構性之矯正處遇效能常因犯罪者之惡習傳染，而大打折扣，為強化受刑人未來出獄之社會適應能力，並減少監禁之痛苦與弊端，有必要援用外出制度拓展機構內之社區處遇。

　　將現行外出制度之相關規定擴大適用，可謂是在我國推行社區處遇工作中注入一股新血，因二者皆係給予受刑人更多接觸社會及人群之機會，使其確實獲得再教育、再社會化的途徑，擺脫以往入監服刑只會讓犯罪人之犯罪技巧精進之刻板印象，真正的幫助他們跨出這一步。

（三）實施社區服務以替代短期自由刑

　　社區服務是指法院要求犯罪人在社區從事一定時數之工作與服務，對被害人、社區做一具體補償。工作與服務之範疇大致包括：蒐集垃圾、清理街道、修理公共設施、照顧幼兒或老人、醫院醫療協助等，英美各國此種處遇甚為風行，並以替代短期自由刑為主要目標。例如，美國之社區服務各州亦不盡相同，交通過失犯、酒醉駕車者……甚至其他輕微罪刑之習慣犯等，皆為適用之對象；又以英國為例，1991年間至少超過42,500件之案件交付社區服務處分。

　　我國對此種社區處遇之型態可參酌之，使微罪之犯罪人經由工作與服務之過程，體驗社會，除可對被害家屬、社會加以補償外，尚可培養社會責任感，發展工作技能與興趣，充分運用時間並增加人際接觸。

（四）實施密集式觀護監督，以減低再犯率

密集式觀護監督（Intensive Probation Supervison, IPS），係指對受觀護處分人或假釋出獄人進行密集式監控，以確保不會再犯。此方案通常要求密集的面對面接觸、宵禁、命令式的就業、強制性社區服務、尿液或酒精檢查，並要求觸法者償付被害者損害賠償及徵納接受觀護處分之費用。

（五）運用在家監禁與電子監控，以節省監禁成本

典型的在家監禁，是指在家監禁對象除了事前獲得許可的特定活動之外，被嚴禁一切離開自宅外出的行動。其有以下之特徵：

1. 規定個別性的預定行動（即只在一定期間，確實地在特定場所），或配合處遇對象個人特性的遵守事項。
2. 此嚴密性的持續監控，固定實施探訪，或每週幾次向觀護人報到。
3. 採併科賠償被害或社區服務命令。
4. 再犯或違反遵守事項時，立即撤銷該處遇，並入監執行。
5. 提出每日活動日誌報告，以描述每天所做的一切活動。
6. 參加由法院指定或觀護官指定的自我改進的處遇方案。

在家監禁有下列優點：

1. 可大量減少監禁人口，解決監獄擁擠問題。
2. 節省經費，減輕政府財政負擔。
3. 在家監禁富彈性，可與其他制裁性懲罰方案併合使用，例如電子監控或社區服務，能避免受刑人因入監執行而喪失職業或家庭破碎所謂「社會性代價」之現象。
4. 能避免監獄次級文化之影響，減低再犯率。
5. 對有特定需求之受刑人，諸如：妊娠中之女受刑人、年老多病、患重病或末期之受刑人，提供一個有效之選擇。

無論電子監控是作為「監禁替代方案」或「集中監督緩刑政策」，或是「自宅監禁犯罪手段」，都具有其效用性的評價。其應用的對象如自宅

監禁的報告，利用此一裝置替代機構性的看守所羈押，不僅有助於抒解人滿為患之問題，更符合被告利益，使被告不至於因羈押而失去工作，或與家庭、社區脫離聯繫。

第十六章　修復司法之發展

20世紀末葉，當傳統刑事司法力量無法有效控制犯罪之際，澳洲學者John Braithwaite大肆倡導另類之刑事司法制度——修復司法概念崛起。引起當代各國學者之注意，更廣泛地運用在刑事司法實務。受犯罪學家與刑事司法學者、專家普遍重視的「修復司法」（Restorative Justice, RJ），或譯為修復式正義[1][2]之起源說法，各家不一，與修復司法制度性質、執行等甚為近似的「紛爭調解」（Dispute Mediation，一說為紛爭解決，Dispute Resolution）制度有密切關係。事實上，自人類初具基本社會組織之際，即已具有融合加害人、被害人與社區三方意見之類似修復司法之調解制度，對當時社會穩定貢獻極鉅。本節探究修復司法制度之內涵、類別，並對其發展面臨之挑戰加以探討，以供刑事司法學術與實務界參考。

第一節　修復司法之沿革

一　與人類歷史同源

當代許多修復司法實務可追溯自尚殘存在世上的原住民文化[3]（Indigenous Cultures）當中，值得注意的如：紐西蘭的毛利人（Maori in New Zealand）、加拿大第一民族部落[4]（First Nations Tribes in Canada）；但仍有學者（如Daly, 2002）質疑這些原住民文化就是修復司法制度源頭的論述。但大家卻都承認，修復司法制度絕非最近30幾年才發展出來的一

---

1 許春金，人本犯罪學，控制理論與修復式正義，三民書局，民國95年。
2 林順昌，觀護法論，社會復歸與社會防衛之間的拔河，作者自行出版，民國98年，第301頁。
3 Weitekamp, E. G. M., The History of Restorative Justice, in Bazemore G. & Walgrave, L. (Eds.), Restorative Juvenile Justice: Repairing the Harm of Youth Crime. NY: Criminal Justice Press, 1999.
4 Crawford, A. and Newburn, T., Youth Offending and Restorative Justice: Implementing Reform in Youth Justice. OR: Willan, 2003.

個刑事司法制度。

　　緣起於1970年代的紛爭調解制度與修復司法的關係密切，但當代的修復司法並非源自紛爭調解制度，受其影響卻是不爭的事實。修復司法制度的緣起，可以說跟人類歷史同等悠久。Braithwaite[5]認為，修復司法制度是世界所有民族自其有人類歷史之後的最主要刑事司法模式（Dominant Model of Criminal Justice）；惟當時人類並無正式之刑事司法「制度」，也沒有任何機構協助爭取被害人之權益，被害人與其家屬自行採取行動，以獲取他們的修復需求。早期的成文法，如：摩西律法（Law of Moses）、漢摩拉比法典（Code of Hammurabi）、羅馬法典（Roman Laws）等均有提及受犯罪行為所害的處理方式。而近代正式刑事司法制度之發展，特別是警察與刑事法庭，將獲取賠償救濟的重點，從被害人移轉至國家，自此爾後，被害人在法庭上之地位僅只比目擊證人高些。修復司法即就當代刑事司法制度之處理過程，拉回至當代法律發展之前的初始狀態[6]。

二　明恥整合理論、標籤理論奠定其發展之基石

　　紛爭調解制度激起學術、實務界對替代正式刑事司法體系實務介入措施的殷切需求，再加上犯罪被害人權益的覺察、甦醒與催化，過去僅強調犯罪人的刑事司法制裁措施，最終既無法有效嚇阻犯罪，也無法減少犯罪被害[7]；社會逐漸懷疑傳統刑事司法體系的犯罪防治能力，兼顧被害人、犯罪人與社區司法替代措施成為社會共同之企求[8]；主張回復（Return）被害人與犯罪人至犯罪前的狀態（Pre-Offense States）的修復式[9]（Restorative或

5　Restorative Justice: Assessing Optimistic and Pessimistic Accounts, in Tory, M. (Ed.), Crime and Justice: A Review of Research, 25, IL: University of Chicago Press, 1992.

6　Doerner, W. G. & Lab, S. P., Victimology, OH: Anderson, 2008.

7　McLaughlin, E., Fergusson, R., Hughes, G. & Westmarland, L., Introduction: Justice in the Round－Contextualizing Restorative Justice, in McLaughlin, E., Fergusson, R., Hughes, G. & Westmarland, L. (Eds.), Restorative Justice: Critical Issues. CA: Sage, 2003.

8　同註5。

9　簡吉照，我國少年司法體系運用修復式正義之研究，犯罪與刑事司法研究，臺北大學犯罪學研究所第14卷，第117～185頁。

Reparative回復式）的司法實務措施[10]，恰可迎合此一迫切之需求[11]。

修復司法的基本主張，係將犯罪與損害行為之回應措施，設定在修復對個人與社會產生之損害，同時也強調犯罪人的回歸社會的需求。雖有許多理論支持修復司法，但最能闡釋其要義者，應屬Braithwaite[12]之明恥整合理論（Reintegrative Shaming Theory）及標籤理論（Labelling Theory）；該理論主張透過傳統之正式刑事司法處理犯罪人，非但增加孤立犯罪人之窘境，同時也對之形成汙名烙印，此一措施反而邊緣化犯罪人（Marginalize The Offender）。即使他們已離開矯正機構，在自由社會討生活時亦然。基本上，正式的刑事司法只醉心於施予犯罪行為嚴正之刑罰（即應報刑）來嚇阻犯罪，既無法矯正犯罪人之行為，亦無法修復對被害人造成的損害。

隸屬於社會衝突學派（Social Conflict Approach）之和平建構犯罪學（Peace-Making Criminology），而以Braithwaite[13]的明恥整合理論之主要命題，強調「明恥」對犯罪人回歸社會具有極為正向的意義；修復司法受明恥整合之影響，亦須表達不贊同犯罪行為，卻也須同時寬恕那些從過去錯誤經驗得到教訓，且願意為被害人與社區付諸修補行動的犯罪人。理論主要關鍵，即為「再整合」（Reintegration）而非「羞辱烙印」（Stigmatization）。明恥整合的實務應用，必須將傳統刑事司法的單獨焦點（Sole Focus）── 對犯罪人的社會回應（Social Response），轉而至社會大眾都須對犯罪共同承擔（Shared Focus），社會責難（Social Disapproval）、被害人與社區的需求，以及使事物更為美好的共同回應行動[14]（Shared Response）。

---

[10] 謝如媛，修復司法之法制化研究── 以法院介入參與之模式為中心，國科會委託專案研究報告編號：95-2414-H-194-010-，民國95年。

[11] 許春金，人本犯罪學，控制理論與修復式正義，三民書局，民國95年。

[12] Braithwaite. Crime, Shame and Reintegration. England: Cambridge University Press, 1989.

[13] 同上註。

[14] Harris, N. , Evaluating the Practice of Restorative Justice: The Case of Family Group Conferencing, in Walgrave, L. (Ed.), Repositioning Restorative Justice. OR: Willan, 2003.

第二節 應報司法與修復司法

　　如表16-1所示，傳統的應報式刑事司法制度之焦點為觸法的犯罪人，制裁之目的為嚇阻、報復、刑罰；而修復式刑事司法制度則是設法修復被害人與社區的損害，並改變犯罪人行為。此兩種不同之司法制度，最大不同點應是被害人的角色與地位；傳統的應報司法認定犯罪是違反社會或國家之法律之行為，被害人與目擊證人之法律地位相同，犯罪基本是對人與人際關係（People and Interpersonal Relationships）的侵害行為[15]；修復司法則認為傷及被害人與社區之行為就是犯罪，主張最佳的改變方式就是修復犯罪對被害人與對社區造成的損害。

表 **16-1** 應報司法與修復司法理念比較[16]

應報司法	修復司法
犯罪係違反國家、法律之行為，係一抽象概念。	犯罪係侵害他人或社區之實質行為。
靠刑事司法制度控制犯罪。	犯罪控制轉由社區負責。
犯罪人之罪責由刑罰所決定。	視採取修復損害行動的責任來決定其罪責。
犯罪係個體應負責任之個別行為。	犯罪兼有個別與社會層面之責任。
刑罰是有效的： 1.靠刑罰嚇阻犯罪。 2.藉刑罰以改變行為。	單靠刑罰並無法改變行為，且刑罰會瓦解社區和諧與良善之關係。
被害人係司法處理過程之外圍角色。	被害人係解決犯罪問題過程之核心。
犯罪人常被界定為有缺陷的個體。	犯罪人被界定為恢復行動的能量。
以責難、罪過、過去（是他做的嗎？）為焦點。	以問題解決、責任義務、未來（他應該怎麼做？）為焦點。
強調對立的關係。	強調對話與協商。
以懲罰、嚇阻方式使之痛苦以預防再犯罪。	賠償是修復兩造的手段，也是和好、修復之目的。
社區立於邊線位置，由國家委任代理。	社區扮演修復過程的催化者。

---

[15] Zehr, H. & Mika, H., Fundamental Concepts of Restorative Justice, in McLaughlin, E., Fergusson, R., Hughes, G. & Westmarland, L. (Eds.), Restorative Justice: Critical Issues. CA: Sage, p. 41, 2003.

[16] 同註6，第119頁。

表 16-1　應報司法與修復司法理念比較（續）

應報司法	修復司法
回應的焦點為犯罪人之過去行為。	回應焦點為犯罪人行為造成的損害結果，強調未來修復作為。
依賴專家委任代理。	直接由參與者處理。

　　將司法焦點轉移至被害人、社區與對社區造成之損害，表示傳統應報式刑事司法以刑罰與嚇阻的犯罪回應措施，已不再是適當的做法[17]。修復司法嘗試修復犯罪對被害人與對社區造成之損害[18]，必須以造成之損害，以及被害人與社區期望修補之方式，如賠償（Restitution）、和好（Reconciliation）等。因此，被害人與社區必須參與修復司法的運作，以確立損害與社區期望的最佳回應方式。然而，僅將焦點擺在被害人與社區的修復司法還不完整，尚應協助犯罪人體認他所造成的損害，並找出未來避免其再犯的負因，修復司法尋求取代刑罰與嚇阻以外的措施，代之以了解其行為成因與減少這些因素的干預實務。

　　修復司法的核心為對被害人造成之損害、整個社區（包括犯罪人）的需求，以及三者共同參與修補損害的過程。因此，社區應擔負犯罪處理之重擔，而非僅由刑事司法制度負責[19]。Braithwaite更直接指出，修復司法不僅修復被害人，也修復社會的和諧，修復對所有團體社會支持，同時也修復犯罪人，使之盡可能全然回復至犯罪造成之前的狀態[20]。欲達成上述目標，必須將相關團體、人士（包括：被害人、犯罪人、兩造雙方親友、刑事司法制度正式官員、社區成員等）齊集於一個非對立的場合[21]（Nonconfrontational Setting），所有參與者視為同一個團體，共同

---

[17] 同註15。

[18] 謝如媛，修復司法的現狀與未來，元照出版社，月旦法學第118卷，第41～51頁，民國94年。

[19] Nicholl, C. G., Community Policing, Community Justice, and Restorative Justice: Exploring the Links for the Delivery of a Balanced Approach to Public Safety. Washington, D. C.: Office of Community Oriented Policing Services, 1999.

[20] Braithwaite, J., Restorative Justice and a Better Future, in McLaughlin, E., Fergusson, R., Hughes, G. & Westmarland, L. (Eds.), Restorative Justice: Critical Issues. CA: Sage, 2003.

[21] Kurki, L., Restorative and Community Justice in the United States, in Tonry, M. (Ed.), Crime and

找出造成該犯罪或反社會行為的原因，彰顯所有團體、人士的感受與顧慮[22]（Feelings and Concerns），協商、調解出為各方人士所同意的解決辦法，最後還共同協助推動並實現該解決辦法[23]。

第三節　修復司法之內涵

修復司法是一有別於傳統之刑事司法制度。促使犯罪人回復至犯罪前還未犯罪的狀態，以及恢復被害人犯罪前未受害的情狀，此為修復司法制度的基本目標，分析如下：

一　依序追求六大基本目標

修復司法有許多別稱，例如：「社區司法」（Community Justice; Neighborhood Justice）、「社會司法」（Social Justice）、「變形司法」（Transformative Justice）、「平衡暨修復司法」（Balanced and Restorative Justice）、「仲裁司法」（Peacemaking Justice）或其他再衍生出來的新名稱。Braithwaite認為，這些名稱已描述修復司法的概念與輪廓，對吾人認識該司法制度甚有價值[24]。Harris提出一套評估修復司法實務的模式，此模式除可供評估該制度之執行成效外，亦可從中尋得修復司法制度之六大目標[25]，依序為：程序正義（Procedural Justice）、圓滿結果（Satisfactory Outcome）、賦權充能（Empowerment）、再整合（Reintegration）、修復（Restoration）、情緒與社會復原（Emotional and Social Healing）；如圖16-1所示。

Justice: A Review of Research, 27. IL: University of Chicago Press, 2000.

[22] Bazemore, G. & Maloney, D., Rehabilitating Community Service: Toward Restorative Service in a Balanced Justice System, Federal Probation, 58: 24-35, 1994.

[23] 許春金、陳玉書、黃蘭媖、柯雨瑞，警察機關在修復式正義理論中角色扮演之研究，內政部警政署刑事警察局委託研究報告編號：PG9308-0326 093-301010100C1-007，民國93年。

[24] Braithwaite, Restorative Justice and Responsive Regulation. NY: Oxford University Press, 2002.

[25] 同註14。

　　「程序正義」亦即程序公正（Fairness），表示修復司法運作過程當中，必須尊重所有參與者（或團體）的權利，包括基本人權（Human rights）與法律權利（Legal Rights），以及所有參與者均一律平等地視為適法的意願（Wishes of Legitimacy）。此制度進行必須達成「圓滿結果」，亦即所有團體同意會議決議的解決方案，並且願意遵守行動計畫之規定。修復司法若無法做到「程序正義」與「圓滿結果」，即無法再往上達成其他四項目標[26]。

　　「賦權充能」意即必須充分反應出所有參與者（或團體）的需求，意即提供被害人與犯罪人有適法之感受（Sense of Legitimacy）；「修復」表示回復對所有參與者造成之傷害，同時必須拒斥應報刑當做對該行為合法回應的方式。修復司法為犯罪人與被害人尋求回歸社區的「再整合」機會，不對犯罪人加諸汙名烙印，視之如同其他社區成員一般；最後，修復司法制度的運作，必須充分顯現制度運作的結果，達成療癒常伴隨犯罪行為所造成的情感傷害與社會損害的終極目標。

情緒與社會復原

⬆

修復

⬆

再整合

⬆

賦權充能

⬆

圓滿結果

⬆

程序正義

圖16-1 修復司法制度實務評估目標[27]

---

[26] 同上註。

[27] 同註6，第122頁。

二 等級類型

依修復司法制度所能達成之結果，據以評定各種不同程度之等級；其實各式各樣的修復方案（Restorative Programs），均可視為修復司法制度的範疇。在修復程序中，依其為達成各目標而為各類參與者涉入程度而定。下表即以三等級區分完全（Fully）、大部分（Mostly）、部分（Partly）等的修復司法型態。

由被害人修復導向（Victim Reparation Orientation）、犯罪人責任焦點（Offender Responsibility Focus），與社區關懷領域（Communities of Care Domain）等三項不同面向（Dimensions）形成程度不同之各種修復實務型態（Restorative Practices Typology），其中每一型態均可代表一類獨立循環圈（Separate Circle）；即使每一獨立面向提供有限的修復能力，但每一面向仍可對被害人及其被害做出一定之貢獻。不同的面向交集後得出範圍更廣的修復作為，而所有面向交集的中心，即為完全的修復司法。層次說明可見於表16-2。

表16-2　修復司法三大等級及其型態[28]

（一）完全修復司法（核心）
　　1.和平圈（Peace Circles）
　　2.家族會議（Family Group Conferencing）
　　3.社區會議（Community Conferencing）
（二）大部分修復司法
　　1.被害人扶持圈（Victim Support Circles）
　　2.被害人賠償（Victim Restitution）
　　3.被害人—加害人調解（Victim-Offender Mediation）
　　4.被害者除外會議（Victimless Conference）
　　5.正向管束（Positive Discipline）
　　6.療癒社區（Therapeutic Communities）
（三）部分修復司法（外圍）
　　1.被害人修復（Victim Reparation）
　　　(1)被害人服務（Victim Service）
　　　(2)犯罪補償（Crime Compensation）

---

[28] 同註6，第123頁。摘自McCold & Wachtel（2002）著書之內容。

表16-2　修復司法三大等級及其型態（續）

2.關懷和好社區（Community of Care Reconciliation）
(1)加害人家庭服務（Offender Family Services）
(2)以家庭為中心之社會工作（Family-Centered Social Work）
3.加害人責任（Offender Responsibility）
(1)相關之社區服務（Related Community Service）
(2)修復委員會（Reparative Boards）
(3)青年援助小組討論會（Youth Aid Panels）
(4)被害人警覺性訓練（Victim Sensitivity Training）

　　典型的修復司法實務，主要有被害人—加害人調解（Victim-Offender Mediation, VOM）、家族會議（Family Group Conferencing, FGC）、審判循環圈（Circle Sentencing）等三類[29]；茲分述如下：

（一）被害人—加害人調解

　　「被害人—加害人調解」亦稱為「被害人—加害人和好計畫」（Victim-Offender Reconciliation Programs, VORPS），係直接由1970年代早期的紛爭調解計畫（Dispute Resolution/Dispute Mediation）自然演化而成，被視為最古老的修復司法型態[30]。文獻記載最早的VOM計畫，出自1973年加拿大安大略省（Ontario, Canada）Kichener地區的門諾教派（Mennonites），屬於一項定罪後程序（Post-Conviction Process），將被害人與加害人齊聚一起，並由訓練有素的調解委員參與，以共同討論涉及犯罪事件（Criminal Incident）的廣泛議題。

　　VOM的基本命題，係將犯罪事件及其後果視為極其複雜，絕非單靠刑事法令能力所能圓滿處理者[31]。正式之刑事司法制度僅能依照法條規定提出制裁措施而已；VOM尋求針對被害人與加害人之需求的處理方式。VOM會議最重要的內容，是確認出被害人遭受犯罪被害的損害等級與類

---

[29] 同註6。

[30] Umbreit, M. S., Avoiding the Marginalization and "McDonaldization" of Victim Offender Mediation: A Case Study in Moving Toward the Mainstream, in Bazemore, G. & Walgrave, L. (Eds.), Restorative Juvenile Justice. NY: Criminal Justice Press, 1999.

[31] 同註19。

型（Levels and Types），賦予被害人充分表達其內心感受及其遭受損失的機會；同時，亦提供犯罪人解釋之所以犯罪之原因與情況。

透過充分的討論，對於任何人在該事件發生之初的可能回應行為，使被害人與加害人兩造雙方均能獲得更透澈的了解[32]。VOM會議的重點在於，修復被害人的損害、協助治療被害人（包括物質與精神上）[33]、回復社區在未犯罪前的狀態、重建犯罪人順利回歸社區[34]；到最後，會議可能會以具體決議犯罪人給予被害人財物賠償，或提供其他服務，以修補其行為所造成之損害；也可能因而促使犯罪人在行為與態度上的重大改變。

出席VOM會議，被害人採自願，而犯罪人則須經法院經過一定司法程序定案後，方可參與[35]。有些VOM方案不必然一定得由被害人與加害人面對面的調解方式進行，但一定得經被害人有意出席該會議，且願意與加害人直接見面，否則不可促成兩造雙方接觸之機會。

被害人—加害人調解方案為非正式刑事司法制度的一部分，或也可由與正式刑事司法制度關聯的機構負責處理。某些涉及管轄權的案件，調解會議須經法官做成正式裁決方可為之。成功的調解表示正式司法之原始判決（Original Conviction）遭撤銷或消滅（Vacated or Expunged）[36]；另一方面，犯罪人不願或無法參與調解或調解不成，以致無法達成調解目標時，犯罪人必須返回法院接受正式之司法判決[37]。

（二）家族會議

經考證，家族會議源自紐西蘭毛利人對青少年事件的處理實務。鑑於毛利人年輕人遭正式刑事司法程序處理之事件日益增加，於1989年通過

---

[32] Umbreit, M. S., Vos, B., Coates, R, B. & Brown, K. A., Facing Violence: The Path of Restorative Justice and Dialogue. NY: Criminal Justice Press, 2003.

[33] 林順昌，「Restorative Justice」正名的論辯與實踐──以觀護法治的改革為核心，文刊法學論集第16卷，第47～94頁，民國98年。

[34] 同註1。

[35] 同註30。

[36] 同註6。

[37] 同註18。

名為「兒童、青少年暨其家庭法案」（Children, Young Persons and Their Families Act），FGC遂成為舉世知名之司法制度[38]。此法案將年紀介於14-17歲之所有年輕人觸法案件（除極少數之重刑犯外），從正式刑事司法體系移至FGC管轄審理[39]；自1989年開始，FGC漸漸傳至鄰近的澳大利亞，乃至美國、歐洲與其他國家。

FGC與VOM最大的差異是，前者納入被害人與加害人雙方之家人、密友與其他支持關切該案之人或團體；也可能包括刑事司法正式人員在內，也包括社工員、警察、辯護委任人或律師[40]。1991年，澳大利亞Wagga-Wagga區的警政單位將FGC的基本理念納入並改編成舉世知名的「社區團體會議」（Community Group Conferencing, CGC）；而會議是否接納廣泛支持團體（Broader Set of Support Groups）與社區成員（Community Members），則是FGC與CGC兩者間之最大差異處[41]；FGC構成分子如圖16-2所示。

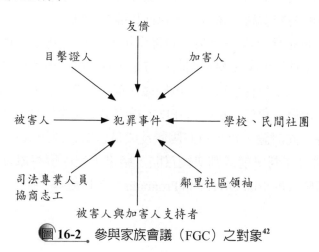

圖16-2 參與家族會議（FGC）之對象[42]

38　同註4。

39　同註21。

40　Van Ness, D. W. & Strong, K. H., Restoring Justice, OH: Anderson, 2002.

41　McCold, P., A Survey of Assessment Research on Mediation and Conferencing, in Walgrave, L. (Ed.), Repositioning Restorative Justice. OR: Willan, 2003.

42　同註6，摘自Nicholl（1999）著書之內容。

　　從VOM的參與成員，被害人、加害人、調解委員，逐步擴充至CGC尚加入支持團體或成員與社區代表，是區別修復司法制度型態的重要方法。家族會議係由訓練有素，且需扮演多樣角色的「催化員」（Facilitator）所主導；大部分之會議事先大都經過此催化員接觸，並詢問所有參與成員意見，催化員與參與成員見面時，先說明會議過程，並解釋每個成員之角色，當然也會說明會議的內容，以及可能解決之方案，經過所有參與成員同意後，才召開正式會議。

　　一旦會議開始，透過案件真相的討論、被害對相關對象之衝擊、參與者對犯罪行為與犯罪人的感受、雙方合意的解決方案的研討等，均由催化員引導整個會議之進行[43]。其間，家人與支持團體對整個過程有著重要之影響，他們可以抒發因事件所造成之損害的內心感受、他們對犯罪被害人的關懷、對犯罪人相關行為的失望，以及他們對此事件解決辦法的建議等。更重要的是會議結束後，交付相關支持團體責任，使其各自應負起監控犯罪人有無遵照會議決議方案，執行其補救措施[44]。

　　大部分會議係以處理更微小的青少年偏差行為為主，也可處理嚴重犯行與累犯案件[45]；與VOM相似的地方是，FGC強調的重點也是事件發生內容、成因，以及事件造成損害後的最佳補救措施[46]；FGC不同於VOM的是，有「催化員」角色。催化員在FGC扮演舉足輕重的地位，維繫整個會議朝向正確方向討論，直至所有團體及成員達成共同決議為止[47]。FGC與CGC之會議可在判決前或判決後召開，結果可交由警察處理，或當做判決前轉向措施（Pretrial Diversion Programs）予以處理[48]。

43　同註19。

44　同註21。

45　同上註。

46　McGarrell, E. F., Olivares, K., Crawford, K. & Kroovand, N., Returning Justice to the Community: The Indianapolis Juvenile Restorative Justice Experiment. IN: Hudson Institute, 2000.

47　Moore, D. & O'Connell, T., Family Conferencing in Wagga Wagga: A Communitarian Model of Justice, in Adler, C. & Wundersitz, J. (Eds.), Family Conferencing and Juvenile Justice: The Way Forward or Misplaced Optimism?, Australia: Australian Institute of Criminology, 1994.

48　許春金、陳玉書、黃蘭媖、柯雨瑞，警察機關在修復式正義理論中角色扮演之研究，內政部警政署刑事警察局委託研究報告編號：PG9308-0326 093-301010100C1-007，民國93年。

（三）審判循環圈

修復司法制度的第三項主要類型為審判循環圈，此名詞有時也稱為療癒循環圈（Healing Circles）或仲裁循環圈（Peacemaking Circles）[49]，係由加拿大第一民族部落於1990年代所推行的一項司法實務措施。審判循環圈延聘社區成員參與，共同商定最適合的犯罪人制裁措施[50]。審判循環圈屬於司法審判程序之一，原則上係在犯罪事件結案，且犯罪人業經法院有罪判決宣告之後，才進入此一審判程序。審判循環圈之參與者包括上述家族協商會議（FGC）之所有團體與個人，同時有意參與之一般社區居民亦可參加。

審判循環圈的運作可以是法院程序的一部分，也可獨立於法院之外運作；在一般司法程序，審判循環圈屬於承審法官之自由裁量權（Discretion of the Trial Judge），且無須經法律機關（Statutory Authority）所裁定[51]；審判循環圈負責的案件大部分屬於輕微犯行，有時會審理極少數之嚴重犯行[52]。此型態與其他修復司法型態最大不同處，審判循環圈通常可適用於成年及少年事件之處理[53]。因此，程序自判決後方使開始進行，參與成員來源亦極為廣泛，且在實際會議進行前之準備工作極為吃重[54]，其基本條件是犯罪人須主動表示參與之意願，甚至必須經過正式提出申請[55]；催化員負責召集所有參與團體，準備會議前之事項，包括：程序說明、概略介紹案件真相、各方提出之問題與解答、實際會議之安排與計畫等，並對犯罪人著手實行修復其所造成之損害的工作進度，向參與者提出說明，此會前之準備工作，常達數月之久。

會議召開時，每位參與審判循環圈之成員均給予充分之發言機會、對

---

[49] Bazemore, G. & Umbreit, M, A Comparison of Four Restorative Conferencing Models, Washington, D. C.: U. S. Department of Justice, Office of Juvenile Justice and Delinquency Prevention, 2001.

[50] 同註40。

[51] 同註4。

[52] Stuart, B., Circle Sentencing: Turning Swords into Ploughshares, in Galaway, B. & Hudson, J. (Eds.), Restorative Justice: International Perspectives. NY: Criminal Justice Press, 1996.

[53] 同註21。

[54] 同上註。

[55] 同註19。

該犯罪之感受、對會議討論結果提供具體意見等；會議最後必須研提一套修復行動計畫（Plan of Action），內容包括：兩造雙方更進一步的會談、犯罪人致歉、賠償、社區服務、處遇／重建計畫（如諮商輔導、藥物／酒精治療）、供裁決法官裁判的詳細建議等[56]。審判循環圈最後完成之建議，也包括入監服刑在內[57]。審判循環圈之決議，通常以犯罪人應盡之義務為主，若犯罪人無法遵守，可能再進入正式之刑事司法體系內處理，或再度回到審判循環圈內。有關審判循環圈的基本步驟綜合整理，如表16-3所示。

　　審判循環圈除為犯罪人擬定修復其造成之損害的計畫外，亦責成所有與該犯罪直接關聯之團體，從各面向的行動計畫切入。被害人獲得支持力量後，必須對自己採取積極主動的療癒態度。社區應找出導致犯罪發生的成因，且找出消減此成因之方法，此成因可能只是犯罪人個人因素（缺乏父母監督或未成年飲酒等），或可能是範疇較廣之社會結構因素（失業或社區有幫派問題等）。並非所有的審判循環圈工作方式都相同，有時即使沒有被害人或加害人任何一方之參與，程序依然可以照樣進行。然而，最理想的方式依然兼顧社區、被害人、加害人等三者之需求的修復圓滿結果。

表 16-3　審判循環圈會議程序大要[58]

序	步驟	作為
1	準備	到會人員之確認，顧忌、疑慮之去除
2	會議開始	歡迎、依據、介紹、製造輕鬆氣氛
3	法律說明	事件之真相、沿革與觀護報告
4	澄清真相	補充相關資訊、分享情感與關懷
5	尋求一般成因	犯罪、酗酒問題、破碎家庭關係、學校適應不良、與幫派成員關係等相關議題之確立
6	選擇方案	檢視被害人、犯罪人、社區之需求與修復方式
7	開展關懷	確認所有參與者都聽見、了解所選之方案；探究哪個方案最實際，並對社區助益最大
8	結束	做出結論；即使未達成意見一致，極力使參與者滿意地離開

56　同註40。
57　同註52。
58　同註6，摘自Nicholl（1999）著書之內容。

　　上述三類不同之修復司法型態，對於修復犯罪行為造成之傷害，雖稍有不同，惟三者均以被害人、加害人、社區之需求為主，透過促使參與團體或個人了解，並確認該行為之成因，最後再據以形成各方均同意之行動計畫，並確實要求履行。茲將三者之比較結果，如表16-4所列。

表16-4　修復司法主要型態之協商會議之比較[59]

	被害人—加害人調解（VOM）	家族協商會議（FGC）	審判循環圈
參與者	調解員、被害人、加害人為基本參與者。	由協商員確認主要參與者，邀集被害人與加害人之近親、警察、社工員、其他支持成員；社區不在邀集之列。	法官、檢察官、辯護人參與較嚴重之案件，被害人、加害人、服務設施提供者、現有支持團體等，並開放社區參與，由司法委員會確認主要居民之參與。
被害人之角色	表達對犯罪之感受及其衝擊；對形成加害人的責任義務與修復計畫內容，具有舉足輕重之角色；並賦予拒絕、同意的絕對權力。	對犯罪表達感受，列入修復計畫內容。	參與會議與決策過程；其意見列入對加害人適任資格、支持團體選擇及修復圈參與者之參考。
控管者	法院及其他受命機關	法院、社區司法協商員、警察、學校行政人員	社區司法委員會
與正式司法體系之關係	視從轉向暨處理之核心程序，轉為對法院案件負擔量造成輕微衝擊的邊緣計畫等整個連貫性而定。	某些地方（紐西蘭少年事件）係以案件聽證的主要程序，須放棄處理權，是衝擊法院案件負擔之主因；其他由警察主導程序進行的地方，可能造成法網加大問題，對法院案件負擔衝擊較小。	法官、檢察官、法院行政官員與社區責任分攤，亦即共同商定選擇、制裁、追蹤等過程，現時對法院案件負擔衝擊小。
準備工作	一般需要透過被害人與加害人面對面解釋程序的預備工作。	利用電話向所有參與團體解釋程序，有時可能需要透過被害人、加害人及其家屬當面說明的預備工作。	會議進行前，必須先向加害人與被害人解釋審判循環圈的程序與相關規定。

---

[59] 同註6，摘自Bazemore & Umbreit（2001）著書之內容。

表16-4 修復司法主要型態之協商會議之比較（續）

	被害人—加害人調解（VOM）	家族協商會議（FGC）	審判循環圈
會後追蹤	各有不同；由調解員追蹤，或交由觀護或其他相關計畫之成員負責。	不確定；可能是警察、協商員或其他適合人士負責追蹤。	社區司法委員會負責，法官會以入監服刑判決當做要求犯罪人恪遵行動計畫的動機考量。
主要效果	容許被害人對加害人陳述犯罪對其之衝擊，充分表達其情緒與需求；以被害人滿意此程序為主；加害人逐漸覺察其行為之損害、激發同理心，並承諾全力執行修復計畫。	澄清事件之真相，肯定修復被害人損失，激勵犯罪人重建，重視之焦點為「行為而非需要」（Deed Not Need；亦即重點在犯行及其造成之損害，而非犯罪人之需求而為）。	增加社區紛爭解決暨犯罪預防的力量與能力；形成修復與復健計畫，彰顯被害人關懷暨公共安全重點，指派被害人與加害人支持團體的職責，並確立社會資源所在。

第四節 修復司法之效能與面臨之挑戰

一 執行後之滿意度與執行力

有關紛爭調解的滿意度所涉及到的研究方法之信、效度問題已如前述；同樣地，有關修復司法滿意度之相關研究，亦極可能陷入此泥沼中。修復司法的核心為對被害人造成之損害，整個社區（包括犯罪人）的需求，以及三者共同參與修補損害的過程[60]；取其中之被害人為例，結果讓被害人滿意、令被害人感覺整個程序公平，最後加害人或其他支持團體完成修復的作為，即屬以被害人為中心的修復司法的預期作為。

除極少數的研究外，針對接受修復司法程序處理的犯罪被害人的調查研究指出，幾乎均顯現極高的滿意度[61]；VOM、FGC、審判循環圈等不同

---

60 同註1。

61 Braithwaite. Restorative Justice: Assessing Optimistic and Pessimistic Accounts, in Tory, M. (Ed.), Crime and Justice: A Review of Research, 25. IL: University of Chicago Press, 1999.

型態的修復司法，也都獲得令人滿意的結果。例如，曾參與VOM調解會議之團體或個人，表達對該制度滿意者高達75%至100%[62]；相同比例的受測滿意度也顯示在FGC類型上[63]，同時這些參與者也認為FGC程序顧及公平性[64][65]。這些研究結果與正式刑事司法體系的調查結果差異甚大，經刑事司法程序處理之被害人與犯罪人的滿意度，以及正義程序的感受，均呈現顯著低落的現象[66]。

　　世上所有事務並非全然完美，有些修復司法推展得非常順利，也獲得各界之推崇與讚賞；但有些情況則較不樂觀。針對此結果不一之現象，部分學者即根據修復司法成分之程度分成「完全修復式」、「部分修復式」、「非修復式」等級，據以檢視被害人與加害人對這些層級之修復司法的滿意度及正義感受。研究結果發現，參與完全修復司法者，其滿意度與正義程序感受最高，參與部分修復司法者次之；而參與非修復司法程序者，其滿意度與對該司法正義程序的認知，均名列各群組中之最末[67]。

　　有關執行力（Compliance）的研究，亦即對於各相關團體執行修復司法程序最後會議的決議事項之能力的感受，結果發現與上述滿意度之研究一致。修復司法最終會議決議，如係在尊重各支持團體的意見，並達成協調一致氣氛擬定的決議，絕大部分之團體均能完成其載明的任務[68][69]。其中，賠償是各類協商會議決議最多的方式；有關評估研究指出，在FGC型態的修復司法會議，犯罪人依照最終決議，達成對被害人賠償之比例高達

---

[62] 同註21。

[63] 同註32。

[64] McCold, P., A Survey of Assessment Research on Mediation and Conferencing, in Walgrave, L. (Ed.), Repositioning Restorative Justice. OR: Willan, 2003.

[65] Umbreit, M. S. and Coaste, R.B., Cross-Site Analysis of Victim-Offender Mediation in Four States, Crime & Delinquency, 39: 565-585, 1993.

[66] 同註6。

[67] McCold, P. and Wachtel, T., Restorative Justice Theory Validation, in Weitekamp, E. G. M. & Kernere, H. (Eds.), Restorative Justice: Theoretical Foundations. OR: Willan, 2002.

[68] Schiff, A., The Impact of Restorative Interventions on Juvenile Offenders, in Bazemore, G. & Walgrave, L. (Eds.), Restorative Juvenile Justice: Repairing the Harm of Youth Crime. NY: Criminal Justice Press, 1999.

[69] Umbreit, M. S., Coastes, R. B. and Vos, B., Juvenile Offender Mediation in Six Oregon Counties. OR: Oregan Dispute Resolution Commission, 2001.

九成以上[70]；另一項研究也指出，參與協商會議之團體或個人，完成決議事項之比率，遠較其他一般正式轉向當事人之執行率顯著為高。

上述有關對修復司法制度之滿意度與執行力的研究，之所以有樂觀且令人滿意的結果，主因應為該制度係採自願（Voluntary）參與有關。因修復司法只接納那些禁得起考驗，且對會議決議事項服從性較高的團體或個人，遵守決議計畫之執行力也較高，當然其滿意度與執行力會比其他刑事司法的「強制」性質要來得高。調查研究指出，約有四至六成的被害人與加害人被要求執行修復司法之VOM決議行動計畫[71]；另有六成的FGC案件因遭拒絕參與而未實際付諸執行[72]；另外在英國的研究也發現，只有二成的被害人參與修復司法的青年協商會議[73]（Youth Conferencing Panels）。導致這些正向研究結果的背後因素，到底是參與者的意願，還是制度本身的功能所影響，直到目前尚難從有限的研究得知。

二 修復司法的再犯率

修復司法除強調程序、過程的平和外，其是否可達到降低犯罪人的累、再犯率，亦為吾人所關切之課題。然而至目前為止，有關修復司法的再犯研究之文獻極少，即使研究結果出來，也會陷入如上所述的窠臼。因為參與修復司法程序處理的犯罪人，其本身之順從性、執行力與自願參與方案等有利復歸社會條件，行為矯正成功率高而不再犯乃必然結果。儘管如此，修復司法確實具有有效降低後續犯行（Subsequent Offending）的正向效果。以下茲就有限之再犯研究文獻，以摘要方式說明。

有關修復司法之再犯研究，絕大部分係以VOM型態為研究標的。Umbreit與Coates（1993）研究比較參與VOM與其他正式少年司法制度的再犯率，結果發現前者再犯率較後者顯著為低；McGarrell等人（2000）

---

[70] Wachtel, T., Family Group Conferencing: Restorative Justice in Practice, Juvenile Justice Update, 1(4): 1-2, 13-14, 1995.

[71] 同註32。

[72] 同註67。

[73] 同註4。

之研究亦發現，參與VOM之青少年，其再犯率較接受一般司法制度的青少年再犯率約短少40%。Umbreit等人（2001）則比較同一族群青少年參與VOM方案前後的再犯率，結果發現參與該方案一年後之再犯率，較參與此方案前減少68%；Nugent等人（1999）之研究則發現，接受且完成VOM調解方案之青少年，不僅再犯率大幅下降，且後續之犯行的嚴重性亦顯著降低許多。

　　Daly（2003）針對南澳大利亞少年協商會議的青少年再犯率，確實比參與一般正式司法處遇的青少年的再犯率顯著為低，且修復程度愈高之方案，其減少再犯率的效果更為明顯；同樣地，Hayes與Daly的研究也發現，參與協商會議之後的青少年之再犯率確實大幅降低，尤其首次參與該方案之再犯率降低幅度最為明顯。同時，也發現再犯率結果之不同與青少年之特性有關，故而他們主張並非所有案件與所有人都可適用協商會議之處理程序[74]。不同的是，McCold（2003）研究結果發現，參與協商會議後之再犯率，與一般傳統司法程序處理相差甚微，顯示修復司法對於降低再犯率的效果並不如預期般之樂觀。

　　再犯率研究結果不一致的現象，也在舉世知名的實驗研究中出現。Sherman與Strang（2003）曾在澳洲進行名為「明恥整合實驗」（Reintegrative Shaming Experiments, RISE），檢視RISE對酒醉駕駛、青少年財產犯罪、青少年順手牽羊竊案、青少年暴力等犯罪事件的被害人與加害人之影響，結果發現協商會議的確使青少年暴力犯的再犯率下降約38%，卻對順手牽羊竊案與財產犯罪沒有發揮相同的預期效果；針對酒醉駕駛行為之分析，雖顯示令人滿意之效果，然卻因此案件數太少，無法予以有效之推論。該項實驗報告結論指出，諮商調解會議之「催化員」的角色非常重要，係修復司法成功的關鍵角色，故強烈建議應加強會議催化員的專業訓練[75]。雖然，許多研究支持修復司法有效減少其後續再犯率的效

---

[74] Hayes, H. and Daly, K., Conferencing and Re-offending in Queensland, Australian and New Zealand Journal of Criminology, 37: 167-191, 2004.

[75] Sherman, L. and Strang, H. Recidivism Patterns in the Canberra Reintegrative Shaming Experiments (RISE), Australia: Center for Restorative Justice, Australian National University, 2000.

果，惟研究數量仍顯不足，且絕大部分均以青少年為研究對象[76]，研究範圍廣度亦嫌不夠，未來還需有大量的研究加入檢驗之列，尤其針對VOM型態之修復司法，以及針對成年犯的再犯率研究，更是付諸闕如。尤其各國司法體系對修復司法刻正處於滿心期待卻猶在觀望之際，主要問題可能出在檢驗該制度效果的研究嚴重不足所致，同時亦應增加針對不同型態的評估研究，據以供司法實務單位參考[77]。

三 面臨之挑戰

　　雖然修復司法普受各國犯罪學暨刑事司法學界的重視，惟尚存有一些無法獲得答案的問題與關注點。在修復司法的相關文獻裡，經常討論到其中許多重要的關注點，而表16-5所列者則僅是其中較為重要的部分而已。

表 16-5　修復司法制度遭質疑之主要關注點[78]

序	遭質疑之關注點
1	欠缺被害人參與
2	重視明恥，而整合、重建、和好等力有未逮
3	事前準備工作不夠充分
4	激發參與感的能力不足
5	確認參與者適當性的問題
6	補充會議代表來源問題
7	強制參與（尤以犯罪人為最）
8	有法網擴張之嫌
9	案件審查不夠詳細
10	參與者（親屬、社區）具體貢獻之能力不足
11	參與者、催化員中立性動搖
12	無法適用於嚴重暴力犯罪
13	對長期之人際紛爭無法發揮效果
14	過度強調被害人導向
15	無法保障犯罪人之憲法權力

---

[76] 謝如媛，少年事件運用修復司法可行性之研究，國科會委託專案研究計畫編號：99-2410-H-194-097-MY2，民國100年。

[77] Braithwaite, J. Restorative Justice and Responsive Regulation. NY: Oxford University Press, 2002.

[78] 同註6。

修復司法遭遇的第一個問題，以修復司法解決複雜之社會問題，似乎落入華而不實之俗套[79]。單只集合一般公民討論問題，並透過集體腦力激盪獲取問題解決策略，此僅是剖析複雜之犯罪社會成因的開始一小步而已，許多涉及長期人際紛爭問題，並無法僅靠簡單的調解與協商會議所能解決[80]。

其次，與第一個問題有關的是，修復司法僅能適用於較不嚴重之財產犯罪類型，是否可以適用於較為嚴重之暴力犯罪的司法處理，受到許多不同意見的論爭[81]，尤其是一些特殊犯罪類型，如：配偶間虐待、性傷害、重傷害、故意殺人等其他犯罪。雖有部分證據支持修復司法也可以處理這些特殊案件，Umbreit等人（2003）舉出VOM成功地運用在故意殺人犯及其被害人家屬的實例；Corrado等人（2003）同樣提出VOM方案成功處理發生在英屬哥倫比亞（British Columbia）的嚴重暴力犯罪，且獲得參與者滿意的正向態度支持；這些研究的重要發現是，處理類似嚴重事件之先，必須經過一段時間冗長，且範疇廣泛的準備工作[82]。

第三個存在於修復司法制度的問題是自願問題。採自願參與乃是此制度非常重要的核心，卻有部分型態施以高壓脅迫方式，此已嚴重違反修復司法的基本原則（或至少為該制度所不贊同者），辯護律師的出席，引發被告憲法權力（Accused's Constitutional Rights）與程序安全防護（Procedural Safeguards）問題[83]。有部分案例證實犯罪人之參與，係在「否則改由正式法院處理」的心理強制壓迫的情況下，被迫不得不接受修復司法之處置；與此相關的問題是，犯罪人在司法裁判前得在大庭廣眾前承認其犯行，對於犯罪人更須經歷煎熬，此也是此制度面臨的挑戰之一。

79　同註21。

80　同註6。

81　Bannenberg, B. and Rossner, D., New Developments in Restorative Justice to Handle Family Violence, in Weitekamp, E. G. M. & Kerner, H. (Eds.), Restorative Justice in Context: International Practice and Directions. OR: Willan, 2003.

82　同註6。

83　Feld, B. C., Rehabilitation, Retribution and Restorative Justice: Alternative Conceptions of Juvenile Justice, in Bazemore, G. and Walgrave, L. (Eds.), Restorative Juvenile Justice: Repairing the Harm of Youth Crime. NY: Criminal Justice Press, 1999.

第四是有關社區界定與社區代表的遴選問題。社區自願參與修復司法的程序為其必備條件，但「社區」的定義，與「誰有資格代表社區」卻是此制度經常面臨的一大難題[84]。因參與者可參與決議行動方案的形塑，且參與者肩負著各種不同的期許，此在一些同質性較高的社區，如毛利人或原住民部落社區，可能不是問題，但在大都市或較複雜的社區，欲形成共同期待的意識絕非易事。

權力配當不均（Imbalance of Power）是修復司法面臨的第五項問題；尤其是青少年不僅必須面對被害人，還得面對其支持團體、刑事司法體系的成員，以及來自社區選派的陌生代表，此絕對是權力顯然失衡的狀態，故而此權力差異（Power Differential）必也是會議召開時，必須面對的挑戰[85]。

第六項是有關法網擴張（Net-Widening）的問題。所謂法網擴張，意即一項新制度或新政策，在其社會控制傘下（under the Umbrella of Social Control），將有更多人會被涵蓋進去之情況[86]。無疑地，從正式刑事司法體系有限之參與成員，轉向至新的司法制度：修復司法，其參與成員從加害人放寬至被害人、兩造雙方家屬、親友、社區代表、其他支持團體等。雖賦予減輕正式刑事司法體系個案負擔量的期許，但是否因此而增添社會控制的壓力於其他本無相關的團體或個人，不無令人質疑。

修復司法制度納入被害人之做法，可能威脅兼顧犯罪人權力導向，以及認定社區為被害一方的傳統刑事司法制度一貫作為，不管是強調嚴厲刑罰，抑或主張感化處遇之傳統法意識，均合併被害人與犯罪人一起考量。被害人可能希望以賠償或社區處遇替代刑罰，也可能希望加害人遭受更嚴厲之刑罰處分。修復司法提供刑事司法制度新思維，特別是犯罪矯正之環節，以往以犯罪人為中心之犯罪矯正體系，可能被新的轉向司法制度所取代，此亦為修復司法制度必須納入考量之問題。

修復司法制度發展迄今雖僅只40年，其受到的關注愈來愈多，推

---

[84] 同註21。

[85] 同註83。

[86] Blomberg, T. G., Juvenile Court and Community Corrections. MC: Rowman and Littlefield, 1985.

展實施相關制度的國家亦愈來愈普遍，雖以青少年、財產或輕微犯罪案件為主，卻另有學者主張修復司法的某些型態，亦可以有效處理嚴重或暴力犯罪。不管如何，從聯合國經濟暨社會審議委員會（United Nation's Economic and Social Council）下設之犯罪預防暨刑事司法委員會（Commission on Crime Prevention and Criminal Justice）提出之建議案，其主要內容即以推展修復司法實務為各國司法制度合宜之方式，並從中設定推展之基準的作為，可以明顯看出修復司法制度受到之重視，可以預見的是在未來幾年之內，該制度非但不可能銷聲匿跡，受到的正面或負面的討論也將愈為深入而廣泛。

第五節　結　論

修復司法制度提供個體犯罪之後，以有別於傳統正式刑事司法體系的方式處理；此制度具有多面向之目的，除使被害人回復至尚未受侵害之前的狀態，亦期能修復社區受犯罪行為之損害，並採取有效對策以重建犯罪人，使之不再犯罪。

修復司法利用賠償使被害人獲得實質補償，並在程序進行中，提供被害人充分表達心理感受的機會，使之心理獲得平復；重視並納入被害人意見，對加害人之處遇與其他介入實務措施更臻完備，經由此一替代制度，加害人更能深切反省過去自己所為之違規行為，也有更多型態的處遇對策。

透過犯罪人的賠償或提供之服務，社區也獲得補償機會；同時社區協助被害人平復、與犯罪人一起工作，並設法減少促成犯罪的社區成因，最後政府機構（以刑事司法體系為最）提供所有參與團體公正、平等的程序，同時也接受來自社會大眾各式各樣的支持與協助。就其本質而言，修復司法制度以所謂相互協助公約（Mutual Assistance Pact），將各相關團體、個人邀集一起諮商、討論，使所有參與者能抱著需求而來，最後能懷著滿意而歸。

　　即使修復司法受到部分學者之質疑，其本身的確也存在著一些難解的問題，但近年來世界各國對該制度的注意力依然在持續上升之中；因應此一難擋之發展趨勢，從速從事該制度各面向之犯罪預防效能（Preventive Efficacy）的評估研究，應為當前修復司法制度所面臨的最重要課題。

第十七章　台灣地區犯罪成因與防治對策

　　台灣地區近年來經濟、政治與社會之發展已獲得相當之成就，令中外刮目相看。但隨著工商業之繁榮，人口之增加，人口集中於都市，高度人口流動性，以及家庭與社會結構的急遽變遷，價值體系之衝突，犯罪問題日趨嚴重，不僅數量高居不下，犯罪型態亦趨於組織性與暴力性，並產生毒化與病態享樂現象，而引起政府與民眾之高度關切。尤其邇來殺人、強姦、強盜等暴力犯罪之猖獗，層出不窮之白領與經濟犯罪，加上組織（幫派）犯罪與少年犯罪之紛至沓來，均對國民生活品質與民眾之生命財產安全構成巨大威脅，並危及整體社會安定與經濟繁榮。尤其民國86年筆者主持21世紀基金會之台灣地區有關社會治安部分之民意調查顯示，約有72.6%之民眾，認為國內治安問題嚴重亟待改善。此外，楊士隆主持之國立中正大學犯罪研究中心於111年2月公布「台灣民眾對司法與犯罪防制滿意度之調查研究」，調查發現，受雙警被殺、台南市88發槍擊案及台版柬埔寨3死案等重大刑案影響，整體治安滿意度降至39.6%。顯示社會大眾對當前治安惡化之強烈感受，亟待謀求對策因應。

第一節　犯罪成因分析

　　前已扼要論述台灣地區之治安現況與趨向，其雖並未如其他先進國家嚴重，但近來受到諸多重大刑案之發生且未偵破之影響，民眾被害恐懼感加深，對治安失去信心，故有必要深入探討台灣地區近年來犯罪發生之因素，並據以研擬妥適對策因應。根據筆者對台灣社會之長期觀察，各類型犯罪之衍生與陸續發生，與下列各項因素有關，包括：屬鉅觀層面之都市化、經濟發展、貧富差距過大、社會解組加劇、婦女勞動參與率提升、離婚率增加等；介於鉅觀與微觀間之家庭、學校、其他社會控制相關機制功

能不彰問題；屬微觀層級之個人生物（生理）之缺陷與心理偏差因素等與環境產生互動，茲分述如下：

一 鉅觀因素

（一）都市化

現代化之程度與社會治安之良窳並無必然之相關，而台灣地區現代化之重要指標之一「都市化」，卻可能與犯罪存有某種相關。蓋都市化之程度愈高，人口密度加大，極易導致人際淡薄、疏離，而快速之社會變遷與競爭，極易造成個人自我本位主義擴張，道德意識降低，加上整個社會財富充斥，功利主義盛行，極易降低個人內在與外在之控制能力，吸引潛在犯罪人之聚集，並製造犯罪之機會，而這些都市化之現象極易導致犯罪之發生。例如警政署「警政統計年報」之資料顯示，台灣地區近30年來之犯罪以集中於大都會為主。以民國110年為例，台灣地區警察機關受（處）理刑案發生件數以台北市為最多，計34,480件，新北市次之，計31,874件，高雄市再次之，計24,580件，台南市又次之，計24,202件，台中市22,963件居第五位，足見都市化較高之區域犯罪事件發生確實較為頻繁。

（二）經濟發展

經濟之發展與犯罪率雖並無必然之關聯（如日本雖因國家經濟高度發展，卻是低犯罪率治安良好之國家）。然而，經濟之繁榮，卻因大量財富之集中，生活型態之趨於奢侈靡華，直接或間接製造出許多犯罪機會卻也是不爭之事實。王淑女檢視民國43年至77年社會經濟發展與犯罪之關聯亦發現，財富愈多，尤其是國民生產毛額、國民所得、平均每人國民生產毛額、平均每人所得增加與犯罪人口率成正相關[1]。無論如何，倘經濟發展之同時，未能兼顧及其他社會文化教育之成長，在人民享受繁華生活

---

[1] 王淑女，犯罪與社會經濟之發展：涂爾幹脫序理論的驗證，第三屆中美犯罪研討會，民國79年。

之同時，也將為此項富裕付出代價。此外，除了經濟之高度繁榮可能帶來更多之犯罪外，學者莊耀嘉另指出經濟之欠缺穩定，亦可能影響整體犯罪率[2]。尤其，犯罪率之升降經常與經濟情勢之起伏波動相呼應。例如，民國63、64年之犯罪率因經濟惡化而升高，同樣地，68、69年之犯罪率亦因經濟惡化而再度上升，反之65、71、72年經濟改善，犯罪率則呈現下降。因此，經濟之惡化對犯罪率有相當程度之影響。

（三）財富差距擴大

國民所得之分配愈不平均時，極可能產生貧富差距擴大之現象，而此等失衡現象將使中下階層民眾產生更大之挫折與憤怒，因而影響及整體犯罪之發生。民國110年台灣地區個人所得分配調查資料，依五等分位法計算之最高（20%）、最低（20%）家庭所得差距已擴大至6.15倍。以五等分位組比較，110年名列前20%的最高所得戶「可支配所得」為2,205,651元，最後20%最低所得戶僅358,594元。97年富比士（Forbes）雜誌報導台灣地區之前40位富豪，計累積有770億美元之資產，而此為我國生產毛額之18.66%。根據李湧清及蔣基萍對60年至79年間我國經濟因素與犯罪率之時間序列分析，當基尼指數愈大時，台灣地區之總犯罪率亦愈高[3]。換句話說，統計資料顯示台灣地區國民所得分配不均之現象，導致民眾相對剝奪感（Relative Deprivation）擴大，影響及我國整體之犯罪活動。此等財富分配不均現象，為社會治安之維護鋪下更多變數。

（四）社會解組

由於急遽之社會變遷，都會人口流動性加大，加上異質性、人際隱匿性升高，其往往阻礙了人際之溝通管道，削弱社區居民達成共識與解決問題的能力，導致社會控制力降低，進而影響及脫序與犯罪行為之發生。楊

---

[2] 莊耀嘉，民國75年。
[3] 李湧清、蔣基萍，犯罪與經濟：一個宏觀的時間序列分析，警政學報第24期，中央警官學校警政研究所出版，民國83年。

士隆之研究即指出，社區呈現解組現象對都會青少年偏差行為之發生產生實質影響[4]。而國內學者亦大致同意急速之社會變遷，極易因價值衝突，規範與遊戲規則尚未建立，致無法凝聚共識，而產生無規範之脫序現象。

（五）婦女勞動參與率升高

隨著社會經濟之發展及婦女運動之興盛，近年來婦女投入就業市場屢有增加，相對的暴露於危險情境增多，而此提升了婦女及其家庭被害之機會。而事實上我國婦女勞動參與率、離婚率之增加導致家庭功能逐漸衰微，增加犯罪及被害機會。

（六）離婚率增加

離婚率為社會整合程度之指標之一，離婚率愈高，表示社會控制加諸於個人之約束力愈低，個人自我本位主義擴張，而此可能造成許多單親家庭，影響正常家庭主功能之發揮，而波及整體之犯罪率。例如，王淑女之研究顯示，我國離婚率增加（即婚姻約束力降低），犯罪人口率亦有呈現增加之趨勢[5]。近年來我國離婚率屢有增加，分居情形亦甚為普遍，此為社會治安之維護投下更多變數與隱憂。

二 鉅觀－微觀相間因素（家庭、學校、社會環境、媒體病理因素）

（一）家庭環境失調、解組

許多研究指出，家庭功能失調與家庭解組為偏差與犯罪行為之決定要因。尤其，在不良家庭負因之影響下，許多人在成長期間因而未能接受較為適當之社會化歷程，甚至學習到不良之行為樣態與模式，而促使觀念產生偏差，影響及未來之偏差與犯罪行為。蔡德輝、楊士隆綜合國內外文獻

4　楊士隆，社區解組與少年犯罪：多重層級衡量之實證分析，行政院國家科學委員會專題研究計畫，民國84年。
5　同註4，王淑女，前揭文。

歸納犯罪行為衍生之家庭層面因素包括[6]：

1.管教不當

尤其父母對子女管教之嚴苛、鬆散、不一致、不公平、冷淡、武斷或期望過高，均易使子女身心遭受傷害，影響及未來偏差或犯罪行為。

例如，學者希利及布爾納（Healy and Bronner）在其芝加哥與波士頓之研究即發現在4,000名之少年犯中，約有40%之少年認為其雙親未給予適切與良好之管教，且雙親對這些少年多具有拒絕與剝奪關愛之傾向。

葛魯克夫婦（Glueck and Glueck）之研究亦相繼發現少年犯罪之成因以父母管教不當為主因。葛魯克夫婦之另一綜合研究更進一步指出，父母對子女之拒絕、冷淡、敵對以及過分嚴厲或放任，導致子女敏感、多疑、情緒衝動、精神不穩定、缺陷感、無助感、孤獨感、不被需要（愛）感等傾向，乃是形成少年犯罪之主要因素。

2.破碎家庭

破碎家庭，尤其倘配偶之一方婚變、死亡、失蹤、離家不返，而無法履行如管教子女、教養關愛子女之責任，則易使子女之成長陷於不利之情境。然值得注意的是，家庭破碎雖為犯罪之主要原因之一，但形式上的破碎家庭，並不比完整家庭中存有傾軋、不和、爭吵加之於子女的影響嚴重。此外，破碎家庭對女性少年犯罪之影響似乎較大於男性少年犯罪；蓋男性依附於家庭之程度較女性為低，女性則由於依附程度較高，因此，一旦家庭破碎則極易受到影響。

3.犯罪或非行傾向之家庭

在此家庭中成長之人較易受到親人偏差思想與行為態度之耳濡目染影響，而合理化其許多之行為（即較無罪惡感及違法意識），因而較正常家庭之人容易產生偏差與犯罪行為。例如，學者道格岱爾（Dugdale）在《犯罪、貧窮、疾病及遺傳》（*Crime, Pauperism, Disease and Heredity*）一書中曾描繪Jukeses家庭之犯罪史。在以Ada Jukes母親為首之犯罪家庭

6　蔡德輝、楊士隆，少年犯罪：理論與實務（修訂版），五南圖書出版公司，民國89年7月。

中，道氏追蹤其1,000位後代子孫，發現其中有280位貧窮者、140犯罪者，包括：60位小偷、7位謀殺犯、50位屬娼妓、40位罹患性病及其他偏差行為者。此外，Bart在英國所從事之少年犯罪研究亦發現，不道德或犯罪家庭之犯罪者較無犯罪者多出五倍[7]；衛斯特之英國少年犯罪研究則發現，有8.4%父親未曾犯罪之少年有多種犯罪紀錄，然而有37%父親曾犯罪之少年有多種犯罪紀錄[8]。據此，吾人了解不良之家庭負因如犯罪父母或家族，的確為少年偏差或犯罪行為添加更多之變數，對此類具非行或犯罪傾向之家庭進行適切輔導與重整（或干預），似有其急迫性。

4.貧窮家庭

貧困對偏差與犯罪行為之影響，可從直接與間接層面觀之。例如，貧困之狀態可直接促成諸如竊取他人財物之犯罪行為。貧困亦可間接造成偏差與犯罪行為：

(1)貧困家庭之父母，其所受教育不高，吸收管教子女新知能力薄弱，對子女常有極端之管教方式呈現，因而容易造成子女之偏差行為。

(2)貧困家庭往往子女數目眾多，且住屋狹小。兒童留在家中缺乏專屬之活動空間，在此無秩序及雜亂之環境中，對兒童之教養自有負面之影響。

(3)貧困常與失業、居住、飲食、醫療問題有惡性循環現象存在。

(4)貧困家庭多半居住鄰近環境差，如：違章建築，私娼館附近，或攤販雲集之老舊市場等無秩序之地區。由於長久處於此種環境中，孩童所接觸者，多為道德觀念薄弱及智識低下者，對孩童健全之自我發展相當不利。

7　張甘妹，犯罪學原論，自印，民國82年。

8　D. J. West, Delinquency: Its Roots, Careers and Prospects. Cambridge, Mass: Harvard University Press, 1982.

5.親子關係不良

親子關係互動之良窳與少年犯罪亦有密切相關，蓋父母與子女之關係尚未能親近與和諧並產生較佳之互動，將影響少年之正常人格發展與行為態度，進而衍生偏差行為。安德略（Andry）之研究發現，犯罪少年感覺到父親缺乏關愛，彼此間常存有敵意；葛魯克夫婦研究500名犯罪少年及一般少年則發現，父母親之冷漠與敵對對少年犯罪具有相當程度之負面影響。

（二）學校環境病理

除前述家庭層面因素外，另一與偏差行為之衍生有關者為學校教育病理因素。基本上，學校教育病理因素甚多，日本學者河東重男將其區分為四種：包括第一類教育機能病理（如偏重學歷、升學競爭、補習等）；第二類教育機會病理（如壅塞的班級、城鄉落差、階層落差等）；第三類教育內容病理（如升學或聯考體制、考試主義等）；第四類教育團體病理（如升學班對後段班、教育改革組織對教育部等）[9]。學者張華葆認為，我國學校教育之缺失包括：1.偏重知識之傳遞、形式化，忽略德育、體育、群育；2.班級過大，學生人數過多；3.強烈升學主義；4.專業輔導人員不足[10]。楊國樞教授引述國外學者之研究指出下列各項學校因素，可能促使學生產生不良之學校經驗，進而導致犯罪及問題行為之發生，包括：1.學生自家庭與社區（往往為較低下階層者）所習得的價值觀念，與學校中的價值觀念（往往為代表中產階層者）不合，導致學生心理或行為的衝突；2.校內所流行的假設是少數種族學生及來自低社會階層的學生能力很差，難以教育。在此假設下，教師可能因而不肯努力教導此等學生，而且此等學生會將這種觀念加以內化，也認為自己註定失敗，所以不肯再去努力。這種「自我實現預言」（Self-fulfilling Prophecy），不僅產生在對學生能力的看法上，而且會發生在對不良行為發生率的看法上，因而教師假

9　林世英，學校教育的病理現象和少年偏差行為，觀護簡訊，民國82年9月。
10　張華葆，少年犯罪預防與矯治，三民書局，民國80年1月。

設來自低社會階層的學生易於產生不良行為，因而其態度與作為不知不覺促成這些學生產生不良行為；3.教師所採用的教材與學生的能力、經驗及生活需要不合，致使學生失去學習興趣，並自學校疏離；4.教師所採用的教學方法有欠適當，未能有效配合學生的個別差異，致使學生厭煩不耐，易於引起破壞教室紀律的不良行為；5.教師自身有適應上的重大困難，其不當的情緒變化會助長學生的問題行為[11]；6.心理測驗的結果運用不當，及能力分班的實驗欠佳，使教師對測驗或成績不佳（如智力分數甚低）的學生或分在「壞班」的學生產生偏見，進而導致「自行應驗的預言」之不良後果。

學校環境病理，作者援引林世英之彙整文獻，主要包括[12]：

1.學科教育的病理

第一就是偏重智育的教育。很明顯地，這反映出「高學歷取向導致升學主義」的現象。譬如高中或大學聯考有關的學科教育就受到重視，但是，其他學科則成為「副科」。少年學生的能力亦存在個人差異，智育學科有優異的，必也有低劣的；然而，智育學科低劣的學生往往就會被貼上「劣等生」的標籤。

根據研究結果顯示，具偏差行為經驗少年的學業成績是較低劣的。另有研究報告指出，非行少年不僅討厭需要正確推理理論能力的學科和必須孜孜不倦努力學習學科，也厭惡需要正確記憶力的學科；但是，卻喜好體育或技藝的學科。

第二就是教育內容的病理。教育應該是相對應於少年學生的發展，並組織成得以促其健全發展的教育課程；但是，現行的教育課程難度仍然是相對性偏高。據報導，仍有七成的少年學生是無法理解教育內容，而這般無法適應學習進度的現況，實可謂是其產生偏差行為的溫床。

第三就是教育方法的病理。現在的學校都是重視知識量，因而成為只

---

11 楊國樞，青少年問題行為的研究，法務通訊，法務部印行，民國82年4月，第1618～1619頁。

12 同註11，前揭文。

是以追求記憶力為中心的「記憶教育」。但是，人類的智力是有各種的層面，雖記憶亦是其中之一，係屬毋庸置疑，惟仍有其他思考、判斷、推理等諸層面，依個人差異其能力即有所不同。所以，對於記憶力優異的學生評價為「好學生」的現象，其本身就是培養健全學生的反教育機能。

2.考試體制的病理

第一個考試體制現象：就是在考試體制之下，不升學班（就業班）被忽視疏離的問題。而不升學班（就業班）學生對於以升學班學生為中心的教學及指導等，持有不滿情感且萌生自卑感，此乃屬至極當然。對於這般考試體制的不滿反應，就是顯現逃學、中途輟學、校園暴力，乃至於偏差的犯罪行為等。

第二個現象：就是即使是升學班學生也被階層化的問題。學生與其說是依志願或能力，莫如說是依學業成績而被階層化分配著；即依學業成績順序，被分配為公立明星高中、公立普通高中、私立普通高中、公立職業學校和私立職業學校等。當然，只能升學到公私立職業學校的學生，自然會苦惱於不能升學普通高中的自卑感。

第三個現象：就是準備考試所需造成教育過度殘酷的問題。在嚴酷的考試體制中，考試成為少年學校生活的重心，這現象對身心正值發展中的少年而言，實在過度殘酷。因為長期的緊張將導致人格的崩潰，而人類（少年）遂在潛意識中逃避這些緊張場面，以避免人格的崩潰。最顯而易見，就是在低學年級的兒童會出現拒絕上學、逃學、腹痛等身心病症，而高學年級的少年，則會出現逃避現實的情形。

第四個現象：就是在考試體制下，無法培育國高中學生真正友情的問題。就國高中的少年而言，毗桌而生的同學都是競爭對手的意識將隨時存在，而致無法培養出真正的朋友關係和友誼。

3.人際關係的病理

在現在各級學校的人際關係，尤其是老師和學生間的信賴關係，可說是脆弱貧乏。教育亦是一種「教化」，師生的人際關係則是重要因素，而師生間的信賴關係缺乏的話，則教育的效果自是無法發揮。其理由乃因老

師和學生間缺乏溫馨的人性接觸。現在的老師被太多的雜務所困擾，以致無法和每一個學生保持密切的接觸。在現在的學校裡，老師和學生間心靈溝通的場所和機會缺乏，所以只追求班級的形式課業，其心靈的交流是困難的；據此，學生對老師的親切感不得不謂為是相當缺乏的。

根據調查結果顯示，國中學生在遭遇到困擾時，有79%表示會向朋友求助；其次，有49.83%曾向父母親求助；這可說是國中學生心理的最佳寫照。相反地，向學校輔導室或老師求援者只有3.5%。依此可窺知，現今老師和學生間之互動亟待加強。

（三）社會（社區）環境病理

最近，國外學者如Reiss、Tonry、Gottfredson、Simcha、Fagan及Schwartz等之研究相繼指出社區「結構」與「環境」因素在詮釋偏差與犯罪行為衍生之重要性[13]。茲將其重要內容扼要論述如下：

1.社區結構因素

(1)社區異質、疏離性

國外不少研究證實社區異質疏離性（Heterogeneity）之增加，可能阻礙人際之溝通管道，造成人際疏離，削弱社區居民共同達成共識與解決問題的能力，導致社會控制力降低，社會疏離感、隱匿性增大，進而影響及犯罪與偏差行為之發生[14]。國內由楊士隆進行之社區解組與少年犯罪研究，亦發現社區異質疏離性（以語言、宗教、籍貫、政治信仰等之差異衡量）之增加，對少年犯罪行為之發生產生影響[15]。

---

[13] Albert J. Reiss and Michael Tonry, Community and Crime. Chicago: "University of Chicago Press, 1986; Denise C., Gottfredson Richard J. McNeil Ⅲ, and Gary D. Gottfredson, Social Area Influences on Delinquency: A Multi-level Analysis. Journal of Research in Crime and Delinquency, Vol. 28, No. 2: 197-226, 1991; Ora Simcha-Fagan and Joseph E. Schwartz, Neighborhood and Delinquency: An Assessment of Contextual Effects," Criminology, 2: 667-70, 1986.

[14] James M. Byrne and Robert J. Sampson, The Social Ecology of Crime. New York: Springer- Verlag, 1986.

[15] 同註7，前揭文。

(2)社區貧窮程度

社區之社經水準低、貧窮落後，不僅意味著社區家庭之貧窮程度，同時亦指出社區各類機構功能之不張，而無法充分照顧社區居民。在此情況下，許多少年由於各項生活、就學條件之限制，缺乏像居住於高級社區家庭少年之社會競爭能力，甚至遭遇更多之障礙與困難，在面臨這些生活壓力與適應問題下，極可能因此從事（或合理化）其偏差或犯罪行為。

(3)社區流動性

在高度人口流動之區域，由於匿名性升高，人際關係趨於表面、片斷，極易阻絕了社區人與人間社會關係之正常發展，而減弱社會控制之約束，影響及少年犯罪與偏差行為之發生。

2.社區環境因素

(1)社區建築格式之改變

當前各項建築物之規劃與建築格式有走向「立體化」、「高層化」、「密集化」及「地下化」之趨勢。雖然，其具有對建築物做高度利用之多元價值，但卻使得大樓之空間利用「多元化」，出入分子呈現「複雜化」，並造成管理上之「無人化」及「公共化」，空間死角增加，降低了社區之自然監控能力[16]。

(2)社區環境之規劃不當

部分社區由於：①違章建築物多，巷道狹小而不規則，視野狀況不佳，來往行人密度高；②缺乏公園綠地、運動場及其他休閒活動場所；③老舊眷舍與新建高樓呈現明顯對立，小廟、神壇林立[17]，其為社區安寧秩序製造出許多不利因素。

(3)社區生活品質惡劣

部分社區為諸多之社會病理現象入侵，造成生活品質低落，並衍生社會治安問題，包括：①色情與賭博業侵入社區；②遊民、乞丐、失業者四

---

16 黃富源譯，都市環境與犯罪之形成，平井邦彥原著，警學叢刊第16卷第1期，中央警官學校，民國74年。

17 高金桂，少年犯罪社區防治之構想，社區發展季刊第8卷第31期，民國74年。

處流竄；③社區酗酒問題嚴重，酒後滋事者多；④青少年街角幫派、同性
戀者活動頻繁等。

這些社區結構、環境不良因素，加上社區為色情、幫派等社會病理現
象入侵造成之社區秩序混亂（Disorder）現象，根據當代著名都市社會學
家Skogan之見解，其極易影響社區居民之認知，不願改變現狀，甚至亦不
關心社區之居住品質。而此項「冷漠」之結果將遭來無數之社會適應不良
者（含罪犯）盤據社區，降低社會控制能力，影響社區之生活品質，並造
成社區之進一步頹廢、腐化，衍生嚴重之社會治安與少年犯罪行為[18]。

（四）大眾傳播媒體之暴力、色情與犯罪渲染

近年來隨著戒嚴時代的解除，社會力迸現，我國大眾傳播、媒體在東
西潮流之衝擊下，而呈現負面發展。不僅日趨於暴力、色情充斥，同時部
分媒體並專挖人隱私，報導黑暗面，在緝捕綁匪陳進興案中更阻礙了案情
之偵辦，商業氣息濃厚，做了不良示範。由於媒體對於人類之認知與行為
具有廣大影響，故有必要深入檢視其傳播與報導內容，探討其在促使暴力
或犯罪衍生上之角色。根據筆者之彙整文獻，當前大眾傳播媒體之報導內
容與取向如下[19]：

1.大眾傳播媒體之暴力與犯罪新聞報導頻率

以報紙為例，學者Graber之研究指出，在每日之報紙上，至少有
22%～28%之報導與犯罪事件密切相關。相類似地，其他研究亦發現暴力
及犯罪之相關消息至少在報紙之篇幅上占5%～30%。此外，電視新聞報
導亦提供許多與犯罪相關之焦點新聞。學者Graber之研究指出，在美國地
方電視頻道與全國電視聯播網路上，犯罪新聞大約各占20%及10%。在對
前項電視新聞報導追蹤3年後，Graber仍再度發現12%～13%之電視新聞報
導離不開犯罪之主題。

---

[18] Wesley G. Skogan, Disorder and Decline-Crime and the Spira American Neighborhoods. New York: Free Press, 1990.

[19] 同註9，前揭文。

2.大眾傳播媒體之暴力與犯罪新聞報導趨向

為迎合觀眾與讀者之追求感官刺激需求及賺取鉅額利潤，大眾傳播媒體對於暴力與犯罪新聞之報導往往以誇大、煽情之方式將案件膨脹處理。學者Marsh與美國1893年至1988年之報紙加以分析後指出，新聞版面仍以報導暴力與煽情、色情新聞為主要內容。Marsh對橫跨五大洲（歐洲、非洲、亞洲、澳洲、北美）十四個國家1965年至1988年之報紙比較分析，再度指出前項事證。

3.大眾傳播媒體暴力與犯罪新聞報導之正確性

大眾傳播媒體由於較強調犯罪之嚴重程度與對讀者之吸引力，且常做較主觀且不完整（片斷）之報導，因此其新聞報導內容是否與真實犯罪情況相符不無疑問。許多研究指出，暴力犯罪（如：殺人、傷害、擄人勒贖等）在新聞上有過度渲染、誇大報導現象，而財產性犯罪（如竊盜）則有被低調處理之情形[20]，而這些報導經常與官方之犯罪統計大相逕庭。以97年我國之犯罪現況為例，暴力犯罪中，殺人案占0.14%，強盜搶奪案件僅占刑案總數0.18%，強制性交案件占0.10%，卻占盡許多報章雜誌之主要篇幅。

前述之檢視傳播內容與報導內容得知，當前媒介之色情、暴力報導與播放傾向極易提供行為人暴行或犯罪行為之重要模仿、學習動機與方法，亟待改善。

三　微觀因素

（一）生物（生理）因素

犯罪之發生，個人之生物（生理）因素缺陷可能扮演重要角色，茲分別從生理表徵與體型、遺傳學、腦部功能失常及生化學等層面探討如

---

[20] W. G. Skogan and M. G. Maxfield, Coping with Crime: Individual and Neighborhood Reactions. Beverly Hills, CA: Sage Publications, 1981.

下[21]：

1.生理表徵與體型

　　由於研究曾指出「生理結構與表徵」決定了部分犯罪傾向，故雖無法證實其為犯罪之原因，但其可能與犯罪之發生存有某種程度之關聯。例如，早期人相學者拉法特（Lavater, 1741-1801）之研究即發現臉部之構造與位置，如薄弱之下顎及傲慢之鼻子等表徵為人類偏差行為之重要表徵。同樣地，犯罪學之鼻祖龍布羅梭（Lombroso, 1835-1909）的研究亦發現，犯罪人有異於常人的頭部，臉部不對稱，眼睛有缺陷及異狀，袋狀的面頰，不正常的齒系、過長之手臂、額外之手指與腳指等。英國之醫生葛林（Goring）之研究，雖反駁龍氏的論點，但美國哈佛大學胡登（Hooton）的研究卻支持龍氏的說法。例如，其對美國十州男性犯罪人13,800餘名研究後指出，犯罪人乃生理組織較為劣勢的人。而生理的低劣會導致心理發展之失調，而促使犯罪問題更加嚴重。

　　其次，另有學者從體型表徵探討犯罪行為類型。例如德國精神醫學者克萊茲穆（Kretschmer）及美國學者雪爾頓（Sheldon）等人之研究大致認為，體型與犯罪存有一定關係。在三種體型中，矮胖型者（Endomorphic），肥胖而圓滾滾，性情輕鬆、舒適、隨遇而安，以詐欺為主要犯罪類型；鬥士型者（Mesomorphic），四肢發達，好動活潑，具攻擊性與暴力犯罪相關；而瘦弱型者（Ectomorphic），肩膀下垂，容易疲倦、失眠，對噪音敏感，與竊盜犯罪最具相關。

2.遺傳

　　遺傳亦可能影響個人偏差與犯罪行為之發生，尤其倘父母具有性格缺陷精神病、濫用藥物、酗酒或犯罪行為時，皆可能透過遺傳將這些不良負因傳送給子女，而對子女未來偏差與犯罪行為造成影響。此外，另有學者指出倘一個人具有XXY性染色體異常者（即性染色體多一個Y，由父親遺

21　請參閱George B. Vold and Thomas J. Bernard, Theoretical Criminology, Third Edition, Revised by Thomas J. Bernard, New York: Oxford University Press, 1986; Larry J. Siegel, Criminology, Fifth Edition, West Publishing Company, 1998。

傳而得）其暴力傾向較為顯著。英國學者傑克布（Jacobs）研究191位心理異常之男性受刑人，即發現其中7位係XXY性染色體異常者，而7位均屬暴力犯。最後學者Hirschi及Hindelang之研究則證實智商與犯罪行為間具有密切關聯，尤其低智商者，學校課業不佳，人際關係不良，判斷能力亦差，而容易做出犯罪行為。

3.腦部功能失常

腦部活動功能有缺陷或發生障礙亦與犯罪之發生密切相關，蓋其涉及人類之知覺、聯想及運動體系，倘功能不正常即可能併發攻擊行為。尤其尚罹有輕微腦部功能失常（Minimal Brain Dysfunction, MBD），或注意力缺乏過度活躍症（Attention Deficit Hyperactivity Disorder, ADHD），極可能引發不能適應行為，擾亂個人生活方式，甚至產生攻擊性行為。此外，研究另指出人體腦波異常（EEG Abnormality）與反社會行為亦有關，尤某腦部異常之結果易產生不良的衝動控制、暴躁之脾氣及破壞性行為。最後，研究另行發現腦部下視丘之邊緣體系（Limbic System）（掌管人類之飢餓、性慾、憤怒及侵略攻擊性）倘有缺陷，如長腦瘤或受傷，即可能衍發各類攻擊行為。

4.生化之觀點

某些生物化學因素方可能與犯罪行為之發生有關。例如，學者指出倘人體在生化上有不平衡情形，如過度缺乏維他命與礦物質或罹低血糖等症，極可能產生過度活躍現象及攻擊性行為。此外，另有學者指出人體內分泌失常，如荷爾蒙失調、不均衡等，極易影響及個人之情緒，而產生偏差或犯罪行為。最後，食物添加劑如含有過多人工色素或香料，亦容易引起人類之敵對態度、衝動和其他反社會行為。

（二）心理因素

除個人生物、生理原因外，犯罪之發生亦與個人心理層面因素密切相關，茲從心理分析、人格特質、行為主義與學習及認知與道德發展等層面

探討[22]，分述如下：

1.心理分析之觀點

根據佛洛伊德心理分析之觀點，偏差或犯罪行為之來源包括：

(1)超我之功能不張，即個人無法以道德良心、規範對本我之欲求加以約束，則可能犯罪。

(2)幼兒成長時期未滿足之需要，如在口腔期未能滿足（如早期斷乳），很可能以酗酒或抽菸代之；如在肛門期大小便訓練不當，可能影響及個人之偏執個性。

(3)減輕罪疚感，例如對父母有不正常之戀父、戀母情節，產生罪疚感，為減輕罪疚感，可能以接受懲罰（如犯罪）之方式為之。

2.人格特質之觀點

心理學及犯罪學學者指出，犯罪之人格特質往往是不成熟的、缺乏自制、過於侵略攻擊性、低學業成就、外向、叛逆、敵對、退縮、逃避現實抑或具備反社會人格（Antisocial Personality）等病態人格症狀。例如，Glueck夫婦在對500名正常少年與500名非行少年加以配對後，比較其人格特質之異同，即發現非行少年較邪惡、衝突、更具敵意、猜疑心及破壞性。精神科醫生Yochelson及Samenow在對利莎白精神醫院之240名精神病犯罪人調查後發現，在這些人身上存在有所謂犯罪人格，其人格特性大致包括缺乏忠誠偽善、挫折忍受力差、無法忍受責難、無情、憤怒、破壞性等。

3.行為主義與學習之觀點

犯罪學學者指出，犯罪行為之發生往往是模仿、學習增強之結果。蘇哲蘭（Sutherland）指出，犯罪行為主要是個人在親密團體中和其他人交往互動學習而來。此種犯罪行為之學習包括：犯罪之技巧、犯罪之動機、內驅力、合理化等。在學習的過程中，個人同時接觸到犯罪行為和非犯罪行為，而影響力較大，則視接觸的先後、次數、持續的久暫及程度的

---

22 請參閱楊士隆著，犯罪心理學，五南圖書出版公司，民國109年7月。

強弱而定。個人之所以選擇偏差行為，乃因前者的影響力大，而使其認為違法是有利。這些親密團體或個人，包括具影響力之父母（含犯罪及偏差行為父母）、朋友（或不良友伴）等。此外，Akers等人則進一步指出，犯罪行為主要係根據操作制約原理而習得[23]，其主要與行為是否獲得酬賞（Reward）（即正面增強）、避免懲罰（負面增強）或受負面刺激之懲罰（即正面懲罰）、減少酬賞（即負面懲罰）有關。

4.認知與道德發展之觀點

　　認知與道德發展之觀點亦為了解犯罪心理之重要向度。例如學者Yochelson及Samenow之研究指出，許多犯罪人具有犯罪思考型態（Criminal Thinking Patterns），包括：不合乎邏輯、短視、錯誤、不健康之人生價值感等偏誤之認知型態；學者羅斯及費比諾（Ross and Fabiano）研究亦指出，犯罪人具有下列獨特之思考型態，包括：凝固之思想、分離、片斷，未能注意及他人之需求，缺乏時間感，不負責任之決策，認為自己是受害者等。在這一些偏誤之認知下，許多人不僅無法了解自己，同時亦未能適當的處理人際事務，解決、化解衝突，因而為未來之犯罪與偏差行為種下無可挽回之局面的因子。

　　另一派從認知之觀點來解釋犯罪之代表為學者Cornish及Clarke之理性抉擇模式（Rational Choice Model）[24]。此派基本上強調，犯罪之決意乃為獲取快樂，避免痛苦，而犯罪經常是對行動及事件做成本效益分析之結果。

　　此外，亦有學者從道德發展之觀點探討犯罪之成因。例如，皮亞傑（Piaget）即指出部分犯罪人在道德發展上有缺陷，未能循序漸進，或停留在早期之無律階段，以自我為中心。哈佛大學寇柏爾（Kohlberg）之研究亦指出，許多攻擊行為與個人之道德認知能力發展停滯密切相關，蓋此項結果將促使個人無法做自我控制並抗拒誘惑。

---

[23] Ronald A. Akers, Deviant Behavior: A Social Learning Approach, Second Edition. Belmont, Cal.: Wadsworth, 1977.

[24] D. B. Comish and R. V. Clarke, The Reasoning Criminal: Rational Choice Perspectives on Crime. New York: Springer-Verlag, 1986.

綜合言之，犯罪之衍生，其成因錯綜複雜，包括：屬鉅觀層面之貧富差距過大、經濟不穩定、社會解組等因素，介於鉅觀與微觀間之家庭、學校、社區病理因素，及屬微觀層面之個人生物缺陷與心理偏差等，而非單一因素可決定，其經常是個人與環境互動之結果。因此，犯罪之成因顯然是多向度的（Multi-dimensional），亟需從各層面因素切入，加以改善，始可能達成防治犯罪之目標。

第二節　治安防治對策

根據前述影響台灣地區犯罪發生之因素分析，我們了解治安之維護與改善必須是全方位、多向度的，而非侷限於一隅可竟其功。其次，我們願進一步指出防治犯罪應特別強調「事先的預防重於事後的處理」（Prevention better than cure），亦即要在社會犯罪發生之前，前瞻性地採取有關策略避免、預防其發生，而非在事後才採取反應措施來處理；否則如果犯罪發生之後，才採取行動處理，則我們將永遠落後而無法減少犯罪之發生[25]。有鑑於學者並彙整從事犯罪問題研究心得，Podolefsky、Naudé及Clarke等學者之見解，提出全方位預防性、標本兼治之治安防治對策，包括：強化肅清社會病源、打擊犯罪（法律制裁）效能，及做好犯罪矯正與更生保護工作、提升社區意識、環境設計與加強被害預防宣導，做好個人自我保護措施、重視少年犯罪防治工作等，以減少犯罪之衍生與侵害。茲分別敘述如下[26]：

---

[25] Steven P. Lab, Crime Prevention: Approaches, Practice and Evaluations, Second Edition. Anderson Publishing Co., 1992.

[26] 請參閱Aaron Prodelefsky, Case Studies in Community Crime Prevention, Charles C. Thomas Publisher, 1983; C. M. B. Naudé, The Field of Crime Prevention, in Criminology: Study Guide 1 for KRM201-E (Crime Prevention). University of South Africa, 1985; R. V. Clarke, Situational Crime Prevention: Its Theoretical Basis and Practical Scope. In Tonry, M. and N. Morris (Eds.), Crime and Justice: An Annual Review of Research. Vol. 4, University of Chicago Press, 1983。

一　強化肅清社會病源、減少犯罪衍生

（一）重建一套符合現代社會之新倫理道德規範及社會公平正義價值體系

　　法國社會學家涂爾幹（E. Durkheim）在其著名的無規範理論（Anomie Theory）中一再強調，社會偏差行為產生之原因，不能僅從個人之生物、心理因素探討，亦要從社會倫理道德規範之層面加以探討。因為人類行為一直在追求無法滿足之目標，而當前社會許多民眾存在著「唯利是圖」、「暴發戶」、「向錢看」及「向權看」之心態，漸使原有社會倫理規範淪喪之下，社會如不能訂定一套明確、合理、可行之新倫理道德規範來對民眾加以約束、引導，則此社會容易形成混亂之無規範迷亂狀態，以致民眾無所適從而產生偏差行為。因此，我們要防治當前社會犯罪行為，促進社會安和樂利，應儘速重建一套符合現代社會之新倫理道德規範及社會公平價值體系。使民眾祛除「暴發戶」心態，而能潛移默化有所遵循，進而腳踏實地努力信守這個社會規範，並同心協力配合刑事司法機構維護社會秩序及公平正義。

（二）改善貧富不均、資源分配不公等機會結構問題

　　社會結構因素中歧視（Discrimination）、財富分配不均、貧富差距擴大、個人長期被經濟剝奪、絕對剝奪（Absolute Deprivation）、相對剝奪感（Relative Deprivation）擴增而衍生挫折與憤怒，轉而產生犯罪行為之機制，晚近受到許多學者之正視[27]（Messner, 1989; Messner and Tardiff）。學者Samuel Walker在其名著《Sense and Nonsense About Crime》一書中，檢視犯罪抗制相關文獻曾指出，優良之經濟政策，有助

---

[27] Steven F. Messner, "Economic Discriminalization and Societal Homicide Rates: Further Evidence of the Cost of Inequality," American Sociological Review, 54: 579-611, 1989; Steven F. Messner and Kenneth Tardiff, "Economic Inequality and Levels of Homicide: An Analysis of Urban Neighborhoods," Criminology, 214: 297-217, 1986；周愫嫻，犯罪現狀與社會經濟發展分析，犯罪問題的因應：社會與科技層面之研討研討會，行政院國家科學委員會，民國86年。

於治安之維護與改善[28]。事實上，根據犯罪成因分析，我們認為目前我國所得分配不均，貧富差距日益擴大，此無形中製造出許多社會與治安問題，因此有必要採行必要措施，如健全稅制稅收、加強社會福利、貫徹經濟自由化政策，以抑制財富分配不均現象，此外，鑑於解嚴後之社會秩序紊亂現象，作者認為其與政府各項資源分配未臻於均衡有關，包括：政治、社會、經濟、文化資源等，因此應致力於妥適分配資源以滿足各方需求，方可減少衝突及犯罪行為之發生。

（三）淨化媒體，減少犯罪伎倆之仿同、學習

大眾傳播媒體由於具有休閒娛樂、社會教育及資訊溝通等功能，因此其對社會大眾之行為及生活各層面，產生深入、持久之影響。鑑於大眾傳播迥異且其滲透力甚強，尤其對屬狂飆期之少年更是影響至鉅，如不善加利用，則其所造成之反效果，足以摧殘任何正面教育之功能。目前，許多電影、電視、錄影帶濫製一些誨淫誨盜以及暴力之節目，加以報紙、雜誌對於犯罪新聞與犯罪技術過分渲染描述，無意中在人們內心播植一些不正確之觀念──解決問題的最有效方法是使用暴力（蔡德輝、楊士隆，2003）。鑑於大眾傳播媒體之深入、持久影響，因此建議行政院新聞局應依電影法第26條暨廣播電視法第21條之規定，加強對煽惑他人犯罪或違背法令、妨害公共秩序或善良風俗、傷害少年或兒童身心健康之傳播內容加強警告、罰鍰、停播暨吊銷執照之行政處分，並依電影法第九章暨廣播電視法第36條之相關規定，加強對維護社會安全暨社會教育推廣績效優良之傳播業者予以獎勵。

（四）重整劣質社區環境

都市社會學學者史考根（Skogan）曾指出社區結構與環境不良等因素，加上社區為社會病理現象入侵造成之社區秩序混亂（Disorder）現象，極易影響及社區之生活品質，造成社區進一步頹廢、腐化，成為犯

---

[28] Samuel Walker, Sense and Nonsense About Crime. California: Brooks/Cole, 1989.

罪之滋生、成長地域[29]。因此，作者認為政府應致力於改善、重整頹廢社區，消除社區之各項病理現象，以減少犯罪之衍生。

（五）強化親職教育、健全家庭生活，減少親職病理

許多犯罪者來自破碎與欠缺和諧之家庭，而這些不稱職之父母不僅不了解子女問題與需要，同時亦不知如何對子女施予正確管教，不是過分溺愛、寵愛，不然即是過分嚴厲、鬆弛或拒絕，甚至虐待子女，而父母彼此間暴力相向，缺乏和諧等，更為其子女反叛與暴力行為製造了危機。因此，作者建議對於未獲適當教養、遭遺棄、虐待或受其他迫害之兒童與少年予以妥適緊急安置、寄養或收養；同時應加強父母親職教育，擴大舉辦「爸爸、媽媽教育」活動，促其成功地扮演父母角色，發揮家庭功能，強化監督子女，並予適當管教，此為防止犯罪發生之根本工作。

（六）改善學校教育體系病理，發揮教育功能

1.教育政策層面

教育行政當局應致力於強化教育機會均等之措施，消除偏重升學考試之發展，故諸如「國中畢業生自願就學方案」、「邁向技藝教育的十年國教方案」及「補習教育」等確保教育機會均等之改革方案，應檢討改進實施。

2.教育制度層面

教育主管當局應隨著時代之推移，配合社會之需要，檢討修正現行之學制，在師資培育方面亦應朝多元化之管道前進，以使更多之人才投入教育之工作，並加強其專業教育及評鑑。

3.教育內涵層面

在教育內涵方面之努力方向包括：

(1)加強學校之倫理道德教育。

---

[29] 同註20，前揭文。

(2)加強學生法律常識。

(3)強化學生民主教育。

(4)德智體群美五育並重。

4.教育方法層面

在教育方法上首重因材施教，尤其須充分了解學生之興趣、能力、態度，以充分掌握學生之需求，以從事最恰適之教導。其次，在教學方法上除力求靈活外，必要時以實地之考察，現場說明指導，以增加學生印象，避免流於空談。最後，教材亦應隨著社會之進步與變遷而詳加調整，往往陳舊、僵化、無法適合時代需求之教材，為青少年學生厭惡上學之重要因素。

（七）落實優生保健措施，減少生物遺傳負因

對於有礙優生之遺傳性、傳染性或精神疾病患者（如患唐氏症、精神分裂症、重度智能不足等），應依優生保健法第9條及第10條之規定，加強勸導其施行人工流產及結紮手術，或可透過修法禁止其濫行婚配，以避免有缺陷的基因遺傳給下一代。同時，對於生理、心理上有異常者，社政、醫療單位應予適當診療，以避免暴力行為之發生。

二 提升刑事司法體系打擊犯罪之效能

面對國內各項重大刑案之遲遲未能偵破，致民眾生命財產安全蒙受重大傷害，治安機關之追緝犯罪能力倍受質疑，故有必要採行積極措施，提升檢、警、調、憲打擊犯罪能力以改善社會治安，具體之做法包括：

（一）提升刑事司法執行人員素質與專業化

欲提升破案率及刑事追訴確定性，首要之工作須提升刑事司法執法人員之素質。在檢、警、調、憲當中，以接觸民眾最多之基層警察教育較受指責，為因應新型犯罪不斷發生，有必要仿法務部調查局招募優秀之大學

畢業生擔任警察工作，提升其待遇，做好治安維護工作；其次，應強化刑事警察專業化，建議刑事警察局擴充編制，解決中高級刑事警察之待遇及升遷管道，使目前有豐富辦案經驗之刑事警察優秀幹部，不必為了升職而必須改調其他行政職務[30]，如是必能使這些優秀刑事警察幹部能安心終身奉獻於專業的犯罪偵防工作，更能有效發揮其專業才華及經驗，而有助於各種刑案之偵破，提高刑事追訴的確定性，發揮一般預防的嚇阻作用。

（二）強化打擊犯罪之能力與設備

在防制犯罪之組織方面，我們認為當務之急應強化添購必要艦艇及緝私設備，加強查緝槍枝、偷渡、走私及運輸販賣毒品；此外，在刑事鑑識方面，有必要於內政部成立國家級之鑑識科學研究所，以強化現場勘查能力、證物鑑定能力及研究發展能力[31]。同時在強化檢警偵防能力方面，建議成立國家級犯罪研究中心，加強對各重大犯罪類型，如集體謀殺、性暴力案件及職業竊盜、白領犯罪等進行深入分析，建立重大刑案資料庫，以做好犯罪防治工作。

（三）檢、警、調、憲等刑事司法部門協調合作

在掃蕩犯罪之努力上，我們常見檢、警、調、憲等刑事司法組織與運作呈現破碎分離（Fragmentation）現象，不僅政策、執行步調、重點不一，同時缺乏統合，造成一致、聯合性之行動不足，影響整體偵防能力，例如，警察、地檢署、法院，甚至犯罪矯正當局皆係獨立之部門，並接受不同之管轄。而每一刑事司法實體皆具有不同之權力、溝通、監督體系，而此不利於整合；此外，每個次級體係皆有其既定之政策目標，而這些政策或目標又隨著每位警政首長、內政、法務部部長、司法院、法院院長等之更易而有所更動。這些差異導致現行刑事司法體系之緊張與混亂，造成

30　蔡德輝，當前台灣地區犯罪問題防治對策之探討，警政學報第16期，中央警官學校警政研究所印行，民國78年。

31　李俊億，整合鑑識科技力量提升犯罪追訴能力，犯罪問題的因應：社會與科技層面之探討研討會，行政院國家科學委員會，民國86年。

刑事司法體系之不一致、分歧，甚至各行其事，故我們認為應致力於強化整合檢、警、調、憲人員共同打擊犯罪，同時加強蒐證，做好與法院之溝通、協調，俾減少阻力，達成防治犯罪之目標。

（四）強化國際刑事司法機構互動與合作

隨著交通、資訊發達，目前犯罪之活動已無國界之分，不僅可能在海外遙控國內從事非法活動，亦可能在台灣地區犯罪後即行潛逃至國外或大陸地區，造成治安維護的死角，故有必要積極參與國際組織，強化國際間刑事司法互助，共同打擊犯罪[32]。此外，在外交現實下，由法務部及內政部警政署共同主導之「海外掃黑」工作，亦應持續進行。其主要係透過駐外單位，將「治平專案」期間潛逃到國外的黑幫分子護照註銷，或由與我友好國家治安單位將這些幫派分子旅行簽證取銷或予以逮捕，再由警方及調查局派員押解返台之行動。這些做法有助於防制犯罪活動之擴大。

（五）完備立法，打擊犯罪

在防治犯罪之工作上，如何檢討不合時宜之法律，透過適當立法或修法，以使打擊犯罪減少阻力，增加有利籌碼，為努力之重要方向。諸如，組織犯罪防制法、性侵害犯罪防治法之檢討，執法人員臥底之規定，證人保護法、被害補償法、家庭暴力防治法及毒品危害防制條例之修訂及刑法中各款之檢討，均為當務之急。在立法、修法中，應使法律條款具實質之法律效果，兼顧及刑罰之嚇阻性（Deterrence），即刑罰之迅速性（Swiftness or Celerity）、確定性（Certainty）與嚴厲性（Seriousness），以達威嚇之一般嚇阻（General Deterrence）及特別嚇阻（Special Deterrence）效果。

以美國田納西州最近有關酒醉駕車之立法例為例，假使行為人在酒醉之情況下駕車遭起訴，該法律規定，其至少須被監禁於看守所48小時；同

---

32 蔡德輝、楊士隆，台灣地區組織犯罪問題與防治對策，台灣地區犯罪問題與學術研討會，國立中正大學、中華民國犯罪學學會、台北忠孝扶輪社主辦，民國86年。

時，在美國亦有許多州採行嚇阻策略通過嚴格之槍枝管制法案，以嚴厲之刑罰嚇阻槍枝犯罪案件。例如密西根之槍枝管制法規定，任何人因使用槍枝而犯罪者，即強制的增加2年刑期；麻州之槍枝管制法，則規定攜帶未經註冊之槍枝者，處以1年之強制監禁。這些案件均為嚇阻立法之應用，希冀達成嚇阻與控制犯罪之目標。

三　致力於犯罪矯正與更生保護工作

　　法務部統計處（112）之統計資料顯示，截至111年底止，在107年至111年出獄之受刑人中，共有44,005人於出獄後2年內再犯罪，其占總出獄人數之26.2%。另民國106年全國新入監之36,199名受刑人中，再累犯人數高達28,613人，占新入監受刑人人數比率之79%。換句話說，平均每4位新入監之受刑人，即約有超過3位係再犯，而111年撤銷假釋之人數比率亦不低，計有1,371人遭撤銷，其約占假釋出獄人數比率之16.5%，故我們認為有必要加強犯罪矯正機構之管教及出獄後之更生輔導、觀護保護工作[33]，減少再犯。

　　在犯罪矯正工作上，具體之改進措施應包括[34]：

　　（一）刑事處分層面宜落實兩級化刑事政策，對犯罪情節輕微，短刑期初犯者，盡可能避免採行監禁刑罰，而以刑罰較寬鬆之社區性犯罪矯正處分代之。對於常業、累再犯危險性高之核心犯罪者（Hard-core Criminal）應予長期監禁、隔離。

　　（二）拓增法務部矯正署之組織與編制，以統籌督導各項犯罪矯正事宜，建立其專業地位。

　　（三）犯罪矯正管理層面應秉民主化、透明化與公平性原則，進行分監管理工作，同時致力於維護受刑人之基本權益。

　　（四）在犯罪處遇層面不宜偏重形式教化，宜致力於開發、採行嶄

---

[33] 楊士隆，受刑人矯治成效與社會適應，犯罪問題的因應：社會與科技層面之探討，行政院國家科學委員會主辦，民國86年；另參閱112年法務部最新統計。

[34] 林茂榮、楊士隆，監獄學：犯罪矯正原理與實務，五南圖書出版公司，民國88年7月。

新與具證據導向（Evidence Based）之處遇方案，以矯治犯罪者之病態心理。

（五）在技能訓練方面，應與公共職業訓練機構、職業學校及就業服務機構等加強聯繫與合作，以做好技能訓練及就業輔導工作。

在更生保護與保護管束工作方面之改進措施至少應包括：

（一）強化觀護監督工作，對於犯罪危險性高之出獄人應予密集監督輔導，增加報到次數並予不定期訪視，以減少其再犯。

（二）應加強家庭訪視，深入了解受保護管束者之生活概況與環境，並一併實施家庭輔導及做好環境調整工作。

（三）應加強運用社會資源，協助受保護管束人解決就業、就學、就醫、就養等生活上之困難，同時為強化更生保護工作，應加強進用專業人才，同時慎重遴選適任之榮譽職更生保護人員，以使保護工作更臻於周延。

四 加強社區動員，提升社區意識與守望相助工作

美國犯罪學家Jeffery提出社會疏離理論（Social Alienation Theory）來探討社會犯罪之形成，認為某些地區之社會互動如果愈缺乏社區意識，則社會民眾之間愈疏離隔閡，愈缺乏人際關係，愈不能守望相助，愈不能遵循社會規範，則此地區之犯罪發生率愈高。因此要減少社會犯罪，則要先減少社會疏離，要減少社會疏離，則必須先啟迪社會民眾之社區意識，發揚我國固有敦親睦鄰之傳統美德，共同參與社區犯罪預防工作，協助維護地方治安，達成社區民眾休戚相關、守望相助之現代社會。而目前推展守望相助運動及警民合作方案，首先應教育社會民眾，讓民眾感覺犯罪與他們息息相關，激發民眾共同挺身而出參與社會犯罪預防工作。因為面對當前的犯罪問題，已非有限的警力所能勝任，定要結合社區民眾之力量，推展守望相助運動，並輔導社區共同出力僱用「社區巡守員」，使民間保全之力量組織與民眾結合，並在巡守區建立守望崗哨，與轄區分局或派出所

之間建立聯絡線，遇有犯罪發生或其他緊急狀況，警方可隨時支援，消弭犯罪於無形，此對逐漸疏離之現代工商業社會及公寓大廈社區結構下，對預防犯罪有莫大裨益。

五　做好居住環境設計與規劃，免受犯罪侵害

近年來，由Jeffery、Newman等人所倡議之「經由環境設計預防犯罪」（Crime Prevention Through Environmental Design）策略，晚近受到學術與實務工作者正視[35]。此項以環境設計為主要架構之犯罪預防措施屬都市計畫內容之社會規劃（Social Planning）範疇，其主要係透過對環境（含社區、建築物等）之妥善規劃、設計與管理，強化其犯罪之防護力，減少犯罪機會，阻絕犯罪侵害之預防策略。

根據Jeffery之見解，犯罪預防應考慮及犯罪發生之環境及犯罪人之互動特性。而妥善之都市環境設計與規劃，可消弭人際隔閡、隱匿、增加人際互動，減少偏差與犯罪行為之發生[36]。環境規劃與設計之重點包括：

（一）改善都會之物理環境如髒亂、擁擠、破舊、頹廢之建築物等。

（二）以環境設計強化人與人之溝通與關係維繫，減少疏離感。

美國紐約大學住宅規劃研究所所長Newman則以其研究紐約市都會建築與犯罪之心得，提出嶄新之建築設計概念「防護空間」（Defensible Space），以期減少犯罪之發生。其指出藉著製造可防護本身之建築環境，可促使居民充分掌握控制區域，衍生社區責任感，進而確保居住安全，減少犯罪之侵害。防護空間具有下列四項要素：領域感（Territoriality）、自然監控（Natural Surveillance）、意象（Image）與周

---

[35] C. R. Jeffery, Crime Prevention Through Environmental Design. London: Sage Publications Inc., 1977; O. Newman, Defensible Space: Crime Prevention Through Urban Design. New York: Macmillan Publishing Company, 1972；楊士隆，運用環境設計預防犯罪之探討，警學叢刊第25卷第4期，中央警官學校，民國84年。

[36] 同前註，Jeffery。

遭環境（Mileu）[37]，每個因素皆可能影響到犯罪區位之特性。領域感乃指土地、建築物之所有權者將半私有（公共）用地納入，加以管理。自然監控涉及區域建築環境之設計，使土地建築所有者（有較佳的監控視野）以觀察陌生人之活動。意象大體上乃指嘗試建立一個不為犯罪所侵害並與周遭環境密切接觸之鄰里社區，以產生正面之形象，減少犯罪之活動。

一般而言，環境設計預防犯罪大致包括下列七項範圍[38]：

（一）防衛空間

係指設計一居住環境，在其內建立防衛本身安全之組織，並以硬體之表現方式防止犯罪之發生。防衛空間包括建構環境，嚇阻犯罪者，以及可以分辨居民或侵入者等的安全設備、公共設施與建築美工等。

（二）活動計畫之支持

活動計畫之支持如加強民眾犯罪預防自覺、參與社區事務、提供社會服務等計畫的支持等，均屬活動計畫之支持。

（三）領域感

源自動物對自有活動領域的防衛本能，設計可促使人類自然產生強烈的所有權威之環境即屬之。

（四）標的物強化

係指促使財產及其他標的物更加堅固、安全之措施，如以鎖鑰、電子警示系統等，嚇阻、偵測、延遲及阻絕犯罪之發生。

---

[37] Oscar Newmem, Defensible Space, Crime Prevention Through Urban Design. New York: Macmillan, 1972.

[38] 引自鄧煌發，犯罪預防，中央警察大學，民國84年。

（五）監控

係指正式監控之力量，包括閉路電視系統之設施及安全警衛與巡邏警力等。

（六）自然監控

自然監控涉及住宅之設計，如策略性地加裝透明窗戶，以使居民能夠看到侵入者；同時也讓侵入者知道他已經被清楚地看到或被監視，防止進一步侵害，而熟識居民在住宅附近走動，以嚇阻潛在性犯罪人亦屬之。

（七）通道管制

所謂「通道管制」（Access Sontrol），乃對於限制或禁止接近之處所，設立象徵性的障礙物，如：矮牆、灌木叢等，用以顯示特屬之私人領域，並非開放公共場所。

總之，在台灣經濟走向更為繁榮、富裕之時刻，財產性犯罪增加，為使犯罪發生更加困難，阻絕犯罪機會之環境設計、規劃、管理方案，未來將有更大之發展空間。

目前，在學術上已發展出環境設計之原理及部分準則供學界及行政部門參考，在實務上亦有許多案例顯示妥適之環境設計、規劃與管理有助於促使犯罪不易得逞，避免犯罪之發生，因此如何促請政府（尤其是都市計畫部門）與民間部門積極採行此類犯罪預防措施，為當前努力之方向。

六　強化預防犯罪宣導，加強個人自我保護措施

犯罪之發生，對社會各層面造成嚴重衝擊，如造成被害恐懼感加深，政府更必須投資巨大經費於打擊犯罪上，而相對的，被害者更是身體、精神與財物蒙受重大傷害與損失，故有必要強化預防犯罪宣導，以做好防治犯罪工作。

在政府方面，應持續擴大預防犯罪宣導，教導民眾及各機關行號採

行必要之防範犯罪措施，必要時派遣熟悉犯罪預防工作之警察人員前往高犯罪區域之商家、住家協助促其改善，以降低被害機會。在民間方面，目前各種基金會與民間團體已展開各項服務，包括專線諮詢服務、犯罪預防宣導與自我防衛訓練、出版手冊、刊物及舉辦座談及演講等，如何強化其組織、運作與動員，俾充分發揮預防犯罪效果，為防治犯罪不可或缺的一環。

七　重視少年犯罪防治工作，預防再犯

美國賓州大學教授Wolfgang、Thornberry及Figlio之追蹤研究指出，成年後的「持續性犯罪者」（Persistent Offender）有70%來自原來的少年習慣性犯罪者；少年時期無犯罪紀錄者，成年後只有18%的犯罪可能性；少年犯有80%可能性成為成年犯；並有50%可能於成年後被逮捕4～5次；「習慣性少年犯罪者」的犯行占全部逮捕次數的74%和嚴重暴力罪行（如殺人、強姦、搶劫）的82%[39]。其研究明確指出「習慣性少年犯罪者」長大後大多仍持續其犯行，同時犯罪的嚴重性也隨著年齡的成長而增大。

故我們認為今日之少年犯倘不予即時輔導，很可能成為明日之成年犯。因此筆者認為家長及學校老師應隨時關心、注意小孩，遇子女或學生有逃學或逃家等問題行為之初期徵候時，應即時予以妥適輔導，倘無法處理，亦應主動商請輔導專業人員協助，以挽救瀕臨於犯罪邊緣之青少年。當然，無論父母或學校老師最佳之輔導方式為以身作則，遇有偏差行為少年問題時，不推諉責任，公開辱罵少年（少女），或將問題完全丟給少年司法單位處理，蓋研究顯示，少年愈早進入刑事司法體系，其停留在刑事司法體系之時間亦愈久（蔡德輝、楊士隆，2003）。

---

[39] M. E. Wolfgang, T. P. Thronberry, and R. M. Figlio, From Boy to Man, From Delinquency to Crime. Chicago: University of Chicago Press, 1987.

八　建議中央設置跨部會之犯罪防治委員會，全盤規劃並協調有關部會推展犯罪防治工作

　　近年來台灣地區治安狀況急遽惡化，犯罪不僅對社會造成巨大之損失，而且對社會之公平正義、道德價值體系以及民眾對政府施政之信心，也會造成極大的腐蝕作用。尤其當前社會各種犯罪已經演變到幾乎「人人自危」、「人人無可忍受」之地步。又根據聯合國的調查報告發現，已開發國家的犯罪問題，比開發中國家的犯罪問題更為嚴重。我國於西元2000年將邁入已開發國家之林，屆時我國的犯罪問題勢必要比當前更為嚴重。為了未雨綢繆，速謀對策，我國必須成立犯罪防治專責機構，在問題尚未惡化之前採取行動（Proactive）加以防治，而不是等待問題惡化之後才採取反應補救措施（Reaction）。目前，我國刑事司法體系實務界在防治犯罪上，缺乏統合，常產生單打獨鬥現象，為此，筆者願再次呼籲政府決策當局能重視此一意見，於中央設置跨部會之犯罪防治委員會，並致力於犯罪問題研究，成立國家級犯罪研究院或犯罪防治研究所，延攬與犯罪問題研究相關的學者與實務專家，以科際整合性的整體觀，前瞻性地規劃全國性整體犯罪問題防治策略，才不會落入「頭痛醫頭、腳痛醫腳」之暫時性治標方式，而能真正達到前瞻性、長程性、根本地研究犯罪、預防犯罪、控制犯罪之效果。

第三節　結　論

　　近年來台灣地區之經濟、社會、文化發展已獲得甚大之成就，但將來社會愈工業化、都市化、現代化、商業化，則下列的問題亦會愈趨嚴重：人口增加、人口密集、人口高度流動、過度擁擠、缺乏足夠空間、缺乏足夠住宅、社區意識及社會控制減弱、社會價值體系改變、社會疏離、失業率增加、都市貧民區形成、少年次文化形成、家庭解組、疾病與公共衛生問題、環境汙染以及犯罪和少年犯罪問題等。同時，我們由聯合國犯罪分

析報告，得知已開發國家的犯罪問題比開發中國家較為嚴重。可預見的是台灣地區犯罪問題亦會隨著社會變遷而急遽上升，值得特別注意。

　　同時，我們亦了解當前社會犯罪問題為一錯綜複雜之現象，防治犯罪已非警察等刑事司法部門所能勝任，定要結合社會各階層民眾並加強社區意識，共同參與犯罪防治工作，才能使企圖犯罪之人無從施其犯罪伎倆。此外，政府要防治犯罪問題，不能停留在「頭痛醫頭、腳痛醫腳」，「坐而談」的階段，必須「起而行」，開始在犯罪防治方面大力投資，於中央成立跨部會之犯罪防治委員會及國家級犯罪防治研究院，科際整合性地策劃及研究整體的犯罪防治策略，積極付諸實施，前瞻性地根本剷除各種可能導致犯罪之相關因素，使犯罪之發生減至最低限度，才能達到防衛社會、預防犯罪之標本兼治效果。

參考書目

一、中文部分

1.警政統計年報，民國107年。

2.中時晚報，民國85年11月2日。

3.中國時報，民國75年7月18日。

4.中國時報，民國79年7月13日。

5.中國時報，民國81年7月3日；陳國霖，台灣是人蛇集團之大本營嗎？中國時報，民國83年6月27日。

6.中國時報，民國84年7月18日。

7.中華民國台閩地區警政統計重要參考指標，內政部警政署編印，中華民國89年2月29日。

8.中華民國88年犯罪狀況及其分析，法務部印行，民國89年11月。

9.王文科編著，質的教育研究法，師大學苑印行，民國83年8月再版。

10.王淑女，犯罪與社會經濟之發展：涂爾幹脫序理論的驗證，第三屆中美犯罪研討會，民國79年。

11.王毓仁，我國反毒政策之執行評估分析，國立中興大學公共政策研究所碩士論文，民國85年元月。

12.日本犯罪白書，日本警察廳編，東京，大藏省印刷局，昭和57年（西元1982年）。

13.台閩刑案統計，內政部警政署刑事警察局編印，民國88年。

14.台灣地區治安滿意度調查，內政部警政署委託，民國87年10月。

15.台灣學術倫理教育資源中心，研究倫理的專業規範與個人責任，教育部校園學術倫理教育與機制發展計畫，民國104年9月。

16.司法行政部犯罪問題研究中心編印，竊盜犯問題之研究，民國53年。

17.甘添貴，犯罪除罪化與刑事政策，載於罪與刑——林山田教授六十歲生日祝賀論文集，五南圖書出版公司，民國87年10月。

18.犯罪白皮書，法務綜合研究所編，東京大藏省印刷局，昭和58年（西元1983年）。

19.犯罪白皮書，日本法務省出版，平成9年（西元1997年）。

20.犯罪狀況及其分析，法務部犯罪問題研究中心編印，民國89年。

21.自立晚報，民國85年11月12日。

22.自立晚報，民國85年11月16日。

23.自由時報，民國85年10月26日。

24.自由時報，民國85年11月11日。

25.刑事警察局編印，預防詐騙宣導手冊，內政部警政署刑事警察局印行，民國92年。

26.余昭，人格心理學，民國68年再版。

27.李劍華，犯罪社會學，民國26年1月再版。

28.李俊億，整合鑑識科技力量提升犯罪追訴能力，犯罪問題的因應：社會與科技層面之探討研討會，行政院國家科學委員會，民國86年。

29.李湧清、蔣基萍，犯罪與經濟，一個宏觀的時間序列分析，警政學報第24期，中央警官學校警政研究所出版，民國83年6月。

30.李雲龍、沈德著，死刑論——各國死刑制度比較，亞太圖書，民國84年元月10日。

31.呂淑妤，我國藥物濫用問題探討，文載於刑事政策與犯罪研究論文集，法務部犯罪研究中心編印，民國87年5月。

32.杜讚勳，台灣地區幫派之研究，中央警官學校學士論文，民國73年。

33.沈美貞，台灣被害娼妓與娼妓政策，前衛出版社，民國79年5月。

34.沈政，法律心理學，五南圖書出版公司，民國81年2月。

35.何榮，標籤理論在輔導上之運用，刊：張老師月刊第11卷第1期，民國72年元月。

36.車煒堅，社會轉型與少年犯罪，巨流圖書公司，民國75年。

37.社會變遷與警察工作國際學術研討會，中央警官學校主辦，民國82年8月3日至8月5日。

38.林山田，犯罪行為及其界限，刊：刑事法雜誌第17卷第6期。

39.林山田，刑法各論罪，台大法學院圖書部，民國84年9月。

40.林山田，刑罰學，商務印書館，民國64年。

41.林山田，經濟犯罪的犯罪學理論，刊：軍法專刊第22卷第7期。

42.林山田，經濟犯罪與經濟刑法，民國68年再版。

43.林山田，論政治犯罪，刑事法雜誌第34卷第3期，民國79年。

44.林山田、林東茂，犯罪學，三民書局，民國79年9月。

45.林天祐，認識研究倫理，http://www.social.work.com.hk/article/educate/gf15.htm，研究論文與報告手冊，台北市立師範學院學生輔導中心編印，民國85年，第77～84頁。

46.林世英，學校教育的病理現象和少年偏差行為，觀護簡訊，民國82年9月。

47.林東茂，性犯罪，警政學報第14期，中央警官學校警政研究所，民國77年12月。

48.林東茂，經濟犯罪之研究，著者自版，民國76年修訂二版。

49.林紀東，刑事政策學，國立編譯館，民國50年第二版。

50.林茂榮、楊士隆，監獄學——犯罪矯正原理與實務，五南圖書出版公司，民國88年7月修訂版。

51.林振春，社會調查，五南圖書出版公司，民國77年4月。

52.林健陽，機構性犯罪矯治之趨勢，文載於楊士隆、林健陽主編，犯罪矯治：問題與對策，五南圖書出版公司，民國87年7月。

53.林憲，青少年個案之精神醫學剖析，刊：觀護簡訊，民國67年12月20日第七版。

54.法院組織法，民國78年12月22日。

55.法務部調查局民國105年經濟犯罪防制工作年報，法務部調查局印行。

56.法務部統計年報，民國106年。

57.法務部所屬矯正機關組織編制及獄政改革報告書，法務部印行，民國85年5月。

58.邱華君，暴力犯罪之探討，警學叢刊第12卷第1期，民國70年9月。

59.周文勇，匯整民國74年台北市政府警察局各幫派專案報告及警備總部

所撰之一清專案報告而成，民國83年。

60.周震歐等，林宗誠等暴力犯罪集團之個案研究，台北市政府研究發展考核委員會、台北市少年輔導委員會委託，民國77年12月。

61.周震歐，犯罪心理學，自印，民國60年。

62.周震歐，犯罪原因論，刊：刑事法雜誌第14卷第5期。

63.周震歐，詐欺犯罪之研究，法務部，民國70年。

64.紀慧文，十二個上班小姐的生涯故事——從娼女性之道德生涯研究，唐山出版社，民國87年。

65.孟維德，白領犯罪成因及防制策略之研究，中央警察大學出版社印行，民國88年8月。

66.侯崇文、周愫嫻，青少年被害問題之調查研究，行政院青年輔導委員會編印，民國87年12月。

67.洪莉竹，從攻擊行為理論探討欺凌行為之輔導一文，載於諮商與輔導第88期，民國82年4月15日。

68.馬英九，掃黑與除暴工作的再出發，中國國民黨中央常務委員會專題報告，民國85年4月24日。

69.柯永河，青春期犯罪行為的心理成因，刊：社會變遷中的青少年問題，中央研究院民族學研究所，民國67年。

70.柯義民，汽車竊盜及偵防之實證研究，中央警官學校警政研究所碩士論文，民國82年6月。

71.唐筱雯，台北市公娼之從業歷程及生活世界，國立台灣大學建築與城鄉研究所碩士論文，民國88年。

72.孫義雄，台灣地區賭博犯罪現況研究，中央警察大學出版社印行，民國85年5月。

73.高金桂，台灣地區竊盜犯罪之分析及其偵防措施之研究，中央警官學校警政研究所碩士論文，民國68年6月。

74.高金桂，少年犯罪社區防治之構想，社區發展季刊第8卷第31期，民國74年。

75.時報周刊第981期，民國85年12月15日至21日。

76.許春金等，暴力犯罪被害者個人特性與日常活動型態之實證研究，行政院國家科學委員會出版，民國79年12月。

77.許春金，台北市幫派犯罪團體之實證研究，行政院國家科學委員會，民國79年12月。

78.許春金，台灣地區各類型犯罪率變遷及國際比較，犯罪問題的因應：社會與科技層面之探討研討會，行政院國家科學委員會主辦，民國86年5月26、27日。

79.許春金、犯罪學，中央警察大學印行，民國85年7月。

80.許春金、楊士隆，社區與少年偏差行為，警政學報第23期，中央警官學校警政研究所，民國82年7月。

81.許春金，犯罪學，三民書局，民國96年修訂五版。

82.許福生，強姦犯強制矯治處分之探討，警學叢刊第24卷第3期，中央警官學校印行，民國83年3月。

83.許福生，從嚴格刑事政策觀點論組織犯罪抗制對策，文載於中央警察大學行政警察學系85年學術研討會論文集，民國85年6月6日。

84.許福生，無被害人犯罪與除罪化之探討，中央警察大學學報第34期，民國88年9月。

85.梅可望，警察學原理，中央警官學校印行，民國76年12月再版。

86.麥留芳，曾指出應付個體犯罪的措施，未必亦可以有效地應用到集團犯罪，參閱其著個體與集團犯罪，巨流圖書公司，民國80年7月。

87.陳文俊譯，社會科學研究法，Earl R. Babbie原著，The practice of Social Research，10th edition，Wadsworth，湯姆生出版，民國94年。

88.陳正宗，藥物濫用防治對策，文載於刑事政策與犯罪研究論文集，法務部犯罪研究中心編印，民國87年5月。

89.陳明傳，鄰里守望相助之評析，警學叢刊第23卷第2期，民國81年12月。

90.陳若璋，家庭暴力——防治與輔導手冊，張老師出版社，民國82年6月。

91.陳若璋著，台灣處理婚姻暴力體制之改革方案，理論與政策，民國84

年春季號。

92.陳福榮，少年竊盜犯家庭、學校、社會環境因素及其預防對策之研究，中央警官學校警政研究所碩士論文，民國71年6月。

93.張大光譯，少年犯罪原因之探討，刊：觀護選粹第二集，民國74年8月。

94.張甘妹，犯罪學原論，自印，民國82年。

95.張平吾，台灣地區竊盜初犯與累犯社會相關因素之比較研究，中央警官學校碩士論文，民國74年6月。

96.張平吾，簡介被害者學之發展及其兩個相關理論，警政學報第16期，中央警官學校警政研究所出版，民國78年12月。

97.張華葆，少年犯罪預防與矯治，三民書局，民國80年元月。

98.張華葆，社會心理學，三民書局，民國75年3月。

99.張碧琴譯，各國娼妓管理政策之比較（Prostitution: Regulation and control）http://www.hercafe.com.tw/hertalk/woman-woman/papers/0011.htm，民國88年。

100.曾紫玉，賭博性娛樂事業的發展趨勢及其影響之探討，中國文化大學觀光業學研究所碩士論文，民國83年6月。

101.黃軍義，強姦犯罪之訪談研究，法務部印行，民國84年4月。

102.黃宣範，基因與社會行為──社會生物學中的新爭論，刊：中央日報，民國65年8月10日。

103.黃淑玲，台灣特種行為婦女：受害者？行動者？偏差者？台灣社會研究季刊第22期，民國85年。

104.黃富源譯，都市環境與犯罪之形成，平井邦彥原著，警學叢刊第16卷第1期，中央警官學校印行，民國74年。

105.黃朝義，論經濟犯罪的刑事法問題，文載於刑事政策與犯罪研究論文集，法務部犯罪研究中心編印，民國87年5月。

106.黃徵男，犯罪矯治現況與未來發展，當前犯罪防治問題與對策研討會，中正大學犯罪防治研究所主辦，民國88年10月29日。

107.莊明哲，染色體異常與犯罪之關係，刊：周震歐：犯罪心理學，附

錄，民國60年。

108. 莊耀嘉、古明文，竊盜累犯之研究，法務通訊雜誌社，民國72年9月。

109. 楊士隆，大眾傳播媒體與犯罪預防，中警半月刊第612期，民國82年12月1日。

110. 楊士隆，刑事司法與犯罪學研究倫理，文載於楊士隆等著，刑事司法與犯罪學研究方法，五南圖書出版公司，民國111年9月。

111. 楊士隆，毒品防制政策整體規劃報告，行政院研考會委託，民國99年。

112. 楊士隆，社區解組與少年犯罪，多重層級衡量之實證分析，行政院國家科學委員會專題研究計畫，民國84年。

113. 楊士隆，犯罪心理學，五南圖書出版公司，民國109年7月。

114. 楊士隆，台灣地區民眾對政府防治犯罪滿意度暨民眾被害經驗之調查研究，國立中正大學犯罪研究中心出版，民國92年3月1日。

115. 楊士隆，殺人犯罪：多重面向之殺人犯調查研究，五南圖書出版公司，民國87年12月。

116. 楊士隆，青少年殺人犯罪行為與防治對策，文載於蔡德輝、楊士隆主編，青少年暴力行為：原因、類型與對策，中華民國犯罪學學會印行，民國89年7月。

117. 楊士隆，受刑人矯治成效與社會適應，犯罪問題的因應：社會與科技層面之探討，行政院國家科學委員會主辦，民國86年。

118. 楊士隆，情境犯罪預防之技術與範例，警學叢刊第25卷第1期，中央警官學校印行，民國83年9月。

119. 楊士隆等著，刑事司法與犯罪學研究方法，五南圖書出版公司，民國111年9月。

120. 楊士隆等著，暴力犯罪：原因、型態與對策，五南圖書出版公司，民國105年5月。

121. 楊士隆，運用環境設計預防範罪之探討，警學叢刊第25卷第4期，中央警官學校印行，民國84年。

122. 楊士隆，監獄受刑人擁擠問題之實證研究，行政院國家科學委員會，民國84年4月。

123. 楊士隆，全國治安滿意度暨被害經驗調查，國立中正大學犯罪研究中心印行，民國93年。

124. 楊士隆，情境犯罪預防之技術與範例，警學叢刊第25卷第4期，中央警官學校印行。

125. 楊士隆、何明洲，竊盜犯罪防治：理論與實務，五南圖書出版公司，民國92年元月。

126. 楊士隆、李思賢、朱日僑、李宗憲，藥物濫用毒品與防治，五南圖書出版公司，民國102年。

127. 楊士隆，林健陽，犯罪矯治：問題與對策，五南圖書出版公司，民國90年11月。

128. 楊士隆、黃昭正，美國、日本諸國之犯罪狀況與趨勢分析，中華民國81年犯罪狀況及其分析，法務部犯罪問題研究中心出版，民國82年7月。

129. 楊士隆、曾淑萍，暴力犯罪型態與防治對策，發表於「治安良策民眾安居」研討會，財團法人向陽公益基金會、東吳大學法學院主辦，民國95年9月25日。

130. 楊台興、游日正，我國不良幫派及其成員之處理模式，文載於許春金等，不良幫派處理模式之泛文化比較研究，內政部警政署刑事警察局委託，民國82年5月。

131. 楊國樞，青少年問題行為的研究，法務通訊，法務部印行，民國82年4月。

132. 詹火生編譯，新衝突的開拓者——達倫道夫，允晨文化公司，民國71年11月初版。

133. 廖秀娟，刑事司法研究之倫理困境，2015犯罪防治學術研討會，中央警察大學犯罪防治學系暨研究所主辦，民國104年。

134. 趙永茂，消弭黑白共生結構需從根部下手，中國時報，民國85年11月12日。

135.趙庸生，社區處遇理念及其施行，文載於第一屆中美防制犯罪研究會論文集，東海大學、中央警官學校，美國沙加緬渡大學合辦，民國77年。

136.管歐，法院組織法論，三民書局，民國77年12月。

137.獄政改革報告書，法務部印行，民國85年5月。

138.葉重新，不同家庭社經水準青少年人格特質之比較研究，大洋出版社，民國69年。

139.葉于模，發揮生命的衝創力──心理學教授談教學經驗，刊：中央日報，民國68年4月14日。

140.蔡文輝，社會學理論，三民書局，民國68年10月初版。

141.蔡文輝，台北市社區人際關係與竊盜之研究，吳尊賢文教基金會委託研究論文，民國71年。

142.蔡德輝，台北市智慧型犯罪防治對策之研究，臺北市政府研究展考核委員會，民國77年4月。

143.蔡德輝，犯罪預防之定義，文載於犯罪學辭典，中央警官學校印行，民國72年8月。

144.蔡德輝，當前台灣地區犯罪問題防治對策之探討，警政學報第16期，中央警官學校警政研究所印行，民國78年。

145.蔡德輝，當前竊盜犯罪原因及其防治對策之研究，行政院研考會，民國70年9月。

146.蔡德輝、楊士隆，少年犯罪：理論與實務，五南圖書出版公司，民國106年10月第六版。

147.蔡德輝、楊士隆，青少年暴力行為，五南圖書出版公司，民國92年9月。

148.蔡德輝、楊士隆，幫派入侵校園問題與防治對策，文載於蔡德輝、楊士隆主編，青少年暴力行為：原因、類型與對策，中華民國犯罪學學會印行，民國89年7月。

149.蔡德輝、楊士隆，台灣地區組織犯罪問題與防治對策，台灣地區犯罪問題與學術研討會，國立中正大學、中華民國犯罪學學會、台北忠孝

扶輪社主辦，民國86年。

150.蔡德輝、楊士隆，社區警察因應民眾對治安需求之研究，行政院國科
會專題研究計畫，民國85年7月。

151.蔡德輝、楊士隆，獄政政策與管理之評估，行政院研究考核委員會專
題研究計畫，民國87年12月。

152.蔡德輝、楊士隆，飆車少年暴力行為之研究，犯罪學期刊創刊號，中
華民國犯罪學學會出版，民國84年7月。

153.蔡德輝、楊士隆，犯罪矯正新趨勢：社區處遇制度之可行性研究，法
學叢刊第179期，民國88年。

154.蔡德輝、鄧煌發，社區性犯罪矯正之趨勢，文載於楊士隆、林健陽
主編，犯罪矯治問題與對策，五南圖書出版公司，民國86年7月修訂
版。

155.蔡邦居，犯罪少年犯罪嚴考型態與偏差行為之研究，國立中正大學犯
罪防治研究所碩士論文，民國87年12月。

156.蔡聖偉，賭博罪保護公益之探討，文載於罪與刑，五南圖書出版公
司，民國87年。

157.鄧煌發，犯罪預防概論，劉爾久編著，犯罪預防，臺灣警察專科學校
印行，民國81年。

158.鄧煌發，犯罪預防，中央警察大學印行，民國84年。

159.歐用生，有關質的研究與量的研究特徵比較，質的研究，師大學苑印
行，民國78年。

160.盧金波，幫派犯罪之預防與處理，中美防治犯罪研究會論文集，東海
大學、中央警官學校、美國加州沙加緬度州立大學，民國77年7月。

161.龍冠海，社會思想史，三民書局，民國68年第三版。

162.謝文彥，犯罪區位學之研究，刊：許春金等著犯罪學，民國75年3
月。

163.聯合報，第五版，民國81年4月29日。

164.聯合報，民國82年2月6日。

165.聯合報，民國82年12月8日。

166.聯合報，民國84年4月1日。

167.聯合報，民國85年11月6日。

168.韓忠謨，刑法原理，民國67年。

二、英文部分

1.Aaron Podelefsky, Case Studies in Community Crime Prevention, Charles C. Thomas Publisher, 1983.

2.Abadinsky, Howard, The Criminal Elite-Professional and Organized Crime, Connecticut: Greenwood Press, 1983.

3.Abadinsky, Howard, The Mafia in American: An Oral History. New York: Praeger, 1981.

4.Adams, Reed, An Experimental Evaluation of The Adequacy of Differential Association Theory and A Theoretical Formulation of a Learning Theory of Criminal Behavior, Ph. D. Dissertation in Florida State University, Tallahasee, 1971.

5.Adler, Freda, Nations Not Obsessed with Crime, Rothman, 1983.

6.Agnew, Robert, "Foundation for a General Strain Theory of Crime and Delinquency." Criminology 30, 1992: 47-87.

7.Akers, Ronald A., Deviant Behavior: A Social Learning Approach, Second Edition. Belmont, Cal.: Wadsworth, 1977.

8.Akers, Ronald L., "A Social Behaviorist's Perspective on Integration of Theories of Crime and Deviance." pp. 23-26, in Messner, S. F., M. D. Krohn, and A. E. Liska (Eds.), Theoretical Integration in the Study of Crime and Deviance: Problems and Prospects. Albany, NY: State University of New York Press, 1989.

9.Akers, Ronald L., Criminological Theories, CA: Roxbury, 1994; Goldstein, Jeffery H. Aggression and Crimes of Violence, Second Edition, New York: Oxford, 1986; Siegel, Larry J. Criminology, Third Edition, MN: West.

10.Allen, H. K. and Simonsen. C. E., Corrections in American. Fifth Macmillan, 1989.

11.American, Psychiatric Association, Diagnostic and Statistical Manual of Mental Disorders, Fourth Edition, Washington, DC: American Psychiatric Association, 1994.

12.Aultman, Madeline G. and Charles F. Wellford, "Towards an Integrated Model of Delinquency Causation: An Empirical Analysis." Sociology and Social Research 63, 1929.

13.Baird, S. C., Intensive Supervision in Probation. Washington D.C.: National Institute of Corrections, Mirneo, 1984.

14.Bandura, A. Aggression: A Social Learning Analysis, Englewood Cliffs, NJ: Prentice Hall, 1973.

15.Barlow, Hugh D., Introduction to Criminology, Seventh Edition. Harper Collins Publishers, 1996.

16.Barney, G. Glaser and Anselm L. Strauss, The Discovery of Grounded Theory.

17.Bartollas, Correctional Treatment: Theory and practice. Prentic-Hall Inc., 1985.

18.Becker, G. S., Crime and Punishment: An Economic Approach, Journal of Political Economy, No.77: 169-217, 1968; The Economics of Crime: An Introduction to the Literature, Crime and Delinquency, 1962.

19.Bedau Hugo, Adam, "Are There Really Crimes Without Victims," in Edwin M. Schur and H. Adam Bedau, Victimless Crimes. Englewood Cliffs. N. J.: Prentice Hall, 1974.

20.Bedau Hugo, Adam, "Retribution and the Theory of Punishment." Journal of Philosophy (75), 1978.

21.Beeley, A. L., Asocio-Psychological Theory of Crime and Delinquency, A Contribution to Etiology, Journal of Criminal Law, Criminology and Police Science, 45. No. 4, December 1945.

22.Bennet, Trevor and Richard Wright, Burglars on Burglary: Prevention and the Offender. Aldershot, England: Gower, 1984.

23.Binder, Arnold and Gilbert Geis, Methods of Research in Criminology and Criminal Justice, 1983.

24.Blackmore, John and J. Welsh, Selective Incapacitation: Sentencing according to Risk. Crime and Delinquency, 29, 1983.

25.Blalock, Hubert M., Theory Construction. Englewood Cliffs, NJ: Prentice Hall, 1969.

26.Blau, Judith and Peter Blau, "The Cost of Inequality: Metropolitan Structure and Violent Crime," American Sociological Review 147, 1982.

27.Blumstein, Alfred, Selective Incapacitation as a Means of Crime Control. American Behavioral Scientist 27(1), 1983.

28.Bogdan, R. and D. S. Taylor, Introduction to Qualitative Research Methods. New York: John, Wiley, 1988.

29.Bohn, Robert M.: Reflexivity and Critical Criminology: The American Society of Criminology Annual Meeting in San Francisco, California, November, 1980.

30.Box, Steven, Power, Crime, and Mystification. London: Tavistock, 1983.

31.Braithwaite, John, Crime, Shame, and Reintegration. Cambridge: Cambridge University Press, 1989.

32.Brantingham, P. J. and P. L. Brantingham, "Theoretical Model of Crime Site Selection." in Crime, Law and Sanctions, Beverly Hills: Sage, 1978.

33.Brantingham, Patricia L. and F. L. Faust, "A Conceptual Model of Crime Prevention." Crime and Delinquency 22, 1976.

34.Brantingham, Patricia L., "Crime Prevention: The North American Experience" in "The Geographic of Crime," edited by David J. Evans and David T. Herbert, published by Routledge, 1989.

35.Brown, Stephen E., Finn-Aage Esbenson, Gilbert Geis, Criminology: Explaining Crime and its Context, Second Edition, Cincinnati, OH: Anderson, 1996.

36.Brown, Stephen E., Finn-Aage Esbensen, Gillbert Geis, Criminology: Explaining Crime and Its Context, Ohio: Anderson, 1991.

37.Bursik, Robert J., "Political Decisiommaking and Ecological Models of Delinquency: Conflict and Consensus," in Messner, S. F., M. D. Krohn, and A. E. Liska (Eds.), Theoretical Integration in the Study of Crime and Deviance: Problems and Prospects. Albany, NY: State University of New York Press, 1989.

38.Byrne, James M. and Robert J. Sampson (2986), The Social Ecology of Crime, New York: Springer-Verlag, 1986.

39.Caldwell, Robert G.: Criminology, Second Edition, New York: The Ronald Press Company, 1956.

40.Cavan and Ferdinand, Juvenile Delinquency, Third Edition, 1975.

41.Cullen, Francis T. William J. Maakested, and Gray Cavender, Corporate Crime Under Attack: The Ford Pinto Case and Beyond. Cincinnati, OH:

Anderson, 1987.

42.Chambliss, William J. "State Organized Crime." Criminology 27, 1989.

43.Chelson, S. Yo and S. E. Samenow, The Criminal Personality Vol. 1: A Profile for Change, New York: Jason Aronsen, 1976.

44.Clarke, Ronald V. (Eds.), Situational Crime Prevention, New York: Harrow and Heston, 1992.

45.Clarke, R. V. Situational Crime Prevention: Successful Case Studies, Second Edition, Guilderland, NY: Hrrow and Heston Publishers, 1997.

46.Clarke, Ronald V. Guest Editor's Introduction to the Special Issue on Situational Prevention, in Journal of Security Administration 11, 1988.

47.Clarke, Ronald V. "Situational Crime Prevention: Theory and Practice." British Journal of Criminology 20, 1980.

48.Clarke, Ronald V., Situational Crime Prevention: Its Theoretical Basis and Practical Scope. In Tonry, M. and N. Morris (Eds.), Crime and Justice: An Annual Review of Research. Vol. 4, University of Chicago Press, 1983.

49.Ronald Clarke and Ross Homel. "A Revised Classification of Situation Crime Prevention Techniques." in Crime Prevention and Crossroads (Ed.), Steven Lab (Cincinnati: Anderson. 1997).

50.Clear, T. R. and Cole, G. F. American Corrections, NY: Brooks/Cole, 1986.

51.Clinard, Mrshall B. and Richard, Quinney: Criminal Behavior Systems. New York: Holt, Rinehart and Winston, 1973.

52.Cloward, Richard A. and Lloyd E. Ohlin, Delinquency and Opportunity. New York, NY: The Free Press, 1960.

53.Cohen, Albert K., Delinquent Boys: The Culture of the Gang, 1955.

54.Cohen, Lawrence E. and Marcus Felson, Social Change and Crime Rate Trends: A Routine Activity Approach, American Sociological Review, Vol. 44: 588-608, 1979.

55.Cohen, M. E., R. F. Garofalo, R. Boucher, and T. Seghorn, "The Psychology of Rapists", Seminars in Psychiatry, 1971.

56.Comish, D. B. and R. V. Clarke, The Reasoning Criminal: Rational Choice Perspectives on Crime. New York: Springer-Verlag, 1986.

57.Conklin, John E., Robbery and the Criminal Justice System. Philadelphia: J. B. Lippincott Company, 1972.

58.Cornish, D. B. and R. V. Clarke, The Reasoning Criminal: Rational Choice

Perspectives on Crime. New York: Springer-Verlag, 1986.

59. Cornish, D. B. and R. V. Clarke. "Opportunities, Precipitators and Criminal Decisions: A Reply to Wortley's Critique of Situational Crime Prevention." In M. J. Smith and D. B. Cornish (Eds.), *Theory for Practice in Situational Crime Prevention: Crime Prevention Studies*, Vol. 16. Monsey, NY: Criminal Justice Press, 2003.

60. Dalton, Katharina: Menstruation and Crime. in Leonard D. Savitz and norman Johnston: Crime in Society, New York: John Wiley and Sons, Inc., 1978.

61. Diener, Edward and Rick Crandall, Ethics in Social and Behavioral Research. Chicago: University of Chicago Press, 1978.

62. Dowie, Mark, and Carolyn Marshall, "The Bendectin Coverup." Mother Jones 5: 43-56, 1980.

63. Duffee, D. E. The Frequency and Classification of Needs of Offenders in Community Setteines. Journal of Criminal Justice, 13: 243-2138, 1985.

64. Dunford, Franklyn W. David Huizinga, and Delberts. Elliott, "The Role of Arrest in Domestic Assault: The Amaha Police Experiment." Criminology 28, 1990.

65. Durkheim, Emile, Anomie, R. A. Farrell and V. L. Swigert, Social Deviance, 1975.

66. Durkheim, Emile, Suicide, Translated by Gohn A. Spaulding and George Simpson, 1967.

67. Durkheim, Emile, The Normal and the Pathological, L. D. Savitz and Norman Johnston edited, Crime in Society, 1978.

68. Edelhertz, H., The Nature, Impact and Prosecution of White Collar Crime. Washington, DC: National Institute for Law Enforcement and Criminal Justice, 1970.

69. Elliott, D. S., S. S. Ageton, and R. J. Canter "An Integrated Theoretical Perspective on Delinquent Behavior." Journal of Research in Crime and Delinquency 16, 1979.

70. Elliott, D. S., D. Huizinga, and S. S. Ageron, Explaining Delinquency and Drug Use. Beverly Hills: Sage, 1985.

71. Empey, L. T., American Delinquency: Its Meaning and Construction, Homewood, III: Dorsey press, 1978.

72.Empey, Lamar T. and Maynard L. Erickson. The Provo Experiment: Evaluating Community Control of Delinquency. Lexington, Mass: Health, 1972.

73.Ernest, Van Den Haag. Could Successful Rehabilitation Reduct the Crime Rate? Journal of Criminal Law and Criminology, 73(3): 1022-1035, 1982.

74.Fanno, C. M. "Situational Crime Prevention: Techniques for Reducing Bike Theft at Indiana University, Bloomington."Journal of Security Administration, 20(2), 1-14, 1997.

75.Farnworth, Margaret, Theory Integration Versus Model Building, pp. 93-100, in Messner, S. F., M. D. Krohn, and A. E. Liska (Eds.), Theoretical Integration in the Study of Crime and Deviance: Problems and Prospects. Albany, NY: State University of New York Press, 1987.

76.Felken, George T., A Challenge to the International Fight Against World Wide Criminal Activety.

77.Forst, Brain, Selective Incapacitation: An Idea Whose Time has Come. Federal Probation 47(3), 1983.

78.Fox, Vernon, Community-based Corrections, 1977.

79.Fox, Vernon: Introduction to Criminology, Englewood Cliffs, N. J.: Prentice Hall, 1976.

80.Frank, E. Hagan, Research Methods in Criminal Justice and Criminology, Second Edition, Macmillan Publishing Co., 1989.

81.Gebhard, P. H., P. Gagnon, W. B. Pamevoy, and C. V. Christenson, Sex Offenders: An Analysis of Types, New York: Harper and Row, 1965.

82.Gibbs, J. Crime, Punishment and Deterrence, Elsevier, New York, 1975.

83.Glaser, Baraney G. and Anaelm L. Strauss, The Discovery of Grounded Theory. Chicago: Aldine, 1967.

84.Glueck, Sheldon and Eleanor Glueck, Later Criminal Careers, New York: The Commonwealth Fund, 1937.

85.Goldstein, Jeffery H., Agression and Crimes of Violence, Second Edition, New York: Oxford, 1986.

86.Gottfredson, Michael T. and Travis Hirschi, A General Theory of Crime, Stanford, CA: Stanford University Press, 1990.

87.Gottfredson, Denis C. Richard J. McNeil III, and Gary D. Gottfredson, Social Area Influences on Delinquency: A Multilevel Analysis. Journal of Research in Crime and Delinquency, Vol. 28, No. 2, 1991.

88.Gowen, Darren and Jerri B. Speyerer, "Compulsive Gambling and the Criminal Offender: A Treatment and Supervision Approach," Federal Probation, Vol. 50, No. 3, September, 1994.

89.Groth, A. N., Men Who Rape: The Paychology of the Offender, New York: Plenum, 1979.

90.Groves, W. B. and M. J. Lynch, "Reconciling Structural and Subjective Approaches to the Study of Crime." Journal of Research in Crime and Delinquency 27, 1990.

91.Hagan, Frank E., Research Methods in Criminal Justice and Criminology. Pearson Education, Inc., 2003.

92.Hagan, Frank E., Research Methods in Criminal Justice and Criminology, Second Edition, Macmillan Publishing Company, 1989.

93.Hagan, John, A. R. Gillis, and John Simpson, "The Class Structure of Gender and Delinquency", Toward a Power-Control Theory of Common Delinquent Behavior, "American Journal of Sociology 90: 1151-1178, 1985; John, Hagan, J. Simpson, and A. R. Gillis" Class in the Household: A Power-Control Theory of Gender and Delinquency, American Journal of Sociology 92, 1987: 788-816.

94.Hart, Philip A., "Swindling and Knavery, Inc.," Playboy, August 1972.

95.Harland, A. T., One Hundred Years of Restitution: An International Review and Prospectus for Research. Victimology, 8(1-2), 1983.

96.Haskell, Martin R. and Lewis Yablonsky, Criminology, 1983.

97.Hindelang, Michael J. Travis Hirschi, and Joseph G. Weiss, "Correlates of Delinquency: The Illusion of Discrepancy Between Sell-Report and Official Measure." American Sociological Review 44, 1979.

98.Hindelang, Michael R. Gottfredson and James Garofalo, Victims of Personal Crime: An Empirical Foundation for a Theory of a Personal Victimization, Cambridge, Mass: Ballinger, 1978.

99.Hindelang, Michael J., Hirschi Travis, and Weiss G. Joseph, "Correlates of Delinquency: The Illusion of Discrepancy Between Sell-Report and Official Measure." American Sociological Review 44: 995-1014, 1979.

100.Hindelang, Michael R. Gottfredson and James Garofalo, Victims of Personal crime: An Empirical Foundation for a Theory of a Personal

Victimization, Cambridge, Mass: Ballinger Publishing company, 1978.

101.Hingdelang, H. and Joseph Weis, "Forcible Rape: A Statistical Profile," in chappel, D. and Gilbert Geis (Eds.), Forcible Rape: The Crime, the Victim, the Offender, New York: Columbia University Press, 1977.

102.Hippchen, L. (Ed.): Ecologic-Biochemical Approaches to Treatment of Delinquents and Criminals. New York: Var Nostrand Reinhold, 1978.

103.Hirschi, Travis, "Exploring Alternatives to Integrated Theory." in Messner, S. F., M. D. Krohn, and A. E. Liska (Eds.), Theoretical Integration in the Study of Crime and Deviance: Problems and Prospects. Albany, NY: State University of New York Press, 1989.

104.Hirschi, Travis, "Separate and Unequal is Better," Journal of Research in Crime and Delinquency, 16, 1979.

105.Hirschi, Travis, A Control Theory of Delinquency, 1969.

106.Hollin, Clive R., Psychology and Crime: An Introduction to Criminological Psychology, New York: Routledge, 1989.

107.Holmes, Ronald M. and James De Burger, Serial Murder, Newbury Park, CA: Sage Publications, 1988.

108.Howells, K., "Adult Sexual Interest in Children: Considerations Relevant to the Theories of Etiology," in Cook, M. and K. Howel's (Eds.), Adult Sexual Interest in Children: Considerations Relevant to the Theories of Etiology, in Cook, M. and K. Howells (Eds.), Adult Sexual Interest in Children, London: Academin Press, 1981.

109.Humphreys, Laud, The Tearoom Trade. Enlarged edition with perspectives on ethical issues. Chicago: Aldine, 1975.

110.Jack Dlevin, and H. Jack McDevitt, Hate Crimes: The Rising Tide of Bigotry and Bloodshed, New York: Plenum, 1993.

111.Jeffery, C. Ray.: Crime Prevention Through Environmental Design, London: Sage Publications, Inc., 1977.

112.Jeffery, C. Ray.: The Historical Development of Criminology. Hermann Mannheim edited: Pioneers in Criminology, 1960.

113.Jeffery, C. Ray.: The Prevention of Crime and Juvenile Delinquency. In The First Asian-Pacifice Conference on Juvenile Delinquency. Taipei, 1979.

114.Jeffery, C. Ray: Crime Prevention Through Environmental Design, 1977.

115.Jeffery, C. Ray: The Historical Development of Criminology, Hermann

Mannheim edited: Pioneers in Criminology, 1960.

116.Jesilow, Paul D., Henry N. Pontell, and Gilbert Geis, "Medical Criminals: Physicians and White-Collar Offenses." Justice Quarterly 2: 149-165.

117.Jurenile Delinquents Grown Up, New York: The Commonwealth Fund, 1940.

118.Katkin, D., D. Hyman, and J. Kramer, Juvenile Delinquency and the Juvenile Justice System, Belmont, California: Wadsworth Publishing Company, 1976.

119.Kitsuse, John I. and David C. Dietrick, "Delinquent Boys: A Critique", H. L. Voss edited, Society, Delinquency and Delinquent Behavior, 1970.

120.Kolberg, Lawrence, Stages in the Development of Moral Though and Action. New York: Holt, Rinehart and Winston, 1969.

121.Kornhauser Ruth R., Social Sources of Delinquency. Chicago: University of Chicago Press, 1978.

122.Lab, Steven P., Crime Prevention: Approaches, Practice and Evaluations. Second Edition, Anderson Publishing Co., 1992; Smith, R. "Identity-Related Economic Crime: Risks and Countermeasures", Trends & Issues in Crime and Criminal Justice No. 129, Australian Institute of Criminology, 1999.

123.Lejins, P., "The Field of Prevention in Amos," W. and Wellford, C. (Eds.), Delinquency Prevention: Theory and Practice, Englewood Cliffs, Jewersey: Prentice Hall, 1967.

124.Lemert, Edwin M., Primary, and Secondary Deviance, Earl Rubington and Martin S. Weinberg, Deviance, Third Edition, 1978.

125.Lemert, Edwin M., Secondary Deviance and Role Conceptions, R. A. Farrel and V. L. Swigert, Social Deviance, 1975.

126.Levin, Jack and James A. Fox, Mass Murder, New York: Plenum Press, 1985.

127.Levin, Jack and McDevitee H Jack, Hate Crimes: The Rising Tide of Bigotry and Bloodshed, New York: Plenum, 1993.

128.Lindsmith and Levin: The Lombrosian Myth in Criminology.

129.Liska, Allen E., Marvin D. Krohn, and Steven F. Messner, "Strategies and Requisites for Theoretical Integration in the Study of Crime and Deviance," in Messner, S. F., M. D. Krohn, and A. E. Liska (Eds.), Theoretical Integration in the Study of Crime and Deviance: Problems and Prospects.

Albany, NY: State University of New York, 1989.

130. Lynch, James P, Routine Activity and Victimization at Work, Journal of Quantitative Criminology, Vol. 3, No. 4, 1987.

131. Mark, Colvin and John Pauly, "A Critique of Criminology: Toward an Integrated Structural Marxist Theory of Delinquency Production." American Journal of Sociology 89, 1983.

132. Mannheim, Hermann: Comparative Criminology, by Routledge Kegan Paul Ltd, 1966.

133. Mark, Dowie, and Carolyn Marshall, "The Bendectin Cover-Up." Mother Jones 5, 1980.

134. Matsueda, Ross L. and Karen Heimer, "Race, Family Structure, and Delinquency." American Sociological Review 52, 1987.

135. McCaghy, B. R., Intermediate Punishments: Intensive Supervision, Home Confinement and Electronic Surveillance. CA: Willow Tree, 1987, pp. 169-179.

136. McCaghy, Charles H. and Timothy A. Capron, Deviant Behavior: Crime, Conflict and Interest Groups, Third Edition, New York: Macmillan, 1994.

137. Merton, Robert K., Social Structure and Anomie, L. D. Savitz and Norman Johnston: Crime in Society, 1978.

138. Messner, Steven F., M. D. Krohn, and A. E. Liska (Eds.), Theoretical Integration in the Study of Deviance and Crime: Problems and Prospects. Albany, NY: State University of New York Press, 1989.

139. Messner, Steven F. and Richard Rosenfeld, Crime and the American Dream, Second Edition, Belmont, Cal.,: Wadworth, 1996.

140. Messner, Steven F. and Kenneth Tardiff, Economic Inequality and Levels of Homicide: An Analysis of Urban Neighborhoods. Criminology, 214, 1986.

141. Messner, Steven F., Economic Discriminalization and Societal Homicide Rates: Further Evidence of the Cost of Inequality. American Sociological Review, 54: 579-611, 1989.

142. Morton, J. H., R. G. Addition, L. Addison, L. Hunt, and J. J. Sullivan: A Clinical Study of Premenstrual Tension. American Journal of Obstetrica and Gynecology, 1953.

143. National Crime Prevention Institute, The Practice of Crime Prevention Louisville, KY: NCPI, Press, 1978.

144.Naudé C. M. B., The Field of Crime Prevention, in Criminology: Study Guide 1 for KRM205-E (Crime Prevention). University of South Africa, 1985.

145.Naudé C. M. B., The Field of Crime Prevention, in Criminology: Study Guide 1 for KRM201-E (Crime Prevention). University of South Africa, 1985.

146.Nettler, Gwynn, Explaining Crime, 1974.

147.Newman, Graeme Understanding Violence, J. B. Lippincott Company, 1979.

148.Newman, Oscar, Defensible Space, Crime Prevention through Urban Design, New York: Macmillan, 1972.

149.O'Block, Robert L., Security and Crime Prevention, St. Louis: The C. V. Mosby Company, 1981.

150.Packer, Herbert, The Limits of the Criminal Sanction, California: Stanford University Press, 1968.

151.Pearson, Frank S. and Neil Alan Weiner, "Towards an Integration of Criminological Theories." Journal of Criminal Law and Criminology, 76, 1985.

152.Petersilla, J. Georgia's Intensive Probation: Will the Model Work Elsewhere? In McCarthy, B. R. (Ed.), Intermediate Punishmnent: Intensive Supervision, Home Confinement and Electronic Survcillance. CA: Willow Tree, 1987.

153.Piaget T., The Moral Judgement of the Child. London: Kegab Paul. 1932.

154.Private Security Advisory Council, Prevention of Terroristic Crimes: Secruity Guidelines for Business, Industry and other Organizations, Washington, D. C.: U. S. Government Printing Office, 1976.

155.Prodolefsky, Aaron, Case Studies in Community Crime Prevention. Charles C. Thomas Publisher, 1983.

156.Pursley, Robert D., Introduction to Criminal Justice, New York: Macmillan, 1994.

157.Quinney, R. A., Class, State and Crime. New York: David Mckay, 1977.

158.Quinney, R. A., The Social Reality of Crime, Boston: Little, Brown, 1970.

159.Quinney, Richard and John Wildeman: The Problem of Crime, Second Edition, 1977.

160.Quinney, Richard, Criminology, 1975.

161.Reckless, W. C.: A New Theory of Delinquency and Crime, Rose Giallombardo edited: Junenile Delinquency, 3rd, 1976.

162.Regoli and J. D. Hewitt, Criminal Justice, NJ: Prentic Hall, 1996.

163.Reiman, Jeffrey H., The Rick Get Richer and The Poor Get Prison, 2nd, New York: Macmillan Publishing Company, 1984.

164.Reiss, Albert J. and Michael Tonry, Community and Crime. Chicago: University of Chicago Press, 1986.

165.Retting, Richard P., Manuel J. Torres, and Gerald R. Garrett, Manny: A Criminal-Addict's Story. Boston: Houghton Mifflin, 1977.

166.Rhineberger, Gayle M. Research Methods and Research Ethics Coverage in Criminal Justice and Criminology Textbooks. Journal of Criminal Justice Education, Vol. 17, No. 2, October 2006.

167.Robin, Gerald D., Introduction to Criminal Justice System, New York: Harper and Row, 1980.

168.Ross, R. R. and Fabiano E. A., Time to Think: A Cognitive Model of Institute of Social Science and Arts, 1985.

169.Schur, Edwin M., Crimes Without Victims: Seviant Behaviar and Public Policy. Englewood Cliffs, N. J.: Prentice Hall, 1965.

170.Sellin, Thorsten, Culture Conflict and Crime, in S. H. Traub and C. B. Little (Eds.), Theories of Deviance, Second Edition, Itasca, Ill.: F. E. Peacock Publishers, Inc., 1980.

171.Serafian, Robert A., "Treatment of the Criminally Dangerous Sex Offender," Federal Probation, 27, No. 1, marck, 1963.

172.Sessions, William, Crime in the United States: Uniform Crime Reports. Washington D. C.: U. S. Government Printing Office, 1987.

173.Shah, S. A. and L. H. Roth: Bilogical and Psychophysiological Factors in Criminality. In D. Glasser (Ed.), Handbook of Criminology, Chicago: Rand McNally, 1974.

174.Shaw, Clifford R. and H. D. McKay, Juvenile Delinquency and Urban Areas. Chicago: University of Chicago Press, 1969.

175.Shaw, Clifford R. The Jack-Roller at Seventy: A Fifty-Year Follow-Up. Lexingtop. Mass.: D. C. Health, 1982.

176.Shaw, Clifford R. The Jack-Roller. Chicago: University of Chicago Press,

1930.

177.Sheldon, and Eleanor Glueck: Physique and Delinquency, New York: Harper, 1956.

178.Sheldon, William H.: The Varieties of Delinquent Youth: An Introduction To Consitutional Psychiatry, New York: Harper and Bros, 1949.

179.Sherman, Lawrence W. and Richard A. Berk, "The Specific Deterrent Effects of Arrest for Domestic Assault." American Sociological Review 49, 1984.

180.Shoemaker, Donald J., Theories of Delinquency: An Examination of Explanations of Delinquent Behavior, Second Edition, Oxford University Press, 1990.

181.Shoham, S. (Ed.), Israel Studies in Criminology, 1970.

182.Siegel, Larrg J., Criminology, Ninth Edition, St. MN: West, 2006.

183.Simcha-Fagan, Ora and Joseph E., Schwartz, Neighborhood and Delinquency: An Assessment of Contextual Effects. Criminology 2, 1986.

184.Skogan, W. G. and M. G. Maxfield, Coping with Crime: Individual and Neighborhood Reactions. Beverly Hills, CA: Sage Publications, 1981.

185.Skogan, Wesley G. Disorder and Decline-Crime and the Spira American Neighborhoods, New York: Free Press, 1990.

186.Smith, R. "Identity-related Economic Crime: Risks and Countermeasures", Trends & Issues in Crime and Criminal Justice No. 129, Australian Institute of Criminology, 1999.

187.Steffensmeir, Darrell, The Fence: In the Shadow of Two Worlds, Totowa, N. J.: Rowman and Littlefield, 1986.

188.Stratton J. R. and R. M. terrg (Eds.), Prevention of Delinquency. New York: MacMillan, 1968.

189.Sutherland, E. H., "White-Collar Criminality." American Sociological Review 5, 1939.

190.Sutherland, E. H. and Cressey, D. Principles of Criminology. Philadelphia: J. B. Lippincott, 1970.

191.Sutherland, Edwin H., Principles of Criminologym 1939.

192.Sutherland, Edwin H., The Professional Thief. Chicago: University of Chicago Press, 1937.

193.Sykes, G. M. and David Matza, Techniques of Neutralization, A Theory of

Delinquency, H. L. Voss, Society, Delinquency and Delinquent Behavior, 1970.

194.Tacobs, Bruce A. Undercover Deception Clues: A Case of Restrictive Deterrence. Criminology, 1993.

195.Taft, D. R., Criminology, Fourth Edition. New York: Macmillan Company, 1964.

196.Taylor, I., P. Walton, and J. Young, The New Criminology: For a Social Theory of Deviance, New York: Harper and Row, 1973.

197.Taylor, R. and D. S. Gottfredson "Environmental Design, Crime and Prevention: An Examination of Community Dynamics," in Reiss, A. J. and M. Tonry (Eds.), Community and Crime, Chicago: University of Chicago Press, 1986.

198.Thomas, Charles W. and J. R. Hepburn: Crime, Criminal Law and Criminology, Dubuque Iowa: WM. C. Brown Company Publishers, 1983.

199.Thomas, Charles W. Corrections in American: Problems of the Past and the Present, Sage Publications, Inc., 1987.

200.Thomton, William E., Jennifer A. James and William G. Doerner, Delinquency and Justice. 1982.

201.Thornberry, Terence P., "Reflections on the Advantages and Disadvantages of Theoretical Integration." Albany, N.Y.: State University of New York Press, 1989.

202.Thornton, W. E., J. A. James, and W. G. Doerner: Delinquency and Justice, Dallas: Scott, Foresman Company, 1982.

203.Thrasher, Frederick: The Gang, A Study of 1313 Gangs in Chicago. Chicago: University of Chicago Press, 1927.

204.Tilley, N."Realism, Situational Rationality and Crime Prevention." In G. Newman, R. V. Clarke, and S. G. Shoham (Eds.) Rational Choice and Situational Crime Prevention. Brookfield, VT: Ashgate Publishing Company, 1997.

205.Turk, A. T. Criminality and Legal Order. Chicago: Rand McNally, 1969.

206.U. S. Department of Health, Education and Welfare. NIMH, 1970.

207.Van Den Haag, Ernest. Could Successful Rehabilitation Reduce the Crime Rate? Journal of Criminal Law and Criminology, 73(3), 1982.

208.Vito, Gennaro F., Edward J. Latessa, Deborah G. Wtlson (1998),

Introduction to Criminal Justice Research Methods.

209. Void, Gecrge B., "Group Conflict Theory as Explanation of Crime", in R. Serge Denisoff and Charles H. McCaght (Eds.), Deviance, Conflict and Criminality, Chicago: Rand McNally, 1973.

210. Void, George B. and Thomas J. Bernard, Theoretical Criminology, Second Edition, Oxford: Oxford University Press, 1980.

211. Walker Michael B., The Psychology of Gambling. New York: Pergamon Press, 1992.

212. Walker, Samuel, Sense and Nonsense About Crime California: Brooks/ Cole, 1989.

213. Walsh, Marilyn, The Fence Westport, Conn: Greenwood Press, 1977.

214. Wellford, Charles: Labelling Theory, L. D. Savitz and Norman Johnston, Crime in Society, 1978.

215. West, D. J., Delinquency: Its Roots, Careers and Prospects. Cambridge, Mass: Harvard University Press, 1982.

216. Whisenand, P. M., Crime Prevention, Boston: Holbrook., 1977.

217. Whytes, William Street Corner Society. Chicago, University of Chicago Press, 1943.

218. William, Sessions, Crime in the United States: Uniform Crime Reports. Washington D. C.: U. S. Government Printing Office, 1987.

219. Winick, Charles and Paul M. Kinsie, The Lively Commerce: Prostitution in the United States, Chicago: Quadrangle Books, 1971.

220. Witking, H. A.: XYY and Criminality. in L. D. Savitz and N. Johnston: Crime in Society, John Wiley and Sons, Inc., 1978.

221. Wolfgang, Marvin E., T. P. Thronberry, and R. M. Figlio, From Boy to Man, From Delinquency to Crime. Chicago: University of Chicago Press, 1987.

222. Wolfgang, Marvin E., et al., Delinquency in a Birth Cohort, Chicago: University of Chicago Press, 1972.

國家圖書館出版品預行編目資料

犯罪學／蔡德輝，楊士隆著. ——九版. ——
臺北市：五南圖書出版股份有限公司，
2023.06
面；　公分
ISBN 978-626-366-091-5（平裝）

1.CST: 犯罪學

548.5　　　　　　　　　112007049

4T35

犯罪學

作　　者 — 蔡德輝（378）、楊士隆（312）

編輯主編 — 劉靜芬

責任編輯 — 呂伊真

封面設計 — 陳亭瑋

出 版 者 — 五南圖書出版股份有限公司

發 行 人 — 楊榮川

總 經 理 — 楊士清

總 編 輯 — 楊秀麗

地　　址：106臺北市大安區和平東路二段339號4樓

電　　話：(02)2705-5066　　傳　　真：(02)2706-6100

網　　址：https://www.wunan.com.tw

電子郵件：wunan@wunan.com.tw

劃撥帳號：01068953

戶　　名：五南圖書出版股份有限公司

法律顧問　林勝安律師

出版日期　2004年3月三版一刷
　　　　　2019年1月八版一刷（共四刷）
　　　　　2023年6月九版一刷
　　　　　2025年1月九版二刷

定　　價　新臺幣600元

經典永恆・名著常在

五十週年的獻禮——經典名著文庫

五南，五十年了，半個世紀，人生旅程的一大半，走過來了。

思索著，邁向百年的未來歷程，能為知識界、文化學術界作些什麼？

在速食文化的生態下，有什麼值得讓人雋永品味的？

歷代經典・當今名著，經過時間的洗禮，千錘百鍊，流傳至今，光芒耀人；

不僅使我們能領悟前人的智慧，同時也增深加廣我們思考的深度與視野。

我們決心投入巨資，有計畫的系統梳選，成立「經典名著文庫」，

希望收入古今中外思想性的、充滿睿智與獨見的經典、名著。

這是一項理想性的、永續性的巨大出版工程。

不在意讀者的眾寡，只考慮它的學術價值，力求完整展現先哲思想的軌跡；

為知識界開啟一片智慧之窗，營造一座百花綻放的世界文明公園，

任君遨遊、取菁吸蜜、嘉惠學子！